本书系樊崇义教授主持的研究阐释党的十九届四中全会精神国家社科基金重大项目"健全社会公平正义法治保障制度研究"（批准号：20ZDA032）的阶段性研究成果

崇明刑事辩护文库

丛书主编 吴宏耀

认罪认罚从宽制度六十问

常 铮 巩志芳 著

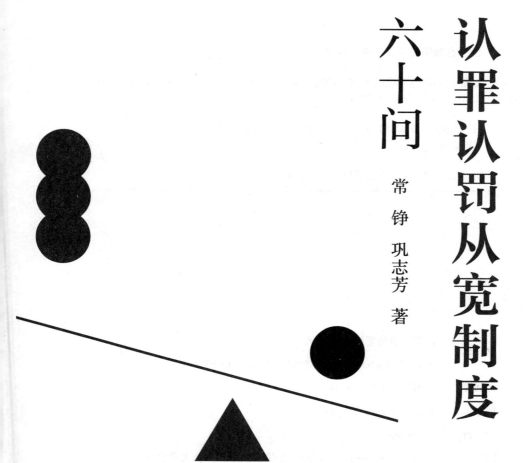

中国政法大学出版社

2022·北京

图书在版编目（ＣＩＰ）数据

认罪认罚从宽制度六十问/常铮，巩志芳著. —北京：中国政法大学出版社，2022.5
ISBN 978-7-5764-0282-7

Ⅰ.①认… Ⅱ.①常… ②巩… Ⅲ.①刑事政策－研究－中国
Ⅳ.①D924. 04

中国版本图书馆CIP数据核字(2022)第005635号

书　名	认罪认罚从宽制度六十问 RENZUIRENFACONGKUANZHIDU LIUSHIWEN
出版者	中国政法大学出版社
地　址	北京市海淀区西土城路 25 号
邮　箱	fadapress@163.com
网　址	http://www.cuplpress.com (网络实名：中国政法大学出版社)
电　话	010-58908466(第七编辑部) 010-58908334(邮购部)
承　印	固安华明印业有限公司
开　本	650mm×960mm　1/16
印　张	28. 5
字　数	420 千字
版　次	2022 年 5 月第 1 版
印　次	2022 年 5 月第 1 次印刷
定　价	98.00 元

序
迈向更加高质量的专业刑事辩护时代

在我看来，《刑事诉讼法》就是实践中的人权法和宪法的应用法，以人权保障为核心的"以人为本"的理念是其存在与发展的根基。对此，要特别指出的是，我国《刑事诉讼法》最基本的特色，就是我们党的"以人民为中心"的指导原则在刑事诉讼中的具体应用。我国《刑事诉讼法》四十年的发展历程，充分且明确地告诉我们，在推动《刑事诉讼法》不断完善的进程中，坚持"以人民为中心"，坚持"人权保障原则"，坚持"人本主义"的哲学理念，是永远不能动摇的底线。

中国特色社会主义已经进入新时代，我国社会的主要矛盾已经转化为人民日益增长的美好生活需要和不平衡不充分的发展之间的矛盾。社会是进步的，人民群众对法治的需求处于前所未有的新阶段，社会主义法治也由此获得更全面的发展。法治兴则国兴，法治强则国强。好的法治国家、法治社会以及司法公正，更需要好的法治建设理念作为指引。同时，法治是治国理政的基本方式，是国家治理体系和治理能力的重要依托。习近平总书记在2020年11月召开的中央全面依法治国工作会议上深刻指出，只有全面依法治国才能有效保障国家治理体系的系统性、规范性、协调性，才能最大限度地凝聚社会共识，强调要坚持在法治轨道上推进国家治理体系和治理能力现代化。只有紧紧抓住全面依法治国这根主线，才能推动社会进步与法治发展。

在 2020 年 11 月召开的中央全面依法治国工作会议上，我们党正式提出"习近平法治思想"，这不仅具有十分重大的理论和实践意义，而且具有非常深刻的政治和法治价值。习近平法治思想从我国革命、建设、改革的伟大实践出发，着眼全面建设社会主义现代化国家、实现中华民族伟大复兴的奋斗目标，深刻回答了新时代为什么实行全面依法治国、怎样实行全面依法治国等一系列重大问题，是一个内涵丰富、论述深刻、逻辑严密、体系完备、博大精深的法治思想理论体系。习近平法治思想是顺应实现中华民族伟大复兴时代要求应运而生的重大理论创新成果，是马克思主义法治理论中国化的最新成果，是习近平新时代中国特色社会主义思想的重要组成部分。

习近平法治思想是全面依法治国的根本遵循和行动指南。学习贯彻习近平法治思想，首先要吃透基本精神、领悟核心要义，把握全面依法治国的政治方向、重要地位、工作布局、重点任务、重大关系、重要保障。习近平总书记提出的"十一个坚持"的部署要求，对全面依法治国所做的阐释、部署，都是涉及理论和实践的方向性、根本性、全局性的重大问题。在全面推进依法治国的工作格局中，公正司法是重要任务，要坚持规范司法权力运行，加快构建规范高效的制约监督体系，健全社会公平正义法治保障制度，努力让人民群众在每一个案件中感受到公平正义。这为我国刑事诉讼制度在新时代的新发展、改革和完善提出了更高的要求，指明了未来刑事司法公正建设的前进方向，还描绘了有中国特色的刑事辩护制度的新景象。

2017 年 10 月 18 日，习近平同志在党的十九大报告中指出，要坚持全面深化改革，必须坚持和完善中国特色社会主义制度，不断推进国家治理体系和治理能力现代化，坚决破除一切不合时宜的思想观念和体制机制弊端，突破利益固化的藩篱，吸收人类文明的有益成果，构建系统完备、科学规范、运行有效的制度体系，充分发挥我国社会主义制度优越性。全面推进依法治国，也要秉持全面深化改革的总体部署，特别是法治的发展需要不断破除禁区，真正让人民群众在每一个司法案件中都感受到公平正义。新时代的刑事辩护工作也要不断突破"禁区"，其终极目标可以是更加高质量的专业化发展。这不仅需要当代刑事辩护律师努力迈向更理性的专业法律人时代，也需要不断地通过自主学习来实现专业能力与技能层次的有序提升。而在关涉更加高质量的专业化刑事辩护的时代进程中，认罪认罚从宽制度是一块非常好的试验田，代表了我国最前沿的刑事诉讼改革，致力于更好地实现公平正义的目标追求。

如果希望全面实施认罪认罚从宽制度能够推进新时代我国刑事辩护的高质量发展，我认为，需要特别注意以下几个方面问题。

（1）控辩"协商""合作"是认罪认罚从宽制度的一种重要的诉讼模式，而"协商型诉讼"的转型已成定局。诉讼模式的转型是我国刑事司法制度的一个深层次改革，甚至是一场"革命"，它不仅能推动观念、认识的转变，还可能导致刑事诉讼司法制度的变革，诸如诉讼结构、控诉方式、辩护方式、审理模式和方法等。这一场诉讼制度的"革命"若如期开花结果，必将为实现国家治理体系和治理能力现代化作出不可磨灭的重大贡献。全面贯彻和实施认罪认罚从宽制度，不仅需要依托《刑事诉讼法》《关于适用认罪认罚从宽制度的指导意见》等具体规定，更加需要充分认识刑事诉讼模式转型的重大性、迫切性与现实意义。从《刑事诉讼法》的立法演进过程可以看出，我国刑事诉讼中的定罪量刑权以及诉讼结构的模式，已经从强职权主义走向职权主义和当事人主义相融合的诉讼模式，尤其是辩护律师的主体地位、权利和参与的程序范围在不断扩大。现在已经基本具备了从对抗模式向协商合意模式转化的条件，定罪量刑不再是公、检、法机关一方说了算，刑事诉讼模式的转型是客观所需，势在必行。全面推进认罪认罚从宽制度的贯彻实施是当前与今后的重大任务。政治立场的站位要高、全面改革的意识要深、司法模式的转型要快，应作为指导全面实施的基本方向。此外，应当加快构建全面实施的运行机制，既涉及诉讼联动机制的有效嵌入，也涉及适用范围的全覆盖、诉讼阶段的全流程适用、诉讼程序类型的准确适用等内容。搭建推动认罪认罚从宽制度的实施平台，建立平等的控辩协商机制，具有迫切的现实需要与重大意义，而由主观认定到程序审理的深度转变则是另一要务。尽管认罪认罚从宽制度在立法上取得了显著的划时代成绩，但仍存在一些不足，尚需考虑如何完善其立法。

（2）在下一次的刑事诉讼修法中，最值得关注的问题是建立健全认罪认罚从宽协商诉讼程序。从诉讼分流的历史规律与现实需要看，确立认罪认罚诉讼程序和不认罪认罚诉讼程序是未来的基本趋势。在此基础上，在认罪诉讼简化程序体系中，认罪认罚从宽诉讼程序不同于简易程序、和解程序与速裁程序。它经过了认罪认罚案件与不认罪认罚案件的分流，是中国混合式诉讼程序体系中的独立部分，而轻罪诉讼体系是其未来的命运方向。因此，当前迫切需要将分散、融合式的认罪认罚从宽制度程序整合为统一、完整、系统、独立的诉讼程序。逐步整合刑事诉讼法律关系，完善诉讼程序，调整诉讼结构，有助于中国刑事诉讼逐步形成"两大程序、两大格局"，使认罪认罚从宽程序趋于科学、完善以及便于操作。目前，相关条文主要散落在侦查、审查起诉等不同诉讼阶段和不同程序相关的章节里。这种分散式的诉讼程序暴露了实施问题。因此，建议将刑事诉讼程序分为两大类型：一是认罪认罚案件，全部适用认罪认罚从宽程序，并作为独立的程序适用；二是不认罪认罚的案件，适用普通的诉讼程序。

（3）要特别重视优化侦查阶段的认罪认罚从宽制度及其实施

机制。设立认罪认罚从宽制度并不仅仅是为了提高诉讼效率，更重要的是为了推进社会公平正义以及实现国家治理体系和治理能力的现代化。要充分认识和理解认罪认罚从宽制度是侦查机关的重大职权和责任。在侦查阶段，实施认罪认罚从宽制度时必须坚持职权原则、人权保障原则、证据裁判原则、侦辩平等原则、协商原则、自白原则、非法证据排除原则这七项基本原则，从而建构一种新型的侦辩关系。此外，还要从十二个方面进行程序性建构。

因此，以我国刑事诉讼最新确立的认罪认罚从宽制度为研究对象，不仅是紧密联系重大刑事司法实践的积极体现，也是聚焦刑事司法公正与人权保障的关键节点的有益尝试。由我指导的博士生北京衡宁律师事务所创始合伙人常铮律师与北京衡宁律师事务所主任巩志芳律师联袂完成的《认罪认罚从宽制度六十问》一书，是在认罪认罚从宽制度全面实施的新时代背景下，基于他们从事刑事辩护工作的经历与经验总结，通过问题归纳、要点整理、对策建议、理论凝练等方式，展现了刑事辩护律师视野下的认罪认罚从宽制度及其实施方式、路径以及期待。该书不仅反映了这两位律师高超的刑事辩护能力，也反映了他们勤于思考、善于总结的优良品质，以及注重高质量发展下的专业培养意识与建设能力。

而且，本书也系我作为首席专家主持的研究阐释党的十九届四中全会精神国家社会科学基金重大项目"健全社会公平正义法治保障制度研究"（项目号：20ZDA032）的研究成果之一。该书集中反映了我们研究团队切实围绕以人民为中心的思想，遵循党的十九届四中全会精神，致力于推动健全社会公平正义法治保障制度研究的决心、毅力以及担当。

综观全书，有以下特点：

（1）鲜明的问题意识。本书选择了六十个热点问题作为研究对象，几乎涵盖了认罪认罚从宽制度及其实施过程的各个方面，在追求广度的同时兼具了深度。这六十个问题不是随意提出的，而是经由一线办案经验总结而来的，有着深厚的实践基础与司法依据，几乎可以说是对认罪认罚案件办理过程的"全景式"还原。这种有的放矢的"研究对象"，不仅确保了问题的真实性，也彰显了"中国问题"导向下的正确站位。可以认为，鲜明的问题意识，奠定了本书的实用性、有效性以及突出的司法价值。

（2）回归高质量的专业辩护定位。认罪认罚从宽制度及其实施，不仅是当前我国刑事诉讼改革进程中的一件大事，也是我国刑事诉讼法治水平的重要窗口，还是我国刑事司法人权保障的试金石。对刑事辩护律师而言，认罪认罚从宽制度就是检验辩护质量是否达到专业水准的基本标尺，也是反映辩护专业程度的最佳样本。在本书中，回归高质量的专业辩护定位贯穿始终，成为本书中每一个问题的凝练、阐述、建构、应对的根本指导。正如北京衡宁律师事务所就是一家以刑事辩护为专长与特色的精品高端所一样，本书立足刑事辩护，以可以看得见的辩护质量为终极追求，夯实专业辩护的原初起点，更好地维护当事人的合法权益。

（3）可贵的学术锐度。本书对六十个问题的讨论，没有陷入常见的偏一现象，不走完全就实践中的问题而讨论的老路子，避免了"就事论事"的一般俗套。相反，本书有着难能可贵的学术锐度。在对每一个问题进行讨论时，都时刻自觉地"回看"一般法理与基本学理，从刑事诉讼的基本原理中汲取营养，或者大胆地提出具有建构性的理论知识。这无疑对本书的学术意义有着极大的"抬升"作用，使本书完全不同于一般的工具书，蕴含了厚重的"理论气息"。

常铮律师与巩志芳律师共同邀我为本书作序，作为常铮律师的指导老师，也有幸见证了常铮律师与巩志芳律师于2019年8月18日共同发起创立北京衡宁律师事务所，当时我们就围绕刚刚通过的由《刑事诉讼法》确立的认罪认罚从宽制度举办了一个规模大、规格高、效果好的学术研讨会。对于不断创新、敢于拼搏并对刑事辩护充满热情与期待的青年律师，我乐于扶持，欣然应允，以为鼓励。

特此作序，并向大家推荐。

樊崇义

影响中国法治建设进程的百位法学家

中国政法大学国家法律援助研究院名誉院长、教授、博士生导师

中国政法大学诉讼法学研究院名誉院长

北京师范大学"京师首席专家"、刑事法律科学研究院特聘教授

2021 年 4 月 19 日

编写体例说明

自十八届四中全会提出"完善认罪认罚从宽制度"以来，我国对于认罪认罚从宽制度的理论研究与制度探索即如火如荼地展开。在为期两年的全国试点工作结束后，2018年《刑事诉讼法》[1]正式将认罪认罚从宽制度写入立法，为我国认罪认罚案件的办理提供了坚实的法律依据。目前，在司法实践中，适用认罪认罚从宽制度已经成为案件办理的常态。根据最高人民检察院发布的主要办案数据，仅2020年前9个月，在全国检察机关已办理的审查起诉案件中，适用认罪认罚从宽制度审结人数已达到106.3万余人，占同期审查起诉案件审结人数的85%，凸显了这一制度的重大意义与实践影响。然而，作为一项新制度，认罪认罚从宽制度在实践中引发了一系列新变化、新问题、新挑战，例如认罪认罚自愿性保障、量刑建议的协商、司法程序的选择等，亟待法律工作者予以充分认识与正面回应。

有鉴于此，本书围绕认罪认罚从宽制度的理论、制度与实践重点，选取了六十项问题予以分析、阐释、解答，并按照如下体例予以编排：

第一问至第三问，旨在回答认罪认罚从宽制度与刑事诉讼法基本原则、基本刑事政策之间的关系问题。

第四问至第十一问，旨在充分阐明认罪认罚从宽制度的基本概念范畴，以及与之相关的特殊制度设置。具体而言，包括如何

---

[1] 为行文方便，本书中所涉及的我国法律规范的名称均省略"中华人民共和国"字样。如《中华人民共和国刑事诉讼法》表述为《刑事诉讼法》。

解读"认罪""认罚""从宽",如何理解重罪或死刑案件中的认罪认罚、认罪认罚与速裁程序的关系等。

第十二问至第十八问,探讨认罪认罚案件中的辩护权保障问题。尤其是,针对认罪认罚配套的值班律师制度,本部分通过数个问题进行了重点解答,既包括对值班律师的定位、作用所作的整体分析,亦包括对值班律师的证据开示、值班律师的选择等关键实务问题所作的具体研判。

第十九问至第二十四问,关注与认罪认罚联系紧密的刑事和解与谅解问题。在认罪认罚司法实践中,律师必须充分认识并准确运用刑事和解与谅解,从而为委托人争取最大程度的从宽处理结果。

第二十五问至第二十九问,旨在回答侦查阶段认罪认罚的相关问题,涵盖认罪教育、审查批准逮捕、羁押必要性审查等多个程序性环节。

第三十问至第四十问,全面探讨了审查起诉阶段认罪认罚的相关问题。审查起诉阶段是控辩双方进行量刑协商、达成认罪认罚合意的关键阶段,如何审查认罪认罚自愿性与真实性,如何处理认罪认罚与不起诉的关系,如何开展控辩协商,值得深入辨析。

第四十一问至第四十八问,专门解答审判阶段认罪认罚案件的程序选择问题。由于认罪认罚从宽制度适用于全部刑事案件,因而认罪认罚案件既可能通过速裁程序审理,亦可能通过简易程序、普通程度进行审理。程序的选择与转换,直接影响案件的审理进程,甚至是审理结果,需要予以特别关注。

第四十九问至第五十七问,回答审判阶段与认罪认罚有关的其他重要问题,包括法院对量刑建议的采纳与处理方式、被告人反悔后的处理、二审程序中的认罪认罚等。

第五十八问至第六十问,专门探讨未成年人认罪认罚的相关问题。

以上为本书的体例安排,基本涵盖了认罪认罚从宽制度在理论与实践中的主要关注领域。期待通过本书的设问与解答,能够为理论界与实务界准确理解认罪认罚从宽制度提供有益参考。

目录 CONTENTS

认罪认罚案件如何坚持证据裁判原则？

问题引入

证据裁判原则是刑事诉讼的一项重要原则，证明标准是落实证据裁判原则的具体保障。认罪认罚从宽制度从试点到全国推行的过程中，是否因认罪认罚案件的程序简化而适当降低此类案件的证明标准引发了理论界与实务界的热烈讨论。对于刑事诉讼当事人而言，认罪认罚可以得到从宽处理，但这并不意味着公安和司法机关对当事人认罪认罚的内容一并采用。证据裁判原则要求司法机关在办理认罪认罚从宽案件的过程中，不能一味地基于当事人自己认罪认罚，就去推进并启动认罪认罚程序。这就要求办案机关一定要对案件事实进行实质审查，不能基于当事人的认罪态度就推动认罪认罚程序的进行。

一、认罪认罚从宽案件中证据裁判原则之基本把握

证据裁判原则是刑事诉讼的一项重要原则，要求对于诉讼中事实的认定，应依据有关的证据作出，没有证据，不得认定事实。《刑事诉讼法》第 55 条规定，对一切案件的判处都要重证据，重调查研究，不轻信口供。只有被告人供述，没有其他证据的，不能认定被告人有罪；没有被告人供述，证据确实、充分的，可以认定被告人有罪和处以刑罚。《刑事诉讼法》规定的证据证明标准是证据确实、充分，以及排除合理怀疑，具体而言包括定罪量刑的事实都有证据证明，据以定案的证据均经法定程序查证属实，综合全案证据，对所认定事实已排除合理怀疑。

证据裁判原则的具体落实体现在证明标准的落实上。对于诉讼中事实的认定，需要哪些证据，证明达到何种标准，是认罪认罚从宽案件的难点、重点。证明标准，即关于主张某项假设业已得到证明且在反复检验揭示假设事项固有属性、客观规律基础上所应达到的最低要求。刑事诉讼直接关涉公民生命、自由等重大权利，确立认罪认罚案件证明标准应体现诉讼认识所能达到的最高程度。[1]证明标准的确定也直接影响着证据裁判原则是否可以具体落实。

由于认罪认罚案件适用的普遍性，其所涵盖的案件种类众多，加之认罪认罚从宽制度虽已确定但仍未成熟，立法并未就认罪认罚案件适用的具体证明标准进行规定，因而对认罪认罚案件中证据裁判原则的具体把握，要从认罪认罚案件的证明标准开始讨论。

二、认罪认罚案件证明标准之争

在认罪认罚从宽制度体系中，准确把握、定位证明标准，攸关程序繁简设计和制度初衷实现。然而，目前认罪认罚案件的证明标准在理论界、实务界存在严重的话语分歧，且实践中折射出地方性

---

〔1〕 肖沛权："论认罪认罚案件的证明标准"，载《法学杂志》2019 年第 10 期。

差异和混乱状态。[1]从试点到落实，关于认罪认罚案件的证明标准是否要适当降低这一问题，理论界和实务界对此展开了众多讨论，有赞同与反对两种观点。

（一）赞同认罪认罚案件可以适当降低证明标准

实务界赞同认罪认罚案件可以适当降低证明标准的理由主要分为以下几点。首先，从诉讼效率的角度分析，"无差别地适用'确实、充分'的证明标准，无疑是阻碍繁简分流的根本原因。要想发挥简易程序、速裁程序在案件繁简分流、节约司法资源中的真正速审效果，证明标准的差异化将是必然趋势"。[2]其次，从控辩双方达成协商的结果来看，合意的达成降低了双方对抗的激烈化程度，庭审形式化的特征在所难免，因此在庭审全面审查中所需要坚持的标准就无需再加以适用。认罪认罚从宽意味着程序的从简，只要能够有相应的证据和双方的合意，为实现简化审理的价值，放宽对证明标准的要求也是必然之举。最后，从办案人员的工作强度和工作压力来看，认罪认罚案件的目标之一就是实现繁简分流，若还一味坚持与普通程序相同的证明标准，其制度目标就难以实现，也不会减少任何办案的工作量。若只提倡快速审、简化审，则没有太多实际意义。在实际操作中，部分法官存在将本在速裁程序中业已免除的证据核查工作由庭审挪到庭前进行的情况，并且为此加班加点工作。由此可以看出，如没有从实质上适当降低部分案件的证明标准，则进行认罪认罚从宽制度的改革也并不能达到最初想要实现的效果。

（二）反对降低认罪认罚案件的证明标准

有一些学者坚决反对降低认罪认罚案件的证明标准，其认为，所有的案件都应当采用与适用普通程序案件一样的认定标准。例如，有的学者认为认罪认罚从宽制度的从简是对程序的从简，而非实质从简。认罪认罚从宽制度虽然对刑事诉讼程序予以简化，但是并没有降低证明犯罪的标准，而是在坚持法定证明标准的基础上，致力

〔1〕 汪海燕："认罪认罚从宽案件证明标准研究"，载《比较法研究》2018 年第 5 期。

〔2〕 李勇："证明标准的差异化问题研究——从认罪认罚从宽制度说起"，载《法治现代化研究》2017 年第 3 期。

于构建公平与效率兼备的科学从宽机制。由于司法实践中证据的收集、固定、审查和认定往往占用了绝大多数的司法资源，因而各地的试点大都围绕证据来做"减法"，大力探索各种简化的证明机制，其中最引人注目的就是认罪认罚案件"证明标准差异化"的实践探索。[1]但是，无论形式如何简化，在速裁程序和认罪认罚从宽制度试点过程中，不同的诉讼主体在不同诉讼阶段也都是按同一的证明标准要求去收集、固定、审查和认定证据的，而不会因犯罪嫌疑人、被告人认罪认罚就降低自身的职责要求，放弃对实现"证据确实、充分"目标的努力。[2]还有的学者认为，在推进以审判为中心的改革前提下，"基于职权主义诉讼价值追求，在认罪认罚案件审判阶段的证明标准决不能因庭审程序简化而降低"。[3]

2019 年 2 月，最高人民法院李少平副院长在"全国法院推进刑事案件认罪认罚从宽制度工作部署会"上也特别提出，既不能因为被告人认罪，就降低刑事案件的证明标准，也要防止对本可定罪的案件，轻易当作疑案处理或在量刑上留有余地，从而放纵犯罪分子。认罪认罚从宽制度并未降低证明犯罪的标准，而是在坚持法定证明标准的基础上，力图更加科学地构建从宽的评价机制，特别是在程序上作出相应简化，以更好地实现公正与效率的统一。[4]

总而言之，反对的观点主要认为认罪认罚从宽的案件不应因形式的简化而降低对证明标准的追求，更不能放弃对实质正义的追求。

三、认罪认罚案件仍要坚持证据裁判原则

（一）基本要求

无论是赞同降低认罪认罚从宽案件的证明标准还是反对，坚持

---

[1] 孙长永："认罪认罚案件的证明标准"，载《法学研究》2018 年第 1 期。

[2] 参见李本森："刑事速裁程序试点研究报告——基于 18 个试点城市的调查问卷分析"，载《法学家》2018 年第 1 期。

[3] 张俊、汪海燕："论认罪认罚案件证明标准之实践完善——兼评《关于适用认罪认罚从宽制度的指导意见》"，载《北方法学》2020 年第 3 期。

[4] 陈国庆："刑事诉讼法修改与刑事检察工作的新发展"，载《国家检察官学院学报》2019 年第 1 期。

证据裁判原则是落实刑事诉讼法基本原则的必然要求。

2019年《关于适用认罪认罚从宽制度的指导意见》指出，"办理认罪认罚案件，应当以事实为根据，以法律为准绳，严格按照证据裁判要求，全面收集、固定、审查和认定证据。坚持法定证明标准，侦查终结、提起公诉、作出有罪裁判应当做到犯罪事实清楚、证据确实、充分，防止因犯罪嫌疑人、被告人认罪而降低证据要求和证明标准"。这就意味着，不论犯罪嫌疑人、被告人是否认罪，提起公诉、作出有罪判决都应当坚持证据裁判原则。具体到认罪认罚案件，也应当坚持法定证明标准。"当然，司法实践中，有些案件犯罪手段隐蔽，或者因客观条件所限，证据的提取、固定存在困难，证据体系可能存在这样或者那样的不足，对这些案件，如果犯罪嫌疑人、被告人自愿认罪认罚，使得证明犯罪构成要件事实的基本证据完备，能够排除合理怀疑，则可以按照认罪认罚从宽制度办理"。[1]即使可以对此类案件的证据要求适当放低，但也需坚持排除合理怀疑与证据裁判原则的标准。

在认罪认罚的案件中，也要坚持证据裁判原则。作为办案机关，要以事实为根据，以法律为准绳，首先要审查行为人的行为是不是构成犯罪，案件证据能不能达到认定犯罪的证据标准。也就是说，在司法实践当中，当事人自己认罪认罚，司法机关基于当事人认罪认罚，就推动这个案件继续朝着认罪认罚的方向去发展。但这种情况可能会忽略对案件进行实质性审查。有时办案机关仅仅审查当事人认罪认罚的自愿性、合法性和真实性，而忽略了当事人的行为是否构成犯罪。显然，当事人的行为构成犯罪，是认罪认罚的一个前提和基础。

（二）坚持证据裁判原则是预防冤假错案的重要保障

认罪认罚案件的办理依然不能因效率而牺牲公平，这就意味着即使犯罪嫌疑人选择认罪认罚，案件的证据要求和证明标准依然不能降低。"坚持以事实为依据、以法律为准绳，严把罪与非罪界限，

---

〔1〕 苗生明、周颖："认罪认罚从宽制度适用的基本问题——《关于适用认罪认罚从宽制度的指导意见》的理解和适用"，载《中国刑事法杂志》2019年第6期。

强化认罪认罚自愿性和合法性审查，严防被迫认罪、替人顶罪等冤错案件。"[1]

有时，证据裁判原则的认定甚至可以起到就案件的法律评价"拨乱反正"的效果。王某在某服装店顺手牵羊拿了一件衣服，整个过程被服装店的监控录像全部录下，并被老板发现。当王某准备走出这个服装店之时，被老板抓住并送往公安局。

按照王某自己的理解，其本人偷了服装店衣服并当场被受害人发现送往公安局，符合认罪认罚从宽的条件。诉讼流程走到审判阶段，法官却发现，王某的整个行为，一直处于被害人控制之下，王某所拿的衣服并没有脱离被害人的控制范围，所以王某的行为应该属于盗窃未遂，而未遂要求必须达到"数额巨大"的标准才能够构成犯罪。根据最高人民法院、最高人民检察院《关于办理盗窃刑事案件适用法律若干问题的解释》规定，数额巨大的标准是三万到十万。经鉴定这件衣服达不到"数额巨大"的标准，所以王某的行为，不构成犯罪。

在这个案件当中，办案机关仅仅审查了王某认罪认罚的自愿性、合法性问题，而忽略了对这个案件的定性审查，便将案件移送到了法院。法官在审查的过程中发现了这样一个重大问题，认为依法是不应该定罪的，于是这个案件就被退回了检察机关。

由此可见，如果一味地推进认罪认罚而忽略了证据裁判的基本原则，忽略了对事实和证据的审查，就有可能造成冤假错案，损害当事人的合法权益，同时也会违背我们将认罪认罚从宽制度纳入立法的初衷。

---

[1] 张军："最高人民检察院关于人民检察院适用认罪认罚从宽制度情况的报告——2020年10月15日在第十三届全国人民代表大会常务委员会第二十二次会议上"，载《检察日报》2020年10月17日，第2版。

认罪认罚案件如何体现相互配合、相互制约原则？

问题引入

　　我国《刑事诉讼法》第 7 条规定了公检法三机关分工负责、互相配合与相互制约的原则。在认罪认罚案件中，公检法三机关的相互配合与相互制约显得更为重要。根据我国刑事诉讼法的规定，认罪认罚适用于任何案件、任何诉讼阶段，在整个诉讼过程当中，犯罪嫌疑人、被告人都可以适用认罪认罚。就公检法三机关的相互配合而言，被追诉人无论处于哪一个诉讼阶段，侦查机关、检察机关与审判机关均负有协同其他两个机关办案的义务。当然，在不同的诉讼阶段，认罪认罚的内容也是不同的，且从宽的幅度与认罪时间有着密切联系，三机关在认罪认罚中发挥的功能与作用也有所不同。同时，三机关的相互制约更是实现认罪认罚案件公平正义的重要保障。

一、三机关相互配合、相互制约原则的基本内涵与目标

根据我国刑事诉讼法的相关规定，公检法三机关分工负责、互相配合、互相制约是我国刑事诉讼的一项基本原则。办理认罪认罚案件，应当坚持相互配合与相互制约原则。一方面，强化配合意识、协调一致形成合力，是推进制度良性适用的必然要求；另一方面，也要充分发挥相互制约作用，保证犯罪嫌疑人、被告人自愿认罪认罚，依法推进从宽落实。[1]在认罪认罚从宽制度中，由于制度设立的初衷是用被追诉人的认罪认罚换取轻缓的量刑，从而实现办案效率的提高和减少司法资源的浪费，所以程序多为简易程序甚至是速裁程序。但是案件流程的简化并不意味着对司法公平正义的放弃，认罪认罚也对三机关的相互配合与相互制约提出了更高的要求。

三机关的相互配合是认罪认罚从宽制度顺利开展的重要保障。被追诉人可以在公安侦查、检察院审查起诉以及法院审判阶段认罪认罚，这给制度层面的理论设计和实务方面的实践操作带来了挑战。挑战主要体现在两个方面：一方面是认罪认罚从宽制度的具体操作问题。虽然三机关扮演不同的角色，但是在具体的实务操作过程中，各部门需要配合工作、具体衔接程序。如被追诉人在审查起诉阶段和审判阶段认罪认罚，势必会对案件的事实和具体的证据产生影响，从而涉及公安侦查。另一方面是阶段不同，认罪认罚的内容不同，被追诉人可能获得的从宽幅度也有所不同，具体的流程设计和每个机关的工作要求也不同。因此三机关之间加强沟通交流对认罪认罚从宽制度的具体落实有着十分重要的意义。

三机关的相互制约是保障案件公平正义的必然要求。首先，从被追诉人的角度来说，认罪认罚程序的适用并不意味着放弃对案件事实真相的追求，也不会因为办案流程简化和办案时间大幅缩短就放弃证据裁判原则。提起公诉和定罪量刑也依然要坚持以事实为根据、以法律为准绳，公检法三机关一定要就认罪认罚的自愿性、真

---

[1] 苗生明、周颖："认罪认罚从宽制度适用的基本问题——《关于适用认罪认罚从宽制度的指导意见》的理解和适用"，载《中国刑事法杂志》2019年第6期。

实性进行具体认定。其次，从保护被害人的合法权利的角度来说，因认罪认罚从宽制度涉及对被追诉人刑罚的轻缓化，容易出现权钱交易、权权交易的司法腐败行为，为消除民众对认罪认罚从宽制度的担忧与顾虑，保证严格执法、公正司法，强化对认罪认罚案件的全流程监督，三机关相互制约也显得尤为重要。

二、三机关相互配合原则的体现与问题

（一）具体体现

公检法三机关的相互配合原则是有序开展侦查工作、检察工作和审判工作的指导原则，在认罪认罚从宽案件中体现得尤为明显。

从侦查的角度来讲，《刑事诉讼法》第 120 条第 2 款规定，"侦查人员在讯问犯罪嫌疑人的时候，应当告知犯罪嫌疑人享有的诉讼权利，如实供述自己罪行可以从宽处理和认罪认罚的法律规定"；第 162 条第 2 款规定，"犯罪嫌疑人自愿认罪的，应当记录在案，随案移送，并在起诉意见书中写明有关情况"。这就赋予了侦查机关侦查处分权，侦查机关可以提出起诉意见或者撤销案件。

从检察的角度来讲，公诉机关享有对认罪认罚从宽案件的罪名请求权、量刑建议权，具体体现在《刑事诉讼法》第 173 条第 2 款、第 174 条、第 176 条第 2 款。检察机关在认罪认罚从宽案件中还有三种法定情形下的不起诉权：其一，犯罪嫌疑人自愿如实供述涉嫌犯罪的事实、有重大立功表现或者案件涉及国家重大利益的，经最高人民检察院核准，人民检察院可以作出不起诉决定，也可以对涉嫌数罪中的一项或者多项不起诉；其二，对认罪认罚后没有争议、不需要判处刑罚的轻微刑事案件，人民检察院可以依法作出不起诉决定；其三，对认罪认罚后案件事实不清、证据不足的案件，应当依法作出不起诉决定。

从审判的角度来讲，法院享有对认罪认罚从宽案件的定罪量刑权，根据《刑事诉讼法》第 201 条规定，对于认罪认罚的案件，法院一般要采纳检察院的罪名和量刑建议，但是在有被告人的行为不构成犯罪或者不应当追究其刑事责任的、被告人违背意愿认罪认罚

的、被告人否认指控的犯罪事实的、起诉指控的罪名与审理认定的罪名不一致的情形以及其他可能影响公正审判的情形时可以改变罪名或者量刑建议。由此看出，法院所享有的定罪量刑权，在认罪认罚案件中，主要体现为对检察机关公诉意见的审查权。

虽然在整个刑事诉讼的过程中，公安机关、检察机关和审判机关分别扮演侦查、审查起诉和定罪量刑的不同角色，但是各机关均有配合其他两个机关工作的义务。例如，在 2020 年 10 月发布的《最高人民检察院关于人民检察院适用认罪认罚从宽制度情况的报告有关案例说明》引用了两个协同侦查机关和审判机关落实认罪认罚从宽制度的典型案例。其一，在协助侦查机关的典型案例中，检察机关在办理王某等人的网络诈骗案时，发现后台操作电脑被销毁导致案件客观证据不足，给案件定性和事实认定带来极大障碍，而后在检察官的劝说下王某认罪认罚，后列出侦查提纲帮助公安机关补充案件的关键证据。其二，在协助审判机关的典型案例时，安徽省检察机关在办理一起人数众多的黑社会性质组织案时，前后有十一名被追诉人向检察机关认罪认罚，后将原本计划一周的庭审时间缩减至两天半，大大提高了庭审效率。

三机关相互配合的原则还体现在认罪认罚的内容随着阶段流程的不同而有所变化。被追诉人可以在三个诉讼流程中认罪认罚，但具体的认罪认罚内容有所区别。在侦查阶段，当事人所认罪认罚的内容是办案机关让被追诉人陈述自己的犯罪事实，即对自己犯罪行为进行一个陈述，这属于概括性的认罪认罚。在检察院审查起诉阶段，当事人认罪认罚的内容就发生了变化，此阶段的认罪认罚更具有具体性，被追诉人需要针对检察机关指控的犯罪罪名，以及提起的量刑建议进行认罪认罚。案件进入法院审判阶段，被追诉人需要表明自己对法院最终的判决结果的认可以达成认罪认罚。在不同的阶段，认罪认罚的内容有所不同，审判机关也要就认罪认罚的真实性、自愿性进行审查。

（二）现存问题

虽然认罪认罚从宽制度已经从试点推向了全国，公安与司法机关相互配合、制约情况总体较好，但是也存在配套制度不完善、经验不足、认识不够统一等问题。

首先，部分地区侦查阶段主动适用认罪认罚从宽制度的积极性不高，在实务中还应加强对犯罪嫌疑人的认罪认罚教育，争取让其在侦查阶段就认罪认罚。其次，就量刑建议权与量刑权的平衡来说，虽然《刑事诉讼法》第 201 条第 1 款规定，对于认罪认罚案件，法院一般要采纳检察院的量刑意见，但是有时检察院会忽略《刑事诉讼法》第 201 条第 1 款的例外规定，认为在认罪认罚案件中的量刑等同于检察院公诉意见书中的量刑。此外，检察机关需加强与侦查机关的衔接配合。司法实践中常存在与侦查机关沟通不够，主动听取律师意见不够的情形。同时，量刑建议协商的落实不够全面，直接影响了此制度的设置目的。虽然在各个阶段都可以认罪认罚，但是律师在认罪认罚的三个阶段中的参与度都比较低，一是值班律师的形式化，在签署认罪认罚具结书之时律师往往只是象征意义地出现；二是律师在庭审中并不能获得较多的话语权，参与度较低。[1]

这些问题都需要三机关的相互配合，为被追诉人认罪认罚提供更好的程序保障，同时也需要三机关的相互制约，如发挥检察机关的监督作用，来弥补违反认罪认罚目的和意义的相关漏洞。

三、认罪时间与从宽幅度

公检法三机关的配合还体现在认罪时间与从宽幅度的关系上。原则上是越早认罪认罚，从宽的幅度就越大。《最高人民法院关于适用〈中华人民共和国刑事诉讼法〉的解释》第 355 条第 2 款规定，对认罪认罚案件，应当根据被告人认罪认罚的阶段早晚以及认罪认罚的主动性、稳定性、彻底性等，在从宽幅度上体现差异。各地机关也制定了相应的实施细则，例如，《浙江省刑事案件适用认罪认罚从宽制度实施细则》第 6 条明确了三个诉讼阶段不同的从宽幅度，

---

〔1〕 参见张军："最高人民检察院关于人民检察院适用认罪认罚从宽制度情况的报告——2020 年 10 月 15 日在第十三届全国人民代表大会常务委员会第二十二次会议上"，载《检察日报》2020 年 10 月 17 日，第 2 版。

即办理认罪认罚案件，应当区别认罪认罚的不同诉讼阶段，对查明案件事实的价值和意义，有无主动上交违法所得、主动赔偿、主动缴纳罚金等悔罪表现，以及罪行严重程度等，从而综合考量确定从宽的限度和幅度。（1）在侦查阶段认罪，表示愿意接受刑事处罚的，可以减少基准刑的30%以下；（2）在审查起诉阶段认罪认罚的，可以减少基准刑的20%以下；（3）在审判阶段认罪认罚的，可适当从宽，但从宽幅度一般不超过10%。其他省份也作出了类似的具体规定。可见，各地的具体实施细则均确立了当事人越早认罪、从宽的幅度就越大的原则。

在一起涉嫌容留卖淫的共同犯罪案件中，两个当事人所处的地位、行为、作用都是相当的。唯一不同的就是，两个人认罪的时间不一样，甲在侦查阶段，就开始认罪认罚，而乙到了审判阶段才开始认罪认罚，最终两个人的判决结果就有了差异。早认罪认罚的，即侦查阶段认罪认罚的甲，减少了基准刑的30%，而到了法院审判阶段才认罪认罚的乙，仅仅减少了基准刑的10%，最终甲被判处有期徒刑十一个月，乙被判处有期徒刑十三个月。从这个案例当中也可以看出，越早认罪认罚，当事人可以获得从宽处罚的幅度是越大的。

四、三机关相互制约的具体体现

在认罪认罚从宽制度当中，公检法三个机关又是如何相互制约的呢？对此，可以通过以下两个例子予以说明。比如在侦查阶段，当事人自愿认罪认罚，概括性地供述自己的犯罪事实，到了检察院审查起诉阶段，检察机关是否需要一味地推进这个认罪认罚，而不需要再去审查这个案件行为是否构成犯罪呢？答案当然是否定的。检察机关首先要审查的是根据事实和证据这个行为本身是否构成犯罪，从而避免冤假错案的发生。如果构成犯罪，再去审查认罪认罚的自愿性、合法性和真实性的问题。这体现了公安机关、检察机关之间相互制约的关系。

同样，到了法院审判阶段，法院对于检察院的认罪认罚也并非一律认可。刑事诉讼法也规定了法院应具体审查认罪认罚本身，除自愿性、真实性、合法性审查之外，也要审查案件是否符合认罪认罚的适用条件，是否构成犯罪，犯罪行为是不是当事人实施的问题。如果法院认为案件符合认罪认罚从宽制度的适用条件，才能够继续按照认罪认罚来推进程序。如果发现案件本身不符合认罪认罚的适用条件，不构成犯罪，或者犯罪行为并非由被追诉人实施，则该案不能适用认罪认罚从宽这个程序，这也体现了法院对检察院适用认罪认罚的制约。

在量刑方面，虽然法律规定，法院对于检察机关的量刑建议应当采纳，但是也规定了不予采纳的例外情况。比如，检察机关认罪认罚的量刑建议过轻或者过重，法院可以要求检察机关进行调整，或者可以直接作出裁判。这就充分体现了在认罪认罚制度当中三机关并非一味配合，也存在相互制约的情形。法院适用认罪认罚从宽制度时一定要以保证案件公平公正为前提。

公检法三机关也要以相互制约为工作要求，从而有利于实现案件的公平正义。

综上，公检法三机关相互配合、相互制约原则是实现办案效率和办案公平的必然要求。对公检法三机关而言，三机关相互配合原则体现在工作内容和程序的衔接方面；对于当事人而言，三机关相互配合原则体现在认罪认罚的时间与从宽的幅度方面，认罪认罚越早则从宽的幅度越大。相互制约原则体现在三机关在每一个诉讼阶段都要对当事人是否符合适用认罪认罚这一程序进行审查判断，保障案件的公平正义。对办案机关而言，根据 2019 年《关于适用认罪认罚从宽制度的指导意见》的精神，要求办案机关不仅要追求办案效率，节约司法资源，同时也提出了追求公平公正的更高要求。

认罪认罚案件如何体现"宽严相济"的刑事政策？

问题引入

2019 年 10 月，最高人民法院、最高人民检察院、公安部、国家安全部、司法部联合发布了《关于适用认罪认罚从宽制度的指导意见》。针对司法实践中认罪认罚从宽制度的相关问题，作出了详尽的指导。

本问主要解读《关于适用认罪认罚从宽制度的指导意见》第 1 条规定，即"宽严相济"刑事政策。主要内容为：何为"宽严相济"刑事政策？"宽严相济"刑事政策的理论演进是怎样的？在司法实践中，认罪认罚案件如何体现"宽严相济"的刑事政策？

一、"宽严相济"刑事政策的历史演进与内涵

（一）历史演进

刑事政策往往体现一个国家一段时期内应对犯罪的态度，历史时期不同，犯罪总体呈现出的特点不同，国家制定的刑事政策往往也有所不同。

谈到刑事政策，除"宽严相济"的刑事政策以外，还有"惩办与宽大相结合""严打"这两个耳熟能详的刑事政策。1979 年《刑法》第 1 条将"惩办与宽大相结合"作为我国的基本刑事政策，伴随中国社会转型时期出现的大规模犯罪浪潮，我国从 1983 年到 2001 年一共发动了三次"严打"战役。虽然有学者认为"严打"并没有违背"惩办与宽大相结合"刑事政策，或认为"严打"属于"惩办与宽大相结合"基本刑事政策指导下的具体政策，或认为"严打"政策只是"惩办与宽大相结合"基本刑事政策指导下的"严惩"这一方面，两者的精神内核是完全一致的，不是独立矛盾的。但是"严打"刑事政策在其内容上与"惩办与宽大相结合"的刑事政策存在抵触，采用"严打"刑事政策意味着在一定时期内搁置"惩办与宽大相结合"的刑事政策。事实也是如此，可捕可不捕的不捕，可杀可不杀的不杀，这些体现"惩办与宽大相结合"刑事政策的具体政策，在"严打"当中都不再适用。[1]"严打"政策在一段时期内成为最主要的刑事政策从而影响刑事司法活动。三次"严打"战役虽然具有短时间内压制犯罪的效果，但是却不能从根本上遏制犯罪的态势，依靠"严打"无法实现国家社会的长治久安，"严打"只是治标之道而非治本之道。基于对"严打"刑事政策的反思和对其经验教训的总结，刑事政策应该向"惩办与宽大相结合"回归。[2]传统的理论认为，"惩办与宽大相结合"刑事政策的内容是：首恶必办，胁从不问；坦白从宽，抗拒从严；立功折罪，立大功受奖。[3]

---

〔1〕 陈兴良："宽严相济刑事政策研究"，载《法学杂志》2006 年第 1 期。
〔2〕 参见陈兴良："宽严相济刑事政策研究"，载《法学杂志》2006 年第 1 期。
〔3〕 马克昌主编：《中国刑事政策学》，武汉大学出版社 1992 年版，第 98 页。

但这些内容有些已经过时，有些内容也不能很好地反映"惩办与宽大相结合"的刑事政策理念，因此应该在"惩办与宽大相结合"的基础之上，用更为全面先进的理念进行修正，用"宽严相济"的刑事政策代替"惩办与宽大相结合"的刑事政策。

为了构建和谐社会，更好地维护国家的长治久安，党中央提出了"宽严相济"的刑事政策。最高人民法院《关于贯彻宽严相济刑事政策的若干意见》对"宽严相济"刑事政策进行了系统性阐述，该意见指出"宽严相济"刑事政策是我国基本刑事政策，贯穿于刑事立法、刑事司法和刑罚执行的全过程，是"惩办与宽大相结合"政策在新时期的继承、发展和完善，是司法机关惩罚犯罪、预防犯罪、保护人民、保障人权、正确实施国家法律的指南。

（二）具体内涵

如今"宽严相济"已经成为我国基本刑事政策之一。"宽严相济"刑事政策是对"惩办与宽大相结合"刑事政策的继承和发展。在继承方面，"惩办与宽大相结合"的精神内涵就包含"宽严相济"，即对罪行严重的罪犯、首恶分子和拒不交待罪行的犯罪分子坚决予以惩办，对罪行较轻的、被胁从犯罪的、坦白交待犯罪的、检举揭发他人或有其他立功表现的犯罪分子，则从宽处理。"宽严相济"刑事政策与上述从严从宽的精神是一致的，因而可以说，"宽严相济"刑事政策继承了"惩办与宽大相结合"的精髓。[1]在发展方面，"宽严相济"是在构建和谐社会背景下提出的，更加重视民主法治和公平正义，但是"惩办与宽大相结合"却是在满足新中国成立初期维护新生政权、严厉打击罪行严重的犯罪分子的需求下制定的；"惩办与宽大相结合"更加侧重的是"惩办"，而"宽严相济"将"宽"字放在前面，更加体现了"宽严相济"的科学性和人道主义精神。

贯彻落实"宽严相济"刑事政策，就要"根据犯罪的具体情况，实行区别对待，做到该宽则宽，当严则严，'宽严相济'，罚当

---

〔1〕 马克昌："论宽严相济刑事政策的定位"，载《中国法学》2007年第4期。

其罪"。"宽严相济"，意味着要正确把握"从宽""从严"和"相济"三个词。

首先，"从宽"。对"从宽"的理解，要与"惩办与宽大相结合"中的"宽大"相联系，其本意应该是轻缓，对较为轻微的犯罪进行轻微处理，对较重的犯罪在符合一定轻缓处理的前提下从轻处理。"宽严相济"刑事政策中的"从宽"，主要是指对于情节较轻、社会危害性较小的犯罪，或者罪行虽然严重，但具有法定、酌定从宽处罚情节，以及主观恶性相对较小、人身危险性不大的被告人，可以依法从轻、减轻或者免除处罚；对于具有一定社会危害性，但情节显著轻微、危害不大的行为，不作为犯罪处理；对于依法可不监禁的，尽量适用缓刑或者判处管制、单处罚金等非监禁刑。[1]正确把握从轻情节，对犯罪分子进行轻缓处理，有利于感化犯罪分子，帮助其悔过自新并回归社会。

其次，"从严"。"宽严相济"并不代表对所有的犯罪分子进行轻缓处理，其还包括严格、严厉的意思。《关于贯彻宽严相济刑事政策的若干意见》指出，"宽严相济"刑事政策中的"从严"，主要是指对于罪行十分严重、社会危害性极大，依法应当判处重刑或死刑的，要坚决地判处重刑或死刑；对于社会危害性大或者具有法定、酌定从重处罚情节，以及主观恶性大、人身危险性大的被告人，要依法从严惩处。在审判活动中通过体现依法从严的政策要求，有效震慑犯罪分子和社会不稳定分子，达到有效遏制犯罪、预防犯罪的目的。[2]

最后，"相济"。"相济"意味着要平衡协调"宽"与"严"，使其互相衔接，形成互补，最终发挥最好的预防犯罪的效果。无论是轻缓地处理还是严厉地处理，都不是刑罚的终极目的，对不同的犯罪分子的犯罪活动进行不同程度的刑罚处罚也是为了实现预防犯罪的目的。《关于贯彻宽严相济刑事政策的若干意见》也对"相济"作出了明确的规定，"宽严相济"刑事政策中的"相济"，主要是指在对各类犯罪依法处罚时，要善于综合运用"宽"和"严"两种手

---

[1] 马克昌："论宽严相济刑事政策的定位"，载《中国法学》2007年第4期。
[2] 马克昌："论宽严相济刑事政策的定位"，载《中国法学》2007年第4期。

段，对不同的犯罪和犯罪分子区别对待，做到严中有宽、宽以济严；宽中有严、严以济宽。[1]

二、认罪认罚从宽制度是落实"宽严相济"刑事政策的重要举措

2019年《关于适用认罪认罚从宽制度的指导意见》指出，认罪认罚从宽制度是2018年《刑事诉讼法》修改后规定的一项重要制度，是全面贯彻"宽严相济"刑事政策的重要举措。由此可见，认罪认罚从宽制度是为落实"宽严相济"刑事政策背景下的直接产物，是依法推动"宽严相济"刑事政策具体化、制度化的探索。

自2005年"宽严相济"刑事政策提出后，我国公布了许多落实推进"宽严相济"刑事政策的法律条文、立法解释、司法解释和指导案例，但是现实与实现"宽严相济"刑事政策宽缓化的制度需求之间仍有较大差距。[2]与1979年《刑法》相比，1997年《刑法》扩大了重罪的范围，而且对于严重刑事犯罪往往采用长期自由刑、无期徒刑和死刑的方式进行惩罚；同时，立法通过增设新罪和降低入罪门槛的方式将原有的违法行为纳入刑法的规制范围，从而不断适应时代发展的需求。这体现了中国刑事立法仍然存在刑罚体系偏严，在治理轻微犯罪之时存在缺少轻缓化应对措施等问题。

为了有效落实"宽严相济"刑事政策实现刑罚宽缓化，一方面要降低法定刑，另一方面要丰富和完善从宽制度，认罪认罚从宽制度便是一种较好的实现路径。在刑事案件中，充分考量认罪认罚中的从宽情节并根据情节进行从宽处罚，有利于弥补刑事立法中刑罚严厉的不足，也有利于将"宽严相济"刑事政策落实到司法实践中。在认罪认罚从宽制度中，犯罪嫌疑人、被告人自愿如实供述自己的犯罪行为，对于指控犯罪事实没有异议，同意检察机关的量刑意见并签署具结书的案件，可以依法从宽处理，而从宽处理又包括实体

---

〔1〕 马克昌："论宽严相济刑事政策的定位"，载《中国法学》2007年第4期。
〔2〕 参见卢建平："刑事政策视野中的认罪认罚从宽"，载《中外法学》2017年第4期。

上从宽和程序上从简这两个方面内容。

实体上的从宽，意味着当事人可以在认罪认罚的前提下获得更为轻缓的处罚。认罪认罚案件不捕率高于整体刑事案件 18.3 个百分点；法院宣告缓刑案件占 36.2%，高出整体刑事案件 6.9 个百分点。[1]最高人民检察院 2020 年公布的《2020 年 1 至 9 月全国检察机关主要办案数据》显示，捕后不诉率也明显增高，其中认罪认罚从宽制度的推行是非常重要的原因。2020 年 1 月至 9 月，全国检察机关已办理的审查起诉案件中，适用认罪认罚从宽制度审结 1 063 287 人，占同期审查起诉案件审结人数的 85%。在这些大量适用认罪认罚制度的案件中，一些检察机关将犯罪嫌疑人认罪认罚与相对不起诉相结合，通过引导捕后犯罪嫌疑人主动认罪认罚，以悔罪和赔偿获得被害人谅解，达成刑事和解等方式，合理适用不起诉裁量权，一定程度上增加了捕后不起诉的适用人数和案件数。[2]

从宽幅度的具体标准应根据不同的案件具体确定。就认罪认罚案件而言，应当区别认罪认罚的不同诉讼阶段、对查明案件事实的价值和意义、是否确有悔罪表现，以及罪行严重程度等情况，综合考量确定从宽的限度和幅度。在刑罚评价上，主动认罪优于被动认罪，早认罪优于晚认罪，彻底认罪优于不彻底认罪，稳定认罪优于不稳定认罪。从宽幅度，大体上在侦查阶段认罪认罚从宽幅度为 30%、审查起诉阶段从宽幅度为 20%、审判阶段从宽幅度为 10%。此外，对罪行较轻、人身危险性较小的，特别是初犯、偶犯，从宽幅度可以大一些；罪行较重、人身危险性较大的，以及累犯、再犯，从宽幅度须从严把握。[3]对认罪认罚的轻罪案件，一般应当依法从

〔1〕 张军："最高人民检察院关于人民检察院适用认罪认罚从宽制度情况的报告——2020 年 10 月 15 日在第十三届全国人民代表大会常务委员会第二十二次会议上"，载《检察日报》2020 年 10 月 17 日，第 2 版。

〔2〕 参见董坤、李佳倩："捕后不诉率上升情况的数据分析"，载《检察日报》2020 年 11 月 24 日，第 3 版。

〔3〕 参见陈健："我到底要不要认罪认罚？认了减刑多少？认罪认罚十大问题答案给你"，载 https://baijiahao.baidu.com/s？id=1671727429341024391&wfr=spider&for=pc，最后访问日期：2020 年 12 月 17 日。

简从宽办理，依法能不捕的不捕，能不诉的不诉；能适用缓刑的，依法提出适用缓刑量刑建议；能适用速裁或者简易程序的，及时提出程序适用的建议。对因民间纠纷引发的犯罪，要积极主动耐心地做好矛盾化解、刑事和解工作，犯罪嫌疑人、被告人自愿认罪、真诚悔罪并取得谅解、达成和解、尚未严重影响人民群众安全感的，要积极适用认罪认罚从宽制度，特别是对其中社会危害性不大的初犯、偶犯、过失犯、未成年犯，一般应当依法给予较大幅度从宽。[1]

程序上的从简，意味着刑事诉讼流程的时间更短、效率更高，在提高速度的同时维持案件的办理质量，更好地维护当事人的合法权益。检察机关适用该制度办理的案件，起诉到法院后适用速裁程序审理的占27.6%；适用简易程序审理的占49.4%；适用普通程序审理的占23%，比2018年下降20个百分点。[2]比如，在认罪认罚案件中速裁程序的落实有利于大大减少当事人等待审判的时间，可以更快地知道自己的刑事处罚结果。《刑事诉讼法》第222条规定，"基层人民法院管辖的可能判处三年有期徒刑以下刑罚的案件，案件事实清楚，证据确实、充分，被告人认罪认罚并同意适用速裁程序的，可以适用速裁程序，由审判员一人独任审判。人民检察院在提起公诉的时候，可以建议人民法院适用速裁程序"。2020年10月13日，最高人民检察院下发4起认罪认罚案件适用速裁程序的典型案例。其中，在肖某某危险驾驶案中，肖某某因涉嫌危险驾驶于2019年11月12日被刑事拘留，于当日15时移送莆田市秀屿区人民检察院审查起诉。秀屿区人民检察院对本案适用认罪认罚从宽制度，于当日17时以肖某某涉嫌危险驾驶罪提起公诉，并建议法院适用速裁程序审理本案，18日10时，莆田市秀屿区人民法院适用速裁程序开庭审理本案，采纳检察机关的指控和量刑建议并当庭宣判，判处被

---

〔1〕《最高人民检察院就十三届全国人大常委会对人民检察院适用认罪认罚从宽制度情况报告的审议意见提出28条贯彻落实意见》。

〔2〕张军："最高人民检察院关于人民检察院适用认罪认罚从宽制度情况的报告——2020年10月15日在第十三届全国人民代表大会常务委员会第二十二次会议上"，载《检察日报》2020年10月17日，第2版。

告人肖某某拘役一个月，缓刑二个月，并处罚金1000元。该案从刑事拘留到开庭宣判，仅历时六天，极大地减少了当事人的诉累。同时在案件办理的过程中，值班律师可以就案件处理依法向司法机关提出意见，确保犯罪嫌疑人、被告人认罪认罚的自愿性、合法性和真实性，确保速裁案件兼顾实体公正和程序公正。

认罪认罚从宽制度是落实 "宽严相济" 刑事政策的具体规范化路径。"办理认罪认罚案件，应当充分考虑犯罪的社会危害性和犯罪嫌疑人、被告人的人身危险性，找准 '宽严相济' 的平衡点，结合认罪认罚的具体情况，确定是否从宽以及从宽幅度，避免一味从宽、片面从严两种倾向。要正确把握司法公正与司法效率、个案公正与制度公正的平衡，对可能判处三年有期徒刑以下刑罚的认罪认罚案件，要尽量依法从简从快从宽办理，探索相适应的处理原则和办案方式。"[1]

刑事诉讼中通过从宽从简对认罪认罚的被追诉人进行轻缓化处理的方式，从实体和程序两个方面体现了 "宽严相济" 的刑事政策，既追究了犯罪分子的刑事责任，也包含了其合法利益，实现了提高效率和保障公平的有机统一。通过具体落实认罪认罚从宽制度，有利于更好地实现 "宽严相济" 刑事政策的目标，最终实现社会公平正义。

---

〔1〕 苗生明、周颖："认罪认罚从宽制度适用的基本问题——《关于适用认罪认罚从宽制度的指导意见》的理解和适用"，载《中国刑法杂志》2019年第6期。

如何理解认罪认罚从宽制度中的 "认罪"？　第四问

问题引入

本问对认罪认罚从宽制度中的"认罪"进行解读，具体内容包括"认罪"是否是指对自己的犯罪行为全部如实地供述；是否可以提出异议和辩解；在不同的诉讼阶段和不同的诉讼程序中，"认罪"的具体判断又有何不同？

一、"认罪"之基本把握

《刑事诉讼法》中虽然规定了认罪认罚从宽制度，但是就认罪的具体形式没有作出规定，所以在实务适用中出现了一些争议和不同的做法。根据 2019 年《关于适用认罪认罚从宽制度的指导意见》第 6 条规定："认罪认罚从宽制度中的'认罪'，是指犯罪嫌疑人、被告人自愿如实供述自己的罪行，对指控的犯罪事实没有异议。承认指控的主要犯罪事实，仅对个别事实情节提出异议，或者虽然对行为性质提出辩解但表示接受司法机关认定意见的，不影响'认罪'的认定。犯罪嫌疑人、被告人犯数罪，仅如实供述其中一罪或部分罪名事实的，全案不作'认罪'的认定，不适用认罪认罚从宽制度，但对如实供述的部分，人民检察院可以提出从宽处罚的建议，人民法院可以从宽处罚。""认罪"体现了被追诉人对犯罪行为性质的认识，是悔过态度的外在表现，由此判断其人身危险性、再犯可能性，因此"认罪"不能仅作宣告性的认罪表示，而应当是实质性的承认。[1]这就决定了在实务中大大扩大了可被认定为"认罪"的具体情况。

认罪意味着要如实供述，《关于适用认罪认罚从宽制度的指导意见》虽然没有说明何为如实供述，但对"如实供述自己的罪行"的解读，可以参照相关司法解释，如《关于处理自首和立功具体应用法律若干问题的解释》《关于处理自首和立功若干具体问题的意见》《关于办理职务犯罪案件认定自首、立功等量刑情节若干问题的意见》等。[2]

由此可见，对认罪的理解要从实质的角度判断，因而实务中被认定为"认罪"的情况较为广泛，个案与个案也有所不同，如对主要的犯罪事实进行认罪，对个别的事实情节提出质疑，仍然可以认

---

[1] 苗生明、周颖："认罪认罚从宽制度适用的基本问题——《关于适用认罪认罚从宽制度的指导意见》的理解和适用"，载《中国刑事法杂志》2019 年第 6 期。
[2] 苗生明、周颖："认罪认罚从宽制度适用的基本问题——《关于适用认罪认罚从宽制度的指导意见》的理解和适用"，载《中国刑事法杂志》2019 年第 6 期。

为其构成"认罪";再比如被追诉人只对部分罪名"认罪",虽然不对全案进行认罪但是也可以将部分认罪的事实从宽处理;再比如被追诉人虽然对自己的行为性质提出辩解但是又接受司法机关的认定意见的,也可以认定为"认罪";在共同犯罪中,部分被追诉人如实供述、认罪认罚的,可以认定为"认罪",但对于其他被追诉人,不能够认定为"认罪"。此外,如果被追诉人仅仅表明自己认罪,但是又避重就轻为了获得较少处罚隐瞒身份、捏造事实、不提供具体的犯罪过程的,不能认定为"认罪"。

被追诉人提出异议与辩解,有时不会影响"认罪"的认定。出于各种复杂的原因,被追诉人异议和辩解并不等同于没有如实供述、如实回答。承认指控的主要犯罪事实,仅对个别事实情节提出异议,或者虽然对行为性质提出辩解但表示接受司法机关认定意见的,不影响"认罪"的认定。

因此,对于未如实回答的犯罪嫌疑人、被告人,不宜界定为"认罪态度不好",从重处罚,而应当作为"认罪态度一般"来处理;到案后主动承认犯罪行为、主动供述案件事实的,则应当作为"认罪态度较好"进行处理;对于到案后无理狡辩、推卸责任甚至诬陷他人的行为,才应当视为"认罪态度不好"。需要特别说明的是,如实供述的前置条件是"自愿",即犯罪嫌疑人认罪认罚必须出自自愿,若受强迫而供述,不能适用认罪认罚从宽制度。

但是,上述论述仅是就《关于适用认罪认罚从宽制度的指导意见》第6条作出了详尽解释,而未能就认罪的其他争议问题作出回答,就实务中的具体适用也并没有作出解释,对于"如实供述犯罪罪行,对指控的犯罪事实没有异议"的理解还需要进一步深入。

二、"认罪"之具体内涵

从实体法的角度来说,在《关于适用认罪认罚从宽制度的指导意见》印发之前,"认罪"是否需要包含对犯罪性质与犯罪罪名的肯定也经历了较大争议。对此,主要有以下几种观点。第一种观点认为,只要承认犯罪事实即可,无需考虑对构成犯罪和构成何种罪名的认可，"认罪"实质上就是"认事"，即承认指控的犯罪事实，这里的犯罪事实应指主要犯罪事实。因此，犯罪嫌疑人、被告人对指控的个别细节有异议或者对行为性质的辩解不影响"认罪"的认定。[1]第二种观点认为，"认罪"必须包含对犯罪事实及其犯罪性质的肯定，但并不需要对构成何罪进行认同。[2]第三种观点认为，"认罪"不仅需要对犯罪事实作出承认，而且要对犯罪性质和指控的罪名予以承认。[3]《关于适用认罪认罚从宽制度的指导意见》则对此问题进行了界定。

从实体法上看，"认罪"即为"如实供述自己的罪行"。根据《关于适用认罪认罚从宽制度的指导意见》，"如实供述自己的罪行"，可以参照相关司法解释予以把握。针对认罪、自首、坦白等情形，"承认指控的犯罪事实"是指承认影响定罪、量刑的主要犯罪事实。除了对事实的认定，"认罪"并不等于承认有罪或者承认指控的罪名。认罪的本质是对事实的肯定，而非对犯罪性质与犯罪罪名的肯定。

"认罪"是司法机关定罪量刑的重要情节和从宽处理的重要依据，实体法规范要求犯罪嫌疑人、被告人"如实供述自己的罪行"必须涵盖足以影响定罪量刑的事实细节，包括主要犯罪事实和身份情况，主要犯罪事实又包括影响定罪的事实和量刑事实。[4]所以，从实体法的角度来看，"认罪"必须包含对个人身份的如实供述和对主要犯罪事实的供述，对主要犯罪事实的供述又要求被追诉人对犯罪事实的主要过程进行供述，而不能进行概括性的陈述。

从程序法上看，"认罪"在不同诉讼阶段以及不同审判程序中具

〔1〕 参见胡云腾主编：《认罪认罚从宽制度的理解与适用》，人民法院出版社2018年版，第78页。

〔2〕 参见魏晓娜："完善认罪认罚从宽制度：中国语境下的关键词展开"，载《法学研究》2016年第4期。

〔3〕 参见周新："认罪认罚从宽制度立法化的重点问题研究"，载《中国法学》2018年第6期。

〔4〕 黄京平："认罪认罚从宽制度的若干实体法问题"，载《中国法学》2017年第5期。

有不同的要求。在侦查阶段和审查起诉阶段初期，犯罪嫌疑人、被告人只要自愿如实供述自己的罪行，就构成"认罪"，但在签署认罪认罚具结书和提起公诉时以及案件进入审判阶段以后，认罪的内容伴随着程序选择的不同而有着细微的变化。在审判阶段，"认罪"因案件适用的程序不同而有所区别。对于适用速裁程序和简易程序的案件，被告人必须在自愿如实供述的基础上同时"承认指控的犯罪事实和罪名"，才能构成"认罪"，而对于适用普通程序审理的案件，被告人只要在自愿如实供述的基础上"承认指控的犯罪事实"即属于"认罪"，对罪名有异议的，不影响"认罪"的认定。[1]这是因为适用速裁程序与简易程序的案件要考虑效率价值，但是适用普通程序的案件涉及罪刑更加严重，所以更加侧重公正价值，因而保障了被追诉人对指控罪名的异议权。

---

[1] 孙长永："认罪认罚从宽制度的基本内涵"，载《中国法学》2019年第3期。

如何理解认罪认罚从宽制度中的 "认罚"？

第五问

问题引入

　　认罚是被追诉人获得从宽处理的前提条件，正确理解 "认罚" 的内容是正确适用认罪认罚从宽制度的必要条件。如何理解认罪认罚从宽制度中的 "认罚"？在刑事诉讼过程中，每一个阶段适用认罪认罚从宽制度时，"认罚" 内容又有哪些不同？"认罚" 的具体把握又是怎样的？

一、"认罚"之基本内涵

首先，"认罚"的官方理解从试点到落实，前后措辞有所不同。根据《关于在部分地区开展刑事案件认罪认罚从宽制度试点工作的办法》第1条规定，"同意量刑建议，签署具结书"就是"认罚"。但是2019年《关于适用认罪认罚从宽制度的指导意见》就"认罚"的基本理解发生了变化。该指导意见规定，认罪认罚从宽制度中的"认罚"，是指犯罪嫌疑人、被告人真诚悔罪，愿意接受处罚。"认罚"，在侦查阶段表现为表示愿意接受处罚；在审查起诉阶段表现为接受人民检察院拟作出的起诉或不起诉决定，认可人民检察院的量刑建议，签署认罪认罚具结书；在审判阶段表现为当庭确认自愿签署具结书，愿意接受刑罚处罚。

官方的措辞从"同意量刑建议，签署具结书"到"愿意接受处罚"，体现了对于"认罚"的包容性，更能够符合刑事诉讼不同阶段的需要，并且也更好地衔接了《刑事诉讼法》中规定的在特殊情况下可以不签署认罪认罚具结书的具体规定。

其次，在司法实践中，所谓的"认罚"的评判标准具有综合性特点，被追诉人不仅要符合具体的法律规定，而且要结合当事人真诚悔罪、积极赔偿的态度综合考虑。如被追诉人是否对被害人一方充分赔偿，是否签署和解协议或者是否提交刑事谅解书。就细节来看，被追诉人不仅要对办案机关的处罚建议，尤其是对于检察机关所提出量刑建议的主刑表示认罚，同时对于附加刑也要表示认罚。"认罚"考察的重点是犯罪嫌疑人、被告人的悔罪态度和悔罪表现，应当结合退赃退赔、赔偿损失、赔礼道歉等因素来考量。犯罪嫌疑人、被告人虽然表示"认罚"，却暗中串供，干扰证人作证，毁灭、伪造证据或者隐匿、转移财产，有赔偿能力而不赔偿损失，则不能适用认罪认罚从宽制度。

之所以在认定"认罚"之时着重考虑被追诉人的悔罪态度，是因为认罪认罚从宽制度本身就是要用被追诉人的认罪与认罚换取宽缓化的刑罚，而认罚是被追诉人的社会危险性和人身危险性的重要体现。具体而言,在认罪认罚从宽制度中,认罪与认罚是从宽的前提条件,是认定从宽的必要条件,也就意味着其从以往的酌定情节成为认罪认罚适用的准法定情节。"认罪"体现了被追诉人的悔罪态度,也体现了被追诉人的社会危险性和人身危险性的降低。比如在认罪认罚案件中,被追诉人往往积极赔偿被害人一方,通过签订和解协议获得被害人一方的谅解,取得刑事谅解书。这就意味着应当在法律和制度层面给予被追诉人正面评价。从刑法的特别预防看,悔罪意味着犯罪嫌疑人、被告人意识到自己的行为是错的,内心对此感到悔恨,愿意认错服法,也表明其人身危险性降低。如果被追诉人只认罪不认罚,比如不退赔不悔过,则说明其并没有达到认罪认罚的目的,也不能对其适用此项制度使其获得从宽的法律效果。

二、"认罚"之具体把握

以往司法实践中,更多地关注"认罪"情节,对"认罚"这一情节关注不多。但是在具体的实务操作中,"认罚"的细节问题也成为需要讨论的热点,如被追诉人没有缴纳全部罚金,是否可以构成认罚进而影响从宽的认定。

(一)认罚的阶段性

根据《刑事诉讼法》《关于适用认罪认罚从宽制度的指导意见》的相关规定,"认罚"是指愿意接受处罚。在整个刑事诉讼过程中,每一个阶段都可以适用认罪认罚,但每一个阶段的认罪认罚的内容又是不同的。

"认罚"的"罚"主要是指所认之罪成立后的"刑罚"后果,在不同的阶段有着不同的表现形式。在侦查阶段,所谓的"认罚"是指对于犯罪事实表示承认,表明其愿意接受合理处罚。审查起诉阶段的"认罚"可以分情况予以讨论,对于检察机关相对不起诉的案件,"认罚"指接受检察机关拟作出的相对不起诉决定和非刑罚处罚措施;对于检察机关提起公诉的案件,"认罚"就是同意检察机关提出的量刑建议乃至认可人民法院在此幅度内的判处,包括主刑、附加刑以及刑罚执行方式等内容,具体表现为签署认罪认罚具结书。[1]不过，就认罪认罚具结书而言，被追诉人符合《刑事诉讼法》第 174 条"不需要签署认罪认罚具结书"情形之一的，可以不签署认罪认罚具结书；被告人在法庭审理过程中自愿认罪认罚，公诉人当庭调整量刑建议，被告人表示认可并经法庭记录在案的，也可以不签署具结书。到了法院审理阶段，"认罚"就是对于之前所签署的具结书表示确认，同时愿意接受法院作出的刑事处罚。

（二）罚金缴纳等行为与"认罚"

根据以上论述的内容，"认罚"仅仅意味着"同意量刑建议"，一般还应当包括依法签署具结书、积极退赃退赔、赔偿被害人物质损失、自愿缴纳罚金等。为了保证"认罚"的法律效果和社会效果，犯罪嫌疑人、被告人有能力、有条件但拒不退缴赃款赃物、赔偿被害人物质损失，或者非因经济困难等客观原因而拒绝足额缴纳罚金的，即使形式上同意量刑建议，仍应认定为"不认罚"。但是，由于被害人或者其近亲属漫天要价导致未能满足被害人赔偿要求，不能就附带民事赔偿事项达成和解或调解协议的，或者由于经济困难无力缴纳罚金的，不影响"认罚"的认定。

积极退赔等行为体现的是行为人真诚悔罪的态度，与此相反的"禁止性行为"会直接否定"认罚"的认定。"禁止性行为"是指犯罪嫌疑人、被告人不得故意实施逃避刑事追诉和审判的行为，其中被取保候审、监视居住的犯罪嫌疑人、被告人不得故意违反取保候审、监视居住的规定，妨碍刑事诉讼活动的顺利进行。犯罪嫌疑人、被告人虽然自愿如实供述了自己的罪行，口头上表示接受惩罚，并且经批准后被取保候审、监视居住，但在司法机关传讯时却无正当理由拒不到案，甚至逃跑、藏匿，或者实施干扰被害人、证人作证等妨碍诉讼活动顺利进行的行为，那就不能被认定为"认罚"。[2]

（三）程序的选择是否影响认罚

"认罚"是否包含对适用简易程序、速裁程序的认可，在此之前

---

[1] 参见尹伟第三届全国检察官阅读征文活动二等奖作品《何为"认罚"以及如何"认罚"？——认罪认罚从宽制度中"认罚"的规范考察及实践探索》。

[2] 孙长永："认罪认罚从宽制度的基本内涵"，载《中国法学》2019 年第 3 期。

一直有所争议。从全国 18 个地区认罪认罚从宽制度试点情况看，适用速裁程序和简易程序审理的案件占全部试点案件的 92.11%。〔1〕《刑事诉讼法》第 174 条第 1 款规定，"犯罪嫌疑人自愿认罪，同意量刑建议和程序适用的，应当在辩护人或者值班律师在场的情况下签署认罪认罚具结书"。对"同意量刑建议和程序适用"的理解直接决定了认罪认罚从宽案件程序是否必须是简易程序或者是速裁程序的适用问题。

曾经有学者认为，认罪认罚从宽制度的重要目标是节约司法资源、提高诉讼效率，如果"认罚"不包括对诉讼程序简化的认可，那么制度的目标和价值就难以实现，所以，持有此项观点的学者将《刑事诉讼法》第 174 条规定的"同意量刑建议和程序适用"解释为"同意量刑建议并同意适用速裁程序、简易程序或普通程序简化审"。不过，最高人民法院法官认为："同意量刑建议但不同意适用速裁程序、简易程序的，不影响'认罚'的认定。"〔2〕

《关于适用认罪认罚从宽制度的指导意见》对此作出了明确解释，即认罪认罚从宽制度中犯罪嫌疑人、被告人对程序具有选择权，若犯罪嫌疑人不同意适用速裁程序、简易程序的，不影响"认罚"的认定。〔3〕

（四）"认罚"保留了被追诉人的上诉权

认罪认罚从宽制度并不禁止被追诉人在案件诉讼过程中就行为事实和行为定性进行辩解，在程序许可的情况下也不禁止被告人在法院宣告判决后提出上诉。

首先，上诉并不等同于对"认罚"的推翻，也不是对"认罪认罚"自愿性、明知性和真实性的挑战。从认罪认罚案件的上诉率来看，其明显低于其他案件的上诉率。"适用这一制度办理的案件中，一

〔1〕 参见胡云腾主编：《认罪认罚从宽制度的理解与适用》，人民法院出版社 2018 年版，第 274 页。

〔2〕 参见胡云腾主编：《认罪认罚从宽制度的理解与适用》，人民法院出版社 2018 年版，第 78 页。

〔3〕 参见孙长永："认罪认罚从宽制度的基本内涵"，载《中国法学》2019 年第 3 期。

审后被告人上诉率为 3.9%，低于其他刑事案件 11.5 个百分点。"[1]
这就说明在认罪认罚从宽制度的推行中，保留了被告人的上诉权。
如在余金平交通肇事案中，被告人余金平不满一审法院判处两年有
期徒刑的判决，提出了上诉。

保留上诉权的原因可以从两个角度进行分析。其一是在量刑协
商的过程中，对被追诉人的自愿性保障不充分、不完善。正如试点
总结报告所言："相当一部分试点地区，检察机关提出量刑建议后，
只要犯罪嫌疑人提出意见，没有同意量刑建议，即认为其不认罚，
要么同意，要么不再按认罪认罚案件办理，从而在一定程度上迫使
犯罪嫌疑人勉强同意量刑建议，这也是被告人日后对量刑建议提出
异议或者提出上诉的动因之一。"[2]其二是认罚的事实依据和法律
后果告知不充分，认罚的"明知性"保障不足。检察机关在被追诉
人签署认罪认罚具结书之前往往不会告诉被追诉人其所掌握的证据，
律师在文书签署时主要起到见证作用，实质意义不大，被追诉人也
无法真正完全了解认罪认罚的性质和法律后果；量刑建议本身也不
够明确、幅度较大，缓刑的适用和罚金的金额有时也会刻意回避。
所以，"同意量刑建议"有时是被追诉人为了获得从宽处罚的法律效
果而不得已的选择。

因此，一旦法院最终判处的刑罚不完全符合被告人的预期，即
使法院的定罪量刑仍然在检察机关的量刑建议幅度以内，被告人也
会为了自身利益选择上诉。如果在现有条件下不允许认罪认罚的被
告人就一审判决的量刑问题提出上诉，那么认罪认罚从宽制度的推
广实施，将会在实务中遇到较大的阻力。

---

[1] 张军："最高人民检察院关于人民检察院适用认罪认罚从宽制度情况的报告——
2020 年 10 月 15 日在第十三届全国人民代表大会常务委员会第二十二次会议上"，载《检
察日报》2020 年 10 月 17 日，第 2 版。

[2] 参见胡云腾主编：《认罪认罚从宽制度的理解与适用》，人民法院出版社 2018
年版，第 280 页。

如何理解认罪认罚从宽制度中的 "从宽"?

问题引入

在对认罪认罚进行分析阐释之后,一个随之而来的问题是,它的法律效果究竟如何?当事人认罪认罚,依据《刑事诉讼法》及《关于适用认罪认罚从宽制度的指导意见》的规定应当对其作何处理?上述问题是被追诉人一方更为关注的问题点。本问讨论的是,认罪认罚之后,是否必然地带来、如何带来以及带来多少实体上的从宽和程序上的从简的问题,从而进一步厘清认罪认罚之"从宽"概念。

一、"从宽"之内涵

《刑事诉讼法》和《关于适用认罪认罚从宽制度的指导意见》对"从宽"之内涵予以了界定：从宽处理既包括实体上从宽处罚，也包括程序上从简处理。"可以从宽"，是指为体现法律规定和政策精神，予以从宽处理。但"可以从宽"不是一律从宽，对犯罪性质和危害后果特别严重、犯罪手段特别残忍、社会影响特别恶劣的犯罪嫌疑人、被告人，认罪认罚不足以从轻处罚的，依法不予从宽处罚。此规定对从宽的内涵及适用均有所涉及，但这些均是较为概括性的规定，对于具体全面地把握"从宽"之内涵而言只是指导性的。因此，我们从试点制度及相关理论探究出发，对从宽的内涵做一个系统的梳理。

首先，必须明确的是，认罪认罚是"可以依法从宽处理"，不是"一味从宽、一律从宽"。办理认罪认罚案件，应当根据犯罪的具体情况，区分案件性质、情节和对社会的危害程度，并结合认罪认罚的具体情况，实行区别对待，准确把握是否从宽以及从宽幅度，做到该宽则宽、当严则严、宽严相济、罚当其罪。这是《最高人民检察院就十三届全国人大常委会对人民检察院适用认罪认罚从宽制度情况报告的审议意见提出 28 条贯彻落实意见》明确要求的。从宽的依据不仅是诉讼经济或者效率的考虑，而且要从实现刑罚预防、修复社会关系、彰显宽恕精神的角度来探讨。[1]在试点过程中，陈卫东教授在其《认罪认罚从宽制度试点中的几个问题》一文中从实体与程序两个层面来解读何谓"从宽"，即实体上对从宽的幅度予以明确；在程序上从简，对认罪认罚的轻微案件适用速裁程序，对认罪认罚的情节较重的案件适用简易程序。[2]这种依情节的程序适用区分基本上也得到了确证。于程序上从宽而言，需要指出的是，这不

---

〔1〕 参见卢建平："认罪认罚从宽：从政策到制度"，载《北京联合大学学报（人文社会科学版）》2017 年第 4 期。

〔2〕 参见陈卫东："认罪认罚从宽制度试点中的几个问题"，载《国家检察官学院学报》2017 年第 1 期。

仅应当包括适用宽缓的刑事强制措施，还应当包括刑事诉讼程序运行方式层面的从宽，即程序运行的迅速、不拖延，使被告人尽快脱离权利不稳定的状态。对于事实不清、证据不足的案件，决不能适用认罪认罚从宽制度，但仍可就量刑、赔偿、放弃程序权利等进行协商，而这需要保障控辩双方具有平等协商的地位，同时保障被害人的合法权益。[1]由于刑事诉讼不存在强制对应关系而使得司法机关有更大的裁量空间去面对纷杂的案件适用情况，从而实现个案在正义幅度内得到裁决。

此外，于程序与实体之两层面之外，还有主张从更广义的角度理解"从宽"，建立一个具有动态化、多元化特征的从宽体系，以量刑上的从宽为核心，兼具实体性与程序性的双重属性，如此一来，认罪认罚从宽制度不仅涉及量刑减损、不起诉，还会涉及减少羁押、缩短办案期限、保障程序选择权等方面。[2]此种观点使得"从宽"范围扩大化，也在发布的司法解释及相关文件中部分得到确定。

总而言之，"从宽"需是一般意义上的从宽，而非必然从宽，同时也不是一味从宽，是否从宽以及从宽幅度应当根据犯罪事实、性质、情节和对社会的危害程度等认罪认罚的具体情况来综合考量，依法确定，确保宽严有据、罚当其罪，避免案件显失公平。[3]当然，上述对于认罪认罚从宽的内涵理解也是抽象、宽泛意义上的解读，提纲挈领地解释不足以全面解释其制度存在的射程之内的含义，所以下文将详细探讨"从宽"之理解。

二、"从宽"之适用与实务困境

任何制度的关键在于落实，而认罪认罚从宽制度之中的关键更在于认罪认罚之后的法律效果——"从宽"之上。故此，如何具体适用"从宽"是一个必须予以厘清的问题。而"从宽"的适用不仅

---

〔1〕 参见朱孝清："认罪认罚从宽制度的几个问题"，载《法治研究》2016 年第 5 期。

〔2〕 参见赵恒："'认罪认罚从宽'内涵再辨析"，载《法学评论》2019 年第 4 期。

〔3〕 参见陈国庆主编：《认罪认罚从宽制度司法适用指南》，中国检察出版社 2020 年版，第 56 页。

有着理论与政策的导向，还有实务中必须面对的案件复杂性的轨道纠正与内容补充。

（一）"从宽"适用的前提条件

"从宽"适用之前提是认罪认罚，这是毫无疑问的。问题在于什么是认罪？什么是认罚？认罪认罚到何种程度？前文已有所涉及，本部分对认罪认罚的具体情形予以适当的再阐释，因为这影响着对"从宽"幅度的理解。

1. 部分认罪的情形

被追诉人对于指控的犯罪事实仅承认部分是其所为，那么，部分认罪是否属于"认罪"？普遍观点认为，应对两者及其后果进行区分，部分认罪相较于完全认罪，其悔罪程度以及人身危险性和对法忠诚的效果显著降低，特别是当这部分认罪会对最终的量刑起到决定性作用的情形下，对于认罪认罚从宽制度的适用会产生较大的影响，但同时也承认如果将此类情形完全排除在认罪认罚从宽制度的适用范围之外，则会产生制度适用的公平性问题。[1]此外，部分认罪的情况在实务中常伴随着特殊案件情形，例如一人数罪的情形下，会产生部分认罪问题，即对于重罪的承认对轻罪的否认，或者对轻罪的承认而对重罪的否认，则需要更加严格审理其中缘由，并且要考虑这种情况下的悔罪态度。又如连续犯的情形下，承认前部分或后部分而对少部分或者多部分的案件事实进行否认，这一点和一人数罪的情形分析大致相同。

2. 认罪态度不明确的情形

自愿性的考量以及犯罪人所掌握事实与所承认事实的不完美贴合使得对于犯罪嫌疑人认罪的考量会产生认定的难题。尽管内心的意愿活动对于外在认定来讲是非必要考量的，但如果进一步认定为认罪时的反复，则会使认罪具有不确定性，从而影响从宽的适用。一个可以确定的标准是，即使之前态度反复，但因其动机原因的复杂性不确定性和难以检测性，即使此刻仍存在较大可能的被追诉人

---

[1] 参见苗生明、周颖："认罪认罚从宽制度适用的基本问题——《关于适用认罪认罚从宽制度的指导意见》的理解和适用"，载《中国刑事法杂志》2019 第6期。

个人利益与认罪认罚制度所欲达到的法律效果之间的紧张关系，但仍应当以最有利于犯罪人的角度去予以认定。同时，也必须要考虑认罪认罚真实性问题。比如试点初期，天津市人民检察院把犯罪嫌疑人认罪认罚的真实性、自愿性作为开展工作的基础，在起草业务指导规范、设计办案流程、开展专题宣传、督导考评推动等环节也紧紧围绕这条主线，效果良好。

3. 只认罪不认罚的情形

即被追诉人对于指控的案件事实全部予以供认，但唯独对于检察机关提出的从宽量刑之建议不予接受。认罪与认罚的不同步可能是基于被追诉人对轻缓量刑裁决的期冀，因此对于高于其心理预期的量刑建议予以否认。何谓"高于"？是远高于抑或稍高于？这对于从宽制度的适用而言是无关紧要的，甚至对于量刑裁量而言，可以认为，只要被追诉人认罪认罚，则无论对检察机关的量刑建议是否予以接受，都并不影响合议庭对其作出从轻或减轻的量刑裁决，这是法治国家的基本原则的内在逻辑，量刑的决定权永远属于人民法院。

（二）"从宽"适用的案件范围

1. 以重罪轻罪的划分来看，认罪认罚的适用有着较大不同

以北京市朝阳区人民检察院的受理起诉案件为例。2017 年，朝阳区人民检察院总共审查起诉案件 3164 件涉及 4385 人，其中轻罪案件中适用认罪认罚从宽制度的有 1641 件 1740 人，占 1903 件轻罪案件总数的 86.23%；重罪案件适用认罪认罚从宽制度的有 480 件 642 人，占重罪案件总数的 39.9%。这些数据佐证了重罪轻罪在社会危害性、案件复杂程度以及由此带来的指控难易程度，还有犯罪嫌疑人的认罪态度上带来的制度适用的差异。此外，需要明晰的是，重罪轻罪的法定刑设置的不同，其所带来的诉讼协商空间的大小也不同。同样，死刑案件的认罪认罚之从宽适用问题更为慎重。[1]这便带来了一系列的问题。首先是由于法律对速裁程序适用范围有明

---

〔1〕 参见祁建建：《认罪认罚处理机制研究——无罪推定基础上的自愿性》，中国人民公安大学出版社 2019 年版，第 37 页。

确的限制，一般重罪案庭审不具备适用该程序审理的前提条件而导致程序简化效果不明显。[1]加之在重罪案件中，案情往往比较重大、复杂，重罪案件被追诉人可能面临较为严厉的处罚，其在是否选择认罪认罚时较为犹豫，也更有可能在认罪认罚之后反悔并要求撤回，再加之被害方往往有更强烈的报复心理，此时公安司法机关不仅要付出更多的沟通、协商成本，甚至要承受更大的办案压力。

2. 从特殊主体犯罪来看，最典型的如青少年犯罪的认罪认罚问题

在青少年犯罪中，认罪认罚从宽制度总是更容易进行，且幅度更容易扩大。一方面是基于我国对青少年犯罪的一贯刑事政策立场，坚持教育为主；另一方面，少年犯罪确实因为其偶发或动机之认识不完全以及之后受教育改造的更大可能性而区别于普通成人犯罪。且其审理程序的固有特殊性也在认罪认罚从宽制度的加固下有了更多考量。还有单位犯罪的认罪认罚问题。2018 年上海市浦东新区人民检察院、2019 年江苏省扬州市广陵区人民检察院都已开始探索单位认罪认罚从宽机制。[2]由于单位拟制的主体属性，在对其认罪认罚的特殊考量下，从宽的标准掌握也应当区分于自然人犯罪，且基于单位资金、技术、制度等因素下违规成本与违规可能性的考量，"从宽"的幅度应当进一步小于自然人犯罪。共同犯罪案件中，可以参照自首等规定的考量原则对从宽的幅度进行裁量。

3. 从犯罪类型来看，认罪认罚的适用也有不同

诸如毒品犯罪的高法定刑与严厉打击的一贯刑事立场，认罪的"从宽"可能性对于当事人而言是反面的心理影响，这是客观存在的。[3]金融犯罪的特殊规制所带来的则是相反效果，其认罪认罚的实效较强，且从宽幅度较其他犯罪而言较大。贪污贿赂犯罪的从宽

---

〔1〕 参见汪海燕："重罪案件适用认罪认罚从宽程序问题研究"，载《中外法学》2020 年第 5 期。

〔2〕 参见陈萍、罗猛："企业认罪认罚从宽机制：证成与适用"，载《检察日报》2020 年 11 月 16 日，第 3 版。

〔3〕 参见祁建建：《认罪认罚处理机制研究——无罪推定基础上的自愿性》，中国人民公安大学出版社 2019 年版，第 37 页。

幅度与认定标准亦存在不同于传统人身财产犯罪的问题。不同类型化的犯罪必然地有着"从宽"适用上的区别，所谓"从宽"是普遍意义上的方向，具体到刑法分则各章节所设置的不同类型的犯罪行为时，涉及公共的从宽难度大于私人间的，涉及人身的从宽难度大于财产的，涉及金融的从宽难度大于普通财产的，这些是可以理解的必需的调整。

（三）"从宽"适用的具体内容

1. "从宽"的总体把握

对于"从宽"适用总体上的把握在此处主要是指与其他制度的关系。固然当下的通说认为认罪认罚从宽包含了实体程序等一系列从宽制度，但具体到制度适用时总会缺乏指导性。由于刑法教义学本身缺乏统一的强有力的解读或细化性的规则指引，[1]因此存在疑难是可以理解的理论问题点。首先是与自首、坦白、立功等固有从宽情节的关系问题。一般认为认罪认罚从宽是对重大立功制度的新发展，两者并不拒斥，在实践中把握好不同情形下的重大立功制度，做到区分原则与例外以及一般与特殊情形即可。[2]自首、坦白等制度，虽然与认罪认罚制度之间存在交叉，但依据最高人民法院的官方解读，认罪认罚应当作为独立的量刑情节予以评价，而同时《关于适用认罪认罚从宽制度的指导意见》也对交叉之后的适用有了明确规定，即是认罪认罚与自首、坦白不作重复评价的基本原则。因此有了诉讼前自首、坦白，同时又在诉讼过程中认罪认罚的区分，[3]但在最终效果的考量上，应当选择对被追诉人更有利的量刑"优惠"幅度，且依据该指导意见，应当在法定刑幅度内给予相对更大的从宽幅度。另外，还有与现有刑事和解制度的交洽问题。应将此问题限制在一定范围内，因为刑事和解依据《刑事诉讼法》的规定，仅局限于特定类型与特殊法定刑的小部分案件，在大部分案件中，两

---

〔1〕 参见秦宗文："认罪认罚从宽制度实施疑难问题研究"，载《中国刑事法杂志》2017 年第 3 期。

〔2〕 参见陈光中："认罪认罚从宽制度实施问题研究"，载《法律适用》2016 年 11 期。

〔3〕 参见卢建平："刑事政策视野中的认罪认罚从宽"，载《中外法学》2017 年第 4 期。

者并无交集，在交集时的适用原则，我们原则上参照《关于适用认罪认罚从宽制度的指导意见》中关于自首、坦白的规定。

2. 实体上的从宽

（1）含义。

根据《关于适用认罪认罚从宽制度的指导意见》第 9 条规定，实体上从宽幅度的把握应当区别认罪认罚的不同诉讼阶段、对查明案件事实的价值和意义、是否确有悔罪表现，以及罪行严重程度等，综合考量确定从宽的限度和幅度。在刑罚评价上，主动认罪优于被动认罪，早认罪优于晚认罪，彻底认罪优于不彻底认罪，稳定认罪优于不稳定认罪。因此在时间上、程度上、意愿上鼓励被追诉人认罪认罚，提高其接受教育矫治的自觉性，更好地回归社会，最大限度地减少社会对立。层次化区分"从宽"的实际适用，既对认罪认罚所面临的复杂案件情况予以实现预留裁量空间，科学增加"从宽"的适用贴切度与适用性，又可以做到具体案件下适用不同幅度把握的原则。

（2）从宽的幅度与标准确定。

《关于适用认罪认罚从宽制度的指导意见》对认罪认罚的从宽幅度做了较为概括性的具体指导，原则上一般应当大于仅有坦白情节，或者虽认罪但不认罚的从宽幅度。对犯罪嫌疑人、被告人具有自首、坦白情节，同时认罪认罚的，应当在法定刑幅度内给予相对更大的从宽幅度。《关于适用认罪认罚从宽制度的指导意见》明确规定了认罪认罚与自首、坦白不作重复评价的基本原则。依据 2021 年最高人民法院《关于常见犯罪的量刑指导意见（试行）》关于"常见量刑情节的适用"部分的规定，自首、坦白可以分别减少基准刑的 40%、20%。因此认罪认罚的"从宽"较之更高，且两者同时存在可能会达到 70% 或者 80% 的量刑减免，而任何法官都会对这种程度的从宽进行更进一步的思考抉择。因此实务中的这个问题便凸显出来，在没有进一步指导意见的明确规定之前，对于该问题的解决更多地依靠法官的裁量实践。

同时，对罪行较轻、人身危险性较小的，特别是初犯、偶犯，从宽幅度可以大一些；而罪行较重、人身危险性较大的，以及累犯、再犯，从宽幅度应当从严把握。

主动认罪优于被动认罪，早认罪优于晚认罪，彻底认罪优于不彻底认罪，稳定认罪优于不稳定认罪。前者的量刑幅度均应大于后者，但不超过法定刑幅度，且减免程度不应超过后者的50%。

重罪中的"从宽"更应当慎重把握，尤其涉及死刑案件时，并非所有的认罪认罚从宽都是死刑立即执行减为死刑缓期执行，或者死刑减为无期徒刑。当犯罪的社会危害性严重到一定程度时，认罪认罚从宽的价值就趋于"0"，即使被追诉人认罪认罚，也不得对其从宽处罚。[1]比如，中国法学会案例法学研究会评选的"2019年中国十大影响性诉讼"中，陕西汉中张扣扣故意杀人案便属于被告人虽然认罪认罚也不能从宽处罚的典型案例。

与重罪相反，轻罪微罪的"从宽"适用的裁量应当更为大胆。基于人身危险性考量、对已损害刑法保护法益的弥补以及之后对于社会的危害性的预防，从宽的认定标准可以更低，从宽的确定幅度可以更高，这是司法经济与宽严相济刑事政策的内在逻辑。

此外，也应当正确看待被害方意见，同时，综合考量犯罪的事实、情节、性质、社会危害度、主观恶性、人身危险性、社会治安状况的影响等，综合判断。[2]

3. 程序上的从简

（1）含义。

狭义的程度上的从简即是指简易程序和速裁程序的选择适用。因当事人对自己的行为主动认罪认罚，与检察机关达成了认罪认罚的具结书，认可检察机关的量刑建议从而获取了程序上的从简。一般而言，程序上的从简会选择适用速裁程序或者简易程序。同时，依据更宽泛的观点，还应涉及减少羁押、缩短办案期限、保障程序

〔1〕 参见胡云腾："完善认罪认罚从宽制度改革的几个问题"，载《中国法律评论》2020年第3期。

〔2〕 参见苗生明、周颖："认罪认罚从宽制度适用的基本问题——《关于适用认罪认罚从宽制度的指导意见》的理解和适用"，载《中国刑事法杂志》2019第6期。

选择权等方面。至于裁量不起诉也算是其可能的法律效果的一种。

（2）速裁程序与简易程序。

依据《刑事诉讼法》的规定，基层法院审理的，可能判处三年以下有期徒刑、案件事实清楚，证据确实充分、当事人自愿认罪认罚，同意适用速裁程序的，可以适用速裁程序。这也是"从宽"的法律效果的一部分，即从简的程序可以节约审理时间从而减少审前羁押时间，尽快结束诉讼权利的不确定状态。但实务中也存在程序从宽落实不到位且公安机关对于法院刑罚轻缓化以及非羁押性强制措施的适用困境，还有程序从简效果不理想，如实务中存在已启动了简化程序后转为普通程序等问题。同时，也有有益经验总结，比如天津市人民检察院通过量刑激励15%的幅度促进适用速裁程序，使得该类案件明显增加，办案时间缩短，当事人诉累减少。同时，应简化告知流程、办案流程和法律文书，从细节处做到"程序从简"。

具体速裁程序的适用问题在下述专题中会具体讲述，此处只着重提示一个问题，即程序简化与庭审实质化的问题，繁简分流的制度设计在认同简案快办、繁案精办的前提下，也必须注重其所带来的对被追诉人的权利保障问题，程序的简化是以不减损实质意义上的权利，包括实体权利和程序自身独立价值为前提的。

（四）"从宽"适用的社会效应

"从宽"适用的法律效果在上述已有探讨，这里作为余论简要讨论其法律效果之外的社会效果问题。首先，对被害人一方是否能满足其心理对于犯罪应得结果的预期，我们必须认识到现在的中国社会仍存在类似于"同态复仇"等数千年延续下来的朴素的法律报应观念。其次，被告人一方是否会产生"花钱买刑"的错误认知从而减少对法律的敬畏，反之增加了轻佻的法律偏见。最后，社会公众是否会产生法律适用的理解误差，或者说这三个角度是一个问题，即"从宽"之后的法律效果对于当下的社会效果能否很好兼容。

如何区分量刑中的从轻、减轻和从宽？

问题引入

　　从轻、减轻和从宽这三个法律概念经常被混淆，虽然从语义上分析，这三个概念都包含使被追诉人获得轻缓化的刑罚的法律效果。但是从专业的角度分析，这三个概念的含义是有明确区分的。首先，"从宽"一词更倾向于政策性概念，其来源于"宽严相济"的刑事政策，但其在认罪认罚从宽制度中又有独立的体系定位；从轻、减轻都是刑法的法定概念，都有明确、具体的量刑减少幅度。正确把握从轻、减轻和从宽三者的概念与区别，对认罪认罚从宽制度中"从宽"的具体适用有着较大的法律意义。

一、从轻与减轻

从轻与减轻都是我国刑法中的法定概念，但两者有着不同的法律意义。从概念上讲，从轻指的是，在一个法定刑或者在一个量刑幅度之内，给予相对轻的处罚；而减轻指的是，在法定刑或者相应的量刑幅度之下予以处罚。从轻与减轻最大的不同为是否在一个法定量刑幅度内进行量刑。如，刑法规定，故意伤害致人死亡的，要在十年以上有期徒刑、无期徒刑、死刑这个区间进行量刑。如果对被告人从轻处罚，最低也只能将量刑降到十年有期徒刑。如果被告人有法定的减轻处罚的情节，法官就可以突破十年有期徒刑的量刑区间，向下进行量刑，如判处七年有期徒刑。

根据我国刑法规定，从轻处罚是犯罪分子具有法定从轻处罚情节或者酌定从轻量刑情节。减轻处罚有两种情况：一是犯罪分子具有刑法规定的减轻处罚情节的，应当在法定刑以下判处刑罚；二是犯罪分子虽然不具有刑法规定的减轻处罚情节，但是根据案件具体情况，判处法定最低刑认为较重时，经最高人民法院核准，也可以在法定最低刑以下判处刑罚。《刑法修正案（八）》对减轻处罚作出了明确的规定："犯罪分子具有本法规定的减轻处罚情节的，应当在法定刑以下判处刑罚；本法规定有数个量刑幅度的，应当在法定量刑幅度的下一个量刑幅度内判处刑罚。"

刑法中有大量的法定从轻、减轻的量刑情节，分为应当从轻、减轻的量刑情节和可以从轻、减轻处罚的量刑情节，前者如未成年人犯罪、防卫过当、紧急避险过当、犯罪中止、已满七十五周岁的人过失犯罪的，后者如又聋又哑的人或者盲人犯罪的。除了法定从轻、减轻量刑情节，在办理刑事案件实务中还存在很多酌定的从轻量刑情节，如被追诉人对被害人进行充分赔偿并获得被害人的谅解。如果在办理刑事案件的过程中发现了酌定量刑情节，法官可以酌定考虑对被告人从轻处罚。需要额外注意的是，对被告人减轻处罚必须要有法定的减轻情节，没有酌定的减轻情节，酌定量刑情节只有从轻的法律后果而不产生减轻量刑的法律后果。法官在具体判决之时，必须考虑法定情节，而酌定情节未必一定会成为从轻、减轻量刑的理由。所以法定情节直接影响被追诉人的量刑裁量，而酌定情节只是可能影响被追诉人的量刑。

二、从宽

普通民众在日常生活中也经常会用"从宽"这样一个口头语的表达，这种口语化的"从宽"可能包括从轻和减轻，本身不具备法律上的意义。由此可见，普通民众日常口中所说的"从宽"，和我们法律上所规定的从轻、减轻以及认罪认罚从宽制度中相关的法律术语的概念是不一样的。认罪认罚中的从宽具体适用参照本书第六问，本节仅就其与从轻、减轻两个法律概念的相关问题进行重点阐述。

一般认为，"从宽"是一种政策性表达，其来源于"宽严相济"的刑事司法政策，而从刑罚裁量的规范性表达来看，"从宽"主要是指刑法中"从轻""减轻"或者"免除"处罚的量刑制度。"从轻"是指应当在法定刑的幅度内判处较轻刑罚，"减轻"是指可以突破法定最低刑进行刑罚裁量。"从轻""减轻""免除"分别对应不同的量刑情节，这些情节包括犯罪过程中的情节、犯罪后的表现以及行为人的生理特征，而认罪认罚从宽应当属于"犯罪后表现"这一序列。[1]认罪认罚从宽制度中的"从宽"并非法定的减轻处罚的情节，其本质为从轻处罚。《最高人民法院关于适用〈中华人民共和国刑事诉讼法〉的解释》第 355 条第 1 款规定："对认罪认罚案件，人民法院一般应当对被告人从轻处罚；符合非监禁刑适用条件的，应当适用非监禁刑；具有法定减轻处罚情节的，可以减轻处罚。"这就意味着，被追诉人在刑事诉讼中认罪认罚，一般只能获得从轻处罚的结果，只有具有自首等法定减轻处罚情节时，才能够减轻处罚。

虽然对认罪认罚从宽制度中的"从宽"有进行政策性解读的必要性，但是伴随着认罪认罚从宽制度在《刑事诉讼法》中的具体确定和实务中越来越广泛的运用，对"从宽"的理解要更加制度化、

---

[1] 迟大奎："论认罪认罚'从宽'中的司法适用"，载《法学杂志》2020 年第 11 期。

体系化。"认罪认罚从宽已然有别于单纯的刑事政策或者诉讼程序，而成为独立于其他体现认罪从宽制度（如坦白、自首、刑事和解、刑事简易程序等制度）的一项全新的制度。"[1]在认罪认罚从宽案件中具体认定从宽之时，需要有独立于从轻、减轻的认定标准和处理流程，并不能单纯以被追诉人符合自首、立功等情节或者符合刑事和解从宽就直接对被追诉人予以从宽处罚。

总而言之，认罪认罚制度中的从宽需与其他实体从宽的情况相区分，从宽不仅仅是一种抽象的，依附于从轻、减轻制度而存在的概念。但是目前认罪认罚从宽制度中的"从宽"在程序法中未有对应的实体概念，因而出现了其结果的落实适用依附于刑法中从轻、减轻等具体情节的情形。"由于认罪认罚的从宽未得到实体法上的回应，其从宽在适用方法上仅仅是比附其他实体从宽，这种做法致使其在适用上必然从属其他实体从宽，当遇到与原有的其他实体从宽存在交叉或者重叠，其从属的属性也会被原有的实体从宽吞噬，带来与将其作为基本制度的地位极不相称的问题。"[2]

三、从轻、减轻之案例量刑分析

【案例一】 原审被告人刘某某以非法占有为目的，采取暴力手段强行劫取他人财物，其行为已构成抢劫罪，且属于入户抢劫。刘某某虽不具有法定减轻处罚情节，但其犯罪情节较轻，并能如实供述罪行，认罪态度较好，且已将涉案财物退还被害人，对其可在法定刑以下判处刑罚。对原审被告人刘某某以抢劫罪在法定刑以下判处有期徒刑四年，并处罚金三千元。[3]

【案例二】 田某仓、田某全入户抢劫。田某仓、田某全在共同犯罪中起次要作用，系从犯，可以从轻或减轻处罚。田某全主动投案

---

[1] 陈国庆："适用认罪认罚从宽制度的若干问题（上）"，载《法制日报》2019年11月27日，第9版。

[2] 郭华："'从宽'系谱中认罪认罚从宽的位序与程序安排"，载《中国刑事法杂志》2020年第5期。

[3] 参见中华人民共和国最高人民法院（2019）最高法刑核87677387号刑事裁定书。

并如实供述犯罪事实，系自首。结合田某仓、田某全在本案中的犯罪事实、犯罪性质、情节，并考虑其二人具有的各种量刑情节，依法对二人可以从轻处罚。最终，法院判定，被告人田某仓犯抢劫罪，判处有期徒刑十四年，并处罚金二万元；被告人田某全犯抢劫罪，判处有期徒刑十二年，并处罚金一万元。[1]

以上述入户抢劫案件为例，《刑法》第 263 条规定入户抢劫的，要处十年以上有期徒刑、无期徒刑或者死刑，并处罚金或者没收财产。案例一对被追诉人减轻处罚，刘某某虽不具有法定减轻处罚情节，但其犯罪情节较轻，并能如实供述罪行，认罪态度较好，且已将涉案财物退还被害人，对其可在法定刑以下判处刑罚，其最终获得远小于十年的刑罚，属于减轻处罚。案例二中对被追诉人的量刑裁量为从轻处罚，田某仓、田某全虽具有从轻处罚的情节，但是最终还是对其在十年以上进行量刑，说明在十年以上的所有量刑可能性中，法官可以选择有利于被追诉人的较轻的刑事处罚，但不可突破十年的最低限制。

同时，需要注意的是，无论是从轻处罚，还是减轻处罚，其基础刑都是相对于被追诉人本身应当判处的刑罚幅度而言的。上述两个案例中的被追诉人实施的是入户抢劫行为，其对应的基础刑为十年以上有期徒刑、无期徒刑乃至死刑。对被追诉人从轻处罚，最低也只能判处十年有期徒刑，就算对被追诉人减轻处罚，也并不可能在第一档三年至七年有期徒刑的刑罚以下进行处罚。

---

〔1〕 参见宁夏回族自治区高级人民法院（2019）宁刑终 11 号刑事判决书。

认罪认罚与自首、坦白之间是什么关系？ 第八问

问题引入

　　认罪认罚从宽制度的适用前提是认罪并认罚，在此基础上，对其程序上作出从宽处理，是一项实体与程序相结合的诉讼制度，有利于全面贯彻"宽严相济"的刑事政策，构建认罪认罚案件的分流程序和处理机制，以实现公正和效率的统一。刑事实体法并未对认罪认罚作出回应，而刑事实体法中的自首、坦白、认罪态度好等仅规定了认罪。究竟如何定性认罪认罚从宽制度与自首坦白的关系呢？

【案例一】冷某在办案机关侦查期间主动交代了办案机关尚未掌握的其他受贿事实,构成自首;又揭发了他人的犯罪行为,构成立功;其对于办案机关指控的受贿罪事实供认不讳,适用认罪认罚从宽制度。最终,江西省鹰潭市中级人民法院以被告人冷某具备自首、立功等量刑情节,结合宽严相济与认罪认罚从宽的刑事政策,决定对其减轻处罚。

【案例二】被告人卫某某涉嫌多次受贿,数额高达413万元。公诉机关认为卫某某的行为触犯受贿罪,但基于在投案前多次自首,可以从轻或减轻处罚。在案件移送审查起诉过程中,对于卫某某适用自首、坦白的量刑情节无异议,但对其量刑时是否应当适用认罪认罚从宽制度产生了巨大分歧。

案例一中,被告人冷某受贿数额高达九百多万元,根据《刑法》规定,被告人的起刑点是十年。但是由于冷某具备自首、立功、认罪认罚等量刑情节,最终法院判处六年有期徒刑。法院在判决书中写明的判处六年有期徒刑的理由是"交代办案机关尚未掌握的犯罪事实,以自首论,依法可从轻或减轻处罚;主动交代他人犯罪事实,具有立功表现,依法可从轻或者减轻处罚;被告人认罪悔罪,积极退赃,上缴全部赃款赃物,依法可酌情从轻处罚",也就是并未明确指出在决定减轻处罚时到底是根据自首的量刑情节还是适用认罪认罚从宽制度。案例二中,该案是否适用认罪认罚从宽程序争议很大。一种处理意见是应当适用自首、坦白对被告人从轻或者减轻处罚,无须再适用认罪认罚从宽程序,也无须听取律师意见。而樊崇义教授较为中肯地指出认罪认罚从宽应当是自首、坦白、认罪之外的一种新的独立的量刑情节,进而主张不能直接量刑,应当依照认罪认罚从宽程序之规定,严肃地加以审理和从宽处罚。[1]

认罪认罚与自首、坦白之间基础内容的重复评价及适用规则的交叉给法律人提出的首要任务是:正确处理认罪认罚与自首、坦白

---

〔1〕 樊崇义:"认罪认罚从宽与自首坦白",载《人民法治》2019年第1期。

之间的关系，有效衔接二者的规范前提。只有这样才能有应对综合适用自首、坦白及认罪认罚所具有量刑畸轻的风险的基础，为明确二者适用上的衔接提供指引。

一、认罪认罚与自首、坦白的关系分析

（一）认罪认罚与自首、坦白的区别

认罪认罚、自首、坦白都是从宽情节，但是认罪认罚是独立的量刑情节，与坦白、自首具有明显的界限，主要体现在以下方面。（1）就适用范围而言，自首和坦白只能始于侦查阶段，而认罪认罚可贯穿于整个诉讼阶段。根据《刑法》规定，自首只能是犯罪嫌疑人在未被侦查机关抓获之前主动投案；坦白是犯罪嫌疑人被公安机关抓获到案后及时如实供述，原则上应当是到案后立即供述。但是认罪认罚贯穿侦查、审判、起诉阶段，只是每个诉讼阶段的从宽幅度不同而已。（2）基本特征不同。坦白的基本特征是"到案后如实供述"，但坦白的犯罪嫌疑人、被告人未必愿意认罚，未必同意与检察机关就量刑建议进行协商并签署具结书。因此，坦白的犯罪嫌疑人、被告人未必符合认罪认罚的条件。自首的基本特征是"投案＋如实供述"，即被告人自动投案并如实供述自己的罪行。但是认罪认罚并不要求自动投案。具有自首情节的犯罪嫌疑人、被告人虽然认罪，但未必认罚，自首的被告人完全可能只承认自己的犯罪事实，但拒绝检察机关的量刑建议，也可以不同意法院所判处的刑罚。因此，具有自首情节的犯罪嫌疑人、被告人未必符合认罪认罚的条件，认罪认罚的犯罪嫌疑人、被告人也未必符合自首的条件。认罪认罚的基本特征是"认罪＋认罚"，既要认罪，又要认罚。这里的"认罪"就是要如实供述自己的罪行并承认所指控的罪名。这里的"认罚"在侦查阶段表现为愿意接受处罚；在审查起诉阶段表现为同意经协商的检察机关的量刑建议并签署具结书；在审判阶段表现为接受法院判处的刑罚。但是自首和坦白，只需要认罪即可，不一定要求认罚。

（二）认罪认罚与自首、坦白的联系

1. 认罪认罚也是法定的从宽情节

就其与刑事实体法上的从宽处理情节的关系而言，刑事实体法上一般性的认罪、悔罪历来都只是司法过程中可以考虑的酌定从宽情节；坦白从宽的幅度极其有限；《刑法》第 36 条并未规定赔偿损失就应从宽；《刑法》仅就贪污贿赂罪中的认罪、悔罪、积极退赃作出了从宽处罚的规定。因此，为了与认罪认罚从宽制度改革以及积极刑法立法观之下的犯罪化趋势相匹配，立法上需要考虑将认罪认罚作为法定从宽处罚情节予以总则化。[1]可事实上，根据罪刑法定原则的要求，要让被告人享受到司法改革的成果仅仅依靠程序法的改革是无法实现的。《刑事诉讼法》所规定的认罪认罚无法成为独立的法定从宽处罚情节。定罪量刑的情节必须刑法法典化，足以影响量刑的各种法定情节及其从宽、从严程度都应该在实体法上有所反映，以刑法的既有量刑条款为限度。仅根据《刑事诉讼法》上的"认罪认罚从宽"不能直接决定对被告人最终可以从宽到何种程度，必须相应地修改刑事实体法。如果缺乏实体法的支撑，认罪认罚之后的刑罚减让幅度始终是极其有限的。

面对如此困境的次优选择是承认认罪认罚从宽制度具有事实上的法定量刑情节的法律效果。《关于在部分地区开展刑事案件认罪认罚从宽制度试点工作的办法》，其根据是《全国人民代表大会常务委员会关于授权最高人民法院、最高人民检察院在部分地区开展刑事案件认罪认罚从宽制度试点工作的决定》。该试点办法实质上属于准立法文件，其制定主体是全国人大常委会，属于立法主体。另外该试点办法的所有新规定，比现有的刑事法律具有优先适用的效力，因此和《刑法》属于同一位阶；然而该试点办法并不能被裁判文书直接引用作为裁判理由，只能作为说理依据。[2]在此基础上，妥善解决认罪认罚与自首、坦白的位阶关系才是正确处理立法滞后所带

---

〔1〕 周光权："积极刑法立法观在中国的确立"，载《法学研究》2016 年第 4 期。

〔2〕 吉善雷："论认罪认罚与自首坦白的衔接适用"，载《中共南宁市委党校学报》2018 年第 5 期。

来的实务困境的进路。

2. 认罪与"如实供述"之间具有交叉重合

认罪认罚从宽制度中的"认罪"指的是"自愿如实供述自己的罪行，对指控的犯罪事实没有异议"。2019年《关于适用认罪认罚从宽制度的指导意见》对此进行了阐述。认罪认罚中的"认罪"与自首、坦白中的"如实供述自己的罪行"具有相同的意思。换言之，认罪认罚与自首、坦白在"如实供述自己的罪行"的范围内具有交叉、重合。根据《关于处理自首和立功若干具体问题的意见》第1条第1款的表述，所供罪行的内容应当为主要犯罪事实及个人身份等情况。但是从立法规定和相关司法判例中可发现，新旧制度对于供述的犯罪事实的范围有差异。在"余金平交通肇事案"二审判决书中，根据对供述内容性质的不同认定，二审法院推翻了前判决对自首的认定，却保留了对认罪认罚的认可。自首制度和坦白制度强调节约司法资源，因此对"主要犯罪事实"要求的内容更加全面，应当包括案件的细节和年龄、身份等对定罪量刑有重要意义的事实。

认罪认罚中，"自愿"的强调体现该制度对被告人自愿配合司法机关的主观心态的重视，其供述所体现的悔罪和配合心态就足以达到这一制度价值追求的底线，而对该行为所能换取的量刑激励大小，不影响"认罪"之成立，故"认罪"中如实供述的罪行，其门槛较自首、坦白中的要求低，并不必须要求所供事实为"主要"犯罪事实，且根据《关于适用认罪认罚从宽制度的指导意见》第6条表述所体现的精神，犯罪行为人未供述其他案件细节或者对个别事实情节提出异议的，也不影响"认罪"的认定。更为重要的是，"自愿"的强调为制度带来了一定的弹性，对自愿的程度作层次性的区分与理解，可以为该制度与现有认罪激励制度融合并形成交叉递进的激励体系留下空间。具体来说，可以视具体案情、认罪动机等情形，区分其供述的自愿程度，并在最后的从宽处理上予以酌情考虑。例如对认罪积极、主观能动性强的被追诉者，应依法给予其较大从宽激励，而对那些在开始时负隅顽抗，仅仅是因为案件推进导致案内证据逐渐明晰，产生一定的心理压力而作出自愿供述的被追诉人，在从宽激励幅度上要有所限缩。[1]

至于"对指控犯罪事实没有异议",只要被追诉人自愿认罪,而不是为了逃避法律追究或出现翻供,司法机关应当容忍被追诉人对有关具体罪名的不同意见,毕竟在我国只有法院对罪名的认定具有决定权。最后,对事实的描述不足以反映行为人的心理态度,应当以"对指控犯罪事实没有异议"作为认罪的补充条件,"认事实"与"认罪行"应当得到同时满足。

3. "认罚"应体现出与自首、坦白的区分

对认罚的解读往往取决于对认罪内涵的观点采纳,实践中有两种倾向。第一种是认罚作为单独的从轻情节;第二种是与认罪合并考虑,并扩大认罪的从轻幅度。陈瑞华教授认为将认罚与认罪结合作整体评价,理论上难以成立,实践中也无法落实,所以应该将认罪认罚从宽简化成认罪从宽。[2]如有些学者也认为,"认罚的意义并不大,因为某一案件刑罚结果是法官行使量刑权的范畴"。[3]认罚理应是在认罪的前提下成立,并认可因此带来的刑事意义上的评价与制裁,"认罪"在"认罪认罚"的关系中扮演了一个逻辑起点的角色,即在认罪的基础上认罚的发生才有意义。

从《关于在部分地区开展刑事案件认罪认罚从宽制度试点工作的办法》到《刑事诉讼法》,关于认罚的表述从"同意量刑建议,签署具结书"变化为"愿意接受处罚",后者显然更为抽象且更加灵活,是认罚外延多样性的必然导向。认罚应当包括被追诉人对自己即将适用的审判程序的认可,对量刑建议书中控方指控的内容的认可,以及其他彰显被追诉人愿意接受自己罪行所带来的刑事法律后果的内容。事实上,有关认罚讨论的一大争点就在于对所认之罚的具体内容,是否必须包括退赃退赔、积极赔偿被害人、刑事和解

---

〔1〕 韩粮远:"认罪认罚从宽制度的实体法解读与建构",山东大学2020年硕士学位论文。

〔2〕 陈瑞华:"'认罪认罚从宽'改革的理论反思——基于刑事速裁程序运行经验的考察",载《当代法学》2016年第4期。

〔3〕 周新:"认罪认罚从宽制度立法化的重点问题研究",载《中国法学》2018年第6期。

协议达成等情况。

目前主流观点是"主观认罚说"。主张"主观认罚说"的学者认为，根据《关于在部分地区开展刑事案件认罪认罚从宽制度试点工作的办法》的规定，认罚就是指"同意量刑建议，签署具结书"。对此概念的解读，理论与实务中都已达成一致，因此该说主张被告人只需要同意量刑建议，无须附加任何其他条件，也不论是否有相应的实际行为，均可成立"认罚"；主张"客观认罚说"的学者对此进行反驳，认为没有实际履行能力并积极退赃退赔的单纯认可量刑建议，其实践效果与自首、坦白没有区别，反而因此获得比自首、坦白更大的从宽处罚幅度，不符合该制度的初衷，实际效果也会大打折扣。被告人表面上签署量刑建议书，但是背地里隐匿、转移财产，或者有能力退赃退赔而不履行的，不能适用认罪认罚从宽制度。[1]在规范层面，同意量刑建议是认罚的核心，但肯定认可量刑建议的前提下，是否要求具备履行能力？要求被告人实际履行以及退赃退赔并赔偿损失，将其纳入对"认罚"的认定是要求过高的体现。如此做法实际上是在认罚的核心要素之外附加了客观修复要素，并且退赃退赔、赔偿损失这一要素，对于判断认罚的成立，具有更关键的决定作用。退赃退赔、赔偿损失的认罚是对认罪认罚中的"认罚"含义的扩张，认可检察机关的量刑建议并且具备履行能力，即可认定成立"认罚"，实践中不可对此予以限制。

二、认罪认罚与自首、坦白衔接的理论意义

（一）量刑情节上的单一形式向复合形式的转变

认罪认罚至少涵盖三个方面的内容，即"如实供述+自愿认罪悔罪+认同并履行刑事判决"，其涵盖了自首（部分）、坦白、"预缴"罚金、退赃退赔等内容；同时，自首、坦白主要评价自动投案和如实供述的行为价值，而认罪认罚在评价该行为价值时，还要评价自愿性、悔罪性的行为人价值，属于复合型量刑情节。复合型量刑情

---

〔1〕 孙谦："最高人民检察院司法解释研究"，载《中国法学（文摘）》2016年第6期。

节实际上是将多个情节进行整体"打包"评价，而无须再就具体情节单独阐述，符合认罪认罚案件判决简化说理的要求。[1]

（二）刑罚目标从惩罚犯罪转向法益修复

认罪认罚从宽制度与我国打击犯罪的传统刑罚目标有了本质的区别，被告人如实供述自己的犯罪事实，主动自愿接受检察机关出具的量刑意见，有能力且积极退赃退赔，甚至赔偿经济损失，一系列的行为都能够使被告人参与司法治理，实现刑罚所具有的法益修复的目的，同时也增强了刑事审判的效果。

（三）有利于被告人

按照《关于在部分地区开展刑事案件认罪认罚从宽制度试点工作的办法》的规定，认罪认罚中量刑协商的幅度不得超过刑法规定，必须在自首减让幅度内，即30%以下。而根据《刑法》规定，坦白的从宽幅度均可以达到30%，也就是说，被告人认罪认罚与坦白具有同等的量刑价值，以这种幅度，如何激励被告人同意刑事速裁程序并认罪认罚？单独适用自首、坦白或者认罪认罚，都使得认罪认罚从宽制度失去了本身的价值和意义，只有将两者同时适用，才能与《刑法》中现有的量刑减让制度有所区别，同时能够借助程序使得坦白从宽的不确定趋向确定，让被告人在同意认罪认罚的情况下，获得与不认罪不认罚截然不同的量刑"待遇"，并且能让犯罪嫌疑人、被告人对自己的认罪认罚行为所能获得的司法回报有个清晰的预知，以此起到激励效果，保证该制度更好地实施并发挥应有的作用。[2]

三、制度衔接过程中的问题

认罪认罚与自首、坦白的同时适用有其实践和理论上的意义。但如上所述，认罪认罚与自首、坦白的成立要件上的差异反映在实

---

〔1〕 陈其琨："对象与主体之间：行为人自首坦白与认罪认罚关系探究"，载《学术探究》2018年第1期。

〔2〕 吉善雷："论认罪认罚与自首坦白的衔接适用"，载《中共南宁市委党校学报》2018年第5期。

务中会交叉混淆。认罪认罚从宽制度还没有实体性地位，它是否会挤压原有的量刑制度的生存空间？我们有必要对既往经验作出总结和反思，以更好地规范认罪认罚与自首、坦白的衔接问题。

（一）明确认罪认罚与自首、坦白的量刑差异

认罪认罚与自首、坦白之间属于交叉重叠关系，其范围比自首、坦白、立功要广泛得多。实践中被追诉人经过多次讯问后仍顽固不做有罪供述，但是在侦查机关补充侦查后，在有证据压力之下，或者经过反复的认罪教育、交易之后最晚在提起公诉前能够承认指控的犯罪事实并对所指控犯罪事实没有异议的情形，都应该认定被追诉人具有认罪情节。基于这一考虑，刑法立法上应将自首、坦白之外的被追诉人认罪的情形予以明确规定，并对其设计从宽处罚尺度。认罪认罚建立在有足够证据的基础之上，对于所做的裁判，司法机关有强制执行权，因此一般认罪认罚的量刑幅度小于自首的量刑幅度。在司法适用中，对于不同类型的案件，从宽处罚力度原则上应设置为逐渐递减模式。主动投案后认罪认罚的减让幅度一定是最大的；而自首是当前刑法中规定的最高减轻情节，大于一般的认罪认罚，大于坦白。因此在实体从宽上适用时，应当明确量刑从宽幅度的顺序，即自首类认罪认罚（自首+认罪认罚）>自首>坦白类认罪认罚（一般认罪认罚）>坦白。

（二）禁止重复评价

"自首""坦白""认罪认罚"均属于反映犯罪行为人人身危险性程度的量刑情节，因此，检察机关在适用"自首""坦白""认罪认罚"等量刑情节时，理应对其予以全面的考察与评价。《关于适用认罪认罚从宽制度的指导意见》第9条也明确规定，"对犯罪嫌疑人、被告人具有自首、坦白情节，同时认罪认罚的，应当在法定刑幅度内给予相对更大的从宽幅度"。更为重要的是，要禁止对从宽处罚量刑情节进行双重评价。当"自首""坦白"量刑情节与"认罪认罚"并存时，所有量刑情节只能得到一次评价，且所有量刑情节只能对认罪认罚案件中的量刑建议"从宽"产生一次影响。

在对"认罪认罚"与相似量刑情节进行评价之前，应当先明确

认罪认罚与相似量刑情节并存的情况是否真实存在。譬如，当被追诉人实施"辩解"行为时，其是否既满足"自首"或"坦白"量刑情节的成立条件，又符合认罪认罚的基本要求，是有待明晰的问题。刑事诉讼中的"辩解"，是指被追诉人在认可主要犯罪事实的情况下，对行为性质、犯罪情节、定罪量刑等证据发表看法的行为。最高人民法院《关于被告人对行为性质的辩解是否影响自首成立问题的批复》指出，"被告人对行为性质的辩解不影响自首的成立"。据此，"辩解"行为并非被追诉人成立自首或坦白的阻却要件。然而，《关于适用认罪认罚从宽制度的指导意见》提出，被追诉人"虽然对行为性质提出辩解但表示接受司法机关认定意见的，不影响'认罪'的认定"。由此，当被追诉人实施"辩解"行为但接受检察机关认定意见时，成立认罪；而当被追诉人实施"辩解"行为但拒绝检察机关认定意见时，不成立认罪。显然，对于前一种情况，被追诉人既构成自首或坦白，也构成认罪认罚，故有继续探讨"认罪认罚"与"自首""坦白"量刑情节综合适用的必要；而对于后一种情况，被追诉人只成立自首或坦白，而不构成认罪认罚，故只须依照自首或坦白量刑情节的相关规定提出从宽建议即可。[1]

（三）刑法是否有必要明确规定认罪认罚从宽的具体比例

结合 2017 年修订后的最高人民法院《关于常见犯罪的量刑指导意见》的规定可以看出，自首、坦白、当庭自愿认罪之情节各有从宽幅度，其中，自首可以减少基准刑的 40%。较之于坦白、当庭认罪，自首被办案机关视作最高级别的从宽情节，其减损幅度也自然最高。也正是如此，不少实务人员主张，认罪认罚之减损幅度应当低于自首的幅度。至于具体比例，有学者认为如果被告人具有自首或者坦白情节，除非犯罪情节特别严重，原则上应当从轻、减轻乃至免除处罚，尤其是有罪口供被采纳，用作主要定案证据的，原则上应当比照本应判处的刑罚减少 1/4 到 1/3 的刑罚。[2]也有学者主

〔1〕 刘茵琪："认罪认罚案件量刑建议权规制研究"，吉林大学 2020 年博士学位论文。
〔2〕 左卫民："认罪认罚何以从宽：误区与正解——反思效率优先的改革主张"，载《法学研究》2017 年第 3 期。

张对于认罪认罚的犯罪分子，在实体处罚上，应当明确给予选择协商程序的被追诉人以 1/3 的量刑折扣。[1]应当说认罪认罚的情形比较复杂，我国刑事司法一般都将从宽幅度交由司法解释来解决。在此可以考虑重新修订相关的量刑指导意见，将认罪认罚设置为独立的量刑从宽情节，这是较为可行的方案。

（四）"三二一"方案的反思

《刑事案件速裁程序试点工作座谈会纪要（二）》明确规定，适用认罪认罚从宽制度的量刑激励是 10%—30%，用以彰显认罪认罚的量刑激励。结合 2017 年发布的最高人民法院《关于常见犯罪的量刑指导意见（二）（试行）》，有部分法官认为，该方案可以平衡认罪认罚与其他情节（尤其是自首、坦白）的关系。但是，我们的思考不能仅仅停留在这一层面。值得注意的是，在认罪认罚案件的办理过程中，不少办案机关给予的量刑从宽比例大约只有 10%—20%，可以说，这样的量刑减损幅度显然是不明显的。[2]一方面，对于某些简单轻微的案件，法官通常通过自由裁量的方式，酌情从轻（一个月至两个月）处罚，不会严格按照"三二一"方案来把握刑期；另一方面，由于 2017 年最高人民法院《关于常见犯罪的量刑指导意见》《关于常见犯罪的量刑指导意见（二）（试行）》包含自首、坦白等情节，在考虑从宽幅度之时，法官一般将认罪认罚与其他从宽、从重、加重处罚的情节作综合考量，不会单独评价认罪认罚情节。实际上，部分试点法院的法官还认为，认罪认罚情节与其他量刑情节之间有冲突，认罪认罚从宽制度的额外量刑减损于法无据。由于坦白的从宽幅度通常在 20% 以下，那么，认罪认罚情节带来的从宽幅度就与坦白的从宽幅度有一定的重合之处。如果不将认罪认罚评价为独立的量刑情节，那么人们会将认罪（认罚）置于坦白之下进行评价，这主要分为两种形式：第一种，直接将认罪评价为坦白的特殊形式，前者的从宽幅度被包含在后者的幅度之中，这

〔1〕 魏晓娜："完善认罪认罚从宽制度：中国语境下的关键词展开"，载《法学研究》2016 年第 4 期。
〔2〕 周新："认罪认罚从宽制度试点的实践性反思"，载《当代法学》2018 年第 2 期。

是弱化认罪认罚之效力的情形；第二种即法官通常会优先考虑其他情节的法律效力，确定刑罚结果，而不用考虑认罪认罚情节，毕竟适用了认罪认罚从宽制度。如若法官认为得出的结果不合适，则可以遵循 2021 年《关于常见犯罪的量刑指导意见（试行）》之规定，以存在认罪认罚情节为由，在 20% 的范围内加以裁量调整。[1]因此，认罪认罚情节作为一个酌定量刑情节，其法律效力自然就虚化了。

---

〔1〕 赵恒："论量刑从宽——围绕认罪认罚制度的分析"，载《中国刑事法杂志》2018 年第 4 期。

如何把握认罪认罚案件中的从宽幅度？

问题引入

认罪认罚对于犯罪嫌疑人、被告人的最大"吸引力"在于从宽的量刑处置，第六问中详细介绍了"从宽"的内涵，但受篇幅所限有些问题未能充分展开，本问会详细分析从宽的幅度如何把握的问题。即，究竟有哪些因素会影响对从宽幅度的把握：案件本身的性质？犯罪嫌疑人、被告人认罪认罚的时间？认罪态度？还是有其他案件之外的考量因素？

一、原则规定

依据 2019 年《关于适用认罪认罚从宽制度的指导意见》，实体上从宽幅度的把握原则上应当区别认罪认罚的不同诉讼阶段、对查明案件事实的价值和意义、是否确有悔罪表现，以及罪行严重程度等，综合考量确定从宽的限度和幅度。在刑罚评价上，主动认罪优于被动认罪，早认罪优于晚认罪，彻底认罪优于不彻底认罪，稳定认罪优于不稳定认罪。认罪认罚的从宽幅度一般应当大于仅有坦白，或者虽认罪但不认罚的从宽幅度。对犯罪嫌疑人、被告人具有自首、坦白情节，同时认罪认罚的，应当在法定刑幅度内给予相对更大的从宽幅度。认罪认罚与自首、坦白不作重复评价。对罪行较轻、人身危险性较小的，特别是初犯、偶犯，从宽幅度可以大一些；罪行较重、人身危险性较大的，以及累犯、再犯，从宽幅度应当从严把握。

由此我们可以得到关于从宽幅度把握的三个原则性规范考量。

（一）行为与行为人固有性质的影响

总体而言，这一部分对于如何把握从宽幅度的影响是基本性的，从案件本身出发，这里可以包括两部分，一部分是偏向客观层面的即该犯罪行为事实上侵害的社会利益与社会秩序的严重程度，另一部分是偏向行为人层面的，即通过行为人的行为方式、手段等表现出来的其自身的人身危险性和对法规范的偏离态度、偏离程度以及"回归"矫正使其降低再犯可能性的概率等因素。

1. 行为性质即案件事实的罪行严重程度与案件情节

此处的"罪行严重程度"需要从抽象意义上去理解，对社会危害性更大的行为比起一般犯罪行为有着更大的处罚必要性，从宽的适用标准与幅度均应当慎重，从宽不是唯一的评价体系，在其上位的价值中还有罪刑相适应的基本原则应当遵守。当然，抽象意义上理解并不妨碍举一些通用的类型化范式。

（1）从犯罪行为所触犯罪名的法定刑出发，法定刑在十年以上有期徒刑、无期徒刑或者死刑的案件比起三年以下有期徒刑、拘役、管制的案件，其适用"从宽"的标准应当更加慎重把握，尤其涉及死刑案件时，并非所有的认罪认罚从宽都是死刑立即执行减为死刑缓期执行，或者死刑减为无期徒刑。认罪认罚从宽制度没有适用罪名和可能判处刑罚的限定，所有刑事案件都可以适用，不能因罪轻、罪重或者罪名特殊等原因而剥夺犯罪嫌疑人、被告人自愿认罪认罚获得从宽处理的机会。正如之前提到的，当一项犯罪行为的社会危害性严重到一定程度时，其认罪认罚从宽的价值就趋于消失，因此这种情况下，即使犯罪嫌疑人、被告人认罪认罚，也不得对其从宽处罚。[1]对严重危害国家安全、公共安全犯罪，严重暴力犯罪，以及社会普遍关注的重大敏感案件，适用认罪认罚从宽必须慎重、严格把握，避免案件处理明显违背公平正义观念。比如中国法学会案例法学研究会评选的"2019 年中国十大影响性诉讼"中，陕西汉中张扣扣故意杀人案即属于被告人虽然认罪认罚也不能从宽处罚的典型案例。最高人民法院在对该案的死刑复核中认为张扣扣主观恶性极大，犯罪情节特别恶劣，手段特别残忍，社会危害性极大，后果和罪行极其严重，因此虽然犯罪以后自动投案，如实供述自己的罪行，系自首，但根据其犯罪的事实、性质、情节和对社会的危害程度，依法不足以对其从轻处罚，所以仍然核准了对张扣扣的死刑。对于典型的重罪与轻罪，两者之间的类型化区分是简单的，而对于处于中间状态的不易区分是重罪轻罪的罪名而言，就需要通过其他评价体系来进行比较，比如通过侵害法益的不同而区别不同的犯罪类型。

（2）人身伤害犯罪的认罪认罚从宽标准与幅度的掌握要严于财产侵害犯罪。这不仅是因为财产犯罪有追回补偿的可能性，还因为人作为社会秩序的具体体现者和附着者，有着比财产更大的保护优越性。

（3）国家工作人员的公务犯罪比起一般财产犯罪而言，其认罪认罚从宽的标准与幅度的掌握要更严，不仅因为这损害了国家工作

---

〔1〕 参见胡云腾："完善认罪认罚从宽制度改革的几个问题"，载《中国法律评论》2020 年第 3 期。

人员的特殊身份带来的定罪量刑的特殊性，还因为存在诸如对贪污贿赂犯罪严厉打击的刑事政策。

（4）此外，对于未成年人犯罪，要比其他相应的一般犯罪的认罪认罚从宽标准与幅度的掌握稍宽松，这是基于未成年人心智不成熟、不健全的总体社会形象的教育、感化、改造出发而必然得出的结论，也与我国关于未成年人犯罪的整体刑事政策相契合。对于真诚认罪、悔罪，且接受教育的未成年犯，检察机关提出的量刑建议可以适当加大从宽幅度，以体现"惩罚为辅"的原则。程序上，可以通过将"教育为主"的原则具体到认罪认罚从宽适用的各个阶段来予以贯彻。

（5）就单位犯罪与个人犯罪而言，是否应当从严把握从宽幅度，不可一概而定，因此只能依据不同犯罪类型加以判定，但是单位犯罪内部可以规划出一部分类型化比较，比如单位犯罪涉及对环境、食品药品等公益领域的侵害，其认罪认罚从宽的标准与幅度一定要从严把握。

比如湖北省高级人民法院、湖北省人民检察院、湖北省公安厅、湖北省国家安全厅、湖北省司法厅联合印发的《关于适用认罪认罚从宽制度实施细则（试行）》中列举了几种应慎重把握从宽的情形就因案件性质不同而有所不同：严重危害国家安全、公共安全犯罪，严重暴力犯罪以及社会普遍关注的重大敏感案件；恐怖组织、黑社会性质组织犯罪的组织者、领导者；恶势力的纠集者、恶势力犯罪集团的首要分子以及恶势力、恶势力犯罪集团中罪责严重的主犯；犯罪嫌疑人、被告人系惯犯、累犯或者毒品再犯；其他应慎重把握从宽的情形。

2. 行为人的人身危险性与初犯、偶犯

行为人的人身危险性是一种偏向主观性质的认定，因此其判断必须借助现有已查明的案件事实，比如行为人的行为手段、方式等来判断行为人的反规范程度和反社会偏离度。初犯和偶犯作为通常意义上的酌定量刑情节也是基于人身危险性的大小判断进而确定其严重刑罚的必要性以便通过较小司法成本换取更好的改造效果。比如孙某某、蒋某某开设赌场案中，由于归案后，蒋某某自愿认罪认罚，签署了认罪认罚具结书，且现有在案证据可以证实孙某某邀请的人员相对固定、范围相对较小，相比其他开设赌场的行为其主观恶性较小、社会危害性较小，因此法院认为酌情可以对其从轻处罚，且系初犯、偶犯，有悔罪表现，且在一审时已缴纳罚金，可以认定其具有认罪悔罪的表现，可以对其从轻处罚。[1]

以上的类型化分析都是建立在一般案情的基础之上，在不同案件特殊性的运转中，不同的社会危害性、手段方式、社会影响、主观恶性等都是应当具体考虑的因素。《最高人民检察院就十三届全国人大常委会对人民检察院适用认罪认罚从宽制度情况报告的审议意见提出 28 条贯彻落实意见》明确规定，对因民间纠纷引发的犯罪，要积极主动耐心做好矛盾化解、刑事和解工作，犯罪嫌疑人、被告人自愿认罪、真诚悔罪并取得谅解、达成和解、尚未严重影响人民群众安全感的，要积极适用认罪认罚从宽制度，特别是对其中社会危害不大的初犯、偶犯、过失犯、未成年犯，一般应当依法给予较大幅度的从宽。但是对极少数情节恶劣的轻罪案件，即使认罪认罚，也可以不从宽或者从严把握从宽处罚的幅度。而对严重危害国家安全、公共安全犯罪，严重暴力犯罪等重罪案件，应当依法从严惩治，即使适用认罪认罚从宽制度也要慎重把握从宽处罚的幅度，避免案件处理明显违背人民群众的公平正义观念。对犯罪性质和危害后果特别严重、犯罪手段特别残忍、社会影响特别恶劣的犯罪嫌疑人、被告人，依法予以严惩。

（二）认罪认罚时间、态度等相关影响

除案件性质相关的因素外，认罪认罚在本身适用过程中也会有影响从宽标准与幅度的因素。

1. 主动认罪优于被动认罪

主动认罪与被动认罪体现出来的是行为人对于法规范的遵守程度的可能性以及悔罪认罪的态度，不知道认罪认罚从宽的犯罪嫌

---

[1] 四川省成都市中级人民法院（2019）川 01 刑终 1216 号刑事判决书。

人、被告人基于内心的悔过而自愿地、主动地向公安司法机关认罪，其应获得的从宽幅度显然应当比那些开始拒不认罪、被告知认罪认罚可以从宽的政策之后被"吸引"而认罪的犯罪嫌疑人、被告人更值得刑法宽宥。

2. 早认罪优于晚认罪

在不同阶段认罪认罚的量刑建议梯度制度的背景下，在侦查阶段自始就认罪认罚的，显然应当获得比在审查起诉阶段、审判阶段认罪认罚更大的从宽幅度。这不仅在理论上可以予以说明，如阶梯式从宽量刑的理论依据在于，行为人分别在侦查、审查起诉、审判阶段开始认罪认罚的，既征表其人身危险性逐级递增，又揭示其认罪的积极程度以及为司法机关办理案件提供的作用逐级递减。阶梯式从宽量刑的规范依据在于，刑事立法及司法性文件根据行为人人身危险性、认罪的积极程度以及为司法机关办理案件提供作用的大小规定了宽严不同的刑罚裁量幅度。[1]而且在实务中亦有大量判例存在。典型的如程某某、胡某某聚众扰乱社会秩序案，该案中的被告人共同实施了危害程度相近的行为，但因为认罪认罚的阶段不同，法院在最终认定上得出结论：根据被告人认罪认罚的不同阶段，依法给予被告人不同的从宽幅度。[2]而且对个人而言，认罪时间不仅影响积极意义上的从宽幅度的确定，还有可能影响消极意义上的从宽幅度的限制，如徐某某、范某某、余某等组织卖淫案中，由于被告人归案后直至一审前均不认罪，所以在后期虽认罪认罚，但法院认为对其从宽幅度亦不宜过大。[3]甚至一审未认罪，二审才认罪的也可以从宽考虑，但是应减少从宽幅度，这也是《关于适用认罪认罚从宽制度的指导意见》明文规定的，即被告人在第一审程序中未认罪认罚，在第二审程序中认罪认罚的，审理程序依照《刑事诉讼法》规定的第二审程序进行。二审人民法院应当根据其认罪认罚的

---

〔1〕 参见刘伟琦、刘仁文："阶梯式从宽量刑不同诉讼阶段的认罪认罚"，载《学术论坛》2019 年第 6 期。

〔2〕 安徽省黄山市中级人民法院（2019）皖 10 刑终 119 号刑事判决书。

〔3〕 浙江省台州市中级人民法院（2019）浙 10 刑终 1028 号刑事判决书。

价值、作用决定是否从宽，并依法作出裁判。确定从宽幅度时应当与第一审程序的认罪认罚有所区别。

关于早认罪优于晚认罪，2021年《最高人民法院关于适用〈中华人民共和国刑事诉讼法〉的解释》第357条规定，"对被告人在第一审程序中未认罪认罚，在第二审程序中认罪认罚的案件，应当根据其认罪认罚的具体情况决定是否从宽，并依法作出裁判。确定从宽幅度时应当与第一审程序认罪认罚有所区别"。这总结了之前的一些实务经验，如2020年11月，山西省六部门共同研究制定了《全省政法机关协同推进认罪认罚从宽制度实施办法》，其中对该原则进行了具体化规定，即"在侦查阶段认罪，到审判阶段始终认罪认罚的，可以在法定刑幅度内减少基准刑的30%以下；从审查起诉阶段开始到审判阶段认罪认罚的，可以在法定刑幅度内减少基准刑的20%以下；在一审审判阶段后认罪认罚的，可以在法定刑幅度内减少基准刑的10%以下"。2020年12月印发的《江苏省检察机关办理认罪认罚案件工作指引（试行）》相关的规定与山西省的规定完全相同。2020年《浙江省刑事案件适用认罪认罚从宽制度实施细则》则仅规定了两个时间节点，即是"在侦查阶段认罪，表示愿意接受刑事处罚的，可以减少基准刑的30%以下；在审查起诉阶段认罪认罚的，可以减少基准刑的20%以下"。

3. 彻底认罪优于不彻底认罪

认罪的范围也是一个影响因素，仅对部分案件事实认罪，另一部分不认罪的，显然不符合认罪认罚从宽制度所欲达到的司法经济与效率目的，因此对于全案的从宽幅度当然应小于彻底认罪的犯罪嫌疑人、被告人。

4. 稳定认罪优于不稳定认罪

在侦查阶段、审查起诉阶段、审判阶段等整个司法流程时间内，甚至一审、二审的过程内，犯罪嫌疑人、被告人时而认罪认罚，时而翻供，时而又认罪认罚，反映犯罪嫌疑人、被告人对认罪意思真实性的减弱和对规范认同的较低程度，其从宽的标准和幅度应低于稳定认罪的情形。比如在薛某某抢劫案中，一审时被认定为认罪认罚案件，薛某某在知悉认罪认罚从宽制度相关内容及权利义务的情况下签署了认罪认罚具结书。据此，绥芬河市人民检察院向一审法院提出对薛某某从轻处罚的量刑建议，并获得一审法院支持。但一审判决后，薛某某以认定事实错误、适用法律错误、判处的刑罚过重为由提出上诉，牡丹江市中级人民法院认为这属于以认罪认罚形式换取较轻刑罚，再利用上诉不加刑原则提出上诉，认罪动机不纯，因此以其认罪认罚行为具有不稳定性为由裁定一审时适用的认罪认罚从宽制度不应再适用，对其应不予考虑认罪认罚的量刑减让。[1]

　　当然，在适用稳定认罪优于不稳定认罪原则的同时，还应当考虑犯罪嫌疑人、被告人正当的诉讼权利。比如上诉权的问题，这是《刑事诉讼法》赋予被告人的基本权利，在认罪认罚从宽案件中被告人仍享有上诉权，但认罪认罚的态度也应及于二审程序。因此被告人针对认罪认罚的内容提出上诉的，检察院可依法抗诉，但法院不应简单根据上诉理由认定被告人拒绝认罪认罚，而应在进行实质性审查后依情况作出裁判。对于被告人在二审过程中撤回上诉的，应视为继续认罪认罚。这也符合认罪认罚制度在试点之处就一直强调的规定，即依据最高人民法院、最高人民检察院、公安部等印发的《关于在部分地区开展刑事案件认罪认罚从宽制度试点工作的办法》第3条对于"保障犯罪嫌疑人、被告人依法享有的辩护权和其他诉讼权利"的规定。正如陈国庆副检察长在接受专访时所讲，在速裁程序试点和认罪认罚从宽试点时，曾对是否应当借鉴国外辩诉交易、处罚令等做法，在一定范围内对认罪认罚案件被告人的上诉权给予限制的问题进行过讨论，最终均采取了不予限制的做法，这也为立法所确认。保障上诉权是程序公正的基本要求，是结果公正的救济途径，也是认罪认罚从宽制度可持续发展和良好运行的保证。只有保障被告人对于认罪认罚反悔上诉的权利，才能使其拥有对审判程序和诉讼结果的自由选择权，进而对最终的裁判结果不产生抵触情

---

〔1〕 黑龙江省牡丹江市中级人民法院（2020）黑10刑终40号刑事判决书。

绪，增强对认罪认罚结果的接受度。这一点已成为学界和实务界的共识。[1]

5. 认罪认罚优于只认罪不认罚

《关于适用认罪认罚从宽制度的指导意见》规定认罪认罚优于只认罪不认罚，因此从司法经济的角度考虑，认罪认罚确应优于只认罪不认罚，也可以在一定程度上排除以认罪形式换取较轻刑罚，再利用上诉不加刑原则提出上诉等不纯动机。

（三）与原有从宽情节的竞合影响

依据原有的关于坦白、自首的规定和 2013 年最高人民法院《关于常见犯罪的量刑指导意见》的规定，自首可以减少基准刑的 40%，坦白可以减少 20%。依据《关于适用认罪认罚从宽制度的指导意见》的规定，认罪认罚的从宽幅度一般应当大于仅有坦白，或者虽认罪但不认罚的从宽幅度。从宽情节的稍显混乱使得从宽幅度的不确定性增加，进而减弱了对被追诉人的激励效果。虽然个案情节千差万别，统一划定从宽界限较为困难，但如果从宽幅度弹性过大，仍然停留于以往原则性从宽处罚的层面，客观上会影响被追诉人主动选择适用认罪认罚从宽的积极性，也影响量刑协商效果。须知，如果没有相对确定幅度，特别是较大幅度的"从宽"处理，对于极其希望获取量刑"优惠"的被追诉人而言，通常会心存疑虑，甚至担心"坦白从宽，牢底坐穿"，宁可选择当庭认罪。因此可以从现有规定出发，由于"认罪认罚"的幅度大于"坦白"，又因为认罪认罚的范围较自首更广，因此可以认定为是稍高于"自首"的从宽幅度。此外，还须考虑"认罪认罚+自首"的从宽幅度应当大于"认罪认罚+坦白"的情形，而"认罪认罚+自首坦白"的从宽幅度应当大于前两者，即被告人具有自首、坦白情节，同时认罪认罚的，应当在法定刑幅度内给予相对更大的从宽幅度。又由于认罪认罚的幅度大于只认罪不认罚的情形，因此在理论上可以得出一个适用从宽幅度的逻辑链条，即"坦白<自首<自首坦白<认罪与坦白<认罪与自首<

---

[1] 参见蒋安杰："认罪认罚从宽制度若干争议问题解析（下）"，载《检察日报》2020 年 5 月 14 日，第 3 版。

认罪认罚与坦白<认罪认罚与自首<认罪认罚与坦白自首"。这里的问题是当坦白自首与认罪认罚两者同时存在时的从宽幅度,可能会达到70%或者80%甚至更高的减免,一方面是案件中适用的法定刑幅度有无如此多的腾退空间以及当刑罚消减过多时会不会实质上清空了刑罚的存在意义和实体内容,另一方面是在实务中这种程度的从宽会导致法官进行更进一步的思考抉择而不敢径直减免如此大部分的刑罚。

实务中该类规定较多。比如《江苏省检察机关办理认罪认罚案件工作指引(试行)》规定,认罪认罚与自首、坦白、当庭自愿认罪、退赃退赔、赔偿谅解、刑事和解、羁押期间表现好等量刑情节不作重复评价,但认罪认罚的从宽幅度一般应当大于仅有坦白,或者虽认罪但不认罚的从宽幅度;对犯罪嫌疑人、被告人具有自首、坦白情节,同时认罪认罚的,应当在法定刑幅度内给予相对更大的从宽幅度。认罪认罚又具有自首、重大坦白、退赃退赔、赔偿谅解、刑事和解等情节的,可以减少基准刑的60%以下,犯罪较轻的,可以减少基准刑的60%以上或者依法免除处罚。浙江省出台的文件也有同样规定,《浙江省刑事案件适用认罪认罚从宽制度实施细则》第57条规定了多重量刑情节的从宽把握,即"犯罪嫌疑人、被告人认罪认罚,兼具自首、重大坦白、退赃退赔、赔偿谅解、刑事和解等情节的,可以减少基准刑的60%以下,其中犯罪较轻的,可以减少基准刑的60%以上,或者依法免除处罚"。

认罪认罚与自首、坦白、当庭自愿认罪、退赃退赔、赔偿谅解、刑事和解、羁押期间表现好等量刑情节不作重复评价,但对具有上述量刑情节,同时认罪认罚的,应当在法定刑幅度内给予相对更大的从宽幅度。

这里讨论的还只是"从轻"范围,即是同一个法定刑幅度内的加减问题,尽管最高人民法院也曾发文鼓励可以"减轻",但在实务中常存在依据案件具体情况审慎适用"减轻"的情形,即使"减轻"也应当按照规定进行。

此外,还必须把握的一个原则是认罪认罚与自首、坦白不作重复评价。这一点无需多言。总体而言，实体上从宽幅度的把握原则应当区别认罪认罚的不同诉讼阶段、对查明案件事实的价值和意义、是否确有悔罪表现，以及罪行严重程度等，综合考量确定从宽的限度和幅度。

二、实务中的其他情形

除依照现有规范得出的关于从宽适用标准与幅度认定的原则性规定之外，在实务中也出现了一些其他的具体的特殊考量因素。

（一）缴纳罚金与退赔款问题

有些案件诉缴纳罚金视为被告人认罪悔罪的外在表现，从而主观层面予以宽宥。比如孙某某、蒋某某开设赌场案中，法院除因被告人系初犯、偶犯之外，还以在一审时已缴纳罚金为依据，认定其具有认罪悔罪的表现，可以对其从轻处罚。[1]还有因为由其亲属代为缴纳退赔款的数额与原审判决认定的犯罪数额差距较大，致使二审法院据以认定对其从宽幅度应从严把握的案件。[2]实务中，如《浙江省刑事案件适用认罪认罚从宽制度实施细则》便规定要依据有无退出违法所得、主动赔偿、主动缴纳罚金等悔罪表现，以及罪行严重程度等，综合考量确定从宽的限度和幅度。

（二）从犯身份问题

共同犯罪中，从犯、胁从犯的认定在定罪量刑上有特殊考量，同样，在认罪认罚从宽制度中，其从宽的标准与幅度也应当较主犯宽和，比如在曹某某、田某、苏某某、钟某某、杨某抢劫、非法拘禁案中，江西省新余市中级人民法院认为被告人杨某、田某、苏某某、钟某某在共同犯罪中未对被害人实施殴打等行为，也未从中分得任何好处，且其本身的人身自由亦受到一定限制，原审认定其四人为从犯正确，但在量刑时给予的从宽幅度过小，导致量刑过重，予以纠正，给予更大幅度的从宽量刑。[3]这些都是应当体系化考量

---

〔1〕 四川省成都市中级人民法院（2019）川01刑终1216号刑事判决书。
〔2〕 参见济南铁路运输中级法院（2019）鲁71刑终4号刑事判决书。
〔3〕 江西省新余市中级人民法院（2020）赣05刑终23号刑事判决书。

的结果。

（三）特殊领域政策制度问题

例如，在野生动物资源保护方面，基于对野生动物的特殊保护，对于非法猎捕、杀害珍贵、濒危野生动物罪或者非法狩猎罪等罪名的适用上，在法定、酌定量刑情节之外，还应关注野生动物资源保护制度的调整，并谨慎把握认罪认罚案件的从宽幅度。[1]

（四）疫情期间的特殊考量问题

2020 年 3 月全国四级检察机关在线同堂探讨依法战 "疫"。主讲人，最高人民检察院、党组成员、副检察长孙谦回答相关疑问时表示，疫情防控期间，不可避免会给办案带来影响和困难。越是在这种情况下，检察机关越要依法充分适用认罪认罚从宽制度，教育、鼓励犯罪嫌疑人和被告人如实供述，这样有助于推动相关证据的完善，有助于案件事实的认定，更有助于案件从简从快处理。对于非涉疫刑事案件或虽涉疫但犯罪较轻的案件适用认罪认罚的，可酌情对其提出比正常状态下更大从宽幅度的量刑建议。这是在疫情防控常态化的当下仍可以借鉴的地方。同时他又指出对于恶意传播病毒、暴力伤医、利用疫情制假售假、借机诈骗等危害严重、主观恶性大、影响恶劣的案件，则必须体现依法从严从重惩处的精神。这也与疫情防控的特殊考量有关。

（五）是否同意速裁程序问题

认罪认罚之后，在程序选择方面，是否同意适用速裁程序以更好地繁简分流发挥认罪认罚从宽制度设计之初的目的也是一个考量因素。例如，天津市人民检察院为加强业务指导，先后两次制发《认罪认罚从宽制度问题解答》。依托天津市人民检察院检察案例研究中心，评选认罪认罚从宽典型案例，为司法实践提供精准参考；建立刑事检察业务部门间联席会议制度，对共性问题进行会商，确保犯罪嫌疑人真实自愿认罪，促进认罪认罚从宽制度有效实施。在做好 "实体从宽"，确保公平正义的同时，天津检察机关还积极开展

---

〔1〕 参见杭州市临安区人民法院（2019）浙 0185 刑初 532 号刑事判决书。

"程序从简"的探索，提高办案速度，努力做到认罪认罚从宽制度的公平与效率兼顾。为促进速裁程序适用，天津市人民检察院对认罪认罚量刑从宽幅度进行了设计，从宽最多可以减少刑期的30%，其中认罪认罚的可减少刑期的15%，同意适用速裁程序的再减少刑期的15%。虽然总体减少幅度低于单纯的自首，但这种认罪认罚与同意适用速裁程序分开予以量刑激励的做法也已经有了较多的实际适用。

如何理解重罪或死刑案件中的 认罪认罚？

问题引入

本问重点解读认罪认罚从宽制度有没有罪名限制和重刑、死刑案件中认罪认罚是否一定可以得到从宽的效果的问题。根据我国现有的规定，认罪认罚从宽制度没有罪名限制，所有的罪名都可以适用认罪认罚从宽制度。一般而言，适用认罪认罚从宽制度的多为轻罪。不过在司法实践当中，无论是重罪还是轻罪，只要当事人自愿认罪认罚，都可以适用从宽制度。重罪或者死刑案件中适用认罪认罚从宽制度有存在的价值及理论依据。但是，在司法实践中，部分重罪或者死刑案件的被追诉人即使认罪认罚也无法得到从宽的结果，这是贯彻落实罪责刑相适应原则的要求。同时，在重大疑难案件中，办案机关出于办案效率和办案难度的考虑，也会谨慎适用认罪认罚从宽制度。在共同犯罪中适用认罪认罚从宽制度时，即使其他共同犯罪人没有认罪认罚，也不影响对其本人适用认罪认罚从宽制度。

一、重罪或者死刑案件适用认罪认罚从宽制度的法律依据

《关于适用认罪认罚从宽制度的指导意见》明确了认罪认罚从宽制度的适用阶段和适用案件范围。认罪认罚从宽制度贯穿刑事诉讼全过程，适用于侦查、审查起诉、审判各个阶段。认罪认罚从宽制度没有适用罪名和可能判处刑罚的限定，所有刑事案件都可以适用，不能因罪轻、罪重或者罪名特殊等原因而剥夺犯罪嫌疑人、被告人自愿认罪认罚获得从宽处理的机会。但"可以"适用不意味着一律适用，犯罪嫌疑人、被告人认罪认罚后是否从宽，由司法机关根据案件具体情况决定。

综上，认罪认罚从宽制度没有罪名和阶段限制。所有的罪名，都可以适用认罪认罚从宽制度。在司法实践当中，无论是重罪还是轻罪，只要当事人自愿认罪认罚，都可以适用从宽的制度。同时，刑事诉讼的所有阶段都可以适用认罪认罚制度，但是认罪认罚并不代表着一定可以得到从宽，是否从宽还要依据司法机关具体的判断与决断。

二、重罪或者死刑案件适用认罪认罚从宽制度的价值

认罪认罚从宽制度根据认罪认罚态度对被追诉人给予从宽处理，既有利于督促被追诉人自身悔过、弥补受损的社会关系，也有利于保护被害方的权益，同时有利于非对抗性诉讼格局的实现。在重罪或者死刑案件中利用认罪认罚从宽制度，可以便于搜集证据，提高诉讼效率，快速达成和解，化解社会矛盾，实现司法资源优化配置等。

首先，在重罪或者死刑案件中适用认罪认罚从宽制度有利于搜集证据、提高诉讼效率。"若无足够从宽的吸引力，在重罪案件中，难以调动被追诉人自愿供述罪行并提供其他相关证据线索的积极性。"[1]重罪或者死刑案件本身就存在案情复杂与容易引起社会广

---

[1] 参见王敏远："认罪认罚从宽制度疑难问题研究"，载《中国法学》2017年第1期。

泛关注的特点，在此类案件中引入认罪认罚从宽制度，有利于在重罪和死刑案件中补全证据链，解决此类案件处理的重点难点。同时可以以制度的方式为被追诉人如实供述与认罪认罚提供支撑，避免其因害怕会被判处重刑或者死刑而本着避重就轻的心理进行虚假供述，从而可以更方便、快捷地搜集证据，提高办案效率。

其次，有利于保障被害人的权益。对被追诉人进行刑事处罚虽然可以在一定程度上平衡被害人一方的心理，但是并不能给被害人一方带来直接的经济效益。在重罪或者死刑案件中引入认罪认罚从宽制度有利于提高被追诉人一方对被害人一方赔偿的积极性，尽可能地弥补被害人一方的损失，这也有利于修补被损害的社会关系，化解社会矛盾，减少社会冲突，有利于实现和谐社会。

最后，在重罪或者死刑案件中引入认罪认罚从宽制度有利于实现恢复性司法的理念，化解社会冲突，实现案件和社会的公平正义。中国特色社会主义法治的进步发展不仅仅意味着法律的变化，更侧重于法治思想和具体司法行为的进步。中国传统意义上的刑罚更加侧重报应刑，恢复性司法理念的引入则有利于改造犯罪行为人，减少司法资源的浪费，更好地修复社会关系，帮助被追诉人更好地回归社会。辩诉协商的融入，一方面有利于被追诉人在从宽处罚的利益引导下认罪认罚，另一方面有利于减少公诉机关的办案成本和办案效率。同时，认罪认罚从宽制度的出现可以减少刑讯逼供，司法工作人员可以将投入在重刑、死刑案件中的大量精力分配给其他案件，保障每一个司法案件的公平正义，从而更有利于构建法治社会，减少冲突，促进和谐。

三、重罪或者死刑案件适用认罪认罚从宽制度的理论依据

首先，其符合刑法的谦抑性原则。刑法中死刑的罪名逐渐减少，体现了国家正在摒弃重刑主义。刑罚不仅要实现个别预防，更要实现一般预防。在重罪或者死刑案件中适用认罪认罚从宽制度有利于贯彻当下少杀慎杀的法治理念。重罪或者死刑案件中认罪认罚从宽制度的适用，实际上为被追诉人提供了一个通过认罪认罚"免死"

的机会。正如学者所说:"对重罪案件适用认罪认罚从宽制度不仅是对传统刑法理念的挑战和修正,也是对刑法谦抑性理念的回应。同时,也是对轻罪案件适用认罪认罚从宽制度的合理延伸,符合刑法谦抑性的精神,有助于实现司法资源的优化配置,使更多的司法资源投入复杂案件中,优化办案质量。"[1]

其次,其符合"宽严相济"的刑事政策。《关于适用认罪认罚从宽制度的指导意见》第 1 条指出,认罪认罚从宽是 2018 年《刑事诉讼法》规定的一项重要制度,是全面贯彻"宽严相济"刑事政策的重要举措。由此可见,认罪认罚从宽是落实"宽严相济"刑事政策的直接产物,是依法推动"宽严相济"刑事政策具体化、制度化的探索。刑事诉讼中通过从宽从简对认罪认罚的被追诉人进行轻缓化的处理,从实体和程序两个方面体现了"宽严相济"的刑事政策,既追究了犯罪分子的刑事责任,也包含了其合法利益,实现了提高效率和保障公平的有机统一,通过落实具体认罪认罚从宽制度,有利于更好地实现"宽严相济"刑事政策的目标,最终实现社会公平正义。

再次,其符合公平正义的理念。案件直接关系被追诉人的利益,在重罪或者死刑案件中允许所有案件的被追诉人拥有程序选择的自由,是实现公平正义的必然要求。"某些重罪案件直接关乎被追诉人的生命权益、重大财产权益,认罪认罚的适用无论是对案件的正确处理还是对被告人自身都关系重大,强调该制度适用案件范围的广泛性、普遍性,都有利无害。"[2]

最后,其符合诉讼经济原则。重罪案件或者死刑案件往往案情重大复杂,所要审查的证据更加繁杂,要做的工作更加细致。在被追诉人不认罪的死刑案件中,司法人员必须对其无罪辩解准备大量工作,侦查调取证据,排除合理怀疑。学界早就意识到,从司法成本和效益观角度出发,要以投入成本最小化获得诉讼效益的最大化。[3]

---

〔1〕 胡保钢:"重罪案件认罪认罚从宽制度的适用基础",载《人民检察》2018 年第 17 期。

〔2〕 陈卫东:"认罪认罚从宽制度研究",载《中国法学(文摘)》2016 年第 2 期。

〔3〕 参见项振华:"美国司法价值观的新发展——评'辩诉交易'",载《中外法学》1996 年第 2 期。

"通过认罪缓解案多人少压力的司法需求十分紧迫。若对该制度的适用作出过于严格的限制，将无法实现立法初衷。"[1]认罪认罚从宽制度从制度上对被追诉人从宽处理进行保障，让被追诉人有勇气去承认事实，认罪认罚，有利于减轻当事人的诉累和司法机关的资源投入，是诉讼经济原则的实际体现。

四、重罪或者死刑案件认罪认罚从宽的法律效果

认罪认罚，并不意味对重罪或者可能被判处死刑的被追诉人一定作出从宽处理。根据相关数据，在司法实践当中，目前适用认罪认罚从宽制度的 70%—80% 的案件都在基层人民法院。而基层人民法院所审理的案件，基本上都是轻罪案件。在某些重罪、死刑案件中，尽管被追诉人签署认罪认罚具结书，但因为其主观恶性极深而往往得不到"免死"的效果。

一般而言，重罪或者死刑案件适用认罪认罚从宽制度，被追诉人真诚悔罪，不会被判处死刑立即执行。通过检索中国裁判文书网，并没有发现适用认罪认罚从宽却依然判处死刑的案件。大部分案件都是判处死刑缓期两年执行，认罪认罚往往会带来"保命"的效果。如在马某雄故意杀人案[2]中，法院认为："被告人马某雄故意非法剥夺他人生命，致一人死亡，其行为已构成故意杀人罪。马某雄犯罪手段残忍、后果严重，主观恶性深，人身危险性大，依法应予严惩。被告人马某雄归案后如实供述自己的罪行，自愿认罪认罚，依法可以从轻处罚，对其判处死刑可不立即执行。"尽管在本案中，被告人马某雄犯罪手段残忍、后果严重、主观恶性深，人身危险性大，但法院仍然判处其死刑缓期两年执行，并没有直接判处死刑。

虽然《关于适用认罪认罚从宽制度的指导意见》规定，重罪案件也可以明确适用认罪认罚从宽制度，但是在从宽的时候可能有所区别。比如，在死刑案件当中，有的死刑案件属于当事人自愿认罪

---

[1] 樊崇义、常铮："认罪认罚从宽制度的司法逻辑与图景"，载《华南师范大学学报（社会科学版）》2020 年第 1 期。

[2] 广东省高级人民法院（2020）粤刑核 62071186 号刑事裁定书。

认罚。根据法律规定，可以适用认罪认罚从宽制度，可以对其从宽处理，被判处死刑的案子极有可能最终被判处死刑缓期两年执行。同样在有些死刑案件当中，虽然当事人认罪认罚并签署认罪认罚具结书，但是法院依然对其判处死刑并报请最高人民法院核准。这种情况一般出现在故意杀人案件当中。

如在史某华故意杀人案中[1]，虽然被追诉人史某华认罪认罚并签署认罪认罚具结书，但由于其在被判处十八年有期徒刑刑满释放不到三年后又犯故意杀人罪既遂，手段凶残，后果特别严重，其人身危险性和社会危害性均极大，最终被广东省高级人民法院判处死刑并报请最高人民法院核准。[2]在此类案件中，被追诉人往往涉案情节恶劣，如为累犯、犯罪手段非常恶劣甚至出现分尸抛尸焚尸等情节，或者被追诉人背负多条人命。这种情况下，即使犯罪嫌疑人、被告人认罪认罚，司法机关一般会根据犯罪的行为、手段、性质等因素综合加以评定，从而决定从宽幅度。在被追诉人主观恶性极深、犯罪手段极其恶劣的情况下，被追诉人依然有被判处死刑的可能性。

五、重刑或者死刑案件视野下共同犯罪中认罪认罚从宽制度的适用

《最高人民法院关于适用〈中华人民共和国刑事诉讼法〉的解释》第 355 条第 3 款规定："共同犯罪案件，部分被告人认罪认罚的，可以依法对该部分被告人从宽处罚，但应当注意全案的量刑平衡。"这就肯定了在共同犯罪中认罪认罚制度适用的法律依据。虽然如此，在办理案件情形复杂、人数众多的有可能被判处重刑、死刑的重大案件中，实务和理论方面也有较多争议。

（一）实务处理

重罪或者死刑案件中的共同犯罪案件中，认罪认罚从宽程序并非绝对化。比如，涉案人员多达几十人，甚至上百人的涉黑涉恶案件，如何区分主从犯，如何具体提出每一个人的量刑建议，其实是

---

[1] 广东省高级人民法院（2020）粤刑核 60570162 号刑事裁定书。
[2] 广东省高级人民法院（2020）粤刑核 60570162 号刑事裁定书。

有很大难度的。由于这样的案件比较复杂,提出量刑建议的精准程度不好把握。对于这样的案件,办案机关可能不会选择适用认罪认罚从宽程序,直接按照普通程序进行审理。所以说,对于重大、复杂、疑难案件,认罪认罚从宽程序不是绝对化的。办案机关根据案件的行为性质、情节综合加以决定和选择适用。

同时,在共同犯罪中,认罪认罚的被追诉人可以获得从轻处理的结果,不受其他共同犯罪人是否认罪认罚的影响。如李某、王某丰故意伤害、寻衅滋事案中,[1]法院认为:"上诉人李某无视国家法律,在结伙寻衅滋事过程中故意伤害他人身体,致一人死亡,其行为已构成故意伤害罪,应依法惩处。原审被告人王某丰、袁某、黄某明、余某成、李某泉结伙随意殴打他人,情节恶劣,其行为均已构成寻衅滋事罪,依法均应予惩处。李某泉罪行极其严重,鉴于其归案后如实供述犯罪事实,且本案系事出有因,判处其死刑,可不予立即执行。王某丰是累犯,依法应从重处罚。王某丰、袁某、黄某明自愿认罪认罚,均予以从轻处罚。余某成、李某泉犯罪以后自动投案,如实供述自己的罪行,系自首,且自愿认罪认罚,均可以从轻处罚。"在本案中,王某丰、袁某、黄某明自愿认罪认罚,均予以从轻处罚,但是李某泉等其他人在没有从轻处罚的情节下,并未能够获得从轻处罚的结果。

(二)理论争议

在理论方面,有学者认为,重刑或者死刑案件的共同犯罪案件,应当慎重适用认罪认罚从宽制度。其理由主要有以下几点。

首先,认罪认罚从宽制度的适用有可能导致分案审理后难以当庭对质,从而无法真正了解案件的事实真相,导致庭审形式化。在认罪认罚的案件庭审中,法官也会因为当事人已经认罪认罚从而不给律师提供更多的发言机会。在重刑甚至死刑案件中出现上述情况,更难以令人接受。

其次,有可能出现因担心害怕而违心认罪或者不敢辩解的情况。

---

[1] 参见广东省高级人民法院(2020)粤刑终992号刑事裁定书。

如，共同犯罪中部分被追诉人在其他人认罪的情况下，会担心自己被重判而违心认罪；庭审中，如果认罪认罚的被告人想说话，公诉人或法官马上会提醒其已经认罪认罚，被告人想辩解又怕被重判，进退维谷，左右为难。

最后，对于危害国家安全罪、恐怖活动犯罪、黑社会性质组织犯罪、重大毒品犯罪或者特别重大贪污、贿赂犯罪等犯罪案件，现阶段不宜适用认罪认罚从宽诉讼程序。此类案件本身就案情复杂，事实认定困难较大，应当适用普通程序；从量刑标准的角度分析，认罪认罚从宽诉讼程序适用范围应与简易程序适用范围保持一致，重刑或者死刑案件一般由中级人民法院审理，不应当因适用认罪认罚从宽制度而突破原有的管辖权规定。[1]

因此，"认罪认罚确实是分化瓦解共同犯罪的有效工具，也是被告人的权利，不能禁用。但对于案件定罪有很大争议的案件，应当慎重适用。如果被告人没有提出要求，甚至不宜适用认罪认罚，以避免不当诱导法院作有罪判决"。[2]同时，对于不符合现有法律规定的重刑和死刑案件，也不应当适用认罪认罚从宽制度。

通过以上分析，在认罪认罚从宽制度当中，没有关于罪名的限定。但在实践中，轻罪适用认罪认罚从宽制度较多。另外对于从宽的幅度，也不是一律必须从宽，司法机关还要根据案件的情节、性质等，综合加以判定。所以说并不是当事人认罪了，就必然绝对化地从宽。在部分重罪或者死刑案件中，即使可以从宽，也未必能起到免除死刑的法律效果。共同犯罪的案件中，重刑或死刑案件虽然可以适用认罪认罚从宽制度，但是一般会对犯罪人分开处理。理论界提出了保留意见，认为在对案件的事实认定与定罪有很大争议的案件，应当慎用认罪认罚从宽制度。

---

〔1〕 孔令勇："论刑事诉讼中的认罪认罚从宽制度———一种针对内在逻辑与完善进路的探讨"，载《安徽大学学报（哲学社会科学版）》2016年第2期。

〔2〕 龙宗智："认罪认罚制度实施所面临的两重矛盾及其应对"，载《中国法律》2020年第6期。

如何把握认罪认罚与速裁程序的关系？

问题引入

　　在认罪认罚案件中，犯罪嫌疑人在侦查阶段认罪认罚的，公安机关向检察院移送审查起诉时需要提出哪些相关内容？同时，对于可以适用速裁程序的认罪认罚案件，检察院在审查起诉时，在办案期限上有什么特殊要求？法院审判阶段又有什么要求？"速裁"的"速"体现在哪里？有什么规定？又有哪些需要注意的问题？本问主要分析认罪认罚与速裁程序的相关问题。

在刑事案件侦查终结之后，公安机关一般需向人民检察院移送审查起诉以进入下一司法阶段。在移送审查起诉的时候，公安机关需要同时附上一份起诉意见书。在这份起诉意见书中，公安机关需要列明犯罪嫌疑人的身份情况、其所犯的罪行情况以及说明其行为所涉嫌的具体罪名。而在认罪认罚从宽制度之下，犯罪嫌疑人在侦查阶段认罪认罚之后，公安机关向人民检察院移送审查起诉时，2019年《关于适用认罪认罚从宽制度的指导意见》还要求公安机关在起诉意见书中，将犯罪嫌疑人认罪认罚的有关情况予以说明。如果认为符合基层人民法院管辖的可能判处三年有期徒刑以下刑罚的案件，且案件事实清楚，证据确实、充分，被告人认罪认罚并同意适用速裁程序的，可以适用速裁程序，同时还要说明建议适用速裁程序的简要理由。这是对认罪认罚案件以及其中的速裁程序适用案件进入审查起诉和审判阶段之前的一些程序性规定。

对于公安机关来讲，《关于适用认罪认罚从宽制度的指导意见》也要求其应当快速办理认罪认罚，但并无规定具体期限，基于侦查行为的特殊性，对此也不能有具体的形式规定。只是在侦查之后的中转程序上，有地区提出了要求，如《江苏省检察机关办理认罪认罚案件工作指引（试行）》第47条规定，"案件管理部门受理案件后，应当根据法律文书载明的内容、犯罪嫌疑人是否认罪认罚以及侦查机关提出的适用程序建议等，快速进行案件分流，将受理的案卷材料立即移送办案部门。速裁类案件一般应当在当日移送，其他类型案件至迟不得超过第二日"。

因此，在进入审查起诉阶段之后，此时适用速裁程序的"速"意味着什么？依照《刑事诉讼法》第225条和《关于适用认罪认罚从宽制度的指导意见》的规定，速裁的"速"意味着不同于普通程序的审限，在审判阶段适用速裁程序审理普通案件时，人民法院应当在受理后十日以内审结；对可能判处的有期徒刑超过一年的案件，审限可以延长至十五日。同时《刑事诉讼法》第224条规定："适用速裁程序审理案件，不受本章第一节规定的送达期限的限制，一般不进行法庭调查、法庭辩论，但在判决宣告前应当听取辩护人的意见和被告人的最后陈述意见。适用速裁程序审理案件，应当当庭宣判。"这使得实务中出现了许多极其迅速的审理情形。比如咸宁市咸安区人民检察院建议人民法院适用刑事速裁程序集中审理了3起刑事案件，庭审用时共计21分钟，平均7分钟审结1起案件。河北省安国市人民法院刑事审判庭独任审判员对两起案件进行开庭审理。庭审中独任审判员审查了被告人认罪认罚的自愿性、真实性及合法性，简化了庭审程序，不再进行法庭调查和法庭辩论，最后综合公诉机关的量刑建议、被告人的最后陈述意见后，进行了当庭宣判。两起案件的庭审过程用时均不到10分钟。央视"社会与法"频道对福清市人民法院适用刑事速裁程序审理6起案件的庭审现场进行了直播，当天，福清市人民法院适用刑事速裁程序集中审理了6起刑事案件，庭审用时约1个小时，平均不到10分钟审结1起案件，一起危险驾驶案在福清市人民法院被当庭宣判，从宣布开庭到当庭宣判只用了大约6分钟。宜昌市葛洲坝人民法院受理一起案件后，依法适用速裁程序审理此案。通过法庭审理，法庭认为被告人陈某自愿认罪认罚，认罪认罚具结书内容真实、合法，宜昌市葛洲坝人民检察院提出的量刑建议并无明显不当，当即采纳了检察院全部量刑建议，当庭作出判决，庭审仅用时9分钟。多伦县人民法院刑事审判庭适用速裁程序在5日内审结2起刑事案件，每起案件庭审过程只用了不到15分钟。此外还有多家媒体报道过类似新闻，《新京报》两次报道《平谷试点刑事速裁，4案庭审用时6分》和《密云法院适用刑事速裁程序办案，庭审最快4分钟》；《晶报》报道《龙岗首宗"刑事速裁"法院庭审过程仅用3分钟》；《沈阳日报》报道《刑事速裁程序审判案件，25分钟集中判决6案件》；法制网报道《济南历下法院首试刑事速裁程序，20分钟宣判4起醉驾案》。固然在庭审中，法官会依法向被告人释明享有的权利并保障其行使，但由于所有适用速裁程序的案件都必须是被告人认罪认罚的案件，而且这类案件案情简单、量刑较轻，为了提高诉讼效率，一般不进行法庭调查、法庭辩论，只重点审查认罪认罚的自愿性和认罪认罚具结书内容的真实性、合法性，简化法庭调查和法庭辩论环节，可以进一步推进刑事案件的繁简分流，有效降低诉讼成本，实现提高审判质效的目的。此外，在宣判前，审判人员也会听取被告人的最后陈述意见，庭前法官也会对案件进行细致的阅卷，但速裁是否真的不会影响案件的质量是一件值得商榷的事。

不仅限于审判阶段，检察院审查起诉的办案期限也应当迅速，这在实务中比比皆是。宁德市周宁县人民检察院提起公诉的陈某某涉嫌危险驾驶罪一案在周宁县人民法院开庭审理，法院当庭宣判。这是周宁县人民法院适用速裁程序的首例案件，该案从审查起诉到当庭宣判，仅用不到 3 天时间。宜昌市葛洲坝人民检察院于 2019 年 1 月 14 日提起公诉，并建议适用速裁程序，该案办结仅用了 6 天时间。在最初速裁程序试点期间，南京市检察机关适用速裁程序共提起公诉 3404 件涉及 3623 人，按照刑事速裁程序，这些案件中的起诉意见和量刑建议全部被法院采纳，每个案件平均审查起诉周期 6.73 天，平均庭审用时 3 分钟至 5 分钟，最快 35 分钟审理 13 件案件。南京市江宁区人民检察院办理的一起案件，从犯罪分子归案到法院判决，仅仅用了 9 天。保定市易县人民法院受理审查起诉的一起盗窃案自审查起诉至当庭宣判，用时 15 天。在实践中，各地还涌现出了一批 "48 小时刑事速裁程序" 的新型模式。比如由富阳区政法委牵头，公检法司四部门配合，通过优化司法资源，提高轻微刑事案件质效，落实 "宽严相济"、轻刑快审刑事政策，适应认罪认罚刑事诉讼制度改革要求，促进社会和谐所进行的机制探索而建立了 48 小时刑事速裁程序。根据 "48 小时刑事速裁程序" 的要求，借助公安机关执法办案管理中心设立的速裁法庭专用区域，实现犯罪嫌疑人到案后 48 小时内、取保候审后 20 日内，完成侦查、起诉、审判整个刑事诉讼程序。还有由金东区政法委牵头，公检法三部门配合，为进一步优化司法资源，提高轻微刑事案件质量与效率，推行轻刑快审的 "48 小时速裁程序"，金华市金东区人民法院开庭审理道某某盗窃一案时，整个案件从立案侦查、调查取证、侦查终结、律师提供法律帮助、提起公诉、审理判决，全流程只用了不到 48 小时。法院在适用"48小时刑事速裁程序"时一直宣称其严格遵循了《刑事诉讼法》的基本原则，注重充分保障当事人诉讼权利和确保司法公正，在原有刑事速裁程序的基础上，进一步提升刑事诉讼的质量和效率，并强化司法资源的合理配置。此外，该程序仅适用于危险驾驶、盗窃、诈骗等犯罪情节较轻、依法可能判处三年以下有期徒刑、拘役、管制的案件。同时，适用该程序的案件也需满足事实清楚的条件，且以被告人对检察院指控的犯罪事实、罪名及量刑建议均无异议为前提。但无论如何，现代法治程序设计之初，通过刑事速裁程序促进发现真实的价值模式是被限制了的。

如2020年10月13日，最高人民检察院发布了4起关于认罪认罚案件适用速裁程序的典型案例，其中肖某某危险驾驶案即明确支持了"48小时刑事速裁程序"的实践模式。

【案例】2019年11月11日21时许，被告人肖某某酒后驾驶小型轿车从福建省莆田市秀屿区东庄镇前云村自己家中往秀屿区月塘镇西园村方向行驶，途经秀屿区东庄镇前云村圆圈路段时被莆田市秀屿区公安分局东庄派出所民警查获。经呼气检测，肖某某的酒精呼气检测值为124.6mg/100ml。经鉴定，从肖某某的血样中检出乙醇浓度为124.77 mg/100ml。被告人肖某某因涉嫌危险驾驶罪，于2019年11月12日13时被莆田市公安局秀屿分局刑事拘留，于当日15时移送莆田市秀屿区人民检察院审查起诉。秀屿区人民检察院对本案适用认罪认罚从宽制度，于当日17时以肖某某涉嫌危险驾驶罪提起公诉，并建议法院适用速裁程序审理本案。次日10时，莆田市秀屿区人民法院适用速裁程序开庭审理本案，采纳检察机关指控和量刑建议并当庭宣判，判处被告人肖某某拘役一个月，缓刑二个月，并处罚金一千元。肖某某服判，不上诉。

在典型案例的列举中，该地人民检察院做了如下工作：一是提前了解案情，及时启动48小时速裁办理机制。2019年11月11日21时许，肖某某酒后驾驶机动车被查获，并被带至医院抽血后送至执法办案管理中心。经莆田市公安局秀屿分局通知，莆田市秀屿区人民检察院及时派员了解案件基本情况。司法鉴定机构为危险驾驶案件开设"绿色通道",于12日9时许出具鉴定意见,从肖某某血样中检出乙醇浓度为124.77mg/100ml。12日10时,莆田市公安局秀屿分局对肖某某立案侦查。12日13时,肖某某被刑事拘留。立案后,检察官在执法办案管理中心查阅相关证据材料后认为,本案案情简单,事实清楚,证据确实、充分,肖某某亦如实供述,对鉴定意见没有异议,无法定从重处罚情节,建议对本案适用48小时速裁办理机制。12日15时,公安机关将本案移送人民检察院审查起诉。二是充分保障被告人诉讼权利,准确适用认罪认罚速裁程序。受理当日,检察官制作简版审查报告,认定肖某某的行为构成危险驾驶罪,初步拟定量刑建议后,电话通知值班律师在执法办案管理中心为肖某某提供法律帮助。12日16时,检察官讯问肖某某,肖某某自愿认罪认罚。12日16时30分,值班律师阅卷后,承办检察官听取了值班律师的意见,值班律师对定性没有异议,提出肖某某系初犯、偶犯,认罪态度较好,建议从轻处理,可以适用速裁程序。检察官告知肖某某其涉嫌的犯罪事实、触犯的罪名、量刑情节及适用认罪认罚从宽制度后提出的量刑建议,同时建议适用速裁程序审理本案。肖某某对罪名、量刑建议、适用速裁程序的建议没有异议,并在值班律师的见证下签署认罪认罚具结书。三是依法起诉,当庭宣判。12日17时,检察官制作起诉书,在起诉书中写明肖某某认罪认罚情况、量刑建议、建议适用速裁程序等内容,将案件起诉至莆田市秀屿区人民法院。13日10时,人民法院开庭审理本案,检察机关派员出庭支持公诉,被告人肖某某对指控内容无异议,人民法院采纳检察机关指控和量刑建议并当庭宣判。

这起案件作为典型案例指导各地检察院履职的意义在于两个方面:一是依托公安执法办案管理中心"联接平台",探索速裁案件"先行机制"。莆田市秀屿区人民检察院会同区法院、区公安局、区司法局出台《关于使用执法办案中心进行危险驾驶案件48小时速裁办理的机制实施细则(试行)》,以公安执法办案管理中心平台为联接点,挂牌设置派驻检察室、速裁办公室,建立危险驾驶案件48

小时速裁办理机制。二是构建轻微刑事案件办理"快车道"，依法保障被告人诉讼权利，案件办理全程提速不降质。对事实简单、清楚，证据类型化、易收集，定性无争议的案件，如危险驾驶案件，应当密切侦、诉、审的衔接配合，构建案件快速流转办理机制，有效提升办案效率。莆田市适用 48 小时速裁办理机制处理危险驾驶案件，平均用时仅 42 小时，极大地节约了诉讼资源，减少了诉讼参与人的诉累。同时，坚持提速不降低质量，在公安执法办案管理中心设立值班律师工作站，依法保障犯罪嫌疑人在被抓获后 24 小时内获得法律帮助，值班律师可以就案件处理依法向司法机关提出意见，确保犯罪嫌疑人、被告人认罪认罚的自愿性、合法性和真实性，确保速裁案件兼顾实体公正和程序公正。我们可以支持这种 48 小时审结一起案情简单、认罪认罚的案件，原因在于减少各方诉累，但在此过程中一定要坚守保障犯罪嫌疑人、被告人合法诉讼权利的底线。

除此之外，《关于适用认罪认罚从宽制度的指导意见》还要求公安机关对于那些在侦查阶段已经对当事人予以取保候审或者监视居住的案件，可以集中一批案件一起向人民检察院移送审查起诉。但问题是公安机关是否会为了集中一批案件，从而耽误一些案件的进程，造成拖延办理的情况呢？对此，《关于适用认罪认罚从宽制度的指导意见》也作出明确的规定，要求公安机关不能为了集中移送审查起诉而耽误案件的办理，拖延案件的办理期限。

当前司法实践暴露的比较突出的问题即速裁案件的二审程序问题。案件没有终局，自然也属于期限的讨论范围之内，而这也涉及后续二审实质审理的问题。此问题会在下述问答中提及，此处只援引最高人民检察院检察理论研究所学术部主任董坤的一篇分析予以必要的简单回应，即对于以事实不清、证据不足为由上诉的速裁案件应发回重审的案件进行分析。其在调研中发现了一起适用速裁程序的上诉案件，在该案的二审期间被告人对案件的事实、证据、法律适用和量刑全面予以否定，辩称具结书是在检察人员威胁不认罪就不能判处缓刑的情形下签署的。二审法官对该案的处理产生分歧。一种意见认为，《刑事诉讼法》第 198 条第 1 款规定："法庭审理过程中，对与定罪、量刑有关的事实、证据都应当进行调查、辩论。"《关于办理死刑案件审查判断证据若干问题的规定》第 4 条规定："经过当庭出示、辨认、质证等法庭调查程序查证属实的证据，才能作为定罪量刑的根据。"根据以上规定，证据材料须经法庭调查、法庭辩论等法定程序才能查证属实，据以定案。但速裁程序一般不进行法庭调查和法庭辩论，法庭重点审查的是被告人认罪的自愿性，具结书内容的真实性、合法性，对与定罪量刑有关的事实和证据未作实质审理。可以说，速裁案件的审理其实是庭审中贯彻施行严格法定调查程序的例外。一旦被告人以事实不清、证据不足为由提出上诉，鉴于速裁程序庭审的形式化，乃至"空心化"，从保障被告人审级利益的角度，二审法院应撤销原判发回重审。另一种意见认为，《刑事诉讼法》虽然规定对适用速裁程序审理的案件一般不进行法庭调查、法庭辩论，但庭审前间接的书面审查、案卷调查仍然存在，庭审中法官除当庭询问被告人是否自愿认罪认罚外，还需询问被告人对犯罪事实和证据是否有异议，必要时法官还会恢复法庭调查和法庭辩论。因此，速裁程序仍存在法定的庭审和相应的程序规则。只是不同于对被告人有罪的严格证明模式，速裁程序采用的更像是自由证明模式下简易宽松的证据调查程序，严格程度应介于普通程序与单纯书面审理之间。但是，速裁程序审理的案件仍然是一级法院的审理，即使被告人以事实不清、证据不足提出上诉，二审法院也不必将案件立即发回，而应开庭贯彻施行严格的法庭调查程序，展开实质审理。[1] 由此可以得出，即使在二审时也应当审慎把握庭审实质化与速裁程序追求效率之间的关系。

---

[1] 参见董坤："审判阶段适用认罪认罚从宽制度相关问题研究"，载《苏州大学学报（哲学社会科学版）》2020 年第 3 期。

犯罪嫌疑人如何了解自己的
权利义务？

问题引入

　　关于本问，首先需要厘清的是犯罪嫌疑人了解自己权
利义务的意义是什么？犯罪嫌疑人所拥有的权利义务是什
么？针对这些问题必须作出解答，以作为后续问题的价值
指导，这样才能将犯罪嫌疑人了解自己的权利义务的途径
阐述清楚。

一、犯罪嫌疑人了解自己权利义务的意义

认罪认罚从宽制度能否在实践当中施行下去，最重要的就是要保障犯罪嫌疑人在认罪认罚制度中的权利。在被告人的权利保障方面，首先，应保障其认罪认罚的自愿性与真实性，即要确保犯罪嫌疑人所作出的认罪认罚未受到外界压力，审查是否出自其真实意愿。其次，应保障认罪认罚被告人的各项诉讼权利，切实做到从快从简处理案件，避免案件办理的拖沓与繁琐。再次，应保障被告人获得律师帮助的权利，确保其获得有效的辩护。在我国现阶段，辩护律师的作用发挥受到诸多限制。[1]认罪认罚的自愿性与犯罪嫌疑人了解自身的权利义务密切相关，而认罪认罚的自愿性与对犯罪嫌疑人的权利保障又密切相关，这直接关系到认罪认罚制度的核心。但犯罪嫌疑人在公诉中处于弱势地位，按照我国法律规定，只有到了审查起诉阶段，辩护律师才能有效介入刑事诉讼活动，在侦查阶段辩护律师作用发挥的空间是极其有限的；而从司法实践来看，即使是会见犯罪嫌疑人，辩护律师也面临很多现实问题。所以如何确保犯罪嫌疑人真实地了解自己的权利义务并作出符合其内心真实意愿的认罪表示是至关重要的。

二、犯罪嫌疑人了解自己权利义务的途径

在实践当中，当一个案件进入审查起诉阶段以后，依据《刑事诉讼法》第173条第2款的规定，人民检察院应当告知犯罪嫌疑人所享有的诉讼权利和认罪认罚的法律规定，听取犯罪嫌疑人、辩护人或者值班律师的意见并记录在案。此外，根据2019年《关于适用认罪认罚从宽制度的指导意见》第26条的规定，人民检察院在告知犯罪嫌疑人权利时应当采取书面形式，必要时应当充分释明。这是犯罪嫌疑人了解自己权利义务的第一条路径，即检察机关告知，但

---

[1] 胡俊、李炜："检察环节认罪认罚从宽制度实践分析"，载胡卫列等主编：《认罪认罚从宽制度的理论与实践——第十三届国家高级检察官论坛论文集》，中国检察出版社2017年版，第162页。

是这种路径也存在一些问题，即在这种"告知"制度下，犯罪嫌疑人是否能够真正了解自己的权利义务，并作出真实的认罪认罚的意思表示。《关于适用认罪认罚从宽制度的指导意见》也意识到了这个问题，故而加入了"书面形式"，希望以这种方式来保证犯罪嫌疑人能够作出真实的认罪认罚的意思表示，但是实质上还存在犯罪嫌疑人只是在权利义务告知书上进行签字，但对相关内容并不真正了解的情况。此外 2019 年《关于适用认罪认罚从宽制度的指导意见》中对于必要的情形没有展开说明，如书面形式也无法让犯罪嫌疑人了解自身权利义务时应该如何解决。

第二种途径是在犯罪嫌疑人委托律师的情况下，辩护律师在接受犯罪嫌疑人的委托之后，自然应当履行职责，将相关权利义务告知犯罪嫌疑人，从犯罪嫌疑人的利益出发，为其提供建议。主要方式为在案件进入审查起诉阶段之后，律师通过去检察机关查阅、复制、摘抄相关的卷宗材料，对案件情况进行了解之后，将认罪认罚的相关规定告知犯罪嫌疑人，并结合案情，为其提供建议。

第三种途径是在犯罪嫌疑人没有委托律师的情况下，可以通过值班律师进行相关了解。根据《刑事诉讼法》第 36 条第 1 款规定，在犯罪嫌疑人未委托律师，且法律援助机构也没有指派律师为其提供辩护的，由值班律师为犯罪嫌疑人提供法律咨询、程序选择建议等。但由于值班律师的工作性质，导致值班律师不像辩护人那样有充分的时间去查阅相关的卷宗材料，从而充分地去履行相关的告知以及核实证据的义务。这就导致在这种途径下，犯罪嫌疑人有可能无法了解自己的权利义务，从而作出不真实的认罪认罚意思表示，导致冤假错案的发生。

辩护人在认罪认罚案件中的
职责有哪些？

问题引入

　　在认罪认罚案件当中，必须要有律师的参与。参与认罪认罚案件的律师可以包括值班律师、当事人自行委托的辩护律师，也可以包括法律援助机构指派的法律援助律师。那么自行委托的律师以及法律援助机构指派的律师在认罪认罚案件中的职责有哪些，他们能够发挥什么样的作用？本问将围绕这些问题进行探讨。

一、辩护人参与认罪认罚从宽制度的背景

从 2016 年到 2018 年,我国尝试在制度上建立认罪认罚从宽的新体系,而律师在该制度设计中被赋予了重要角色。从规范层面来看,新设立的值班律师制度与传统的辩护律师制度形成了二元分立的新模式。首先,设立值班律师制度,以此完善我国的刑事法律援助体系。2018 年《刑事诉讼法》规定了值班律师制度,明确了值班律师的法律地位、参与条件及职责范围。其次,值班律师权利的模糊性与见证人地位的确立。[1]2018 年《刑事诉讼法》第 36 条第 2 款明确规定,人民法院、人民检察院、看守所应当告知犯罪嫌疑人、被告人有权约见值班律师,并为犯罪嫌疑人、被告人约见值班律师提供便利。最后,推行认罪认罚案件中律师全覆盖,形成律师辩护和值班律师法律帮助的二元分立模式。受到广泛关注的刑事辩护律师全覆盖最先是在开展认罪认罚从宽的试点工作中被提出的。通过法律制度建设的努力,值班律师法律帮助和辩护律师刑事辩护的二元分立模式被正式确立。[2]

二、辩护人在认罪认罚案件中的职责

2019 年《关于适用认罪认罚从宽制度的指导意见》第 15 条规定,在认罪认罚案件中,犯罪嫌疑人、被告人委托辩护人或者法律援助机构指派律师为其辩护的,辩护律师在侦查、审查起诉和审判阶段,应当与犯罪嫌疑人、被告人就是否认罪认罚进行沟通,提供法律咨询和帮助,并就定罪量刑、诉讼程序适用等事项向办案机关提出意见。根据 2018 年《刑事诉讼法》第 37 条规定,辩护人的责任是"根据事实和法律,提出犯罪嫌疑人、被告人无罪、罪轻或者减轻、免除其刑事责任的材料和意见,维护犯罪嫌疑人、被告人的

---

[1] 参见胡铭:"律师在认罪认罚从宽制度中的定位及其完善——以 Z 省 H 市为例的实证分析",载《中国刑事法杂志》2018 年第 5 期。

[2] 参见汪维莲、汪维刚:"律师在认罪认罚从宽制度中的作用研究",载《法制与社会》2020 年第 5 期。

诉讼权利和其他合法权益"。《关于适用认罪认罚从宽制度的指导意见》也具体规定了辩护人参与认罪认罚案件时应承担的职责。

在侦查阶段，犯罪嫌疑人、被告人自愿认罪认罚，没有辩护人的，人民法院、人民检察院、公安机关（看守所）应当通知值班律师为其提供法律咨询、程序选择建议、申请变更强制措施等法律帮助。符合通知辩护条件的，应当依法通知法律援助机构指派律师为其提供辩护。公安机关在侦查过程中，应当告知犯罪嫌疑人享有的诉讼权利、如实供述罪行可以得到从宽处理和与认罪认罚相关的法律规定，听取犯罪嫌疑人及其辩护人或者值班律师的意见，记录在案并随案移送。对在非讯问时间、办案人员不在场情况下，犯罪嫌疑人向看守所工作人员或者辩护人、值班律师表示愿意认罪认罚的，有关人员应当及时告知办案单位。

在审查起诉阶段，犯罪嫌疑人认罪认罚的，人民检察院应当就下列事项听取犯罪嫌疑人、辩护人或者值班律师的意见，记录在案并附卷：（1）涉嫌的犯罪事实、罪名及适用的法律规定；（2）从轻、减轻或者免除处罚等从宽处罚的建议；（3）认罪认罚后案件审理适用的程序；（4）其他需要听取意见的情形。人民检察院未采纳辩护人、值班律师意见的，应当说明理由。犯罪嫌疑人自愿认罪，同意量刑建议和程序适用的，应当在辩护人或者值班律师在场的情况下签署认罪认罚具结书。犯罪嫌疑人被羁押的，看守所应当为签署具结书提供场所。具结书应当包括犯罪嫌疑人如实供述罪行、同意量刑建议、程序适用等内容，由犯罪嫌疑人、辩护人或者值班律师签名。犯罪嫌疑人认罪认罚，有下列情形之一的，不需要签署认罪认罚具结书：（1）犯罪嫌疑人是盲、聋、哑人，或者是尚未完全丧失辨认或者控制自己行为能力的精神病人的；（2）未成年犯罪嫌疑人的法定代理人、辩护人对未成年人认罪认罚有异议的；（3）其他不需要签署认罪认罚具结书的情形。上述情形犯罪嫌疑人未签署认罪认罚具结书的，不影响认罪认罚从宽制度的适用。犯罪嫌疑人认罪认罚的，人民检察院应当就主刑、附加刑、是否适用缓刑等提出量刑建议。人民检察院提出量刑建议前，应当充分听取犯罪嫌疑人、辩护人或者值班律师的意见，尽量协商一致。

在审判阶段，办理认罪认罚案件，人民法院应当告知被告人享有的诉讼权利和与认罪认罚相关的法律规定，听取被告人及其辩护人或者值班律师的意见。庭审中应当对认罪认罚的自愿性、具结书内容的真实性和合法性进行审查核实，重点核实以下内容：（1）被告人是否自愿认罪认罚，有无因受到暴力、威胁、引诱而违背意愿认罪认罚；（2）被告人认罪认罚时的认知能力和精神状态是否正常；（3）被告人是否理解认罪认罚的性质和可能导致的法律后果；（4）人民检察院、公安机关是否履行告知义务并听取意见；（5）值班律师或者辩护人是否与人民检察院进行沟通，提供了有效法律帮助或者辩护，并在场见证认罪认罚具结书的签署。对于人民检察院提出的量刑建议，人民法院应当依法进行审查。对于事实清楚，证据确实、充分，指控的罪名准确，量刑建议适当的，人民法院应当采纳。对于人民检察院起诉指控的事实清楚，量刑建议适当，但指控的罪名与审理认定的罪名不一致的，人民法院可以听取人民检察院、被告人及其辩护人对审理认定罪名的意见，依法作出裁判。人民法院经审理，认为量刑建议明显不当，或者被告人、辩护人对量刑建议有异议且有理有据的，人民法院应当告知人民检察院，人民检察院可以调整量刑建议。人民法院认为调整后的量刑建议适当的，应当予以采纳；人民检察院不调整量刑建议或者调整后仍然明显不当的，人民法院应当依法作出判决。适用速裁程序审理的案件，不受《刑事诉讼法》规定的送达期限的限制，一般不进行法庭调查、法庭辩论，但在判决宣告前应当听取辩护人的意见和被告人的最后陈述意见。适用普通程序办理认罪认罚案件，可以适当简化法庭调查、辩论程序。公诉人宣读起诉书后，合议庭当庭询问被告人对指控的犯罪事实、证据及量刑建议的意见，核实具结书签署的自愿性、真实性、合法性。可以简化公诉人、辩护人、审判人员对被告人的讯问、发问。

《最高人民检察院关于人民检察院适用认罪认罚从宽制度情况的报告》明确要求各地检察机关注重听取犯罪嫌疑人及其辩护人、值班律师的意见，做细做实量刑协商。《人民检察院办理认罪认罚案件监督管理办法》第 7 条也规定，案件提起公诉后，出现新的量刑情节，或者法官经审理认为量刑建议明显不当建议检察官作出调整的，或者被告人、辩护人对量刑建议提出异议的，检察官可以视情况作出调整。2019 年 1 月至 2020 年 8 月，量刑建议采纳率为 87.7%。其中，提出确定刑量刑建议率从 27.3% 上升至 76%；庭审对确定刑量刑建议采纳率为 89.9%，高于幅度刑量刑建议采纳率 4.3 个百分点；确定刑量刑建议案件上诉率为 2.56%，低于幅度刑量刑建议案件上诉率 3.1 个百分点。另外，该报告还要求检察机关强化内外监督制约，防范廉政风险。规定当面听取辩护人、被害人及其诉讼代理人意见时，检察人员不得少于两人，且应当在工作时间和办公场所进行。同时，强调了对辩护人意见的听取。最后，报告指出要强化检察机关与相关机关协作配合，共同推进认罪认罚从宽制度稳健运行。加强与司法行政机关协作，完善不同诉讼阶段值班律师之间、值班律师与辩护律师之间的工作衔接机制，更充分地发挥值班律师、辩护律师在落实这一制度中的作用。

最高人民检察院下发《关于认真学习贯彻十三届全国人大常委会第二十二次会议对〈最高人民检察院关于人民检察院适用认罪认罚从宽制度情况的报告〉的审议意见的通知》，推动认罪认罚从宽制度更高质量、更好效果地适用，为经济社会高质量发展提供优质检察司法保障。该通知提出检察机关要高度重视辩护律师、值班律师在保障犯罪嫌疑人、被告人权利，促进认罪认罚从宽制度良性健康运行方面的重要作用。严格落实法律及有关规范性文件要求，依法履行听取意见的法律责任，在听取意见时加强沟通协商，充分尊重辩护律师、值班律师意见，做到每案必听意见、凡听必记录、听后有反馈。这体现了听取辩护人的意见的重要性。

三、辩护人在认罪认罚从宽制度中的作用

辩护人在认罪认罚从宽制度中发挥着必要且特殊的作用。总体而言，认罪认罚案件，辩护人的基本作用是保证犯罪嫌疑人、被告

人认罪认罚的自愿性、明智性、明知性、合法性。这是根据《刑事诉讼法》和《关于适用认罪认罚从宽制度的指导意见》关于法院的职责归纳出来的。《关于适用认罪认罚从宽制度的指导意见》第39条就审判阶段法院对认罪认罚案件的审查内容作了明确规定，这一条共有3款，其中第1款列举了法院对认罪认罚案件的"重点核实"内容。虽然这一条的标题是"审判阶段认罪认罚自愿性、合法性审查"，但大家可以对照第39条分析，其并不限于自愿性、合法性审查。例如，第39条第1款第1项要求审查的内容是"被告人是否自愿认罪认罚，有无因受到暴力、威胁、引诱而违背意愿认罪认罚"，这是"自愿性"问题；第2项要求审查"被告人认罪认罚时的认知能力和精神状态是否正常"，这是"明智性"问题，即要审查他有没有认罪认罚的行为能力；第3项要求审查"被告人是否理解认罪认罚的性质和可能导致的法律后果"，第4项要求审查"人民检察院、公安机关是否履行告知义务并听取意见"，这两项都是关于"明知性"的规定，解决犯罪嫌疑人、被告人认罪认罚前的"知情权"问题；第5项要求审查"值班律师或者辩护人是否与人民检察院进行沟通，提供了有效法律帮助或者辩护，并在场见证认罪认罚具结书的签署"，这是"合法性"问题。第39条第2款还规定："庭审中审判人员可以根据具体案情，围绕定罪量刑的关键事实，对被告人认罪认罚的自愿性、真实性等进行发问，确认被告人是否实施犯罪，是否真诚悔罪。"这是关于自愿性、真实性审查的规定，以确定认罪认罚的自愿性、真实性。另外，关于认罪认罚的合法性问题，一个很重要的方面是认罚问题，比如指控的罪名是否符合法律规定，检察院的量刑建议是否在法定量刑幅度以内，是否依法给予从宽。[1]

四、辩护人参与认罪认罚从宽案件的司法现状

（一）认罪认罚案件中律师的参与度低

认罪认罚案件涉及被追诉人对自己权利的放弃，要求律师参与

---

[1] 参见王敏远、顾永忠、孙长永："刑事诉讼法三人谈：认罪认罚从宽制度中的刑事辩护"，载《中国法律评论》2020年第1期。

认罪认罚案件为被追诉人提供法律帮助与支持，在对律师所提供的帮助与支持进行考核与评价时，最直观的数据便是律师参与认罪认罚案件的数量。对此，有些律师表示，值班律师价值感不高，有时参与认罪认罚从宽工作流于形式。

1. 河南、北京、山东地区律师参与的实证调查

对中国裁判文书网中的生效裁判文书进行删选与梳理，各随机抽取 200 个且案件适用认罪认罚从宽程序的生效法律文书，并对这 600 份文书进行分析，得出了以下数据：河南地区 200 份生效法律文书中律师参与有效辩护的案件数量为 18 份，占比 9%；北京地区 200 份生效法律文书中律师参与有效辩护的案件数量为 23 份，占比 11.5%；山东地区 200 份生效法律文书中律师参与有效辩护的案件数量为 13 份，占比 6.5%。从河南、北京、山东地区认罪认罚案件的数据分析可以得知，在认罪认罚案件中律师为被追诉人提供法律帮助与支持的比例还是相对偏低的，需要进一步提高。

2. 律师参与比例较低的原因分析

认罪认罚案件中律师参与比例较低的原因主要有以下几个方面：一是分析认罪认罚从宽案件的判决书可知，多数认罪认罚案件的罚金刑区间为 5000 元到 10 000 元，而我国大部分地区的律师代理费也不低于这个数额，所以一部分被追诉人为了节约金钱，认为聘请律师不具有必要性；二是在我国现行的刑事诉讼案件办理流程中，公安机关、检察院、法院都是有值班律师为需要法律帮助的人提供法律咨询服务的，在认罪认罚案件中值班律师参与比例较低的原因是被追诉人对值班律师的不信任，有些被追诉人认为值班律师是公检法系统的工作人员，对值班律师提出的建议存在质疑。在这种背景之下，律师以及公检法的值班律师参与案件的比例较低，认罪认罚案件的被追诉人不能得到律师的法律帮助与支持。对我国认罪认罚案件中被追诉人的自身情况进行简析，我们不难发现，刑事案件中的大多数被追诉人都存在文化程度相对较低、法律知识较为贫乏的特点。正是这些特点的存在，认罪认罚案件中的被追诉人不愿意向

值班律师求助。[1]

(二) 重视认罪认罚案件中律师发挥的作用

检察机关非常重视发挥律师在认罪认罚从宽制度中的重要作用,依法保障律师的诉讼权利,注意听取律师的意见。据报道,近三年来山东省检察机关先后接受律师办案申请预约6万余件次,查询案件信息9.6万余件次,接待辩护人、诉讼代理人2.4万余人次,为5.4万余起案件提供阅卷,其中提供电子卷宗光盘3000余张,有力保障了律师在检察环节的执业权利。[2]面对新形势,最高人民检察院决定自2019年7月至2020年1月开展保障律师执业权利专项监督活动,将保障律师的会见通信权、阅卷权、调查取证权、人身权以及其他妨碍律师依法履行辩护、代理职责的情形等五个方面作为监督重点。[3]最高人民检察院张军检察长表示:要发挥律师的独特作用,根本还在于经济社会的发展,使律师服务由不均衡走向均等化,让还没有律师或只有个位数律师的地方,拥有与发达地区相似的律师服务。[4]

---

[1] 参见李伟锋:"我国律师参与认罪认罚案件的现状分析",载《法制博览》2020年第4期。

[2] 参见郭树合:"让律师在检察环节执业畅行无阻——山东:以'制度化'监督构建新型检律关系",载《检察日报》2019年8月5日,第4版。

[3] 参见顾永忠:"刑事辩护制度改革实证研究",载《中国刑事法杂志》2019年第5期。

[4] 参见邱春艳:"张军就认罪认罚从宽制度实践中的热点难点问题回应社会关切",载 https://www.spp.gov.cn/spp/tt/202102/t20210221_ 509442.shtml,最后访问日期:2021年2月21日。

第十四问
值班律师的含义与定位是什么？

问题引入

　　一般人进入刑事程序时可能并无寻找律师以尽早保护其权利的意识，或者即使想找律师，可能也会因为经济困难而放弃。但是在认罪认罚案件当中，必须要求有律师的介入。如果当事人没有自行委托辩护律师，也没有申请法律援助，办案机关应该为犯罪嫌疑人、被告人指派值班律师提供无偿的法律帮助。那么什么是值班律师？值班律师的定位又是什么？他和委托辩护律师、法律援助律师的关系是什么？

一、什么是值班律师？

犯罪嫌疑人、被告人依法享有获得法律帮助权。依照 2019 年《关于适用认罪认罚从宽制度的指导意见》的规定，人民法院、人民检察院、公安机关办理认罪认罚案件，应当保障犯罪嫌疑人、被告人获得有效法律帮助，确保其了解认罪认罚的性质和法律后果，自愿认罪认罚。犯罪嫌疑人、被告人自愿认罪认罚，没有辩护人的，人民法院、人民检察院、公安机关（看守所）应当通知值班律师为其提供法律咨询、程序选择建议、申请变更强制措施等法律帮助。符合通知辩护条件的，应当依法通知法律援助机构指派律师为其提供辩护。人民法院、人民检察院、公安机关（看守所）应当告知犯罪嫌疑人、被告人有权约见值班律师，获得法律帮助，并为其约见值班律师提供便利。犯罪嫌疑人、被告人及其近亲属提出法律帮助请求的，人民法院、人民检察院、公安机关（看守所）应当通知值班律师为其提供法律帮助。

这里提到的值班律师，就是更好地保障犯罪嫌疑人、被告人诉讼权利的新制度设计。依据最高人民法院、最高人民检察院、公安部、国家安全部、司法部联合印发的《法律援助值班律师工作办法》，值班律师是指在没有聘请律师的犯罪案件中，由于有法律援助机构在看守所、检察院、法院等场所设立法律援助工作站，通过派驻或安排的方式，为没有辩护人的犯罪嫌疑人、被告人提供法律帮助的律师。可以看出，值班律师是法律援助机构派驻或安排的一种特殊类型律师。值班律师制度的设立是为了弥补现行的法律援助体系在援助对象和援助时间方面存在的局限性，因此，值班律师存在的价值是让更多认罪认罚的案件受到真实性和自愿性的检验。从这种意义上讲，其功能发挥的重点不应是辩护权的内部关系，而是辩护权的外部关系，其应当积极发挥在场监督和理性协商的程序功能。同时，值班律师对追诉人认罪认罚所做的说服工作，均从维护被追诉人的实体利益出发，其工作重点应当是服务于犯罪嫌疑人和被告人，而不是配合公检法机关的工作。

在认罪认罚从宽案件中，值班律师履行的特殊法律帮助职责是在辩护人缺位的情况下，通过最低限度且必要的法律帮助来实现对国家追诉权的制衡并力争使犯罪嫌疑人、被告人的合法权益得以维护。[1]认罪认罚案件中，适用简易程序和速裁程序的案件占据主要部分。对于这部分案件，或由于被告人经济拮据，或由于案件事实相对清晰确凿，或由于案值的数额较低，较少有辩护律师参与其中，值班律师便弥补了这一空缺。[2]如河南省十余年来的法律援助值班律师共为当事人提供法律咨询 49 万人次，代写法律文书 13.6 万份，参加诉前调解 5.1 万次，化解矛盾纠纷近 7.6 万件，受理、指引申请法律援助 11.8 万余件。法律援助值班律师制度对于保障犯罪嫌疑人与被告人合法权益、加强人权司法保障和促进司法公正发挥了积极作用，值班律师第一时间进入监区提供法律咨询或受法律援助中心指派为犯罪嫌疑人、被告人提供法律服务，有效保障了司法人权，推进了以审判为中心的诉讼制度改革，为保持控、辩、审平衡作出了突出贡献，对推动我国社会法治不断进步起到关键性作用。总而言之，值班律师的作用是不容忽视的。

二、值班律师的定位

截至 2020 年 9 月，全国法律援助机构在检察机关设置法律援助工作站 1760 个，天津、重庆、云南等地检察机关实现了法律援助工作站全覆盖。检察机关依法保障值班律师的会见权，赋予值班律师阅卷权，为派驻值班律师提供办公便利。此外，检察机关努力构建科学的量刑协商机制，依法听取值班律师意见。检察机关听取值班律师意见的过程，实际上就是控辩双方就认罪认罚情况以及处罚建议进行平等沟通协商的过程，这体现了值班律师的重要作用。那么值班律师在刑事诉讼中究竟有怎样的地位呢？它与现有的委托辩护

---

〔1〕 参见程滔、于超："论值班律师参与量刑建议的协商"，载《法学杂志》2020年第 11 期。

〔2〕 参见吴宏耀、徐艺宁："值班律师制度的保障机制研究"，载《中国司法》2020年第 10 期。

律师、法律援助律师的关系又是什么?

（一）值班律师与委托辩护律师、法律援助律师的关系

从刑事诉讼法规定和此前试点情况看，值班律师不同于辩护律师，其职责是为犯罪嫌疑人、被告人提供"法律帮助"，而非提供"辩护"，是一种新型的法律援助服务。根据《刑事诉讼法》及《关于适用认罪认罚从宽制度的指导意见》规定，值班律师的主要职责包括：一是提供法律咨询，为犯罪嫌疑人、被告人提供法律咨询，帮助其了解有关法律规定，向其解释有关法律问题。具体到认罪认罚案件，就是告知、释明相关法律规定，包括犯罪嫌疑人、被告人享有的诉讼权利和认罪认罚的法律后果、诉讼程序等。二是提供程序性法律帮助，包括为犯罪嫌疑人、被告人申请变更强制措施，为其选择适用程序提供建议，引导犯罪嫌疑人、被告人申请法律援助，对刑讯逼供、非法取证情形代理申诉控告等。对于认罪认罚案件，犯罪嫌疑人签署认罪认罚具结书时应当有值班律师在场。三是提供实体性法律帮助，在认罪认罚案件中，主要指对犯罪嫌疑人涉嫌的犯罪事实、罪名和检察机关从宽处罚建议等提出意见。值班律师只承担一定的法律帮助职责而没有实质上享有相应的辩护权，也无法与国家公权力机关进行平等抗辩，不能被界定为刑事诉讼法中的"辩护人"。

尽管值班律师为犯罪嫌疑人、被告人提供法律咨询等类同于辩护律师提供的法律服务，但也并不因此当然地具有辩护人的诉讼地位。值班律师与辩护律师之间的实然关系是一种单向包含，又双向独立的逻辑关系。单向包含是指，值班律师的权利范围与辩护律师的权利范围存在重合之处，可以说值班律师具有一定的辩护人性质；双向独立是指，在制度配置方面，值班律师与辩护律师均是独立的，值班律师制度相对于辩护律师制度具有弥补性质，是在辩护律师制度缺失的情况下才在特定阶段发挥效用的制度，且值班律师实质上是区别于委托律师和法律援助指定辩护律师的新样态，不过值班律师制度被普遍认为是一种法律援助制度。[1]我们通常所讲的刑事法

---

〔1〕 参见谭世贵、赖建平："'刑事诉讼制度改革背景下值班律师制度的构建'研讨会综述"，载《中国司法》2017年第6期。

律援助制度，是指在诉讼程序过程中为符合法定条件或者经济困难的犯罪嫌疑人、被告人指派律师作为辩护人为其提供辩护。应当明确将值班律师的功能定位于为所有刑事案件中的被追诉人提供初步、及时的法律帮助，而不应将其囿于认罪认罚案件。[1]

（二）值班律师的定位与作用

从《刑事诉讼法修正案（草案）》可知，草案二审稿将值班律师提供"辩护"修改为提供"法律帮助"，并删去申诉、控告等职权，原因是"值班律师的职责与辩护人不同，主要是为没有辩护人的犯罪嫌疑人、被告人提供法律帮助"。《刑事诉讼法》规定值班律师是"为犯罪嫌疑人、被告人提供法律咨询、程序选择建议、申请变更强制措施、对案件处理提出意见等法律帮助"；在《关于开展法律援助值班律师工作的意见》等文件中均表明值班律师提供的是法律帮助，不提供出庭辩护等服务，区别于辩护律师。2018年《刑事诉讼法》将值班律师写入第4章"辩护与代理"，根据体系解释的原理，可以得出值班律师的诉讼活动应归属于辩护活动的范畴。

但无论如何，依据《关于适用认罪认罚从宽制度的指导意见》的规定，值班律师应当维护犯罪嫌疑人、被告人的合法权益，确保犯罪嫌疑人、被告人在充分了解认罪认罚性质和法律后果的情况下，自愿认罪认罚。值班律师应当为认罪认罚的犯罪嫌疑人、被告人提供下列法律帮助：（1）提供法律咨询，包括告知涉嫌或指控的罪名、相关法律规定，认罪认罚的性质和法律后果等；（2）提出程序适用的建议；（3）帮助申请变更强制措施；（4）对人民检察院认定罪名、量刑建议提出意见；（5）就案件处理，向人民法院、人民检察院、公安机关提出意见；（6）引导、帮助犯罪嫌疑人、被告人及其近亲属申请法律援助；（7）法律法规规定的其他事项。由此可见，值班律师提供法律帮助的及时性、应急性、基础性，再加之法律援助机构安排的随机性和轮班制等特点，在实务中，大多数认罪认罚案件的值班律师主要还是提供法律咨询。司法实践中获得律师的帮

---

〔1〕 参见王迎龙："法律援助立法视野下值班律师的身份与功能探讨"，载《中国司法》2020年第6期。

助是非常有必要的,如果没有律师的介入,当事人可能对于什么是认罪认罚以及相应的法律后果并不是非常了解。像这样专业性的法律知识需要专门的律师来解读并帮助当事人了解,从而帮助犯罪嫌疑人、被告人知晓在案件中应当如何保障自己的权益,如何选择程序的适用,如何进行认罪认罚。

关于值班律师的权利问题,尤其是对于值班律师是否有权阅卷和会见在押的犯罪嫌疑人、被告人的问题,存在不同意见。一种意见认为,阅卷和会见是值班律师履职的需要,应当予以保障。特别是值班律师要对案件处理提出意见,如不了解案件情况,无法提出专业意见。一种意见认为,值班律师不是辩护人,其提供的是初步、低限度服务,服务对象全覆盖,一律赋予阅卷权和会见权,既不现实也无必要,考虑到值班律师法律服务的多样性,应区分情况进行规定。我国的试点规范文件基本采纳了第二种意见,未明确值班律师有权阅卷和会见在押的犯罪嫌疑人、被告人,但根据值班律师履职内容和实际需要,对其权利作了灵活规定。一是《刑事诉讼法》第 173 条第 3 款规定,人民检察院就犯罪嫌疑人涉嫌犯罪事实、罪名和从宽处罚建议等听取值班律师意见的,应当提前为值班律师了解案件有关情况提供必要的便利。二是《刑事诉讼法》第 36 条第 2 款规定,犯罪嫌疑人、被告人有权约见值班律师,人民法院、人民检察院、看守所应当为犯罪嫌疑人、被告人约见值班律师提供便利。依犯罪嫌疑人、被告人申请,值班律师可以会见犯罪嫌疑人、被告人,符合其职责定位,也能满足履职需要。如山西省六部门共同制定颁布的《全省政法机关协同推进认罪认罚从宽制度实施办法》便着力于完善值班律师履职保障和准入、退出、考核评价机制。明确了看守所、人民检察院、人民法院等应为值班律师充分履职创造有利条件;司法行政机关合理安排值班律师的值班方式、值班频次,保障值班律师履职费用、加强对值班律师的监督和指导工作。

关于值班律师转任辩护人的问题。对没有委托辩护人的犯罪嫌疑人、被告人,符合应当指派辩护条件的,由法律援助机构指派律师为其提供辩护;不符合应当指派辩护条件的,指派值班律师为犯罪嫌疑人、被告人提供法律帮助。这是当前律师资源有限、分布不平衡等现实条件下实现法律援助全覆盖的合理选择。从试点情况看，值班律师为试点顺利开展提供了重要保障，但实施中也遇到了一些问题和困难。如值班律师往往不跟案、多为值班制，不同诉讼阶段由不同律师担任，无法参与案件诉讼全程，工作缺乏连续性，实质参与度不够，发挥作用有限。针对这些问题，一些律师资源相对充足的地方，如北京、杭州、福州等地，探索值班律师转任辩护人机制，对可能判处三年有期徒刑以上刑罚的认罪认罚案件，协调指派值班律师出庭辩护，取得了良好效果。可以探索值班律师转任辩护人机制，简单轻罪案件指派值班律师提供法律帮助，复杂重罪案件可以指派值班律师转任辩护人，提供辩护服务，从而提升法律援助的针对性和实效性。

　　总体而言，值班律师不参与出庭，只是在侦查阶段参与认罪认罚；在审查起诉阶段，对于量刑建议提出相关意见；在签署具结书的时候在场。值班律师见证每个认罪认罚案件，均要提前到检察院阅卷、熟悉案情，它不是单纯的程序见证，有的案子需要向当事人进行政策解释，提供法律援助和咨询，有的案子要深度参与，进行实体量刑协商。如《江苏省检察机关办理认罪认罚案件工作指引（试行）》便详细规定了需值班律师参与的多个时间点与其应发挥的作用。除了会见权、阅卷权，该工作指引第11条同时规定"对侦查机关办理的重大、疑难、复杂案件，经侦查机关商请或者人民检察院认为确有必要，可以派员适时介入"的情形，要听取辩护人或者值班律师意见；第17条规定"审查认罪认罚逮捕案件，可以听取辩护人或者值班律师的意见；辩护人或者值班律师提出要求的，应当听取。听取意见应当记录在案并附卷"；第18条规定"犯罪嫌疑人认罪认罚的情况，应当在审查报告中写明，并对社会危险性进行分析。未采纳辩护人或者值班律师意见的，应当在审查报告中说明理由"；第23条规定，就"（一）涉嫌的犯罪事实、罪名及适用的法律规定；（二）从轻、减轻或者免除处罚等从宽处罚的建议；（三）认罪认罚后案件审理适用的程序"等情形，承办检察官应当听取犯罪嫌疑人、辩护人或者值班律师的意见，记录在案并附卷；第27条规定，"开展证据开示，应当邀请辩护人或者值班律师参加，告知犯罪嫌疑人、辩护人或者值班律师检察机关拟指控的事实与罪名，简化、集中展示与案件事实、定性有关的证据，听取犯罪嫌疑人、辩护人或者值班律师的意见。证据开示过程应当制作笔录，并进行同步录音录像"；第34条规定，"对已签署认罪认罚具结书的酌定不起诉案件，因事实证据或者法律、司法解释发生变化等，需要作出法定不起诉或者存疑不起诉决定的，原认罪认罚具结书失效；需要提起公诉的，应当重新听取犯罪嫌疑人、辩护人或者值班律师、被害人及其近亲属、诉讼代理人的意见，说明变更理由和依据，并重新签署认罪认罚具结书"等多种情形。

值班律师的作用和局限是什么？

问题引入

前述问题提及，值班律师是国家在认罪认罚案件当中为犯罪嫌疑人、被告人提供无偿法律帮助的律师。作为既不同于自行委托的辩护律师，也不同于一般法律援助律师的值班律师，到底有哪些职能呢？他可以提供哪些法律帮助呢？现行值班律师制度的运行状况又如何？有哪些需要注意的地方？这就是本问要阐述的内容。

一、值班律师的作用

依据 2019 年《关于适用认罪认罚从宽制度的指导意见》的规定,值班律师应当维护犯罪嫌疑人、被告人的合法权益,确保犯罪嫌疑人、被告人在充分了解认罪认罚性质和法律后果的情况下,自愿认罪认罚。值班律师应当为认罪认罚的犯罪嫌疑人、被告人提供下列法律帮助:(1)提供法律咨询,包括告知涉嫌或指控的罪名、相关法律规定、认罪认罚的性质和法律后果等;(2)提出程序适用的建议;(3)帮助申请变更强制措施;(4)对人民检察院认定罪名、量刑建议提出意见;(5)就案件处理,向人民法院、人民检察院、公安机关提出意见;(6)引导、帮助犯罪嫌疑人、被告人及其近亲属申请法律援助以及法律法规规定的其他事项。在上述规定的指导下,各地区又会做一些细化规定,如上海市浦东新区法律援助中心制定的《浦东新区认罪认罚法律援助值班制度(试行)》等规范性文件规定,值班律师在认罪认罚案件中的工作内容主要包括:为认罪认罚的犯罪嫌疑人、被告人提供法律咨询、程序选择、申请变更强制措施等法律帮助;向犯罪嫌疑人解释认罪认罚从宽制度,确保其了解认罪认罚的性质和法律后果,自愿认罪认罚;可就犯罪嫌疑人是否具有法定、酌定从轻、减轻或者免除处罚等从宽处罚情节提供法律咨询。[1]

2018 年我国共批准办理法律援助案件 1 452 534 件,比上年增长 11.2%,其中刑事法律援助案件总数是 473 852 件,占办理案件总数的 32.6%,同比增长 62.7%。虽然刑事法律援助的增长比例是较高的,但在所有法律援助案件中所占的比例还比较低。在通知辩护案件中,侦查阶段、审查起诉阶段、审判阶段通知辩护案件数分别为 53 853 件、79 993 件和 278 192 件,分别占通知辩护案件数的 13.1%、19.4% 和 67.5%,比 2017 年分别增长 2.2%、27.4% 和 147.7%。可见,我国刑事法律援助主要还是集中于审判阶段,而审

---

[1] 参见胡晓伟、刘玮珥:"法律援助值班律师工作实证研究——以上海市浦东新区为例",载《中国司法》2020 年第 4 期。

前阶段的刑事法律援助覆盖率较低。[1]目前来看，值班律师制度的真正发力期是在 2019 年和 2020 年，但是中国裁判文书网的数据显示，截至 2020 年 11 月 28 日，中国裁判文书网上的刑事案件 10 396 214 件，其中 2020 年有 939 046 件，2019 年有 1 644 539 件；有值班律师参与的案件共有 30 238 件，其中 2020 年 16 438 件，2019 年 11 637 件，分别占比 1.7% 和 0.7%。因此一方面实务中的值班律师作用要加强，另一方面裁判文书也应当进一步体现值班律师发挥的作用。

就其职责而言，具体来讲，主要有以下几个方面。

第一，值班律师可以做的就是提供法律帮助与法律咨询。具体来讲，值班律师所指控罪名以及相关性质，可以为犯罪嫌疑人、被告人提供法律解释和法律咨询，使犯罪嫌疑人、被告人明白自己行为的危害性和对社会的背离程度。由此，一方面可以促进其改过自新；另一方面还能通过对犯罪嫌疑人、被告人讲述法律对该行为的规定来威慑犯罪嫌疑人、被告人，同时使其了解其应有的惩罚，此时再详细告知什么是认罪认罚，以及认罪认罚的相关法律后果，提供法律咨询和法律解释，从而能更好地促进认罪认罚从宽制度的法律效果与社会效果的实现。

第二，值班律师可以给当事人提供程序选择的建议。一般而言，在认罪认罚案件当中，犯罪嫌疑人、被告人认罪认罚的，可以选择适用简易程序或者普通程序来审理他的案件，也就是可以获得程序上的从宽。但由于相关专业知识的实际匮乏和认知不清，就需要值班律师发挥作用告诉当事人什么是简易程序，什么是普通程序，什么是速裁程序，上述程序各自有哪些优劣，以及对于犯罪嫌疑人、被告人的程序权利和可能的实体后果将会产生什么影响，从而引导当事人作出程序选择和建议。

第三，值班律师可以帮助申请变更强制措施，从而在诉讼过程中尽可能地保障犯罪嫌疑人、被告人基本权利的实现，使其不至于被超期羁押或者遭受不合理、不规范适用强制措施而带来的基本诉

---

[1] 参见樊崇义、施汉生主编：《中国法律援助制度发展报告 No.1（2019）》，社会科学文献出版社 2020 年版，第 36 页。

讼权利或人身财产权利的侵犯。

第四,值班律师在认罪认罚案件当中,可以就案件向办案机关提出相关意见。在这一点上,其与委托辩护律师的职责是一样的,可以就有罪无罪、罪重罪轻等问题向人民法院、人民检察院、公安机关发表意见。依据最高人民法院、最高人民检察院、公安部、国家安全部、司法部联合印发的《法律援助值班律师工作办法》,对值班律师提出的法律意见,人民检察院应当记录在案并附卷;未采纳意见的应当说明理由。这为双方就案件展开协商搭建了平台。法律援助机构要加强同检察机关的沟通联系,起到润滑作用,使值班律师与检察官意见交换更为顺畅。

第五,值班律师还有很重要的一项作用,就是在审查起诉阶段可以和检察机关就指控的罪名以及量刑建议进行协商。但也要警惕实务中出现的一些不良现象,如由办案人员通知其到场参与见证量刑协商或认罪认罚具结书的签署,会使值班律师的工作比较被动。此外,认罪认罚案件程序相对简化,办理周期较短且节奏快,一些值班律师在签署认罪认罚意见、提供法律咨询服务时出现搞形式、走过场的情形,不能保证其签署意见、提供服务的质量,从而影响犯罪嫌疑人、被告人的定罪量刑。

第六,值班律师可以引导、帮助犯罪嫌疑人、被告人及其近亲属申请法律援助。也就是说值班律师只是提供法律咨询。在前述部分已阐明值班律师是不出庭的。出庭的是法律援助律师或者被告人自行委托的律师,所以值班律师在这个过程中应当向犯罪嫌疑人或被告人告知这几类律师的区别,同时要引导当事人申请法律援助,或者是自行委托律师。

二、值班律师制度的实务困境

就场地问题而言,依照《关于适用认罪认罚从宽制度的指导意见》的规定,法律援助机构可以在人民法院、人民检察院、看守所派驻值班律师。人民法院、人民检察院、看守所应当为派驻值班律师提供必要的办公场所和设施。法律援助机构在公、检、法机关建立工作站是值班律师开展工作的基础。建站工作看似简单，形式上只是配置家具和办公设备，相关制度上墙公示，但需要以做好选址和建站模式选择为前提。以公安看守所工作站为例，公安部办公厅、司法部办公厅《关于进一步加强和规范看守所法律援助值班律师工作的通知》提出，工作站应当设置在看守所监区外的办公区，但办公区在什么位置没有具体规定。有些地方将工作站设置在律师接待区，每天面对的都是来看守所办理会见的执业律师，不但犯罪嫌疑人家属不知道，就连看守所的管教也不清楚值班律师的存在，值班律师作用无法发挥，积极性严重受损。

工作站的建立只是值班律师开展活动的前提之一。不过相较而言，实际工作时的法律困境才是最大的问题所在。对犯罪嫌疑人、被告人关押期间的法律问题，《法律援助值班律师工作办法》作出了相关规定：一是加强法律援助中心驻看守所工作站建设保障。看守所为法律援助工作站建设提供必要的办公场所和设施，为值班律师开展工作提供办公条件。有条件的看守所可以为值班律师提供工作餐。截至2020年6月底，全国97.7%的在用看守所已经建成法律援助中心驻看守所工作站。二是强化值班律师法律帮助制度告知宣传。看守所将值班律师制度相关内容纳入在押人员权利义务告知书，犯罪嫌疑人、被告人入所时在告知书上签字确认。看守所通过电教系统宣讲、民警谈话教育等方式告知犯罪嫌疑人、被告人值班律师工作职责，以及如何申请法律帮助。看守所通过电子屏、警务公开栏、宣传册等，向在押人员家属宣传值班律师工作制度。三是规范看守所值班律师法律帮助工作运行机制。首先，明确了值班律师法律帮助启动程序。值班律师的法律帮助可以依据犯罪嫌疑人、被告人申请启动，也可以依据办案单位通知启动。《法律援助值班律师工作办法》分别设置了法律帮助申请表、法律帮助通知书，其中载明法律帮助对象的个人信息，看守所据此安排相应的犯罪嫌疑人、被告人会见值班律师。其次，明确了犯罪嫌疑人、被告人向看守所提出约见值班律师的渠道方式，既可以自己填写法律帮助申请表，也可以口头申请，由看守所代为填写，再由看守所及时转交值班律师。再次，明确了值班律师身份核验要求。法律援助机构向看守所提供并及时更新驻看守所值班律师库或者名册信息、值班律师排班表、值班方式和联系方式等。最后，明确了值班律师会见保障和监督。看守所应当及时安排值班律师会见，值班律师会见不被监听，看守所工作人员见证并签字确认值班律师提供法律帮助情况。

此外，在一般情况下，侦查阶段的法律援助主要局限于通知辩护的范围，值班律师法律帮助的比例极低，导致这一现象的原因是多方面的。例如，侦查阶段办案民警对值班律师工作的重要性认识不足，主动帮助犯罪嫌疑人联系值班律师的比例较低，看守所内部管理机制尚未有效将值班律师工作纳入其中，导致工作站作用发挥不够理想。由于值班律师身份不够明确，导致值班律师的法律帮助流于形式，值班律师无法深入了解案情或查阅案卷，无法像辩护律师那样提出全面的辩护方案，很难确定犯罪嫌疑人认罪的自愿性，在与检察院就量刑建议沟通时的作用不明显，因而难以提出实质性的量刑建议。[1]实质中，值班律师制度的执行非常不理想，特别是在侦查阶段，犯罪嫌疑人被告知权利和获得值班律师法律帮助的比例都非常低。实践中看守所会向犯罪嫌疑人出具入所告知书并要求犯罪嫌疑人签字，但告知书中的内容并不会详细地向犯罪嫌疑人讲解。犯罪嫌疑人对认罪的理解仍旧停留在坦白从宽这个层面，并不能把认罪认罚与量刑结果结合起来。另外，看守所虽然设立了值班律师，但在侦查阶段，除非犯罪嫌疑人提出约见值班律师，公安机关不会主动为没有辩护人的犯罪嫌疑人通知值班律师，而犯罪嫌疑人主动提出约见值班律师的成功率也非常低。[2]

同时，值班律师制度面临的一个最大的问题在于值班律师供给不足、参与度不高。有的地方是因为比较偏远，几乎没有执业律师，无法实现认罪认罚的律师见证；有的地方值班律师经费保障不到位；

---

〔1〕 参见胡晓伟、刘玮珂："法律援助值班律师工作实证研究——以上海市浦东新区为例"，载《中国司法》2020 年第 4 期。

〔2〕 参见程滔、于超："论值班律师参与量刑建议的协商"，载《法学杂志》2020年第 11 期。

有的地方认罪认罚从宽制度开展较好，案件数量大幅上升，但值班律师人数和在岗时间难以满足需要；有的地方是因为法律援助中心所提供的补贴有限，不足以激励值班律师积极阅卷，从事更具深度的辩护活动。不过这一点目前已为各地有关部门所重视，比如天津全市基层人民检察院均设立值班律师工作室，动态值班与固定轮值相结合，值班律师每周固定一至两个半天驻检察机关开展工作，实现了律师见证认罪认罚从宽案件全覆盖，值班律师的法律帮助权进一步扩大，作用变得更为重要。虽然占用时间多、值班补助少，但参与办理认罪认罚从宽案件，可以快速接触大量刑事案件，又可以增加与检察官学习交流的机会，有利于提升律师的业务能力，从而吸引年轻的值班律师参与。还有四川省检察机关发现，在实践中除少数经济较好地区外，很多地区律师资源分布不均，于是与相关机关积极搭建平台，实现了律师资源异地共享。如广安市人民检察院牵头与市相关部门签署了《关于广安市法律援助值班律师资源共享的意见》，实行广安市范围内驻看守所的法律援助值班律师资源共享。经过科学统筹、合理运用律师资源，广安市值班律师已涵盖市、县两级 7 个辖区 18 个律师事务所，在全市检察机关设置 7 个律师值班点。为确保值班律师工作质效，采取常驻值班和电话值班两种模式，既有效保障犯罪嫌疑人的诉讼权利，又防止值班律师资源浪费。依据《法律援助值班律师工作办法》的规定，还可以对律师资源短缺的地区，采取在省、市范围内统筹调配律师资源，建立政府购买值班律师服务机制等方式，保障值班律师工作有序开展。

此外，实务中还存在值班律师具体工作职责难以落实，值班律师法律帮助工作程序不明确、不具体，法律规定值班律师只提供法律咨询、申请变更强制措施等法律帮助等问题，导致值班律师在了解案件事实和证据、把握量刑幅度上缺乏制度支持。[1] 上述问题具体表现为值班律师只见证具结书签字、不提供实质性的法律帮助。值班律师作用与功能的异化，既有立法层面的原因，亦有配套措施

---

〔1〕 参见王燕玲："值班律师制度的重要作用"，载《中国司法》2020 年第 10 期。

以及观念方面的因素。值班律师认同认罪认罚从宽具结的内容应当以了解案情，尤其是熟悉证据为前提，而其对案情的认知又以与被追诉人的充分交流、对卷宗的熟知和对有疑点证据材料的核实为前提，而在这方面，值班律师的诉讼权利基本是缺失的。对值班律师而言，即使法律赋予其会见权、阅卷权和调查核实证据等权利，但由于值班律师的角色为临时性的轮流坐班者，再加之报酬少、风险高等因素，使其不能、不愿"深度"介入案件。一方面，这是因为《关于适用认罪认罚从宽制度的指导意见》规定的"人民检察院提出量刑建议前，应当充分听取犯罪嫌疑人、辩护人或者值班律师的意见，尽量协商一致"的要求并未执行到位。在值班律师介入案件时，检察机关的量刑建议已经提出并且已经得到了犯罪嫌疑人的认可，留给值班律师的工作只剩下见证签字。另一方面，被派驻到看守所的值班律师若办理认罪认罚案件，其阅卷则必须持法律援助机构出具的公函到检察机关办理。所以很多看守所值班律师就舍弃了阅卷程序而选择简单听取被告人的案情介绍。在对案件没有全面了解的情况下，值班律师想提出有针对性的法律意见是不现实的。值班律师的法律定位不明确；法律帮助的质量、效果仍有很大提升空间；值班律师的人数与案件量不匹配；部分值班律师对于副署签名心存疑虑，担心犯罪嫌疑人日后翻供会承担责任等。这些都是值班律师制度实行面临的普遍性问题。

落实值班律师阅卷权，存在着现实困境。一是适用速裁程序的案件审查起诉环节历时短，值班律师易流于形式。二是通知阅卷有实际困难。比如，通知谁、如何通知、在什么时间通知、阅卷多长时间后反馈意见、不反馈意见怎么处理等均没有相应的规定，需要司法机关与值班律师在实践中进行探索。三是值班律师工作内容和经费保障问题。比如，在实务中，在值班律师值班期间会有多个司法机关同时需要为多名犯罪嫌疑人办理签署认罪认罚从宽具结书手续，值班律师疲于签字，根本无暇去询问犯罪嫌疑人，更别提阅卷后提出意见和建议，司法机关的工作人员也不会同意变更其已经打印好的认罪认罚从宽具结书的内容。

　　落实值班律师会见权同样有类似的问题，虽然法律赋予了值班律师可以会见犯罪嫌疑人、被告人的权利，但是在司法实践当中，值班律师介入的时间是比较晚的，基本上到了检察机关准备和犯罪嫌疑人达成量刑协商，签署具结书的时候，值班律师才会介入。而这次介入也是和办案机关一同会见犯罪嫌疑人。所以值班律师在此之前并没有可以更早介入的时间去单独会见犯罪嫌疑人、被告人。而基于这次会见，检察机关和被告人、犯罪嫌疑人之间已经达成了认罪认罚签署的具结书。如果之后值班律师再去会见，显然也没有意义了。所以值班律师会见权和阅卷权的行使是不充分的，作用的发挥也是不明显的。

　　为了解决值班律师法律帮助有效性的问题，《法律援助值班律师工作办法》从三个方面入手致力于提供规范化保障：一是区分了一般性法律咨询和办理认罪认罚案件时的法律咨询，对两种法律咨询提出不同的要求。结合法律援助机构在看守所、人民检察院、人民法院分别设置工作站的现状，法律援助机构可以安排派驻看守所的值班律师专注于犯罪嫌疑人、被告人主动提出的法律帮助需求，而派驻到检察院的值班律师就可以专门办理认罪认罚案件，使值班律师的职责更加明确，同时也解决了看守所值班律师阅卷难的问题。二是就检察机关与值班律师意见交换问题，《法律援助值班律师工作办法》明确规定了对值班律师提出的法律意见，人民检察院应当记录在案并附卷；未采纳意见的应当说明理由。这为双方就案件展开协商搭建了平台。法律援助机构要加强同检察机关的沟通联系，发挥润滑作用，使值班律师与检察官意见交换更为顺畅。三是《法律援助值班律师工作办法》保障了值班律师独立的法律帮助权。值班律师对人民检察院的量刑建议、程序选择适用有异议的，在确认犯罪嫌疑人认罪认罚后，应当在具结书上签字，同时向人民检察院提出法律意见。因此，有实务界人士主张值班律师提出的法律意见应当附卷并由检察机关随案移送至人民法院，作为人民法院裁判案件时的参考。法律援助机构可以通知值班律师在征求犯罪嫌疑人意见的基础上将其纳入法律援助的范围，或是在审判阶段由驻法院的值班律师再次提出法律意见，杜绝值班律师签字了事的形式化法律帮助。此外，为了提升值班律师的履职能力，法律援助机构还要积极为值班律师提供信息化服务保障。[1]

从五部门有关负责人就《法律援助值班律师工作办法》答记者问的报道中可以看出相关部门对于上述保障的支持力度：截至2020年9月，全国法律援助机构在检察机关设置法律援助工作站1760个，天津、重庆、云南等地检察机关实现了法律援助工作站全覆盖。第一，依法保障值班律师的会见权。检察机关在审查起诉阶段应当告知没有辩护人的犯罪嫌疑人、被告人有权约见值班律师获得法律帮助，并为其约见值班律师提供便利。犯罪嫌疑人、被告人没有委托辩护人并且不符合通知辩护条件，要求约见值班律师的，检察机关应当及时通知法律援助机构安排值班律师为其提供法律帮助。第二，赋予值班律师阅卷权。即自案件移送审查起诉之日起，值班律师可以查阅案卷材料、了解案情。检察院应当及时安排，为值班律师查阅案卷材料提供便利。已经实现卷宗电子化的地方，可以安排在线阅卷。第三，为派驻的值班律师提供办公便利。对法律援助机构在检察机关设立法律援助工作站派驻值班律师的，检察机关均给予提供专门场所和设施。有条件的检察院还可设置认罪认罚案件办理专门办公区域，为值班律师设立会见室，给值班律师依法履职提供保障。第四，规定了应当依法听取值班律师意见。审查起诉过程中，在告知权利基础上，检察机关还会就相关事项听取犯罪嫌疑人及值班律师的意见，主要包括：涉嫌的犯罪事实、罪名及适用的法律规定；从轻、减轻或者免除处罚等从宽处罚的建议；认罪认罚后案件审理适用的程序；其他需要听取意见的情形。听取意见的过程实际上就是控辩双方就认罪认罚情况以及处罚建议进行平等沟通协商的过程。检察机关会在与犯罪嫌疑人及值班律师就上述事项充分沟通的基础上，提出量刑建议。未采纳值班律师所提意见的，检察机关应当说明理由。

---

[1] 参见于超："法律援助机构对值班律师监督管理的新路径——以《法律援助值班律师工作办法》为切入点"，载《中国司法》2020年第10期。

此外，法律还规定了值班律师需要从事的其他工作，但是没有具体详尽的表述。那么"其他工作"到底包括哪些呢？

在司法实践中，一般认为，根据《关于适用认罪认罚从宽制度的指导意见》的规定，值班律师可以会见犯罪嫌疑人、被告人，看守所应当为值班律师会见提供便利。自人民检察院对案件审查起诉之日起，值班律师可以查阅案卷材料、了解案情。人民法院、人民检察院应当为值班律师查阅案卷材料提供便利。这在实际上赋予了值班律师会见权和阅卷权。但是，目前，值班律师并没有充分行使会见权和阅卷权。如前所述，认罪认罚从宽这项制度可以适用于任何犯罪、任何罪名、任何诉讼程序，有一些比较复杂的案件同样也可以适用认罪认罚从宽制度。但是基于案件的复杂程度，案卷材料非常多，而值班律师在目前的条件下，可能没有阅卷的时间条件或者空间条件，所以对阅卷权的行使暂时是不充分的。这里也有几个问题需要予以厘清。

首先，赋予值班律师阅卷权是否会影响诉讼效率的问题。虽然对值班律师享有阅卷权可能影响诉讼效率的担忧不无必要，但以下几点也非常值得注意：其一，绝大部分认罪认罚案件，被追诉人认罪认罚、尽早摆脱讼累的意愿比较强，值班律师有阅卷动力，程序阻力不大。其二，即使赋予值班律师阅卷权，法律援助中心所提供的有限的补贴，未必足以激励值班律师积极阅卷，从事更具深度的辩护活动。其三，缺乏阅卷权的保障，很难避免非法取证和虚假认罪等情况。即使基于此获得了被追诉人的认罪认罚和值班律师的具结见证，这种强行提速也与诉讼效率的提升并无必然联系，且可能导致被追诉人在一审之后反悔致使上诉率升高。其四，担忧因值班律师阅卷后会提出证据异议而影响诉讼效率，显得正当性不足。毕竟，公正的价值在刑事司法中属于第一顺位的价值。

其次，值班律师的阅卷权与诸如委托辩护律师的关系问题，即会架空其他辩护类型的问题。其一，尽管值班律师可能是一些资历较浅、经验较少、案源不稳定的执业律师，但是，针对绝大多数简单轻微的刑事案件，若值班律师阅卷等权利得到充分保障，则其在审判前阶段的辩护功能至少会比肩法律援助律师,其区别只在于后者的经费财政保障更有力。其二,在财政保障较为有限的条件下,即使享有阅卷权等权利,值班律师的积极性仍可能会打一定的折扣,因此,对于那些满足法律援助条件,以及有财力聘请律师的被追诉人而言,仍倾向于选择"花钱买优质服务",而非"蹭国家的免费福利"。总体上看,值班律师的权能充实之后,对高端辩护市场的影响应该不大,但可能会在未来压缩法律援助制度的实践空间;对审判阶段的辩护市场(尤其是存有争议的案件)影响不会很大,但可能会影响被追诉人对委托律师在侦查阶段辩护效果的评价。[1]对此,《法律援助值班律师工作办法》做了三方面的保障:一是司法行政机关应当会同财政部门,根据直接费用、基本劳务费等因素合理制定值班律师法律帮助补贴标准,并纳入预算予以保障。二是值班律师提供法律咨询、转交法律援助申请等法律帮助的补贴标准按工作日计算;为认罪认罚案件的犯罪嫌疑人、被告人提供法律帮助的补贴标准,由各地结合本地实际情况按件或按工作日计算。三是法律援助机构应当根据值班律师履行工作职责情况,按照规定支付值班律师法律帮助补贴。

尽管值班律师在司法实践中确实遇到了很多困境,在职权发挥上以及身份定位上都存在很多争议,但是值班律师依旧发挥了基本保障性的作用。关于值班律师制度的适用问题还有待于司法实践的探讨,有待于值班律师制度的落实,在实践中进一步完善。

---

[1] 参见林喜芬:"值班律师应当享有阅卷权吗",载《检察日报》2019年8月21日,第3版。

值班律师能否直接向被告人 开示证据？

问题引入

　　所谓证据开示，就是检察机关，将其指控犯罪的所有证据，向犯罪嫌疑人，被告人，辩护人公开和展示，以便犯罪嫌疑人、被告人充分了解案件情况，能够进行平等的协商与沟通。目前，在我国司法制度中，还没有真正意义上的证据开示制度。而司法实践当中，人民检察院等办案机关并不会向犯罪嫌疑人、被告人公开和展示证据。那么，值班律师能否直接向被告人开示证据？本问将探讨证据开示制度以及值班律师在证据开示制度中所能发挥的作用。

一、证据开示制度概述

证据开示是保障认罪认罚自愿性的有效方式。实践中，一些地区针对案件具体情况，探索证据开示制度，在量刑沟通时，将与案件指控事实相关的证据进行简化集中展示，实现各诉讼参与主体信息对称，增强犯罪嫌疑人对审判结果的预测性，确保犯罪嫌疑人在充分了解知悉证据的基础上作出自愿选择，避免因"信息不对称"作出错误判断。在我国目前的司法制度当中，还没有真正意义上的证据开示制度。吸收实践中的经验做法，2019 年《关于适用认罪认罚从宽制度的指导意见》第 29 条对证据开示作出规定，人民检察院可以针对案件具体情况，探索证据开示制度，保障犯罪嫌疑人的知情权和认罪认罚的真实性及自愿性。[1]

认罪认罚案件证据开示的范围应当包含在卷的证明案件事实、情节及诉讼程序等与案件相关的证据，还包括诉讼权利告知内容和案件基本信息。证据开示的内容具体包括诉讼权利和涉嫌犯罪的基本情况、证明犯罪事实的证据、认定量刑情节的证据、司法机关依法作出有关决定的程序性材料、调查核实非法证据的相关内容。[2]

二、值班律师在证据开示中发挥的作用

尽管《关于适用认罪认罚从宽制度的指导意见》提出了"探索证据开示制度"的宏观愿景，但是相关法律和修改后的《人民检察院刑事诉讼规则》并无有关证据开示制度的具体规定。从律师参与认罪认罚见证的角度来看，效果与效率难以兼得：第一，对全案不甚了解的值班律师在见证检察官讯问过程中，为见证对象提供必要的法律帮助，需要向犯罪嫌疑人询问案情、核实信息，最终见证具结书签署。此情形下，犯罪嫌疑人具结意愿的真实性和自愿性可以

---

〔1〕 参见苗生明、周颖："认罪认罚从宽制度适用的基本问题——《关于适用认罪认罚从宽制度的指导意见》的理解和适用"，载《中国刑事法杂志》2019 年第 6 期。

〔2〕 参见范小云："认罪认罚案件证据开示制度内容及方式"，载《检察日报》2020 年 7 月 30 日，第 3 版。

得到最大程度的保障，但效率较低。第二，如果值班律师不详知案情，只需在具结书签署的最后时刻，见证犯罪嫌疑人签字的真实性，此种情形能够客观满足具结文书签署需律师在场的要求，效率较高，但见证以保障认罪认罚真实性和自愿性的效果不强。效率与效果难以兼得的重要原因在于，值班律师在见证工作开展中的临时性、被动性。《人民检察院刑事诉讼规则》第 269 条虽规定检察院应当为值班律师查阅案件提供必要条件，但值班律师如不主动提出，可能在实务中难以落实。

《关于适用认罪认罚从宽制度的指导意见》明确了值班律师在认罪认罚案件中的职责。值班律师应当维护犯罪嫌疑人、被告人的合法权益，确保犯罪嫌疑人、被告人在充分了解认罪认罚性质和法律后果的情况下，自愿认罪认罚。但是，立法规范对于值班律师的定位并不明确。值班律师是法律帮助者还是辩护人，这不应仅仅从法条的措辞入手，更应该根据其享有的权利和职责来作出实质性判断。根据该指导意见的规定，值班律师的职责表明其已经不仅仅是为被追诉人提供法律帮助，而是与办案机关建立起实质性的诉讼权利义务关系，等同于履行具体的辩护职责。[1]

但是在认罪认罚案件中，对值班律师的调查取证权未作出明确规定。如果值班律师调查取证权未得到切实保障，那么其在量刑程序中就难以发挥实质性作用。调查取证权是律师行使辩护权的重要途径，在查清案件事实、搜集证据材料、选择适用程序等方面具有重要作用。证据裁判原则要求裁断案件以证据为依据，没有证据不得裁断案件，证据经过庭审举证、质证、辩论后由法官对证据是否采信、证明力大小、是否达到证明标准等问题作出自由心证，进而得出裁判结果。因此，证据审查、判断、使用等环节就成为庭审关键所在，仅仅依靠阅卷与会见得来的案件信息终究只是由控方给予的单方案件证据和被追诉人对案件事实的粗浅陈述得来。没有律师实地调查取证而仅靠书面上获取的信息，在侦查阶段与起诉阶段很

---

〔1〕 参见姚莉："认罪认罚程序中值班律师的角色与功能"，载《法商研究》2017年第 6 期。

难在罪名认定和惩戒程度等方面起到有力的说服作用，而认罪认罚案件中庭前沟通协调至关重要，影响甚至决定庭审和裁判结果。这样的帮助从某种程度上说很有可能对被追诉人在认罪认罚过程中的实体和程序权益造成损害，故而赋予值班律师一定范围内的调查取证权也是合理的、应当的、必须的。调查取证权是认罪认罚案件中值班律师应该享有的权利。随着庭审实质化不断深入推进，法院、法庭、法官地位开始凸显，认罪认罚从宽制度不断完善模式下律师出庭辩护率将逐渐上升，开庭审理对案件裁判结果发挥决定性作用。毋庸置疑，庭审过程是控辩双方围绕证据展开的举证、质证、辩论等一系列诉讼活动，被追诉人认罪认罚并不意味着完全放弃接受法庭审判的机会，庭审过程中法官仍然要根据控辩双方的对抗去裁断案件。在这一过程中法官很有可能发现案件存在非法证据排除、新证据出现、行为主体有免责事由等"意外状况"，这些会对控辩双方事先拟定一致的定罪与量刑发生影响。纵然在定罪方面没有任何异议，但在量刑方面也需要就量刑的情节、事实、证据去说服论辩，以维护被追诉人的最大利益。仅靠会见与阅卷得来的片面单一信息在提供法律建议、参与量刑协商、出庭进行辩护等一系列专业诉讼程序中难以有效发挥作用，因此赋予值班律师调查取证权对于维护被追诉人正当权益具有重要作用。[1]

在司法实践当中，值班律师介入认罪认罚的时间比较晚，行使阅卷权也并不充分。所以值班律师很难和犯罪嫌疑人、被告人核实相关证据。即使行使了核实的权利也并不是非常的充分。在这种情况下，对证据的核实主要还是通过辩护律师，或者是法律援助律师来实现。所以，值班律师在证据开示中所能发挥的作用十分有限。

三、证据开示制度的司法适用

实践中，一些司法机关已经展开了初成体系、初见成效的证据开示探索。在 2020 年 2 月慈溪市人民检察院办理的"陈某涉嫌开设

---

[1] 参见任建新："认罪认罚案件中值班律师之功能发挥"，载《呼伦贝尔学院学报》2020 年第 1 期。

赌场罪"一案中，被追诉人陈某在公安侦查阶段做过七次讯问笔录，均否认了为他人提供百家乐赌盘的犯罪事实，辩称其是去打牌的。审查起诉阶段，检察官全面审查案卷材料后，发现多名证人证言、通话记录、转账记录均能够有力指控陈某的犯罪行为，故向被追诉人陈某出示了与指控事实相关的证据。当了解了全案证据情况后，陈某最终表示认罪认罚。[1]这一案例中，证据开示制度促使被追诉人由不认罪转向认罪，刑事诉讼活动发生了由对抗到合作的结构性变化，诉讼效率得到大幅提升，司法资源得到合理配置，实现了控辩双赢的良好局面。在 2019 年霍州市人民检察院办理的"屠某涉嫌掩饰隐瞒犯罪所得罪"一案中，被追诉人屠某虽然表示愿意认罪认罚，但是对部分犯罪细节及主观上的认知还有一些保留和辩解，承办检察官主动对其进行证据开示，在确凿的证据面前屠某表示"我错了，我愿意认罪认罚"。[2]这种情况下，证据开示制度强化了被追诉人认罪认罚的主观意愿，将不彻底、不稳定的认罪认罚，激励为彻底、稳定的认罪认罚。从当下来看，这种变化本身提高了诉讼效率，更为重要的是，彻底、稳定的认罪认罚表征着被追诉人认罪认罚的实质自愿性，使其日后反悔的可能性降低，可以有效避免案件的程序回转与程序空转。2016 年至 2019 年被追诉人上诉的认罪认罚案件中，"被告方无法完全知悉相关证据信息"是一项重要的原因。[3]证据开示制度可以降低认罪认罚从宽制度的上述运行风险，提高诉讼效率，节省司法资源，使认罪认罚从宽制度的价值得到充分彰显。[4]

---

〔1〕 参见 ［美］ John H. Blume、Rebecca、K. Helm：" '认假罪'：那些事实无罪的有罪答辩人"，郭烁、刘欢译，载《中国刑事法杂志》2017 年第 5 期。

〔2〕 慈溪市人民检察院："慈溪检察证据开示制度力促犯罪嫌疑人认罪认罚"，载 https：//zj. zjol. com. cn/red_ boat. html? id＝100715514，最后访问日期：2020 年 4 月 17 日。

〔3〕 参见杨帆："认罪自愿性的边界与保障"，载《法学杂志》2019 年第 10 期。

〔4〕 参见鲍文强："认罪认罚案件中的证据开示制度"，载《国家检察官学院学报》2020 年第 6 期。

当事人可以自始至终选择同一名值班律师吗？

在一个案件中，因为当事人认罪认罚，在侦查阶段公安机关便为其指派了一名值班律师，那么到审查起诉阶段，检察院又为其指派这个律师，到了法院审判阶段，同样还是这一名律师，这种情况在司法实践中也是非常普遍的。问题在于，自始至终都为其指派同一名值班律师，似乎限制了犯罪嫌疑人、被告人的选择权，而若由犯罪嫌疑人、被告人自由选择，又会产生每个阶段不同值班律师从而影响提供法律帮助有效性。那么究竟哪一种方式更妥当、更符合实际呢？本问便讨论这个问题。

首先，从法律规定上看，依据 2019 年《关于适用认罪认罚从宽制度的指导意见》的规定，犯罪嫌疑人、被告人自愿认罪认罚，没有辩护人的，人民法院、人民检察院、公安机关（看守所）应当通知值班律师为其提供法律咨询、程序选择建议、申请变更强制措施等法律帮助。符合通知辩护条件的，应当依法通知法律援助机构指派律师为其提供辩护。值班律师作为国家为犯罪嫌疑人、被告人提供的一种无偿法律帮助，因公安司法机关指派而产生与案件的联系，为犯罪嫌疑人、被告人提供法律帮助。在这种规定下，犯罪嫌疑人、被告人通常没有事前的选择权，但有放弃获得法律帮助权的权利。在该指导意见中，与获得法律帮助权相关的规定便有对于拒绝法律帮助的处理。即犯罪嫌疑人、被告人自愿认罪认罚，没有委托辩护人，拒绝值班律师帮助的，人民法院、人民检察院、公安机关应当允许，记录在案并随案移送。但是审查起诉阶段签署认罪认罚具结书时，人民检察院应当通知值班律师到场。《法律援助值班律师工作办法》也规定了拒绝值班律师的权利，即依法应当通知值班律师提供法律帮助而犯罪嫌疑人、被告人明确拒绝的，公安机关、人民检察院、人民法院应当记录在案。可以看出，为当事人自始至终指派一名值班律师，不存在法律障碍。当事人可以拒绝，但拒绝之后的一系列法律后果并未明确规定，只规定了应当记录在案并随案移送。一个可行的思路是，参照关于法律援助律师的相关规定，将案件分为应当进行法律援助的和可以进行法律援助的两类。对于强制型法律援助的案件，在当事人拒绝两次之后便不再允许拒绝。但具体如何操作，需在实务中总结摸索后作出后续安排。

其次，从目前实务情况来看，由于值班律师的资源在大多数地区都较为有限，因此，在司法实践中普遍存在从侦查阶段到审查起诉阶段再到审判阶段指派同一值班律师的情形。而且从上述内容也可以看出该指派行为并不违反法律规定，相反，同一名律师连续参与案件过程，还可以更好地了解案件事实熟悉案件的细节情况，也能更有效地与当事人沟通，进而更好地为当事人提供法律帮助，同时还能避免值班律师不能全程连贯提供法律服务的情况出现，指派不同的值班律师一定程度上会影响服务质量并会增加一些重复的工作量。因此，实务中经常出现下一诉讼阶段的司法机关主动联系上一阶段的值班律师希望其能够作为本阶段的值班律师继续提供法律帮助的情况，这有利于案件的连贯性处理，进而更好地保障当事人的诉讼权益。

似乎在不同诉讼阶段连续指派同一名值班律师是一项合理的实践安排，但必须看到，这一实践安排存在的前提是值班律师制度。值班律师制度的定位本身就是为没有辩护律师，又没有申请法律援助的犯罪嫌疑人、被告人提供临时的、有限的补助性质的法律帮助，而连续指派的做法极易使值班律师异化为"辩护律师"，但同时值班律师又不具有一般辩护律师的诉讼权利，于是便产生了更大的问题。从案件负责机制的角度出发，《法律援助值班律师工作办法》第11条规定："对于被羁押的犯罪嫌疑人、被告人，在不同诉讼阶段，可以由派驻看守所的同一值班律师提供法律帮助。对于未被羁押的犯罪嫌疑人、被告人，前一诉讼阶段的值班律师可以在后续诉讼阶段继续为犯罪嫌疑人、被告人提供法律帮助。"对此规定，有两个问题需要讨论，一是在连续负责制之下，该律师针对该案件是否只能在规定的周期性值班时间提供法律帮助？二是若能在值班时间之外提供法律帮助，其提供的服务是否有违值班律师制度本身的价值？在连续负责制之下，若其只能在值班时间提供帮助，则由于值班时间与诉讼各阶段并不能合理匹配，会造成值班律师提供的法律帮助失去及时性，从而有损效率，且可能会造成被追诉人合法权益受到侵害，并且有损公正。但若值班律师在值班时间之外提供法律帮助，则将失去"值班"特性，与辩护律师的非固定时间性法律服务混同，极具"辩护律师"色彩，从而混淆了值班律师制度与一般辩护律师制度设计的初衷。

除此之外，若允许同一案件可以连续由同一值班律师负责，值班律师势必需要投入更多的时间和精力成本，这不仅会增加值班律师的工作强度和要求，同时还会使得该值班律师在此案件中处于"辩护律师"的事实地位，导致其对其他案件提供法律帮助的可能性降低，进而影响整个区域值班律师的效率。《关于适用认罪认罚从宽制度的指导意见》规定了法律援助机构应当根据人民法院、人民检察院、看守所的法律帮助需求和当地法律服务资源，合理安排值班律师。值班律师可以定期值班或轮流值班，律师资源短缺的地区可以通过探索现场值班和电话、网络值班相结合，在人民法院、人民检察院毗邻设置联合工作站，统筹调配省内和市内律师资源，以及建立政府购买值班律师服务机制等方式，保障法律援助值班律师工作有序开展。该指导意见关于值班律师发挥作用的规定也可以侧面反映值班律师资源的匮乏，因此，在这种背景下，现行值班律师制度允许同一案件全过程或其中某阶段开始至结束由同一值班律师提供法律帮助是极为不妥的。

在认罪认罚案件办理过程中，既然当事人自始至终由同一名值班律师提供法律帮助是不妥当的，那么后续诉讼过程中当事人便有两个选择：一是接受另一名值班律师的法律帮助，但这样会使得权利有限的值班律师无法高效地为案件做辩护而只能提供普通的法律帮助；二是可以再聘请委托辩护律师或者是申请法律援助。关于值班律师与委托辩护律师、法律援助律师的转接问题，《关于适用认罪认罚从宽制度的指导意见》也做了相应的规定，该指导意见第15条关于辩护人职责的部分，规定了认罪认罚案件犯罪嫌疑人、被告人委托辩护人或者法律援助机构指派律师为其辩护的，辩护律师在侦查、审查起诉和审判阶段，应当与犯罪嫌疑人、被告人就是否认罪认罚进行沟通，提供法律咨询和帮助，并就定罪量刑、诉讼程序适用等向办案机关提出意见。同时，还规定了值班律师与辩护人意见不一致的，以辩护人意见为准的效力层级设计。由此可见，对于值班律师的定位就在于临时性的法律帮助，具体的实质性的辩护活动仍鼓励由辩护律师或法律援助律师专门参与。

固然，在同一案件的全过程或其中某个阶段开始至结束，由同一值班律师提供法律帮助并不违反相关规定，但却违背了值班律师制度设计的初衷。实务中存在值班律师的连续介入以保证司法参与连贯性从而保护犯罪嫌疑人、被告人权益的情形，但异化的值班律师制度仍是不值得提倡的。

拒绝值班律师的相关法律 后果是什么？

问题引入

在实务中，存在这样的情形：检察院、法院为当事人指派了值班律师以提供法律帮助，而有些当事人自己已经聘请了辩护律师，有些当事人认为自己不需要值班律师，这种情况下是否可以拒绝检察院、法院指派的值班律师呢？如果拒绝了，又会产生哪些法律后果呢？

值班律师是国家为犯罪嫌疑人、被告人提供的一种无偿法律帮助，是为既没有委托辩护律师也没有申请法律援助的当事人提供的临时性法律帮助，包括提供法律咨询、程序选择建议、申请变更强制措施等法律帮助。既然如此，对于指派的值班律师的选择，当事人是没有发表实质意见的机会的，虽然没有选择权，但是当犯罪嫌疑人、被告人对国家指派的值班律师不满意，或者不需要他提供法律帮助的时候，当然可以拒绝，这是 2019 年《关于适用认罪认罚从宽制度的指导意见》明确赋予犯罪嫌疑人、被告人的权利。其中第 14 条关于拒绝法律帮助处理的规定即明确了犯罪嫌疑人、被告人自愿认罪认罚，没有委托辩护人，拒绝值班律师帮助的，人民法院、人民检察院、公安机关应当允许，记录在案并随案移送。同时，最高人民检察院《法律援助值班律师工作办法》也规定了依法应当通知值班律师提供法律帮助而犯罪嫌疑人、被告人明确拒绝的，公安机关、人民检察院、人民法院应当记录在案。

拒绝值班律师是犯罪嫌疑人、被告人的权利，但是拒绝之后的法律后果是什么呢？依据《关于适用认罪认罚从宽制度的指导意见》和《法律援助值班律师工作办法》的规定，首先的程序后果是应当将拒绝的情况记录在案并随案移送，但是这对于当事人实体权利与诉讼程序权利的影响究竟如何，没有可供判断的详细结论；第二个后果涉及犯罪嫌疑人、被告人签署认罪认罚具结书的情形。具结书是犯罪嫌疑人、被告人的单方声明书，在一审裁判作出前允许犯罪嫌疑人、被告人单方撤回，即允许反悔。另外，具结书又是公诉机关跟犯罪嫌疑人、被告人之间相互协商"合意"的结果，具有法定的效力。如果犯罪嫌疑人、被告人反悔的，办案机关应当向其说明反悔的法律后果，包括可以采取羁押性强制措施、不再享有量刑从宽、不得主张适用速裁程序等内容。因此，对于值班律师所提供的法律帮助而言，一个重要的作用就是帮助犯罪嫌疑人、被告人明确签署认罪认罚具结书的意义和法律后果。但在犯罪嫌疑人、被告人拒绝检察院、法院指派的值班律师，且没有辩护律师在场的情形下，当事人能否独自签署具结书？

根据我国《刑事诉讼法》以及《关于适用认罪认罚从宽制度的指导意见》的规定，如果犯罪嫌疑人和检察机关达成认罪认罚，在对量刑协议达成一致的情况下，签署具结书必须要有律师在场。也就是说，当犯罪嫌疑人、被告人拒绝了值班律师向其提供法律帮助，但是他仍然想与办案机关达成认罪认罚，同意对其的量刑建议，希望签署认罪认罚具结书时，人民检察院、法院必须要在值班律师在场的情况下才能够签署认罪认罚具结书。当然，如果犯罪嫌疑人、被告人拒绝值班律师的帮助之后自己聘请了律师，那么签署具结书的时候，自己委托的律师在场当然也是可以的。这里需要强调的是，无论是具有律师身份的人、值班律师还是委托辩护律师，总之在签署认罪认罚具结书时，必须要有一个具有律师身份的人在场才可以签署，否则不发生法律效力。

对于值班律师的重视程度也不能因为一些现实困难而有所降低。正如最高人民检察院陈国庆副检察长在接受专访时所讲的那样，值班律师资源短缺问题的确是当前认罪认罚从宽制度适用中较为突出的一个问题，尤其是在一些经济欠发达地区。那么在值班律师数量无法满足实践需求的情况下，认罪认罚从宽制度能否适用又如何适用呢？陈国庆副检察长建议在因客观因素而无值班律师的情况下，由检察官将事实、证据向犯罪嫌疑人讲清楚，充分听取其意见，犯罪嫌疑人自愿认罪认罚，同意检察机关量刑建议的，可以签署具结书；没有值班律师，可以邀请见证人在场，有条件的地方可以同步录音录像。起诉后，检察机关应当将没有律师签字的具结书提交法庭，让法官充分了解该情况。庭审中，仍然可向法庭提出认罪认罚予以从宽处理的量刑建议，由法庭依法进行审查。经审查，犯罪事实清楚、证据确实充分，被告人自愿认罪认罚，具结书内容真实、合法的，法院会依法按照审查起诉阶段或者侦查阶段即认罪认罚予以认定，并给予从宽处罚。简言之，"不能因为没有值班律师，而让当事人实质上无法享受法律提供的认罪认罚后可以从宽处理的机会"。[1]

律师的介入是认罪认罚从宽制度保有正当性的一个保障，也是犯罪嫌疑人、被告人合法权益得到保障的现实基础。如果没有律师的帮助，对犯罪嫌疑人、被告人来讲，其应该更加关注自己的权益。比如说自己的行为是否构成犯罪、构成哪种犯罪、自己是否要和检察机关达成认罪认罚、对于检察机关所提出的量刑建议自己是否可以接受等。但是在认罪认罚从宽背景下，若没有律师帮助，仅凭犯罪嫌疑人、被告人自己的关注和把握对于自身权益的保护显然是不足的，接受专业的值班律师或辩护律师的帮助，才能够更好地维护自己的合法权益。

与此相反，辩护律师不同意认罪认罚的情形下，可否让值班律师代为到场见证签署具结书呢？有观点认为，虽然值班律师可以到场提供有效法律帮助，但是依据《刑事诉讼法》第36条的规定，只有在犯罪嫌疑人没有委托辩护人，法律援助机构没有指派律师为其提供辩护时，才可以由值班律师为其提供法律咨询、程序选择建议等法律帮助。不能因为辩护人不同意认罪认罚，就浪费司法资源为其寻找值班律师签署认罪认罚具结书。司法实践中，值班律师发挥的作用也是有限的，辩护人通常比值班律师更尽心尽责，更易获得犯罪嫌疑人信任，帮助消除犯罪嫌疑人误认为检察机关在诱导其认罪的担忧。因此，在辩护人不同意犯罪嫌疑人认罪认罚时，让值班律师到场签署具结书是行不通的。此外，《关于适用认罪认罚从宽制度的指导意见》也作出明确规定，辩护人意见和值班律师意见不一致的，应当以辩护人意见为准。

但是，即使犯罪嫌疑人、被告人拒绝了值班律师提供法律帮助，依据《关于适用认罪认罚从宽制度的指导意见》的规定，在审查起诉阶段签署认罪认罚具结书时，人民检察院也应当通知值班律师到场。同时，《法律援助值班律师工作办法》又规定了在犯罪嫌疑人拒绝值班律师帮助的情形下，值班律师见证签署认罪认罚具结书的，

[1] 参见蒋安杰："认罪认罚从宽制度若干争议问题解析（下）"，载《检察日报》2020年5月14日，第3版。

无需在具结书上签字,而是应当将犯罪嫌疑人签字拒绝法律帮助的书面材料留存一份归档。虽然该规定对犯罪嫌疑人、被告人的程序权利和实体权利的影响仍然有限,但是该规定完善了对值班律师的保障。此外,实务中也有相关规定,如浙江省出台文件规定,犯罪嫌疑人、被告人自愿认罪认罚,明确拒绝值班律师法律帮助的,在签署认罪认罚具结书时,值班律师应到场,但无需在具结书上签字,人民检察院应当记录在案并随案移送。值班律师在记录文书上签字确认其在场,并将相应书面材料留存归档。

　　总的来讲,犯罪嫌疑人、被告人可以拒绝值班律师的法律帮助,但是签署具结书时必须要有律师在场,要么是检察院、法院通知的值班律师在场,要么是辩护律师在场,以此最大限度地保护犯罪嫌疑人、被告人的利益。

第十九问

如何理解刑事和解？

问题引入

刑事和解是指在刑事诉讼过程中，通过调停人或其他组织使被害人（法定代理人或近亲属）与犯罪嫌疑人、被告人直接沟通、共同协商，双方达成和解协议后，司法机关根据案件的具体情况对犯罪嫌疑人、被告人不再追究刑事责任或从轻、减轻刑事责任的诉讼活动。被害人可以通过签署刑事和解协议获得赔偿、弥补损失，犯罪人可以通过签署刑事和解协议获得被害人的谅解，并可以获得可能从宽处罚的结果。在实务中，所有的刑事案件都可以进行刑事和解吗？刑事和解与被害人谅解有什么区别？在实务中刑事和解协议应该如何签署？签署刑事和解协议进行和解程序的法律后果是什么呢？刑事和解的履行又需要注意哪些问题呢？

一、是否所有的案件都可以进行刑事和解？

（一）刑事和解案件的适用范围

根据我国刑事诉讼法的相关规定，并非所有的案件都可以进行刑事和解。《刑事诉讼法》第 288 条规定："下列公诉案件，犯罪嫌疑人、被告人真诚悔罪，通过向被害人赔偿损失、赔礼道歉等方式获得被害人谅解，被害人自愿和解的，双方当事人可以和解：（一）因民间纠纷引起，涉嫌刑法分则第四章、第五章规定的犯罪案件，可能判处三年有期徒刑以下刑罚的；（二）除渎职犯罪以外的可能判处七年有期徒刑以下刑罚的过失犯罪案件。犯罪嫌疑人、被告人在五年以内曾经故意犯罪的，不适用本章规定的程序。"

具体而言，在认罪认罚的具体案件中，下列案件可以适用刑事和解。第一，涉及刑法分则第四章侵犯公民人身权利、民主权利的犯罪（如故意伤害）或者是第五章侵犯财产罪（如盗窃、侵占）并且可能判处三年以下有期徒刑的，可以适用和解；第二，可能判处七年有期徒刑以下刑罚的所有过失犯罪案件，不包括玩忽职守罪等渎职类犯罪，同时也不适用于被告人五年内曾经故意犯罪的案件。此类案件中最典型的便是刑法分则第二章中的交通肇事罪。

（二）和解必须具有自愿性、合法性

刑事和解必须建立在双方和解的自愿性、合法性基础之上，并且要制作和解协议书。根据《刑事诉讼法》第 289 条，双方当事人和解的，公安机关、人民检察院、人民法院应当听取当事人和其他有关人员的意见，对和解的自愿性、合法性进行审查，并主持制作和解协议书。即使案件属于刑事诉讼法规定的刑事和解范围，但是也要建立在双方自愿和解的基础之上，办案机关需要对其自愿性与合法性进行审查。同时，在实务中，由于被追诉人的行为给被害人及其亲属带来了人身或财产方面的损失，往往会出现被害人一方不愿意接受加害方的道歉与和解的情况，所以也会带来无法适用刑事和解程序的情形。

二、刑事和解与被害人谅解

刑事和解往往伴随被害人的谅解，但是两者是两个独立的概念，不能相混淆。具体而言，虽然在适用刑事和解程序的案件中，签署的刑事和解协议基本上均有要求被害人一方出具刑事谅解书以表达对被追诉人谅解的内容，但两者在性质、适用范围、量刑和法律后果等方面具有不同之处。同时，在实践中也存在被害人拿到赔偿签署和解协议后，突然反悔拒绝谅解的情况。

从性质来看，刑事和解是一种专门的诉讼程序，要受到上述的案件范围限制。被害人谅解，一般指犯罪嫌疑人、被告人与被害人就犯罪行为造成的危害、损失及赔偿与被告人进行沟通与磋商，进而达成协议并取得被害人谅解。被害人谅解是对被追诉人表示原谅的行为，所有案件的被告人都可以取得被害人的谅解，被害人谅解并非一种法定的刑事诉讼程序。

从案件的适用范围上，刑事和解作为一种法定的刑事诉讼程序仅能适用于部分犯罪，但是被害人谅解的案件适用范围并没有明确的法律规定。以故意杀人罪为例，根据刑法和刑事诉讼法的相关规定，其量刑条件并不符合适用刑事和解，但是在实务中，如果被追诉人一方对被害人一方充分赔偿，也很有可能获得被害人一方的谅解。

从签署的文件来看，刑事和解协议的核心是双方就和解达成合意，文书的内容往往侧重于被追诉方对被害方的赔偿数额和支付方式。被害人谅解的法律文书是刑事谅解书，其本质是被害人对被追诉人一方的谅解。

从量刑来看，刑事和解的量刑宽缓化程度要大于被害人谅解。根据 2021 年最高人民法院、最高人民检察院《关于常见犯罪的量刑指导意见（试行）》的规定，对于达成刑事和解协议的，综合考虑犯罪性质、赔偿数额、赔礼道歉以及真诚悔罪等情况，可以减少基准刑的 50% 以下；犯罪较轻的，可以减少基准刑的 50% 以上或者依法免除处罚。同时，2021 年最高人民法院、最高人民检察院《关于常见犯罪的量刑指导意见（试行）》规定：对于积极赔偿被害人经济损失并取得谅解的，综合考虑犯罪性质、赔偿数额、赔偿能力以及认罪悔罪表现等情况，可以减少基准刑的40%以下；积极赔偿但没有取得谅解的，可以减少基准刑的30%以下；尽管没有赔偿，但取得谅解的，可以减少基准刑的20%以下；对抢劫、强奸等严重危害社会治安犯罪的，应从严把握。通过上述规定可以看出：人民法院针对刑事和解与被害人谅解的情形不同，对被告人的量刑也不同，显然人民法院对达成刑事和解的被告人在量刑上比取得被害人谅解的被告人从轻幅度要大。

三、刑事和解协议的签署内容与要求

刑事和解协议，首先要注明被害人和刑事诉讼被追诉人的基本信息。要写明被害人一方的姓名、身份证号码以及一些其他需要说明的情况，也要写明被追诉人一方的姓名、身份证号等基本信息。

在刑事和解协议里面的正文部分，需要着重写清楚以下几点。

一是要对刑事案件的事发过程进行简单描述。如在什么时间，什么地点，谁和谁发生了一个纠纷，最终这个纠纷造成一个什么样的伤害后果等。

二是被追诉人一方，要向被害人一方表示歉意，真诚道歉。

三是要写清楚，双方经过和解达成的赔偿数额和具体的赔偿方式。比如，赔偿金的支付方式是使用现金还是银行转账，赔偿金的具体支付时间和地点。

四是要表明被害人一方有出具刑事谅解书的意愿。这一点是最重要的。和解协议书中一定要写清楚被害人一方在接受赔偿之后，要向办案机关出具一个谅解书，表示对被追诉一方表示谅解。在实践中，经常会发生被害人获得赔偿之后，拒绝向被追诉一方出具谅解书的情况。和解协议中的"被害人一方需要向被追诉方出具谅解书以表达谅解"的条款，可以对被追诉一方有一个较好的保障，是一种有法律保障的承诺。即使被害人一方在被追诉一方赔偿之后反悔，也可以通过出具刑事和解协议来证明被追诉一方努力争取被害

人的谅解并曾经得到谅解，有利于保护被追诉一方的合法权益。

最后，双方需要在刑事和解书上签字，并且按指印。

四、签署刑事和解协议的法律后果

（一）各个诉讼阶段的基本法律后果

我国《刑事诉讼法》第290条规定，对于达成和解协议的案件，公安机关可以向人民检察院提出从宽处理的建议。人民检察院可以向人民法院提出从宽处罚的建议；对于犯罪情节轻微，不需要判处刑罚的，可以作出不起诉的决定。人民法院可以依法对被告人从宽处罚。

首先，在侦查阶段达成刑事和解并不意味着公安机关可以根据和解协议直接撤销案件。公安机关撤案的标准只能是不构成犯罪的和符合《刑事诉讼法》第16条规定的相关情形，其他情形下公安机关不能撤案。公安机关仍应把案件移送给检察机关，但是公安机关对于达成刑事和解的案件可以提出建议，建议检察机关作出不起诉决定。

其次，在审查起诉阶段达成刑事和解的，检察机关对刑事和解案件有三种处理方式：第一，符合不起诉条件的，依法作出不起诉决定；第二，对于未成年人符合附条件不起诉的，依法作出附条件不起诉决定；第三，不符合不起诉条件的，提交法院公诉，但可以提出从轻处罚的建议。

最后，在法院审理阶段达成刑事和解的，人民法院对刑事和解案件的被告人可以从轻处罚甚至免除处罚，但是法院也要依据事实和法律对被告人依法判决，而不能直接宣告无罪。

（二）刑事和解协议的签署时间

刑事和解协议的签署时间与其法律后果也是密切相关的。总体来说，在审判阶段之前实现刑事和解更有利于被追诉人获得公安撤案、检察院作出不起诉决定的结果。对于轻微刑事案件来说，前述情况则更有可能实现。

如果在被追诉人尚未被逮捕之时签署刑事和解协议并获得被害

人的谅解，则非常有利于被追诉人获得取保候审或者监视居住。显著轻微的案件在审查起诉阶段进行刑事和解有利于获得检察院作出不起诉决定的结果。我国《刑法》第 13 条规定："……情节显著轻微危害不大的，不认为是犯罪。"在很多案件中，"情节轻微"和"情节显著轻微"有时难以区分，如果被害人一方与被追诉人一方达成刑事和解，就可以降低检察官对于案件情节严重性的评价，在判断之时会更加倾向于情节显著轻微。即使公安机关没有作出不起诉的决定仍然向法院提起公诉，公诉机关在撰写量刑意见之时也会考虑此情节，可以使被追诉人获得更多减轻刑罚的机会。

需要注意的是，在检察院已经批准逮捕后，案件移送审查起诉之前的这一阶段，刑事和解的进行未必会对被追诉人取得取保候审、监视居住等措施起到正面影响。检察院批准逮捕意味着其持有与公安机关相同的认为犯罪嫌疑人有罪的立场，若达成和解协议，则会被认为犯罪嫌疑人一定是有罪的，变更强制措施有可能会不利于在两个月的侦查期内搜集足够的证据，再加之变更刑事强制措施要履行一定的程序，所以在这一段时间内变更强制措施将较为困难。

如何理解刑事谅解书？

问题引入

　　刑事谅解书是在刑事办案过程中经常遇到的一类文书，它是由被害人一方单独向办案机关出具的，表示对犯罪嫌疑人、被告人进行谅解的一种法律文件。本问将要解读的内容是：刑事谅解书的法律地位如何，谁可以签署刑事谅解书，在签署刑事谅解书之时需要注意哪些事项，签署刑事谅解书的法律效果如何，以及签署之后是否可以反悔。

一、刑事谅解书的法律地位和签署主体

刑事谅解书，一般指刑事案件的受害人与嫌疑人或其家属之间，就刑事案件的结果达成和解，而由被害人一方所出具的书面文件。刑事谅解书一般在提起公诉至法庭质证环节完成，其在刑法上有着酌定从轻的效力。

刑事谅解书是证明被告人取得被害人谅解的重要书面文件，也体现出被破坏的社会关系得到一定程度的恢复。被追诉人认罪认罚的，取得被害人谅解可以影响刑事诉讼程序，比如可以不予逮捕、取保候审，甚至会出现公安机关撤销案件、检察机关作出不起诉决定的情况。除此之外，刑事谅解书也是检察机关提出宽缓的量刑建议的重要因素，法院也会酌定减轻对被告人的刑罚。

根据刑事诉讼法的相关规定，刑事谅解书的签署主体是被告方和被害方。被害方有权签署刑事谅解书的是被害人或者其近亲属，包括被害人本人和被害人的配偶、父母、子女和同胞兄弟姐妹。需要注意的是，虽然中间人有时在刑事谅解书的签署过程中扮演着重要的角色，但是中间人不是刑事谅解书的签署主体。

二、刑事谅解的适用范围

我国法律并没有对刑事谅解的适用范围作出明确规定，从刑事谅解的性质上考虑，只要被害人一方愿意出具对被追诉人的谅解并提交刑事谅解书，就可以成为酌定的量刑情节。从实务的角度分析，有学者曾通过检索刑事裁判文书，归纳出可以出具刑事谅解书的 100 多个罪名，见表 1。在《刑法修正案（十一）》正式实施之后，可以出具刑事谅解书的罪名也会增加。

表1　可以出具刑事谅解书的罪名一览

所属章节	罪名
危害公共安全罪	交通肇事罪；危险驾驶罪；放火罪；失火罪；重大责任事故罪；以危险方法危害公共安全罪；重大劳动安全事故罪；投放危险物质罪；过失投放危险物质罪；非法制造、买卖、运输、邮寄、储存枪支、弹药、爆炸物罪；过失以危险方法危害公共安全罪；危险物品肇事罪；破坏电力设备罪；爆炸罪；破坏广播电视设施、公用电信设施罪；过失毁坏广播电视设施、公用电信设施罪；劫持船只、汽车罪；破坏交通工具罪；非法制造、运输、买卖、储存危险物质罪
破坏社会主义市场经济秩序罪	生产、销售伪劣产品罪；生产、销售假药罪；生产、销售有毒、有害食品罪；生产、销售伪劣农药、兽药、化肥、种子罪；生产、销售不符合安全标准的食品罪；非国家工作人员受贿罪；对非国家工作人员行贿罪；虚开增值税专用发票、用于骗取出口退税、抵扣税款发票罪；非法吸收公众存款罪；骗取贷款、票据承兑、金融票证罪；妨害信用卡管理罪；违法发放贷款罪；窃取、收买、非法提供信用卡信息罪；出售、购买、运输假币罪；持有、使用假币罪；信用卡诈骗罪；保险诈骗罪；集资诈骗罪；贷款诈骗罪；票据诈骗罪；假冒注册商标罪；销售假冒注册商标的商品罪；非法制造、销售非法制造的注册商标标识罪；侵犯著作权罪；合同诈骗罪；强迫交易罪；非法经营罪；组织、领导传销活动罪；非法转让、倒卖土地使用权罪；串通投标罪；伪造、倒卖伪造有价票证罪
侵犯公民人身权利、民主权利罪	故意伤害罪；非法拘禁罪；过失致人死亡罪；故意杀人罪；强奸罪；非法侵入住宅罪；过失致人重伤罪；强制猥亵、侮辱罪；猥亵儿童罪；绑架罪；重婚罪；强制猥亵、侮辱妇女罪；诬告陷害罪；拐卖妇女、儿童罪；侵犯公民个人信息罪；强迫劳动罪；诽谤罪；虐待被监管人员罪；虐待罪；遗弃罪
侵犯财产罪	盗窃罪；诈骗罪；故意毁坏财物罪；抢劫罪；敲诈勒索罪；职务侵占罪；抢夺罪；拒不支付劳动报酬罪；挪用资金罪；破坏生产经营罪；侵占罪

所属章节	罪名
妨害社会管理秩序罪	寻衅滋事罪；妨害公务罪；聚众斗殴罪；聚众扰乱社会秩序罪；伪造公司、企业、事业单位、人民团体印章罪；聚众冲击国家机关罪；伪造、变造、买卖身份证件罪；使用虚假身份证件、盗用虚假身份证件罪；聚众扰乱公共秩序、交通秩序罪；招摇撞骗罪；赌博罪；开设赌场罪；伪造、变造、买卖国家机关公文、证件、印章罪；破坏计算机信息系统罪；组织、领导、参加黑社会性质组织罪；包庇、纵容黑社会性质组织罪；非法获取计算机信息系统数据、非法控制计算机信息系统罪；盗窃、侮辱、故意毁坏尸体、尸骨、骨灰罪；拒不执行判决、裁定罪；掩饰、隐瞒犯罪所得、犯罪收益罪；虚假诉讼罪；妨害作证罪；非法行医罪；非法持有毒品罪；盗伐林木罪
贪污贿赂罪	挪用公款罪
危害国防利益罪	冒充军人招摇撞骗罪；阻碍军人执行职务罪

三、刑事谅解书的主要内容

在实践中，刑事谅解书的内容非常简单，可能只有两三行、三四行文字，但至少应该包括以下几方面内容。

第一，双方关于达成和解的一个基础事实。比如双方因为一个什么事情达成这样一个刑事和解，这是一个事实背景的问题。

第二，被害人是否已经获得犯罪嫌疑人、被告人一方给予的赔偿。在实践过程中，被害人之所以愿意出具谅解书，就是因为已经实际获得了赔偿。在写这一方面内容的时候，要写清楚被害人已经实际获得多少赔偿款，并且数额要明确。

第三，被害人向办案机关表示，谅解犯罪嫌疑人、被告人的内容，比如被害人请求办案机关，依法对犯罪嫌疑人、被告人从轻处罚，或被害人请求办案机关，不予追究犯罪嫌疑人、被告人的刑事责任。

第四，由被害人签署自己的姓名，按上自己的指印。

四、签署刑事谅解书的法律后果

刑事谅解书的签署并不意味着被追诉人一定可以获得从轻或减轻处罚，刑事谅解书只是一个酌定情节。虽然被害人在刑事谅解书中可能出具了不要求追究犯罪嫌疑人、被告人刑事责任的相关内容，但在实践中，司法机关是依据法律的规定来处理案件的，不可能因为被害人不要求追究犯罪嫌疑人、被告人的刑事责任，实际上就能达到这样的效果。

很多家属会有这样的误解：因为被害人出具刑事谅解书的内容中表示"请求办案机关不追究犯罪嫌疑人、被告人的刑事责任"，就会认为办案机关不应该再去追究刑事责任。事实并非如此，办案机关是依据法律的规定，来对案件进行处理的，被害人作出这样一个表示，只是表示其对犯罪嫌疑人、被告人一种谅解的态度而已，并不能去实际左右办案机关最终如何处理犯罪嫌疑人、被告人。从法律上讲，只能说，因为被害人对犯罪嫌疑人、被告人表示了谅解，使对方获得了一个从轻的机会而已。

五、签署刑事谅解书是否可以反悔

【案例一】2020 年 3 月 6 日，在被追诉人田某一方向被害人一方赔偿 53 万元的同日，双方签署了刑事和解协议，被害人一方出具刑事谅解书。2020 年 3 月 9 日，吉首市人民法院作出（2020）湘3101 民特 34 号民事裁定书，对该协议进行司法确认。本案审查起诉阶段，经公诉机关向被害人家属核实，其称现在不认可此调解协议书和谅解书，并要求田某进一步赔偿。法院最终认定，该和解协议已经人民法院司法确认，对人民调解协议的反悔无法定事由，不予支持。[1]

---

〔1〕 参见湖南省湘西土家族苗族自治州中级人民法院（2020）湘 31 刑终 265 号刑事裁定书。

【案例二】 被追诉人陈某交通肇事后,经双方协商达成协议,陈某一次性赔偿被害人 146 500 元作为受伤医疗费、护理费等费用,被害人出具了谅解书。但是随后因被害人病情恶化又发生一笔治疗费用,被害人一方表示撤回谅解。在案件上诉期间,被追诉人又支付给被害人一笔医疗费用,又一次获得被害人谅解,此情节为二审法院肯定,作为了定罪量刑的酌定情节。[1]

由此可以看出,刑事谅解书并非公检法机关介入下签署的法律文书,其本质属于被害人与被追诉人私下达成合意的民事赔偿协议,若没有证据证明刑事谅解书违反双方当事人真实意愿,在不存在欺诈、胁迫等违反自愿、合法原则以及被追诉人已经实际履行的情况下,被害方不能反悔。同时,刑事谅解书也是被追诉方表达歉意、自愿向被害方赔偿损失的真实意愿表示,在没有违反自愿、合法等原则的前提下,即使被追诉人被宣告无罪,也不能要求被害方返还其已经支付的赔偿款。

同时,实务中出现的反悔多来自被害人一方,虽然有时被追诉人已获得被害人的谅解,但是在被害人有足够理由反悔的情况下,是不利于被追诉人的量刑的,所以可以采用案例二中的方式,积极赔偿被害人的损失。可见,有时仅凭一纸刑事谅解书,也难以完全获得法律的肯定。

---

〔1〕 参见广东省肇庆市中级人民法院(2020)粤 12 刑终 271 号刑事判决书。

被害人的和解、谅解对被告人从宽有何影响？

问题引入

　　在实践中，认罪认罚从宽制度与和解制度产生了明显的冲突，同时，与退赃退赔、被害人意见相关因素又在较大程度上制约了认罪认罚从宽制度的适用效果。[1]如何理解两种制度的关系成为实务界亟待解决的问题。能肯定的是冲突必然由于区别或对立而产生，但正确认识二者又不能忽视矛盾的统一性，刑事和解制度和认罪认罚从宽制度的有效衔接其实是可行的。

---

[1]　李本森："刑事速裁程序试点研究报告——基于 18 个试点城市的调查问卷分析"，载《法学家》2018 年第 1 期。

一、认罪认罚从宽与刑事和解的差异

公诉案件刑事和解制度设立的初衷是想通过量刑上的减让，鼓励加害方主动地求得被害方的谅解，使被害人的损失得到最大限度的补偿，以提高被害人的诉讼地位。然而，随着程序的实施和认罪认罚从宽制度的出台，公诉案件刑事和解的适用在诸多方面面临挑战。正确理解相关挑战的前提是对两种制度之间区别的厘清。

（一）被害人的法律地位不同

刑事和解制度关注的是刑事被害人与加害人之间的互动，体现了缓和当事人对抗关系的立法意图。认罪认罚从宽制度所凸显的是刑事被追诉人与司法机关之间的互动关系，公权力主体必须在场。

一方面，《刑事诉讼法》第 173 条第 2 款规定，犯罪嫌疑人认罪认罚的，人民检察院应当就认罪认罚从宽涉及的相关事项听取被害人及其诉讼代理人的意见。然而对于听取的方式、内容及其法律效果都没有直接作出回应。不少实务人员表示担心，毕竟"这里也仅限于听取，是否被采纳并没有硬性规定，况且在实践中公诉人并不必然联系被害人"。[1]2019 年《关于适用认罪认罚从宽制度的指导意见》也明确表示，被害人一方不同意对犯罪嫌疑人、被告人从宽处理，不影响认罪认罚从宽制度的适用。与"被害人和解谅解"相对应的是"被告人真诚悔罪"，它作为刑事和解的必要条件之一，其本身就包含认罪协商的内容。2021 年最高人民法院、最高人民检察院《关于常见犯罪的量刑指导意见（试行）》规定，加害方积极赔偿，没有得到被害人谅解也可以获得 30% 以下的量刑减让。认罪认罚案件无须被害人的参与，这使得加害方与被害方的"认罪协商"很可能被控方和被追诉人的"控辩协商"所取代，刑事和解制度的加强使被害人主体地位的目的落空，进而无法与认罪认罚从宽制度有效衔接。

矛盾的是，另一方面，在速裁程序中，法院适用这一程序必须

---

〔1〕 陈庆安、潘庸鲁："认罪认罚从宽制度试点期间的问题与应对"，载《河南师范大学学报（哲学社会科学版）》2018 年第 5 期。

审查是否存在"没有达成和解"的情形，如若存在，则不得适用。不难看出，《刑事诉讼法》的相关规定出现了两种逻辑偏差：（1）办案机关是否适用认罪认罚从宽制度，仅需"听取被害人意见"即可，但是否适用速裁程序又以"达成和解协议"为前提，考虑到被害人对和解协议发挥决定作用，这就使得速裁程序仍以被害人同意为前提。（2）对于简单轻微的刑事案件，被害人可以拒绝速裁程序的启动；对于复杂严重的刑事案件，被害人反而无法对程序的适用发表实质性的意见，这显然有违人们的认知常理。

对此，比较中肯的方案是——刑事和解以被害人同意为前提，然而，认罪认罚从宽制度无须如此。人们担心如果让被害人作为参与认罪认罚的主体，很有可能降低控辩顺利具结的可能性，甚至使认罪认罚从宽制度与刑事和解制度发生混淆，因而，被害人不宜对案件具结产生实质影响。而且，针对必须以和解为前提的速裁程序，立法者应当合理区分特定的案件类型，比如涉及人身伤害、财产损失等情形。除此之外，办案机关适用速裁程序，无需以被害人同意和解为前提条件。对于其他可能适用认罪认罚从宽制度的案件，办案机关也不宜以未达成和解或者调解为由拒绝适用。当然，能否适用以及适用何种程序，办案机关享有法定范围内的自由裁量权。[1]

（二）成立要件上的异同

由于认罪认罚与刑事和解均涉及赔偿、被害人意见方面的内容，因此有必要仔细辨析各自的内涵。

1. 认罪要件

现在一般认为认罪不仅要如实供述罪行，还要求同意所指控的罪名。由于认罪本身就偏重于在权力与权利之间搭建合作、沟通的桥梁，肯定了被追诉人放弃对抗、接受有罪指控的法律意义。[2]所以被追诉人想认罪认罚，并不一定需要向被害人真诚悔罪、赔礼

---

〔1〕 赵恒："认罪认罚与刑事和解的衔接适用研究"，载《环球法律评论》2019年第3期。

〔2〕 赵恒："认罪及其自愿性审查：内涵辨析、规范评价与制度保障"，载《华东政法大学学报》2017年第4期。

道歉。

2. 认罚要件

认罪认罚从宽制度下的"认罚",在审查起诉环节是具体的而不是笼统的,是以同意检察机关的量刑建议并签署具结书为落脚点的,凝聚了双方在"从宽"幅度上的合意。而对刑事和解而言,当事人达成和解协议固然可以获得从宽处理,但检察机关量刑建议的从宽幅度未必能达到犯罪嫌疑人或被告人的期望值,后者因此可能"认罪"却不"认罚"。从这个意义上来说,刑事和解不以严格意义上的"认罪认罚"为必要的逻辑前提。[1]2021年最高人民法院、最高人民检察院《关于常见犯罪的量刑指导意见(试行)》同时规定了单独评价被追诉人赔偿被害人经济损失的行为,即区分了以下三种情形——赔偿损失并取得谅解的、积极赔偿但没有取得谅解的、没有赔偿但取得谅解的,分别可以减少基准刑的40%以下、30%以下和20%以下。而且,类似于退赃退赔的评价因素,最高司法机关将赔偿损失与犯罪性质、赔偿数额、赔偿能力以及悔罪程度等情况联系起来。受此司法传统的影响,与赔偿损失相关的被害人谅解的法律效果分为两种:其一,如果涉及退赃退赔义务,检察机关将其纳入《认罪认罚具结书》,被追诉人表示同意的,立法者可以将其归入"认罚"领域,不宜单独评价。其二,如果涉嫌犯罪没有退赃退赔的要求,但被追诉人承诺向被害方赔偿并积极履行,办案机关将其视作社会危险性降低的表现的,理应单独评价。[2]

认罪认罚与和解之间存在概念交叉关系,更为准确地说,前者表现为承认犯罪事实并在某些情况下赔偿被害人,而且认罪认罚的内容更为宽泛,由此认罪认罚与和解不是包容与被包容的关系,二者在刑事诉讼中具有独立的程序性地位,不可混淆等同。

(三)法律效果有差异

刑事和解和认罪认罚的法律后果都有从宽处理,不过在立法规

---

[1] 何剑:"认罪认罚从宽与刑事和解制度比较研究",载《社会科学动态》2020年第10期。

[2] 赵恒:"认罪认罚与刑事和解的衔接适用研究",载《环球法律评论》2019年第3期。

定上有强弱之分。"可以从宽"表明了立法者在应否从宽上的倾向性态度。

实体上，在刑事和解中，审判方对从宽处理具有决定权，控方对审判方不具有显性的约束力，这意味着控方的刑事和解从宽建议在审查起诉阶段仍然具有不确定性。而在认罪认罚制度中，立法要求人民法院"一般应当"采纳控方指控的罪名和提出的量刑意见，体现出更强的拘束力。

程序上，"从宽"处理还可能通过撤案、不起诉等审前程序的终止发挥效果。根据刑事诉讼法规定，案件当事人达成刑事和解，公安机关只能向检察院提出从宽处理的建议，而不能据此撤案；人民检察院也只有在案件符合"法定不起诉"条件时才能作出不起诉决定。与此不同，《刑事诉讼法》第182条专门规定了犯罪嫌疑人认罪且有重大立功或者案件涉及国家重大利益情形下的撤案和不起诉制度。

二、认罪认罚从宽与刑事和解制度的衔接对策

案件适用范围以及具体诉讼机制等方面，认罪认罚从宽制度与刑事和解程序都具有某些相同或者相近之处。这些都为二者的衔接适用创造了条件，充分彰显了我国刑事诉讼的刑罚宽缓精神。在如何选择二者有效衔接的进路时，应当关注恢复性司法对合作性司法的介入，首先以被追诉人与被害人的互动沟通为切入点，才能有助于二者的衔接适用。

（一）构建被害人保护机制

1. 在场见证具结的权利

具结书的签署过程难免具有封闭性，行政化弊端明显，这意味着在引导被害人参与、尊重被害人权益方面，一般的合作性司法理念具有先天不足，故恢复性司法理念可提供辅助。以和解环节为例，由检察官承担通知义务，在具结之前，尚未达成具结协议的，被害人可以申请继续与被追诉人就和解事项进行沟通。无论是否达成协议，被追诉人签署具结书的，被害人都有申请在场的权利。对于被

害人提出见证具结的申请的,检察官享有结合个案实际情况裁量决定是否允许的权力。例如,针对被追诉人被羁押的重伤害犯罪、强奸犯罪等案件,检察机关应当考虑被害人参与是否会引发新的冲突或者对被害人造成二次伤害等消极后果。

2. 获得国家提供的社会救济的权利

如上文所讲,认罪认罚与和解制度的衔接适用,不可避免对"被害人谅解"的适用空间进行缩减,仍可能无法保证被害人获得充足的救济,那么为了最大程度地弥补被害人的受损利益,巩固司法裁判公信力,有必要完善刑事司法领域的救济机制。以钱某故意伤害案为例,案发后,钱某即向公安机关主动投案,如实供述了自己的犯罪行为。案件移送检察机关审查起诉后,钱某表示愿意认罪认罚,在辩护人见证下签署了《认罪认罚具结书》。案发后,被告人钱某向被害人亲属进行了民事赔偿,取得被害人亲属谅解。检察机关受理案件后,积极开展司法救助,检察官多次到被害人家中慰问,了解到被害人家中尚有年迈的父亲和年幼的儿子,被告人也家境困难,无力支付被害人医疗费和丧葬费,虽然已尽力赔付但不足以弥补被害方的损失。检察机关积极为被害人家属申请了司法救助金,帮助其解决困难,促进双方矛盾化解。对于因民间矛盾纠纷引发的致人伤亡的案件,被告人认罪悔罪态度好,但因家庭经济困难没有赔偿能力或者赔偿能力有限,而被害方又需要救助的,检察机关应当积极促使被告人尽力赔偿被害方损失,争取被害方谅解,促进矛盾化解。同时要积极开展司法救助,落实帮扶措施,切实为被害方疏解困难提供帮助,做实做细化解矛盾等社会治理工作。

(二)正确认识认罪认罚与刑事和解量刑情节的重叠适用

其一,对于既符合认罪认罚从宽又符合刑事和解的情况,由于两种制度的侧重点不同——认罪认罚从宽要求被追诉人出让权利达成合作,刑事和解则要求被害人与加害人共同"合作"——其带来的量刑考量也不能混同。如果两种程序都能同时有效地适用,则应当对被追诉人叠加减刑。不过这并非简单的叠加,要防止重复评价的出现。叠加适用后的幅度不能小于其中的极大值,同时不能高于两种从宽幅度相加的最大值。

其二，对于符合认罪认罚但是没有达成和解协议的，被追诉人为了达成和解协议作出过真诚努力的，其从宽幅度应当分为三个档次：取得谅解并积极赔偿的应当依次高于没有取得谅解但积极赔偿的以及只取得谅解没有赔偿的。另外同样需要明确的是，积极赔偿属于认罚的行为表现之一，取得谅解是在被追诉人进行了赔偿以及进行了赔礼道歉真诚悔罪的基础上所取得的，应该与认罪认罚的行为进行对比，去除其中重复评价的成分。

其三，不符合认罪认罚但是达成和解协议的，所指的情形是被追诉人不认罪、不认罚，但是却通过赔礼道歉，真诚悔改取得被害人的原谅，签署了和解协议，对于这种情形，可以直接适用达成和解协议的从宽幅度，但是注意不能由于被追诉人不向检察机关认罪认罚而对其进行从重处罚。这种情况的出现，并不必然意味着被追诉人藐视国家法律，或者有意对抗司法机关，也许只是受限于自身的知识体系以及出于自身谨慎保护的目的，不轻易出让诉讼权利的表现。

刑事和解时，被害人狮子大开口怎么办？

问题引入

　　随着我国构建和谐社会的深入、国际恢复性司法的发展以及被害人主体地位的回归，公诉案件和解程序也在发挥其特有的价值。公诉环节刑事和解探索所取得的成效是明显的，但其中也存在许多困难和难题。例如，被害人提出远超出实际损失的诉求或者和解条件，这是本问的焦点所在。本问拟进一步厘清刑事和解的性质和意义、被害人在其中的地位以及如何促使被害方与加害方达成和解协议等问题。

一、刑事和解制度的法律特征

所谓刑事和解，指的是公诉案件中的犯罪嫌疑人、被告人真诚悔罪，通过向被害人赔偿损失、赔礼道歉等方式获得被害人谅解、被害人自愿和解的制度。刑事和解是对原有刑事诉讼模式的一种补充，且适用于任一诉讼阶段。自愿性是刑事和解制度的关键特征。刑事和解制度以"恢复正义"理论为基础，以被害人利益保护为核心，寻求被害人、加害人合法权益的双重保护。双方当事人对于是否要和解的问题必须出于自愿，不能存在任何威胁、强迫的行为干扰和解。双方采取什么样的方式进行和解也必须以自愿协商为前提，对于被告方的悔罪以及给受害方的赔偿金额等都必须由双方自愿作出决定，如果只是一方当事人自愿，而另一方完全拒绝，则无法和解；只有双方当事人都出于自愿，而且能够基本满足彼此的利益诉求，那么此时才能达成和解。

二、被害人在刑事和解制度中的法律地位

刑事和解的过程类似于一种博弈，正确认识被害人在其中的法律地位必须结合加害方进行理解。二者同为博弈的局中人，是博弈的基本决策主体，协议最终也是在自愿的基础上双方签署和认可的。其他参与人员，如检察官或各方的律师、亲朋好友都不能起到决定性作用。下面拟以实践中几个刑事和解的典型案例对被害人与加害人博弈中的相关因素进行分析，为刑事和解中被害方漫天要价的问题提供合理的解决途径。

【**案例一**】 李某故意伤害致人重伤案。李某赔偿态度积极，经多次协商最终同意赔偿双倍的实际损失。但谭某坚持以高额的赔偿为要求，甚至以上访、闹事相威胁，要求对李某从重处罚判处监禁刑。此案最终因被害人的漫天要价没有达成和解协议，法院最终判处李某三年有期徒刑。

【**案例二**】 陈某故意伤害致人重伤案，检察机关审查起诉阶段组

织双方和解，双方最终以被害人承担高额赔偿费用达成和解协议。检察机关在提起公诉的同时，向法院提出判处陈某非监禁刑的量刑建议，法院采纳该量刑建议，判处陈某有期徒刑三年，宣告缓刑三年。

【案例三】周某交通肇事致人死亡案，此案因被害人家属的妥协最终达成和解。周某因无法承担巨额赔偿费，被害人家属无奈，最后以 5 万元达成协议。法院采纳了检察院提出的判处周某非监禁刑量刑建议，判处周某有期徒刑二年，宣告缓刑二年。

【案例四】邹某故意伤害致人轻伤案，双方坦诚沟通，达成和解协议。邹某因琐事与何某发生抓打，致何某脸部受伤，经鉴定为轻伤。检察机关在审查起诉阶段组织双方进行和解。双方原为同学，发生纠纷后均十分后悔，双方在代理律师的帮助下，就何某受伤所造成的经济损失予以确定，另双方协商由邹某给付何某 1000 元精神损害抚慰金，并及时兑现。双方和解以后，检察机关依法对邹某酌定不起诉。[1]

刑事和解仿佛原有刑事诉讼模式的中场休息，它是原有诉讼模式的补充。在刑事和解中被害方与加害方处于相互对立的谈判地位，有着不同的心理预期或者说有不同的心理底线。被害人因遭受人身或者财产的损害，最初既期望从重处罚加害人，又期望自己的损失得到最大限度的赔偿；随着谈判的进行，被害人慢慢接受了如果加害人给予其较好的赔偿，法律会对加害人从轻处罚；如果遇到加害人赔偿能力欠佳或者拒绝赔偿，被害人就会走向两个极端，一是不要求赔偿，请求对加害人从重处罚，如案例一中的被害人；二是无奈接受较低的赔偿数额，如案例三中的被害人。加害方随着谈判的进行，会根据自己的能力选择对被害方的赔偿方式，以此换来较轻的处罚；但如果赔偿数额太高，加害人就会根据自己的能力，比较赔与不赔两种情况下自己可能遭受的刑事处罚，据此作出选择。案

---

〔1〕 郭彦、朱先琼、王海志："被害人与加害人的博弈——刑事和解若干实务问题研究"，载《中国检察官》2012 年第 6 期。

例二中的加害人就是在被害人要价太高的情况下，考虑到自己经济能力尚好，通过多赔偿被害人2万元的方式换取了被害人谅解。

自愿性作为刑事和解中的关键要素，导致被害方的态度直接决定刑事和解的整个过程，甚至影响加害人是否受到刑罚以及刑罚的轻重，特别是在一些有条件适用酌定不起诉的案件中，被害人认为起不起诉由自己决定。检察官有可能基于稳定民心的考虑，在轻罪案件中会因为犯罪嫌疑人没有达成刑事和解协议，被害人情绪也比较激动，就作出批准逮捕的决定。对于一些被害人漫天要价，犯罪嫌疑人不愿超过法定赔偿标准赔偿的，或犯罪嫌疑人没有赔偿能力的，检察机关进行羁押必要性审查时，一般不提出释放犯罪嫌疑人、被告人或变更强制措施的建议。这一现象在认罪认罚从宽制度试点期间尤为突出。其实被追诉人愿意认罪伏法是普遍现象，但有时因被害人提出过高条件而未能达成和解协议的，办案单位通常会拒绝适用速裁程序，使得这些被追诉人无法获得相应的从宽处罚，这在某种程度上是法律适用不公的结果，也会影响针对部分犯罪人的刑罚改造效果。

三、正确发挥检察机关的主持人职责

刑事司法实践中，主要由公检法等司法机关来主持刑事和解。作为公检法机关工作人员，在主持和解的过程中，要在事实和法律的基础上对双方进行充分的引导和交流协调，达成和解协议后，要对和解的内容及形式进行把关，对是否有和解的自愿性、是否具备合法性等相关问题进行审查。这是其作为"主持人"的角色所决定的。

根据《最高人民检察院关于办理当事人达成和解的轻微刑事案件的若干意见》第7条第2款规定："根据本意见，拟对当事人达成和解的轻微刑事案件作出不批准逮捕或者不起诉决定的，应当由检察委员会讨论决定。"这说明了检察官的特殊地位决定了其在刑事和解中扮演着重要的角色。如检察官在和解中指出被害人的哪些损失是依法应当主张的，被害人肯定会据此要求加害人赔偿；如检察官

指出被害人的一些损失是于法无据或证据不足的，有些被害人就会放弃相关权利主张，即使不放弃该项权利，其再向加害人主张时加害人必然拿检察官的话来反驳被害人；如检察官向加害人表示只要加害人对被害人予以赔偿，其将会不被起诉，因此加害人对自己的民事赔偿行为给刑事量刑产生的影响有了更明确的认知，在有条件的情况下也就会积极进行赔偿。案例四正是由于检察官的充分引导和多次协调，双方才能顺利达成和解协议。检察官作为刑事和解程序中的中立者，除履行其释明义务外，还要注意不能单纯为了和解而久拖不决，在加害人无力赔偿或者被害人漫天要价时，及时提起公诉才是保障被害人合法权益的最佳途径。

《最高人民检察院关于办理当事人达成和解的轻微刑事案件的若干意见》《人民检察院刑事诉讼规则》规定，检察机关在审查和解自愿性、合法性时，须重点判断和解协议"是否损害国家、集体和社会公共利益或者他人的合法权益""是否符合社会公德"。此外，《最高人民检察院关于办理当事人达成和解的轻微刑事案件的若干意见》中"关于当事人和解的内容"部分还强调，双方认可的和解协议所约定的损害赔偿数额，一般应当与被追诉人本应承担的法律责任及其对被害人造成的损失相适应。上述多个条款实质上赋予了检察机关享有审查并判断和解协议合法性的职责。可见，作为公共利益的维护者，检察机关既有保护被害人合法利益的责任，也有保障被追诉人获得平等对待的义务。检察人员在办案过程中，应当关注以下两点：其一，区分未达成谅解的和已达成谅解的从宽幅度；其二，区分正当诉求和"漫天要价"，尤其是对于确因被追诉人无赔偿能力而未能达成和解的，不影响从宽的适用。[1]

具体而言，第一，对于被害人提出数额过高但被追诉人确实无力赔偿的情形，检察官应当积极向被害人进行解释与说明，尤其需要告知无法达成和解协议、无法签署认罪认罚具结书的法律后果，建议被害人慎重提出和解条件。

---

〔1〕 孙谦："全面依法治国背景下的刑事公诉"，载《法学研究》2017 年第 3 期。

第二，如果被害人提出的诉求在较大程度上低于实际损失，检察官应当专门确认以下事项，即上述诉求是被害人自愿、真实的主张，同时，告知达成和解协议、适用认罪认罚从宽制度的法律后果。

第三，考虑引入关于被追诉人赔偿被害人损失、履行和解协议的新方式。比如，针对当前被追诉人经济困难但有意愿赔偿的情形，立法者应考虑拓宽分期给付规则的适用范围。2012 年《人民检察院刑事诉讼规则（试行）》要求"立即履行"，"至迟在人民检察院作出从宽处理决定前履行"，同时，也有允许"分期履行"的规定，但分期给付只能适用于某些情形，即"确实难以一次性履行的，在被害人同意并提供有效担保的情况下"适用。与之类似，《最高人民法院关于适用〈中华人民共和国刑事诉讼法〉的解释》坚持"即时履行"的原则，即被追诉人应当在协议签署后即时履行和解协议的赔偿损失内容。由此可见，最高司法机关通常均要求被追诉人在极短的时间内履行到位。虽然这种规定有其合理性，但也产生了消极影响。因为这不仅损害了需要获得赔偿救济的被害人的长远利益，而且不利于经济困难却有赔偿与有和解意愿的被追诉人获得从宽处罚。在认罪认罚案件中，再加上办案期限比较短，被追诉人与被害人承受了更为沉重的和解压力。针对上述情况，立法者需要慎重考虑提升分期给付制度的可操作性，并辅之以必要的奖惩方案，引导被害人与被追诉人就给付年限、数额等内容达成特定的赔偿协议，同时引入刑罚或者非刑罚的激励方式，保证被害人获得及时赔偿的合理期待，从而提高分期给付制度的可操作性，既尽可能地调动被追诉人主动赔偿的积极性，又最大程度地弥补被害人的损失。[1]

---

[1] 赵恒："认罪认罚与刑事和解的衔接适用研究"，载《环球法律评论》2019 年第 3 期。

刑事和解中可否主张精神损害赔偿？

问题引入

在我国刑事诉讼中是无法主张精神损害赔偿的。但在现实情况中，被害人在遭受不法侵害以后，通常会希望得到一笔额外的费用作为自己的"精神损害赔偿"，却又因为刑事政策的原因无法提出，导致被害人与犯罪嫌疑人之间的矛盾加剧。而在刑事和解的过程中，犯罪嫌疑人、被告人一方有可能增加这样一个项目赔偿给被害人。只要双方自愿谈判，赔偿项目和赔偿金额都是可谈的，也都是合法的。在这种情况之下，不论是从赔偿项目，还是从赔偿金额上来讲，被害一方都可以获得一个相对高额的赔偿或者补偿，可以更有力地去弥补被害一方的损失。这就需要说明刑事和解对于被害人以及被告人是如何发挥作用的。此外，在被害人得到满意的赔偿后出具谅解书是否能够使被告人在量刑上得到从宽也需要具体讨论。

一、刑事被害人损害赔偿权保护现状

损害赔偿权在实体、诉讼进行过程中以及执行过程中均有规范依据，具体如下。

（一）刑事实体法中的损害赔偿权保护

1950 年 7 月 25 日中央人民政府法制委员会印发的《中华人民共和国刑法大纲》（草案）中，将赔偿损失作为刑罚的一种。1997 年《刑法》涉及损害赔偿权的规定主要有第 36 条，该条确定了赔偿经济损失与民事优先原则。其中第 1 款规定的赔偿经济损失既包括由于犯罪行为直接造成的被害人财产上的损失，如毁坏财物、盗窃、诈骗等财产故意占有或毁坏的直接侵害财产的犯罪行为，也包括由于犯罪行为的侵害间接造成的被害人身体上的损失，如伤害行为，不仅使被害人身体健康受到损害，而且使被害人遭受支付医疗费用等经济损失。可见，无论是财产上的直接损失还是身体上的间接损失，都是物质方面的损害，不包含精神损害造成的损失。第 2 款规定民事赔偿责任的支付优先于被判处的财产刑支付。1997 年《刑法》第 37 条也规定了赔偿损失。但是一般认为，第 36 条的赔偿经济损失与第 37 条的赔偿损失是有所区别的：第一，适用对象不同，赔偿经济损失适用于依法被判处刑罚的犯罪人，赔偿损失适用于免予刑事处罚的犯罪人；第二，处理结果不同，前者适用于罪行较重需要判刑的犯罪人，因此既罚又赔，后者适用于免予刑事处罚的犯罪人，因此只赔不罚；第三，诉讼程序不同，前者通过刑事诉讼程序（财产损失）或附带民事诉讼程序实现，后者由法院进行直接判决。但从实际执行情况来看，二者并无本质区别，都是由犯罪人对被害人因犯罪行为遭受的损失进行赔偿，前者与刑罚并用，后者单独适用。

（二）诉讼程序中的损害赔偿权保护

我国对于附带民事诉讼的提起遵循先刑后民原则：刑事附带民事诉讼需要在刑事案件立案后，一审宣判前提出，否则只能单独提起民事诉讼。其中被害人损害赔偿权实现方式为追缴或退赔侵占财

产损失、通过刑事附带民事诉讼要求赔偿身体损害和毁坏财产导致的直接或间接损失，不包括精神损害赔偿。死亡赔偿金、残疾赔偿金、被扶养人生活费在通常情况下不会纳入附带民事诉讼案件的赔偿范围。而且，我国刑事诉讼法中没有明确规定损害赔偿与不起诉的关系。另外，刑事和解是犯罪人与被害人直接处分案件民事部分事宜的基础上办案机关对刑事部分作出的处理。但是，二者之间是存在紧密关联的，即民事部分处理效果直接影响刑事部分的处理。目前我国刑事和解适用于部分轻微犯罪案件和少数适宜和解的严重犯罪，而且，主要适用于承认犯罪、有悔罪表现的初犯和偶犯。

（三）执行程序中的损害赔偿权保护

刑事执行包括执行生效判决书和执行刑罚两个程序。我国对于刑事附带民事判决书的执行程序由被害人向人民法院执行局申请而启动。执行局依照民事判决书的执行程序执行判决书列明的赔偿事项，主要是执行犯罪人财产赔偿被害人损失；对于非法占有、处置财产造成被害人财产损害的刑事判决书则由作出生效判决的人民法院的刑事审判部门执行，主要是执行罚金刑和没收财产刑，以及对先前扣押的款物进行返还和退赔。然而无论哪种执行程序，都没有对犯罪人财产建立追踪机制。我国《刑法》第78条和第81条规定，犯罪人认真遵守监规、接受教育改造、确有悔改表现是适用减刑和假释的条件之一。但是，根据最高人民法院有关规定，悔改表现是犯罪人针对国家和社会的悔改表现，与赔偿被害人损失无关。另外，《监狱法》第72条规定，监狱对参加劳动的罪犯，应当按照有关规定给予报酬并执行国家有关劳动保护的规定。《监狱法》颁布前后的一段时间，对于给予罪犯劳动报酬问题存在很大争议，现在基本达成共识，即给予罪犯劳动报酬。但是劳动报酬各地之间存在很大差距，多用于罪犯的生活支出，其余部分由监狱管理机关统一管理，与赔偿被害人损失无关。[1]

---

〔1〕 苏忻："刑事被害人损害赔偿权保护研究"，吉林大学2015年博士学位论文。

二、量刑中的被害人谅解

被害人谅解作为一种影响量刑的重要事实和情节，在我国法律中并没有明确规定。司法实践中，被害人谅解通常在刑罚裁量的过程中发生。因此量刑的时候要考量被害人谅解的情形既是刑法谦抑性的体现，也是被害人主体性地位的复归，更在一定程度上践行了恢复性司法的理念。事实上，被害人谅解这一重要的量刑事实在司法实践中也确实是不容忽视的情节。然而，被害人谅解的成立需要符合哪些条件，被害人谅解是否必然影响量刑，其对于量刑的影响幅度究竟有多大等，均为本章要探讨的内容。

（一）我国被害人谅解影响量刑之立法现状

在现有立法中，有关被害人谅解的规定较为分散。目前我国立法界已经就被害人谅解对量刑的影响这一问题达成了共识，被害人谅解作为量刑情节影响量刑的立法也在不断修改中日趋完善。

2007 年最高人民检察院《关于在检察工作中贯彻宽严相济刑事司法政策的若干意见》指出：被告人积极认罪和赔偿被害人的损失，得到被害人谅解的情节，人民法院应该从轻处罚被告人，检察院也不得提起抗诉。而且被害人谅解情节也可以适用于死刑案件，但是这里只是慎重适用死刑立即执行，死刑案件不能减轻处罚。

2010 年最高人民法院《关于贯彻宽严相济刑事政策的若干意见》明确规定，被告人赔偿被害人的物质财产损失和积极悔罪，获得被害人谅解的情节，法院在量刑时应酌情考虑。在诸多量刑情节适用的时候，应该注意到案件的类型是有限制的，里面使用的是"应当"而不是"可以"，此处量刑情节发挥的功能就是"应当"而非"可以"，这进一步确定了刑事被害人谅解在量刑情节中的重要作用。与此同时，此意见同样就适用案件范围给出了限制。

2017 年最高人民法院《关于常见犯罪的量刑指导意见（二）（试行）》正式把被害人谅解情节当成最常见的量刑情节写进司法解释中，由此被害人谅解情节得到进一步规范。明确规定，犯罪人有积极的认罪悔罪态度和积极的赔偿被害人物质经济损失，这种方式取得了被害人谅解的，可以在基准刑的基础上减少 40% 以下；要是犯罪人积极赔偿被害人的经济损失，但是还是没有取得被害人谅解的，可以在基准刑的基础上减少 30% 以下；如果犯罪人没有能力赔偿被害人的经济损失，但是取得了被害人的谅解，可以在基准刑的基础上减少 20% 以下。

（二）我国被害人谅解影响量刑之司法现状

如前所述，关于被害人谅解影响量刑的法律规定虽然在我国的有关立法中已经取得了很大的进步，得到了广泛的认同，2017 年最高人民法院《关于常见犯罪的量刑指导意见（二）（试行）》也明确规定了被害人谅解对于量刑幅度影响的范围，但因被害人谅解情节是酌定量刑情节，被害人谅解的适用范围、判定标准、形式要件等都缺乏明确的规定，给司法实践中的具体适用带来了一定的困难。

1. 缺乏统一适用的判定标准

被害人谅解的判断需要考虑两个方面。

一是被害人。被告人提交的谅解书、调解协议书或和解协议书形式不一，有的案件中还存在"收条"等纸质材料，这些材料都欠缺法律文书的形式要件。因此，仅通过有限的纸质材料很难判断被害人谅解形成的过程和真实程度；除此之外，被害人谅解通常都伴有"赔偿"，那么"谅解"是否必须以"赔偿"作为条件，"赔偿"与"被害人谅解"之间应当是一个什么样的关系，孰轻孰重，有待厘清。

二是加害人。被害人谅解的前提条件是加害人发自内心的真诚悔过。然而加害人是否真心改过，有没有为了减刑或从轻处罚，而用"赔钱减刑"的方式来取代的情形？上述疑问除了可以从加害人的一系列心理和身体活动进行判断外，从被害人对加害人的态度来进行判断，也可对加害人的真诚与否略知一二。因为，如果加害人能够真诚悔罪则赢得被害人谅解的可能性就大。因此，对于被害人谅解的判断标准必须清晰、具体，这些判断标准都需要法官——进行综合考虑，但由于法律没有规定明确的判断标准，再加上法官的认知水平、业务能力的不同，导致实践中法官适用"被害人谅解"

情节的做法不一，从而形成了量刑失衡的局面。

2. 被害人谅解的适用范围不明确

通常情况下，轻罪案件，即在可能判处三年有期徒刑以下刑罚的案件中是可以适用被害人谅解情节的。但是，重罪案件或者死刑案件能否适用被害人谅解，立法上既无规定，司法实践中更是无法把握。虽然对于死刑案件，最高人民法院曾在司法解释中规定被害人谅解可以在死刑案件中适用，但对于死刑立即执行案件则要慎用。然而，"可以"适用和"应当"适用在法律效果上还是有较大差别的。对于犯罪手段恶劣的犯罪行为，能否适用被害人谅解情节还要对反映犯罪嫌疑人人身危险性和社会危害性的其他量刑情节——例如，自首、坦白、退赃等——进行考虑。因此，被害人谅解在案件类型适用上的模糊不清，必然导致法官在案件的具体运用中千差万别，不利于量刑公正的实现。

3. 法官认定被害人谅解情节缺乏固定的形式要件

首先，从形式上看，暂时未有有关被害人谅解的格式文件和法律文书。审判机关是根据律师所提供的谅解材料来认定被害人谅解情节是否成立的。但是律师提交的谅解书、调解协议书或和解协议书各种各样，形式不一，这种谅解材料的随意性，容易导致被害人谅解的内容五花八门，法院认定被害人谅解的事实和证据在谅解材料上反映不出来。

其次，缺乏对谅解内容的实质审查。司法活动中，被告人或其律师提交的谅解材料中所提及的谅解内容是否真实，被害人是否具有谅解能力，是不是被害人本人的真实意愿，有没有受胁迫、利诱的情形，加害人有没有积极赔偿、悔罪认罪情节等具体内容，法官几乎不会进行过多的、更深入细致的实质审查。

最后，现在的刑事案件当中，法院不会过多参与其中进行监督，所以也有可能会存在被害人是被迫谅解被告人，或者说对被害人合法权益损害的程度没有达到完全赔偿的情形下，迫于无奈进行谅解的情况。如果被害人谅解被告人材料的公平性和合法性存在争议，那么它就会影响谅解协议的法律效力，这就要求法院必须对此加大监管力度。

4. 被害人谅解作为量刑情节适用比例少

通过分析 2009 年到 2011 年的《刑事审判参考》中收录的案件,我们可以很清楚地了解到,把被害人谅解作为量刑情节的案件仅仅只有 7 件。因为在很多案件中侵犯的一般是公民人身权利,侵犯公民财产的案件只是少数。以某市人民法院的刑事判决为研究对象发现:在 50 篇刑事判决书中,只有 20 份是将刑事被害人谅解情节作为量刑情节的,可以看出有一半以上的案件没有将刑事被害人谅解情节作为量刑情节,说明在现实生活中侵犯公民人身权利的犯罪占比较大,而且把被害人谅解作为量刑情节的案件一般存在于故意伤害罪和交通肇事罪等侵犯人身权利的犯罪里。[1]

5. 被害人谅解没有作为独立的量刑情节

从应然的角度来看,被害人谅解是应当区别于"赔偿"等而独立存在的量刑情节。但是在司法实践中,只有谅解没有赔偿情节的情况比较罕见,多数谅解都附带积极赔偿或者认罪悔罪等情节,这些案件的判决书一般遵循这样的模式,"悔罪→赔偿→谅解→从宽"。即"被告人的认罪悔罪态度好,还积极主动地赔偿了被害人的物质财产损失,得到了被害人谅解的,在法律上可以从轻处罚或者免除处罚"。这不免会让人怀疑:法院从宽处罚的依据究竟是因为加害人的赔偿还是因为被害人的谅解?司法实践中,被害人谅解与积极赔偿、认罪悔罪如何能区别开来,并独立适用,对于这个问题,或许在我国司法实践中还需要一定的时间来解决。

(三) 被害人谅解能否影响量刑

犯罪嫌疑人、被告人与被害人达成和解,会有利于量刑吗?首先,被害人谅解反映了行为的社会危害性。衡量犯罪行为的社会危害性时需要考察行为人犯罪后的量刑情节中有没有采取有效措施防止损失的发生或扩大、归案后的认罪态度、有无积极赔偿被害人的损失进而取得被害人谅解等情节。如果存在被害人谅解等情节,则

---

〔1〕 许辉:"量刑中的被害人因素研究",中南财经政法大学 2018 年博士学位论文。

表明犯罪的社会危害性降低，那么在法定刑下是可以从轻或者减轻处罚的。其次，被害人谅解反映了犯罪人的人身危险性，作为权益遭受直接侵害的被害人，能够作出原谅犯罪人的举动，从侧面反映出犯罪人对于自己的犯罪行为有知错就改的情感因素，而犯罪人希望改过自新的态度也说明他以后再犯罪的几率并不大，人身危险性也自然而然地降低了。当然，单纯地只有被害人谅解而没有积极赔偿、赔礼道歉和认罪悔罪表现的情形是寥寥无几的，大部分的被害人谅解常常伴随有积极赔偿、赔礼道歉、认罪悔罪等一系列行为，这些行为表明行为人的内心已经认识到行为的错误性，并对自己的行为悔恨和自责，对于已经表示真诚悔过的犯罪人，可以看出他们在以后的生活中再犯罪的可能性会大幅度地降低，与此同时犯罪人的人身危险性也会降低。

综上，虽然"被害人谅解"对量刑的影响在立法与司法上都不明确，但是从法理和实践中的做法来看，得到被害人谅解的被告人，司法机关对他的从宽幅度也会相应增加。故而只要犯罪嫌疑人或被告人与被害人能够达成一个和解协议，对双方来讲，可能都是一个最优的结果。

如何降低被害人不谅解对量刑幅度的影响？

问题引入

在司法实践当中，有些刑事案件会有被害人，如果被告人能够得到被害人的谅解，并且出具了谅解书，对被告人定罪量刑是非常有好处的。但是有些案件的被害人不仅表示不谅解，还要求办案机关对被告人从重处罚。对于这种情况，会不会影响被告人自愿认罪认罚程序的适用呢？答案显然是不会的。本问将具体讨论被害人不谅解的案件如何适用认罪认罚从宽制度，如何把握被害人不谅解对量刑幅度的影响。

一、被害人不谅解处理的规范解释

最高人民法院、最高人民检察院、公安部、国家安全部、司法部联合颁布的 2019 年《关于适用认罪认罚从宽制度的指导意见》具体规定了认罪认罚从宽中被害方异议的处理，明确了被害人不谅解不影响认罪认罚从宽制度的适用。即"办理认罪认罚案件，应当听取被害人及其诉讼代理人的意见，并将犯罪嫌疑人、被告人是否与被害方达成和解协议、调解协议或者赔偿被害方损失，取得被害方谅解，作为从宽处罚的重要考虑因素。人民检察院、公安机关听取意见情况应当记录在案并随案移送"；"被害人及其诉讼代理人不同意对认罪认罚的犯罪嫌疑人、被告人从宽处理的，不影响认罪认罚从宽制度的适用。犯罪嫌疑人、被告人认罪认罚，但没有退赃退赔、赔偿损失，未能与被害方达成调解或者和解协议的，从宽时应当予以酌减。犯罪嫌疑人、被告人自愿认罪并且愿意积极赔偿损失，但由于被害方赔偿请求明显不合理，未能达成调解或者和解协议的，一般不影响对犯罪嫌疑人、被告人从宽处理"。

对于本条规范，应当作出以下理解：认罪认罚从宽试点时，人民法院、人民检察院、公安机关就被要求在办理认罪认罚案件时，应当听取被害人及其代理人意见，并将犯罪嫌疑人、被告人是否与被害人达成和解协议或者赔偿被害人损失，取得被害人谅解，作为量刑的重要考虑因素。《关于适用认罪认罚从宽制度的指导意见》延续了试点时的这一规定，要求公检法办理认罪认罚案件时，应当听取被害人及其诉讼代理人的意见，并将和解调解、赔偿情况作为从宽处罚的重要考虑因素。当然，为提高诉讼效率，对在侦查阶段、审查起诉阶段公安机关、人民检察院已经听取过被害方意见的，人民法院视情况决定是否再次听取。为此，《关于适用认罪认罚从宽制度的指导意见》规定公安机关、人民检察院听取意见情况应当记录在案并随案移送。被害方的意见和态度是司法机关作出从宽处理时的重要考虑因素，特别是在一些重大人身伤害案件中，若未能与被害人达成和解、未能取得被害人谅解，在决定从宽幅度时要充分考虑社会效果，慎重把握。[1]被告人认罪认罚，但没有赔礼道歉、退赃赔款、赔偿损失，未能与被害人达成调解或者和解协议的，在考虑从宽幅度时要有所区别。[2]

《最高人民检察院关于人民检察院适用认罪认罚从宽制度情况的报告》还指出，实施认罪认罚从宽制度，将是否与被害方达成刑事和解、取得被害方谅解作为从宽的重要考虑因素，有助于弥补被害方身心及财产受到的侵害，化解社会矛盾，修复被损害的社会关系。同时强调检察机关应当强化内外部监督制约，防范廉政风险。对被害人不谅解或不同意从宽处理的案件拟不起诉的，视情况邀请代表、委员、律师、专家学者等参与公开听证。这一要求在《人民检察院办理认罪认罚案件监督管理办法》中也有具体规定，即第 10 条规定，"对于下列拟作不批捕、不起诉的认罪认罚从宽案件，可以进行公开听证：（一）被害人不谅解、不同意从宽处理的；（二）具有一定社会影响，有必要向社会释法介绍案件情况的；（三）当事人多次涉诉信访，引发的社会矛盾尚未化解的；（四）食品、医疗、教育、环境等领域与民生密切相关，公开听证有利于宣扬法治、促进社会综合治理的；（五）具有一定典型性，有法治宣传教育意义的。人民检察院办理认罪认罚案件应当按照规定接受人民监督员的监督。对公开听证的认罪认罚案件，可以邀请人民监督员参加，听取人民监督员对案件事实、证据认定和案件处理的意见"。

二、降低被害人不谅解对量刑幅度的影响

如上所述，在被告人认罪认罚的案件中，如果未取得被害人谅解，认罪认罚从宽程序仍然可以适用，但是在量刑幅度上会有所影响，不过被告人可以尝试通过其他方式尽量降低被害人不谅解对量刑幅度的影响。

---

〔1〕 参见苗生明、周颖："认罪认罚从宽制度适用的基本问题——《关于适用认罪认罚从宽制度的指导意见》的理解和适用"，载《中国刑事法杂志》2019 年第 6 期。

〔2〕 参见胡云腾主编：《认罪认罚从宽制度的理解与适用》，人民法院出版社 2018 年版，第 114 页。

在被害人不谅解的案件中，本问在此给予被告人两个建议：第一，在律师与被告人会见的时候，可以让被告人口述一封道歉信，因为被告人在羁押期间是不能够自己手写道歉信的。这样就形成了一封被告人自己通过口述形成的道歉信，然后将该封道歉信提交给办案机关，希望办案机关能够转交给被害方。第二，建议被告人的家属代替当事人写一封道歉信，通过办案机关转交。那么不管被害方最终是否收到道歉信或者是否谅解被告人，基于被告人写的道歉信，或者通过家属也转达了这样一封道歉信，证明他向被害人一方进行道歉的态度和行为是存在的。在这种情况下，法院在审理案件的时候，适用认罪认罚从宽的程序，同时在量刑的时候也基于被告人自愿认罪认罚与其道歉行为，对其进行从宽处罚。

尽管被告人没有获得被害人的谅解，但被告人的道歉行为体现了反省的态度。反省、悔罪与赔礼道歉不可能减少被告人所犯之罪的不法程度，也不可能减轻其对所犯之罪的责任，故不可能成为减少责任刑的情节。但是，真诚的反省、悔罪与赔礼道歉能够表明犯罪人再犯罪的可能性小，因而是减少预防刑的情节。赔礼道歉还能缓解被害人与社会大众的报复情绪，使一般预防的必要性减少。反省、悔罪与赔礼道歉虽然不是法定的量刑情节，但就事后态度所表明的特殊预防必要性大小来说，其作用未必小于坦白。这是因为，坦白只是对犯罪行为的如实供述，并不等于被告人对自己犯罪行为的后悔、悔恨。所以，虽然反省、悔罪与赔礼道歉不属于法定量刑情节，但在裁量预防刑时必须予以重视。换言之，不能简单地认为法定情节优先，更不能只考虑法定情节而忽视酌定情节。正确的做法是在区分了情节性质的前提下，充分考虑具体个案各种情节的实际作用。就预防刑的裁量而言，不能简单地由法定情节决定预防刑。事实上，只要酌定情节能够说明特殊预防的必要性减少，其与法定情节就具有同样的作用。[1]

---

〔1〕 参见张明楷："论犯罪后的态度对量刑的影响"，载《中国检察官》2015年第9期。

三、司法实践中被害人不谅解案件的适用

（一）实践中的做法

实践中，经常出现被害方不谅解，不同意对犯罪嫌疑人、被告人从宽处理的情形，司法机关在作出处理决定时也常受此困扰。对此，应当把握的原则是，既要充分尊重被害人意见，同时也要防止完全被被害人左右，司法机关应当秉承客观公正立场，不偏不倚，依法办理认罪认罚案件。具体来讲，要把握好三点：一是被害人及其诉讼代理人不同意对认罪认罚的犯罪嫌疑人、被告人从宽处理的，不影响认罪认罚从宽制度的适用。被害方没有程序选择权，比如其不同意适用速裁程序的，并不影响司法机关适用速裁程序。二是犯罪嫌疑人、被告人认罪认罚，但没有退赃退赔、赔偿损失，未能与被害方达成调解或者和解协议的，从宽时应当予以酌减。也就是说，虽然被害方不同意不会影响认罪认罚从宽制度的适用，但仍然会影响最终的从宽幅度，这有利于促使犯罪嫌疑人、被告人积极与被害方达成和解、谅解。三是正确对待被害人"漫天要价"。犯罪嫌疑人、被告人自愿认罪并且愿意积极赔偿损失，但由于被害人赔偿请求明显不合理，未能达成调解或和解协议的，一般不影响对犯罪嫌疑人、被告人从宽处理。[1]

在认罪认罚从宽制度试点的过程中，对于被害人参与的案件，各地试点地区做法不尽相同。有的试点地区承认被害人的实质参与，将犯罪嫌疑人、被告人与被害人能否达成谅解赔偿协议作为程序启动的前提条件；有的试点地区仅关注犯罪嫌疑人、被告人的自愿认罪认罚，并未考虑被害人的意见；有的试点地区则采用折衷的办法，被害人可以参加程序，但禁止对辩诉双方的协商内容产生实质性影响。众所周知，刑事案件中，被害人在犯罪行为中已是利益受害者，他们自然会密切关注刑事诉讼程序的有效参与、个人意见的有效采纳以及自身损害的切实恢复，如若不参与认罪认罚从宽的量刑协商，

---

〔1〕 参见苗生明、周颖："认罪认罚从宽制度适用的基本问题——《关于适用认罪认罚从宽制度的指导意见》的理解和适用"，载《中国刑事法杂志》2019年第6期。

必然会影响被害人对国家法律的信任，严重时可能影响整个社会的安定。[1]让当事人充分能动地参与刑事诉讼已成为现代刑事司法的一种趋势，其中尊重刑事被害人的主体地位，保障其合法权益，对于减少社会对抗、修复被损害的社会关系、化解社会矛盾具有积极意义，也将直接影响认罪认罚从宽制度的实际效果。为此，《刑事诉讼法》第173条对听取被害人及其诉讼代理人意见特别作出了规定。《关于适用认罪认罚从宽制度的指导意见》遵循刑事诉讼法的精神，专门对保障被害方的权益予以规定。[2]因此，人民检察院审查案件，应当听取被害人及其诉讼代理人对被告人涉嫌的犯罪事实、罪名及适用的法律规定和从轻、减轻或者免除处罚等从宽处罚的建议，以及对被告人认罪认罚后案件审理适用的程序等事项的意见，并记录在案。

（二）地方规范指引

江苏省于2020年12月15日印发了《江苏省检察机关办理认罪认罚案件工作指引（试行）》。该指引对认罪认罚从宽幅度有较为详细的规定，包含了对赔偿谅解情节的考虑。该规定为："从侦查到审判阶段始终认罪认罚的，可以在原量刑的基础上从宽30%以下提出量刑建议；从审查起诉阶段开始到审判阶段认罪认罚的，可以在原量刑的基础上从宽20%以下提出量刑建议；在审判阶段后才认罪认罚的，可以在原量刑的基础上从宽10%以下提出量刑建议。认罪认罚与自首、坦白、当庭自愿认罪、退赃退赔、赔偿谅解、刑事和解、羁押期间表现好等量刑情节不作重复评价，但认罪认罚的从宽幅度一般应当大于仅有坦白情节，或者虽认罪但不认罚的从宽幅度；对犯罪嫌疑人、被告人具有自首、坦白情节，同时认罪认罚的，应当在法定刑幅度内给予相对更大的从宽幅度。认罪认罚又具有自首、

---

〔1〕参见卢建军、蔡春燕："认罪认罚从宽制度的完善路径"，载胡卫列等主编：《认罪认罚从宽制度的理论与实践——第十三届国家高级检察官论坛论文集》，中国检察出版社2017年版，第721-730页。

〔2〕参见卢建军、蔡春燕："认罪认罚从宽制度的完善路径"，载胡卫列等主编：《认罪认罚从宽制度的理论与实践——第十三届国家高级检察官论坛论文集》，中国检察出版社2017年版，第721-730页。

重大坦白、退赃退赔、赔偿谅解、刑事和解等情节的，可以减少基准刑的60%以下，犯罪较轻的，可以减少基准刑的60%以上或者依法免除处罚。"

（三）司法案例

在被害人坚持不谅解的案件中，被告人认罪认罚也可以得到从宽处理。

因表妹与龙某发生交通事故，田某与朋友韩某某（另案处理）赶到现场"助威"，双方争执后两人将龙某打伤。后经法医鉴定，龙某的损伤构成轻伤二级。一起原本普通的纠纷，因为田某的不理智行为最后闹上了法庭。田某虽多次托人找龙某协商赔偿，但龙某始终态度强硬，表示不提起附带民事诉讼，只作为被害人出庭，一定要看到田某认罪服法。

山东省临沂市兰山区人民法院公开审理了此案，法院认为，本案系因生活中偶发的小事故引起，田某虽一时逞强触犯刑律，然而其在诉讼过程中已认识到自己的行为错误，积极筹措了远高于法定赔偿数额的8万元赔偿款交至法院，希望得到被害人的谅解，而龙某就是不接受对方的赔偿谅解。后经法官讲法释理，龙某解开心结。

法院经审理认定，被告人田某的行为构成故意伤害罪，但鉴于其无犯罪前科，归案后坦白认罪，并积极对被害人进行赔偿，确有认罪、悔罪表现，可以对其从轻处罚，遂依法判处田某有期徒刑一年三个月，缓刑二年。

是否获得被害人谅解是刑事案件量刑的一个重要参考因素，但并不构成对被告人适用缓刑的法定要件。刑事诉讼法在"认罪认罚从宽制度"中对此予以明确，将听取被害人及其诉讼代理人意见作为办理认罪认罚案件的必经程序，但因被告人确无赔偿能力不能满足被害人不合理要求，而未能达成和解协议的，不影响认罪认罚从宽制度的适用。[1]

---

〔1〕　参见徐鹏："被害人坚持不谅解认罪认罚也可从轻"，载 http://www.legaldaily.com.cn/index/content/2019-03/03/content_ 7785263.htm，最后访问日期：2019年3月3日。

被告人想认罪认罚，侦查阶段
十分无助怎么办？

问题引入

侦查阶段在外行人看来讳莫如深，因为在实践中我们很难有效地了解侦查阶段工作人员的工作。目前，通说观点已大致认可认罪认罚在侦查阶段的适用，但我们还是有必要对以往的反对观点进行回顾，从中吸取有益的看法以深化对侦查阶段认罪认罚的处理。

一、认罪认罚制度适用于侦查阶段的实质根据

试点阶段认罪认罚制度是否适用于侦查阶段在法学界一直有争议，在反对意见中，有的从认罪认罚的定义上指出，认罪认罚是"在刑事诉讼中，犯罪嫌疑人、被告人承认对其所提起的指控并愿意接受刑事处罚，进而与国家追诉力量达成一致，最终获得相对较轻惩罚的一种制度安排"。〔1〕从而认为基于公检法三机关配合制约原则否定了认罪认罚制度在侦查阶段的适用，其主要理由是公安机关无权作出量刑承诺。持肯定意见的学者不在少数，有的学者认为侦查阶段不能进行认罪协商，其理由是："认罪认罚从宽制度的适用主要是指犯罪嫌疑人、被告人何时作出认罪认罚表示才能获得法律的承认或具有法律效力。认罪认罚当然是越早越好，早的认罪认罚一般发生于侦查阶段，如自首，就肯定发生于侦查阶段。"〔2〕该意见与 2021 年最高人民法院《关于常见犯罪的量刑指导意见（试行）》中对当庭认罪和审前供述的可以从宽幅度差别对待一起构成了肯定认罪认罚制度在侦查机关适用的实质理由。持肯定观点的理由是中肯的，因为如果不全面告知认罪认罚从宽制度并对符合条件程序从简，侦查机关怎么顺利完成侦查任务呢？不过这还不能完全贯彻认罪认罚的应有之义。认罪认罚从宽制度在不同阶段的适用是不能被割裂的，有认罪认罚必然有从宽，只是具体阶段的表现形式不同，除此之外没有本质差别。"'认罚'的内涵是动态的，是伴随着诉讼程序的推进而不断明确具体的：在侦查阶段，表现为愿意接受刑事处罚；在审查起诉阶段，表现为接受检察机关的量刑建议；在审判后，表现为服从法院判处的刑罚。"〔3〕因此，优化司法资源配置、提高审判效率以及宽严相济的刑事政策应得到贯彻，不能因外在形式的异同就否定了认罪认罚制度应当适用于侦查阶段。

---

〔1〕 陈明："认罪认罚从宽制度的理论探究"，载《犯罪研究》2016 年第 4 期。
〔2〕 朱孝清："侦查阶段是否可以适用认罪认罚从宽制度"，载《中国刑事法杂志》2018 年第 1 期。
〔3〕 朱孝清："认罪认罚从宽制度的几个问题"，载《法治研究》2016 年第 5 期。

首先，认罪认罚从宽制度（其中包括认罪协商）是有明确法律规范依据的。《刑事诉讼法》增加的第182条"公安机关可以撤销案件"的情形是对侦查阶段适用认罪认罚从宽制度的重要补充。而最高人民法院、最高人民检察院、公安部、国家安全部、司法部《关于适用认罪认罚从宽制度的指导意见》再次强调该制度适用于侦查、起诉、审判各个阶段。此外，《关于在部分地区开展刑事案件认罪认罚从宽制度试点工作的办法》中的有些规定，明确了适用于侦查阶段的认罪认罚案件，有些甚至是专门为侦查阶段认罪认罚的案件规定的。前者如第5条、第6条的规定。后者如第8条第1款关于"在侦查过程中，侦查机关应当告知犯罪嫌疑人享有的诉讼权利和认罪认罚可能导致的法律后果，听取犯罪嫌疑人及其辩护人享有或者值班律师的意见，犯罪嫌疑人自愿认罪认罚的，记录在案并附卷"的规定。可见认罪认罚适用于侦查阶段是有准法律依据的。此外，对比《关于在部分地区开展刑事案件认罪认罚从宽制度试点工作的办法》第8条与《刑事诉讼法》第160条第2款可知，立法删除了《关于在部分地区开展刑事案件认罪认罚从宽制度试点工作的办法》中侦查阶段"犯罪嫌疑人认罚"的表述，旨在明确侦查机关要将重心放在认罪上，将犯罪嫌疑人自愿认罪的情况予以记录、移送和说明。

其次，这是由我国现阶段侦查水平决定的。"由供到证"的侦查模式和我国法律对侦查终结、移送审查起诉所规定的较高的证明标准，使我国侦查工作的进行过度依赖口供。完善认罪认罚制度的目标是节约司法资源、提高诉讼效率。"由供到证"的侦查模式既是认罪认罚制度确立的重要原因，也对侦查阶段的公安机关提出了更高的要求。侦查阶段的"认罪"并不需要对犯罪细节都予以承认。2003年最高人民法院、最高人民检察院、司法部《关于适用普通程序审理"被告人认罪案件"的若干意见（试行）》第1条第1款规定"被告人对被指控的基本犯罪事实无异议，并自愿认罪的第一审公诉案件，一般适用本意见审理"，其将"对被指控的基本犯罪事实无异议"认定为"认罪"。这是一种形式上的认罪，如果要求犯罪嫌疑人必须"供述犯罪细节"才能算作"认罪"，则大大限制了认罪认罚从宽制度的适用空间，难以契合该制度所应发挥的价值。再者，如果要求该制度下侦查中的认罪要达到主动供述犯罪细节的程度，则与现行法律中已有的坦白制度几乎无异，并不是对认罪认罚从宽制度的"完善"之举。[1]

二、以犯罪嫌疑人为中心落实侦查阶段的认罪认罚制度

在侦查阶段，既然公安机关可以适用认罪认罚制度，那么被害人的权益保障问题也将随之产生。正如前文所讲，有观点强力反对侦查阶段适用认罪认罚，正是基于我国司法资源的有限性以及案多人少的矛盾，公安机关很有可能基于惩治犯罪的需要进而采取逼供、诱供等非法讯问手段迫使犯罪嫌疑人认罪。在实践中，办案机关通常都是用《犯罪嫌疑人权利义务告知书》的形式，让犯罪嫌疑人签字，从而证明已经告知了犯罪嫌疑人有关认罪认罚的规定，但有可能并不会对此进行过多的解释。下文拟从规范的角度对如何保障侦查阶段犯罪嫌疑人的辩护权利进行简要分析，对于公安机关的认罪教育的问题已于前文展开讨论。

（一）充分发挥律师工作职能

强化律师辩护对保证侦查阶段正确适用认罪认罚从宽制度具有重要作用，这是由基本法明文规定的，如《刑事诉讼法》第 34 条。通常来说，犯罪嫌疑人在被采取强制措施之后，人身自由受到限制，处于孤立无援的状况，对自己将要面临什么样的法律后果无法作出正确的判断，无法知道自己的合法权益。当然也有少数犯罪嫌疑人心存侥幸，认为闭口不认罪侦查机关就可以将其释放。此时，律师作为第三方的角色出现是有利于保障被告人权利、推进诉讼进程的。

在侦查阶段，一方面，律师要充分发挥其应有的功能。律师要及时会见在押的犯罪嫌疑人，侦查机关应予以配合。具结书应载明的内容有量刑建议如何提出、何时调整等规定。其中提到一些专业

---

〔1〕 游鹏、李尧："侦查阶段适用认罪认罚从宽制度若干重要问题论略"，载《犯罪研究》2018 年第 1 期。

名词，如"程序选择建议""变更强制措施""主刑""附加刑"等。犯罪嫌疑人、被告人可能难以理解掌握告知书内容。会见时律师可以为犯罪嫌疑人提供全面、清晰的法律知识，保障犯罪嫌疑人确实在"自愿"的情况下认罪认罚；对心存侥幸的犯罪嫌疑人，律师可帮助他充分认识"认罪认罚从宽制度"的具体内容以及越早认罪认罚从宽幅度越大的事实。另一方面，侦查机关要认真落实刑事诉讼法有关侦查阶段律师辩护权的规定，侦查机关要保证律师的会见权、通信权、提供法律帮助权、了解涉嫌罪名和了解案件情况权等诉讼权利；检察机关对律师提出的侦查机关及其工作人员妨碍其行使诉讼权利的申诉或者控告要及时审查，情况属实的要监督纠正。

（二）完善值班律师的前法律帮助作用机制

我国实践中的值班律师除为被追诉人提供法律咨询、程序选择建议、对案件处理提出意见外，还参与认罪认罚案件中的具结书签署过程，并可以针对刑讯逼供、非法取证情形代理申诉、控告等，这远远超出了"法律咨询"的职责范围。这使得辩护律师与值班律师的界限十分模糊，甚至会使人误以为值班律师就应当辩护人化。这样不仅会违背值班律师的立法初衷，对整个法律援助体系的完善也是不利的。根据《刑事诉讼法》的规定，人民法院、看守所等场所都应当有值班律师轮班，对于犯罪嫌疑人、被告人没有委托辩护人，法律援助机构没有指派律师为其提供辩护的，由值班律师为其提供程序性的法律帮助。《关于适用认罪认罚从宽制度的指导意见》对此进行了细化。[1]值班律师作为侦查前阶段（或者说被提审前阶段）的法律帮助者，其参与刑事诉讼程序主要是为了弥补被追诉人法律知识的欠缺。因此值班律师制度设立的直接目的并不是为了实现律师辩护全覆盖，它是对传统法律援助制度的补充和完善。[2]有数据表明，值班律师制度不仅仅在刑事案件中发挥作用，在非刑事法律援助方面，驻法院的被害人也可以咨询值班律师有关法律问题。

---

[1]《关于适用认罪认罚从宽制度的指导意见》第11条。

[2] 詹建红："刑事案件律师辩护何以全覆盖——以值班律师角色定位为中心的思考"，载《法学论坛》2019年第4期。

值班律师提供法律帮助并没有经济条件、案件类型等方面的限制。以青海省为例，2017 年青海省全省值班律师解答咨询 7163 人次，涉及犯罪嫌疑人、被告人的 913 人次，占比 12.75%；转交法律援助申请的案件有 801 件，涉及犯罪嫌疑人、被告人的案件有 511 件，占比 63.8%。[1]

尽管设立值班律师有各种丰富的功能，但其在实践中却没有发挥应有的效果，很大一部分原因是各地对于认罪认罚制度规定不一致。有的是对值班律师定位出现差错，比如，协助看守所为在押人员宣传法律法规和政策，讲解法律援助知识，定期开展法律知识讲座；甚至把法制宣传教育列为值班律师首要工作职责。[2]有的是值班律师提供法律帮助的流程不畅。[3]此外，各地对值班律师是否享有阅卷权、调查取证权意见不一，多数地方没有明确值班律师享有阅卷权、调查取证权，只有广东省明确了值班律师享有阅卷权、调查取证权，浙江省、河南省、甘肃省、湖南省均没有规定值班律师的阅卷权、调查取证权。[4]

虽然将值班律师纳入律师辩护体系中，并不意味着肯定值班律师辩护人的地位，但是仅考虑到值班律师与辩护律师的密切关系以及研究便利，而将值班律师辩护前提供的法律帮助作为律师辩护体系的辅助组成的定位是错误的。具体而言，为有效促进该制度的运行，促进司法公平公正，使犯罪嫌疑人、被告人权利最大化，司法实践可以从以下几方面作出完善。

（1）强化权利告知。所有犯罪嫌疑人在被第一次讯问或采取强制措施时或被提审前，被追诉人提出法律帮助申请时，无需明确详细的咨询内容，只要明确表达获得法律帮助的意愿即构成申请的有效提出。对于转递环节，有条件的可以采用网络流转平台实现申请

---

〔1〕 于瑞荣：“值班律师制度——打通法律援助‘最后一公里’”，载《青海日报》2018 年 10 月 28 日，第 1 版。

〔2〕《关于开展法律援助值班律师工作的实施意见》（鄂司发〔2017〕94 号）。

〔3〕《关于加强和完善法律援助值班律师制度的实施意见》（浙司〔2018〕20 号）。

〔4〕 詹建红：“刑事案件律师辩护何以全覆盖——以值班律师角色定位为中心的思考”，载《法学论坛》2019 年第 4 期。

转递流程的信息化和高效化。此外，监狱、看守所可以通过画报等方式间接告知犯罪嫌疑人认罪认罚的法律后果。

（2）在会见权方面，公安机关一方面要全面保障被追诉人可以有效约见值班律师，另一方面要进一步明确值班律师会见权的规范行使。具体而言，主要包括设立单独的会见区，明确要求值班律师与被追诉人"一对一"会见，杜绝部分地区实践中的"一对多"做法。会见形式可以多元化，例如可采用视频会见。此外，需保障会见不受监听、会见时间不限等。在阅卷权、调查取证权方面，现阶段至少可以通过提供案情摘要或证据目录等形式让值班律师能提前获得必要的案情信息，保障值班律师的知情权。

（3）统一告知时间。在侦查阶段，《关于适用认罪认罚从宽制度的指导意见》提出应在侦查过程中告知。北京市《关于开展刑事案件认罪认罚从宽制度试点工作实施细则（试行）》提出公安机关应当在第一次讯问或者采取强制措施之日起告知。山东省《关于适用认罪认罚从宽制度办理刑事案件的实施细则（试行）》提出在犯罪嫌疑人到案后告知。对于一些简单案件，最为关键的讯问只会发生一次，有的地区会利用法律漏洞，将告知放在第一次讯问得到口供后。有些地区甚至出现了不告知的情形。因此，为了保障被追诉人的权利，至少应当在第一次讯问或采取强制措施之日告知。

（4）允许值班律师参与量刑协商。各诉讼阶段的值班律师，虽然在一定程度上为被告人了解认罪认罚从宽制度提供了法律帮助，但是由于律师不阅卷，对案情了解不充分，不能起到帮助被告人与检察机关进行量刑协商等实质性作用，更多的是充当"见证人"。在赋予值班律师阅卷权的基础上，应当允许其有权代表被告人与公诉机关进行量刑协商，而非单纯地见证具结书的签署过程，这样才能有效保障被告人的合法权益。[1]

---

[1] 吴小军："认罪认罚从宽制度的实践反思与路径完善——基于北京试点的观察"，载《法律适用》2018 年第 15 期。

侦查阶段的认罪教育应遵循哪些理念？

问题引入

　　"认罪越早，从宽越多"的价值集中体现在完善刑罚制度、符合罪责刑相适应原则、有效引导被追诉人尽早认罪、提升司法效率、与《关于适用认罪认罚从宽制度的指导意见》衔接、与量刑规范化制度衔接、可成为"认罪教育"的模板方面。也就是说，对认罪越早的被追诉人，从宽量刑的幅度越大。这也是侦查阶段公安机关对犯罪嫌疑人进行认罪教育的主要原因之一。本问将以实务案例为例对该理念予以说明。

侦查阶段犯罪嫌疑人认罪是个双赢机制，一方面有利于提高刑事诉讼的效率，另一方面还能为犯罪嫌疑人争取最大的从宽幅度。公安机关的认罪教育与值班律师和辩护律师的法律服务相比，更具有官方性，犯罪嫌疑人更容易相信公安机关说明的认罪认罚的法律后果，因而更容易认罪认罚。不过随之而来的问题是：如何对公安机关的认罪教育进行规范？讯问犯罪嫌疑人作为侦查阶段适用认罪认罚从宽的关键环节，是获得被追诉人口供的关键环节，而刑事和解、自首、坦白和撤销案件等也常发生在此阶段。下文拟通过对认罪教育的目标的解构，对这一问题的解决提供一定的思路。

一、认罪教育的直接目标——真实性

侦查阶段犯罪嫌疑人的认罪认罚某种程度上意味着对审判阶段辩护权的克减和法庭调查环节的从简，基于实体公正的考量，尤其应该重视被追诉人认罪认罚中真实性和自愿性的保障。自愿的前提是知晓，在对认罪认罚从宽制度没有基本了解的情况下作出的认罪无真实性可言，自然也就缺乏自愿性。在侦查阶段，除了值班律师和辩护律师的法律咨询服务能够帮助犯罪嫌疑人知悉认罪认罚从宽制度外，公安机关等侦查机关的认罪教育是更为重要的一条途径。二者都是为了帮助犯罪嫌疑人权衡利弊，使其以自由意志主动作出认罪的选择。这样既能保障认罪认罚的真实性和自愿性，也能有效避免后续阶段被追诉人的反悔以至于浪费司法资源。

被追诉人对其被指控犯罪性质的明知是正当程序的必然要求，然而被告人需要对被指控的犯罪性质了解到什么程度才能达到侦查阶段认罪认罚从宽制度中的真实性要求呢？从正面回答，该问题也是犯罪嫌疑人认罪应达到什么程度的问题。对此有学者中肯地提出："认罪认罚从宽制度下的'认罪'行为当然可以发生在侦查阶段，且既可以表现为主动供述犯罪细节，也可以表现为概括认罪，[1]即

---

[1] 游鹏、李尧："侦查阶段适用认罪认罚从宽制度若干重要问题论略"，载《犯罪研究》2018年第1期。

对被指控的事实无异议。"从反面回答，该问题就是公安机关的认罪教育工作应该履行到什么程度的问题。《刑事诉讼法》第120条规定的告知义务决不能被简单理解为程序性的告知。在整个侦查阶段，侦查人员先履行刑事诉讼法中认罪认罚从宽制度的程序性告知义务，犯罪嫌疑人、被告人再对所触犯的罪名、犯罪事实和犯罪性质建立初步认识；在后续的讯问过程中，侦查人员必须进一步告知犯罪嫌疑人实体法中自首、坦白、从轻处罚、减轻处罚和免除处罚的相关法律规定以及程序法上撤销案件、强制措施、简易程序或速裁程序等程序适用的相关内容，鼓励、引导犯罪嫌疑人认罪认罚；犯罪嫌疑人也会向侦查人员主动了解自己认罪认罚后的从宽幅度，侦查人员则应结合案件具体情形作出法律解释与合法范围内的"承诺"。[1]经过沟通"协商"后，最终犯罪嫌疑人在值班律师或辩护律师的帮助下选择是否认罪认罚。

英美法系的"辩诉交易"建立在有罪答辩制度的基础上，由控辩双方自行处分案件实体问题。我国采用的是具有职权主义色彩的刑事诉讼制度，而且还建立了实质真实原则，在仅有被告人供述而没有其他证据的情况下，不能定罪量刑。我国认罪认罚从宽制度与西方国家"辩诉交易"制度之间的重大区别在于，认罪认罚制度必须建立在"犯罪事实清楚，证据确实、充分"的基础上，而"辩诉交易"大多是在证据不足、事实不确定的情况下，控辩双方都承担一定风险时所采取的互相妥协。《刑事诉讼法》第53规定，"只有被告人供述，没有其他证据的，不能认定被告人有罪和处以刑罚"。

因此，除少数案件存在犯罪嫌疑人自愿如实供述涉嫌犯罪的事实，有重大立功或者案件涉及国家重大利益的，经最高人民检察院核准，公安机关可以撤销案件外，对于绝大多数案件，犯罪嫌疑人在侦查阶段的认罪并不代表认罪认罚方案就已确定下来，尤其是对实体上的量刑从宽，侦查人员的许诺不得超过法律授权，更没有决定意义。检察机关也仅有量刑建议权，最终的决定权在审判机关。

---

〔1〕 揭萍、张凯："价值与路径：认罪认罚从宽在侦查阶段的适用"，载《中国人民公安大学学报（社会科学报）》2019年第2期。

这一点必须向犯罪嫌疑人说明。《刑事诉讼法》删除了《关于在部分地区开展刑事案件认罪认罚从宽制度试点工作的办法》中侦查阶段"犯罪嫌疑人认罚"的表述可以说明这一点，这意味着侦查机关在进行认罪教育后，如果犯罪嫌疑人认罪，侦查机关必须切实履行程序性的认罪认罚工作。一方面，侦查人员可通过对讯问过程中获取的讯问笔录、同步录音录像证明犯罪嫌疑人认罪的自愿性和真实性。另一方面，侦查机关与犯罪嫌疑人就案件处理的建议和程序适用达成一致意见的，不宜由犯罪嫌疑人签署具结书，但是对侦查机关对犯罪嫌疑人所作的依法认罪认罚从宽的承诺，必须记录在案。侦查机关在起诉意见书中应当写明犯罪嫌疑人在侦查期间的表现，认罪的时间、态度及其供述对案件侦破的具体作用，退赃的具体时间、客观环境和心理支配，为后续审查起诉和审判工作提供全面依据。要注意的是，侦查机关不能对从宽意见说得过于具体，否则当检察机关不认可侦查机关的从宽意见时，对侦查机关的公信力和权威性的损害是不言而喻的，被追诉人甚至有可能推翻原来的认罪意见。

综上，只有对认罪教育的内容进行规范指引，在此基础上明确与控辩协商的区别，并且对犯罪嫌疑人认罪之后的工作进行程序上的严格要求才能保证认罪的真实性。因此只有在真实性的基础上才有进一步讨论认罪自愿性的事实基础，否则自愿性就是无源之水，犹如空中楼阁。

二、认罪教育的最终目标——自愿性

认罪认罚从宽制度以"认罪"为条件，以"从宽"为结果；如果犯罪嫌疑人、被告人不认罪，则无法享受"从宽"的"待遇"。对被追诉人而言，前者是激励机制，后者则是以"不得从宽"来强迫。因此认罪认罚的"自愿性"并非绝对的自愿，而是一种具有法律意义的"制度化"自愿。[1]我国法律暂时并没有对自愿性进行规

---

〔1〕 孔冠颖："认罪认罚自愿性判断标准及其保障"，载《国家检察官学院学报》2017 年第 1 期。

定，因此要预防因制度的缺失导致自愿性被侵犯的现实风险，故，必须明确自愿的实质标准，明晰自愿的边界。

从理性人视角出发，所有的被追诉人认罪都可以说是不自愿的，或多或少有强迫的成分，一定是有自己不得已的苦衷或者出于谨慎考虑。但是认罪认罚的自愿性并不是心理学意义上的自愿，而是对强迫自白的否定。法官在开庭阶段进行自愿性审查时，只需关注被告人受到的强制力是否在合法、合理的限度范围内即可，而无须过多从心理学上分析是否出于自愿而认罪亦或是出于何种原因选择认罪。《关于在部分地区开展刑事案件认罪认罚从宽制度试点工作的办法》《刑事诉讼法》和《关于适用认罪认罚从宽制度的指导意见》并没有明确提供自愿性的审查标准，但相关法律规定给自愿性设定了客观的评定标准。《刑事诉讼法》第 52 条规定："……严禁刑讯逼供和以威胁、引诱、欺骗以及其他非法方法收集证据，不得强迫任何人证实自己有罪……"如此，将自愿性的审查转换为证据合法性审查问题就会简化很多。根据《最高人民法院关于适用〈中华人民共和国刑事诉讼法〉的解释》和《关于建立健全防范刑事冤假错案工作机制的意见》的相关法律规定，自愿性的审查标准已经比较清晰。首先，追诉机关不能以刑讯、冻、饿、晒、烤、疲劳审讯等身体强制方法逼迫被告人认罪。其次，追诉机关也不能以威胁等使被告人精神上遭受剧烈痛苦的方法迫使其进行有罪供述。最后，我们有必要讨论何为引诱和欺骗的问题。不过，在实践中应当肯定一定限度的引诱、欺骗是可以作为侦查谋略使用的。

关于引诱，正当的引诱必须坚持两条准则：第一，不得以非法利益进行引诱。第二，不得在犯罪嫌疑人供述犯罪事实、情节之前，告诉犯罪嫌疑人案件事实和情节，尤其是不得明确告诉未经查实系犯罪嫌疑人所为的事实和情节，否则，就涉嫌引供、诱供或指供。[1]因为如果侦查人员先于犯罪嫌疑人提及案件事实和相关细节，或采取同案人供述、被害人笔录等方式将所谓的"犯罪事实"告知犯罪嫌

---

[1] 龙宗智：《检察官客观义务论》，法律出版社 2014 年版，第 191 页。

疑人，并辅之以刑讯逼供等手段，犯罪嫌疑人就很容易"顺藤摸瓜"给侦查人员提供他们想要的口供，从而造成口供真实性不明的问题。但是这并不意味着侦查人员不能采取先证后供的讯问方法。

关于欺骗，正当的欺骗必须坚持以下准则：第一，不得越过道德底线，从而为公众所普遍不能接受。第二，不得以伪造的证据内容进行欺骗，但如以伪造的证据形式进行欺骗，不一定不正当。例如侦查人员不能以所谓证据充分为由将虚假的材料摆在犯罪嫌疑人面前迫使其认罪。

三、认罪教育的政策目标——认罪越早，从宽越多

不同阶段认罪体现的社会价值不同，其罪责对应的刑罚亦有区别：自首的价值要高于坦白的价值，侦查阶段认罪的价值要高于审判阶段认罪的价值。"认罪越早，从宽越多"以及阶梯式的量刑应当说是当前较好的"认罪教育"模板。该理念下的差异化量刑，对感召犯罪分子主动认罪具有积极意义。河北省政协原副主席艾某某受贿一案于2019年4月中旬宣判，财政部原副部长张某某受贿一案于同年的5月中旬宣判。对比两个案件，有许多相同之处：被告人都是副部级干部；受贿金额都是6000多万；被告人都认罪认罚，被告人都全部退赃。但最终量刑结果却截然不同，艾某某获刑八年，张某某获刑十五年。量刑差异是因为艾某某主动投案，具有自首情节，可减轻处罚，而张某某是坦白，只限于从轻处罚。两者量刑上的差异，体现了"认罪越早、从宽越多"理念。

可见侦查阶段公安机关的认罪教育与"认罪越早，从宽越多"的刑事司法理念相契合。就被追诉人而言，认罪教育相比于辩护人和值班律师的法律帮助服务具有更强的公信力和权威性，能使犯罪嫌疑人充分认识到早认罪比晚认罪可以得到更多的量刑减让，而翻供则是不利选择，由此使坦白从宽的刑事政策得以落实。

认罪认罚如何影响逮捕措施的适用？ 第二十七问

问题引入

"认罪认罚制度兼顾实体与程序两个方面，即'实体从宽与程序从简'，二者不可割裂。对该制度的理解应坚持实体与程序相统一的立场，否则该制度就与刑事实体法规定的自首、立功等制度无异，失去了其规定在刑事程序法中的独立价值。"[1]综合最高人民检察院《关于在检察工作中贯彻宽严相济刑事司法政策的若干意见》和最高人民法院《关于贯彻宽严相济刑事政策的若干意见》的相关具体规定，程序上从宽处理的各种措施包括了：非羁押性强制措施；公安机关撤销案件；检察机关酌定不起诉；简易程序、速裁程序等简便的程序处理。就犯罪嫌疑人、被告人认罪认罚对非羁押强制措施产生的从宽效果而言，它重点体现为对逮捕措施的变更适用产生的影响。

---

〔1〕 闵春雷："回归权利：认罪认罚从宽制度的适用困境及理论反思"，载《法学杂志》2019 年第 12 期。

一、认罪认罚在逮捕措施中的含义

"认罪"和"认罚"在不同诉讼阶段以及不同审判程序中具有不同的要求。"'认罚'的内涵是动态的,是伴随着诉讼程序的推进而不断明确具体的:在侦查阶段,表现为愿意接受刑事处罚;在审查起诉阶段,表现为接受检察机关的量刑建议;在审判后,表现为服从法院判处的刑罚。"[1]界定逮捕措施中的"认罪""认罚",需要在厘清刑事诉讼中的"认罪"的基础上,结合逮捕措施对"认罪"进行界定。

(一) 提请逮捕阶段认罪认罚的认定标准

"认罪"是司法机关定罪量刑的重要情节和从宽处理的重要依据,实体法规范要求犯罪嫌疑人、被告人"如实供述自己的罪行"必须涵盖足以影响定罪量刑的事实细节,包括主要犯罪事实和身份情况,主要犯罪事实又包括影响定罪的事实和量刑事实。仅仅概括地承认涉嫌或者被指控的犯罪事实,而缺乏主要犯罪事实、情节的所谓"供述",或者只是供述客观事实、情节,却拒绝交代个人身份事项的,均不构成"认罪"。[2]由此可见认罪应当达到何种程度并非不言自明的问题。

根据《刑事诉讼法》第 120 条和第 162 条的规定可知,在侦查阶段犯罪嫌疑人只要如实供述犯罪的主要事实就可以构成认罪,至于是否构成犯罪、构成何种犯罪由公安机关决定。至于认罚,由于通说认为侦查阶段不存在控辩协商,因此在犯罪嫌疑人如实供述犯罪行为的基础上,表明自愿接受刑罚,积极退赔退赃、对被害人进行赔礼道歉、赔偿被害人经济损失,可认定为逮捕措施中的"认罚"。提请逮捕措施中的犯罪嫌疑人的"认罪"一般是在讯问之后作出的,在讯问过程中,办案人员需要对犯罪嫌疑人的认罪认罚情况进行核实,并体现在讯问笔录中。在移送起诉之前,公安机关还

---

〔1〕 陈光中、马康:"认罪认罚从宽制度若干重要问题探讨",载《法学》2016 年第 8 期。

〔2〕 孙长永:"认罪认罚从宽制度的基本内涵",载《中国法学》2019 年第 3 期。

需专门向犯罪嫌疑人核实并制作一份明确其是否认罪认罚的讯问笔录，由犯罪嫌疑人签名确认后附卷。[1]因此，在逮捕措施中，公安机关虽然没有逮捕决定权，但是认罪认罚对公安机关是否提请逮捕具有重要参考作用。

对认罪认罚的判断，侦查机关要注重对被害人权益的保障，[2]综合各因素慎重考虑提请逮捕。此外，认罪认罚对侦查阶段逮捕措施的适用还产生一些实体性的影响。《刑事诉讼法》第 94 条规定，侦查机关可以对完全不符合逮捕条件的犯罪嫌疑人予以立即释放，当然公安机关还应当通知原批准的人民检察院。对于取保候审，因为认罪认罚是社会危险性判断的重要因素，在对可能判处有期徒刑以上刑罚，采取取保候审不致发生社会危险性的犯罪嫌疑人，侦查机关可以予以取保候审。司法实践中，一般的标准都是在掌握这个人有可能判处三年以下有期徒刑或有可能适用缓刑的情况下，才会对他适用取保候审。

（二）审查逮捕阶段认罪认罚的认定标准

在审查逮捕阶段，检察院对公安机关提请逮捕案件的案卷材料进行查阅、判断，对于是否符合逮捕条件存在疑问的，一般不由其进行侦查，而是要求公安机关补充侦查。这时，案件事实可能仍未全部查清，在此阶段的"认罪"仍应理解为犯罪嫌疑人如实供述犯罪行为，不等同于审查起诉和审判阶段的"认罪"：同意检察机关指控的罪名和事实。[3]

至于认罚，《刑事诉讼法》第 15 条对《关于在部分地区开展刑事案件认罪认罚从宽制度试点工作的办法》第 1 条进行了修正，其规定："犯罪嫌疑人、被告人自愿如实供述自己的罪行，承认指控的

---

〔1〕 周新："公安机关办理认罪认罚案件的实证审思——以 G 市、S 市为考察样本"，载《现代法学》2019 年第 5 期。

〔2〕 最高人民检察院《关于认真学习贯彻十三届全国人大常委会第二十二次会议对〈最高人民检察院关于人民检察院适用认罪认罚从宽制度情况的报告〉的审理意见的通知》第 8 条。

〔3〕 冯洁洁："认罪认罚案件中逮捕措施适用研究"，西南政法大学 2019 年硕士学位论文。

犯罪事实，愿意接受处罚的，可以依法从宽处理。" 根据这一规定，认罚是指 "愿意接受处罚"。最高人民法院负责试点指导工作的法官认为，这里所谓 "愿意接受处罚"，包括接受刑罚处罚、主动退赃退赔、积极赔偿被害人损失同被害人和解、预交罚金等，而且认罚在不同的诉讼阶段会有不同的体现。在审查起诉阶段，认罚表现为同意量刑建议和程序适用，签署认罪认罚具结书。"同意量刑建议" 是认罚的实质要件，签署具结书是认罚的形式要件。同意量刑建议但不同意适用速裁程序、简易程序的，不影响认罚的认定。[1] 立法人员则认为："所谓 '认罚'，是指明确表示愿意接受司法机关给予的刑罚等处罚……一般是指犯罪嫌疑人、被告人对司法机关根据其犯罪事实、情节，认罪、悔罪，赔偿或者和解等情况所给予的刑罚表示明确接受，特别是接受人民检察院提出的包括主刑、附加刑以及是否适用缓刑等的具体的量刑建议。"[2] 显然，立法人员所理解的 "认罚" 较之最高人民法院法官所理解的 "认罚" 范围要小，其核心内涵限于犯罪嫌疑人、被告人同意检察机关的量刑建议。笔者认为司法者的观点具有合理性，认罚的含义不应仅局限于犯罪嫌疑人同意检察官提出的量刑建议，通过金钱赔偿被害人的损失或赔礼道歉、与被害人达成和解，也可认定为 "认罚"。[3] 刑事实体法和刑事程序法应当保持一致性。

认罚还要求犯罪嫌疑人不得逃避侦查，认罪并口头表示接受处罚，但经适用或变更为非羁押性强制措施之后，有符合《刑事诉讼法》第 81 条列明的几种社会危险性的具体情形之一的，不能认定为认罚。因为如果犯罪嫌疑人发自内心地认罪认罚，一定程度上可以反映其发生上述五种社会危险性的可能性较低，可以在适用强制措施时考虑选择取保候审而非逮捕，或者考虑将逮捕措施变更为取保候审。

---

〔1〕 胡云腾主编：《认罪认罚从宽制度的理解与适用》，人民法院出版社 2018 年版，第 77-78 页。

〔2〕 王爱立主编：《中华人民共和国刑事诉讼法释义》，法律出版社 2018 年版，第 456 页。

〔3〕 赵恒："论从宽处理的三种模式"，载《现代法学》2017 年第 5 期。

此外，认罪认罚还可通过酌定不起诉制度和附条件不起诉制度来实现逮捕措施的变更或解除。在酌定不起诉的判断中，悔罪表现就是一个重要因素，对于犯罪嫌疑人有能力、有条件退缴赃物，赔偿被害人物质损失或与被害人达成和解协议的，应当认定为审查起诉阶段的认罚，检察机关由此作出酌定不起诉的决定，并解除逮捕措施。酌定不起诉与认罪认罚从宽制度贯彻的"宽严相济"的刑事司法政策相一致，节约了诉讼资源，取得了很好的社会效果。附条件不起诉是将未成年人、老年人等作为保护对象，基于犯罪嫌疑人的年龄、性格、情况、犯罪性质和情节以及犯罪后的悔过表现作出的一种不起诉决定。认罪认罚与悔罪表现具有天然的黏合性，可以影响检察机关对悔过表现的判断，比如与被害人达成刑事和解协议就是二者一致的地方，检察机关基于此作出附条件不起诉决定的，应当立即解除强制措施，释放在押犯罪嫌疑人。

二、认罪认罚在逮捕措施中的实践反思

前文以提请逮捕阶段和逮捕审批阶段作为时间轴，从立法和理论层面对本问问题进行了剖析，说明了认罪认罚从宽处理程序确实可以降低审前羁押率。认罪认罚的被告人审前羁押时间大幅缩短，绝大多数能够当庭宣判，诉讼效率明显提升，案件繁简分流效果凸显。在 8289 件认罪认罚案件中当庭宣判的有 7303 件，当庭宣判率88.1%。10 天以内审结的有 4966 件，占 68.4%；10 至 20 天内审结的有 1655 件，占 22.8%；20 天至 1 个月内审结的有 263 件，占3.2%；超 1 个月审结的有 467 件，占 5.6%。适用认罪认罚从宽制度有效避免了因被告人羁押时间过长导致的刑期倒挂现象，及时审结案件将罪犯送监执行有利于罪犯改造分流，减少羁押带来的风险和问题。[1]

但是另一方面，我们还必须清楚地看到，根据实证数据，就全国整体情况而言，"认罪认罚"因素对逮捕措施的影响很小。在基本

---

〔1〕 吴小军："认罪认罚从宽制度的实践反思与路径完善——基于北京试点的观察"，载《法律适用》2018 年第 15 期。

上没有受到认罪认罚从宽制度试点影响的 2016 年，全国被批准、决定逮捕的犯罪嫌疑人为842 372人，提起公诉的人数为 1 440 535 人，犯罪嫌疑人、被告人的逮捕羁押率只有 58.48%。[1]相比之下，2017年度，全国 18 个城市开展了认罪认罚从宽制度试点工作，截至 2017年 11 月底，18 个试点城市 281 个试点法院共审理刑事案件 91 121 件103 496 人，占试点法院同期审结刑事案件的 45%，其中认罪认罚犯罪嫌疑人、被告人被取保候审、监视居住的占 42.2%，[2]而当年全国检察机关批准、决定逮捕犯罪嫌疑人、被告人的逮捕羁押率不降反升，反弹至 63.41%，这一比例甚至高于 2014 年（62.23%）、2015 年（62.54%）。在现阶段我国司法机关普遍将逮捕等羁押措施视为刑罚预支手段的情况下，可能被判处有期徒刑（不含缓刑）的犯罪嫌疑人、被告人，不论刑期长短，即使认罪认罚，也几乎不可能免于被逮捕羁押。

认罪认罚案件中逮捕措施的适用存在诸多问题，引发这些问题的原因是多方面的。有立法方面的，如立法上对"认罚"的规定含糊不清导致检察人员忽视"认罚"对社会危险性评估的影响，羁押替代措施的不健全使得轻罪案件中取保候审和监视居住的使用率偏低；也有司法体制方面的，实践中，许多地方公安机关内部仍坚持将逮捕率作为业绩考核指标，逮捕率直接与办案人员的薪酬奖励挂钩，导致办案人员在侦查中过度依赖逮捕措施，认为提请逮捕的案件得到检察机关的批准是对自身工作的最大认同与最佳肯定，逮捕是最好的侦查措施。此外，还有执法观念等原因。

但毋庸置疑，认罪认罚从宽制度是一种值得推荐的制度，既有利于繁简分流，也有利于节约司法资源。"将认罪认罚作为不予逮捕的'重要考虑因素'将会造成一种畸形的效果：那些在认罪认罚从宽制度实施之前原本会被取保候审的犯罪嫌疑人，在认罪认罚从宽

---

〔1〕 中国法学会主管主办，中国法律年鉴编辑部编辑：《2017 中国法律年鉴》，中国法律年鉴社 2017 年版，第 1165 页。

〔2〕 参见《最高人民法院、最高人民检察院关于在部分地区开展刑事案件认罪认罚从宽制度试点工作情况的中期报告》。

制度下，却极有可能会因为不愿意认罪认罚而被逮捕羁押。"[1]换言之，认罪认罚与被追诉人的社会危险性并无直接关系。认罪认罚可以作为证据证明被追诉人的社会危险性不大，但是却不能反过来说被追诉人不认罪认罚就证明一个人的社会危险性高。因此应该尽可能淡化认罪认罚与逮捕的关系。笔者认为，从 2019 年《关于适用认罪认罚从宽制度的指导意见》第 30 条规定出发，即"完善起诉裁量权，充分发挥不起诉的审前分流和过滤作用，逐步扩大相对不起诉在认罪认罚案件中的适用"，充分发挥不起诉制度的积极作用，对于降低审前逮捕率无疑是一条进路。

---

[1] 吴宏耀："认罪认罚从宽制度的体系化解读"，载《当代法学》2020 年第 4 期。

如何评估认罪认罚案件中的 社会危险性？

问题引入

　　根据2019年《关于适用认罪认罚从宽制度的指导意见》第19条的规定，人民法院、人民检察院、公安机关应当将犯罪嫌疑人、被告人的认罪认罚作为社会危险性评估的考虑因素。但是在不同诉讼阶段，对于社会危险性的考察也是不同的。具体分为审前羁押中社会危险性的认定、审查逮捕中社会危险性的认定、认罪认罚后社会危险性的认定、羁押必要性审查中社会危险性的认定。

一、社会危险性的内涵

羁押措施的目的在于防止再次发生新的社会危害行为和实现诉讼的可控性。由于审查是否有羁押必要时，犯罪嫌疑人处于被羁押状态，其是否会实施社会危害行为是对其未来行为的预测，可以根据刑法理论上的人身危险性理论，对社会危险性进行评估和分析。对于诉讼可控性，则需要综合分析犯罪嫌疑人、被告人是否具有实施妨碍刑事追诉行为的风险，或者即使存在实施妨碍刑事追诉行为的风险，那么采取取保候审措施是否能够防止犯罪嫌疑人实施隐匿证据、毁灭证据、串供、自杀、逃跑等妨碍刑事追诉的风险，如果这种风险能够通过采取取保候审等非羁押性强制措施即可得到控制，则不需要继续羁押。因此，羁押必要性审查中社会危险性由两方面因素构成：人身危险性因素和诉讼可控性因素。

二、审前羁押中社会危险性的认定

2012年《刑事诉讼法》将社会危险性作为确定取保候审和逮捕适用的重要条件，取代了以往"逮捕必要性"的提法。2018年《刑事诉讼法》第72条和第81条规定了社会危险性，在内容上较2012年没有重大变化，因此下文仅就2012年《刑事诉讼法》作出分析。

（一）2012年《刑事诉讼法》

社会危险性作为确定取保候审和逮捕适用的重要考虑因素，被规定在现行《刑事诉讼法》第72条和第81条。社会危险性的概念的提出和内涵的明确对检察人员正确适用审前羁押程序，减少逮捕的适用，保障犯罪嫌疑人的人权，维护司法的权威来说很有必要。但法条的规定不够明确，使用了一些比较模糊的字眼，比如如何判定其实施新犯罪的可能性，应当达到什么样的证明程度，这些问题在2012年《刑事诉讼法》中并没有得到有效的解决，对司法实践的指导作用十分有限，并不能从根本上解决评估社会危险性的问题。

（二）2012年《人民检察院刑事诉讼规则（试行）》

本规则在第139条中阐释了社会危险性的五种表现形式，简要地介绍了每种表现形式的含义和理解，如本条第 1 款第 1 项对可能实施新的犯罪作出了解释，将其解释为包括流窜作案、连续作案、多次作案，并用主观恶性和犯罪习性来表明有再犯罪的可能性。这样的规定在一定程度上有助于办案人员的理解，让他们意识到审查社会危险性的必要性，对强调该要件的重要性起到了积极的作用。但该解释依然比较抽象和原则化，只是一种概念上的解释，没有给出具体的参照标准，对司法工作人员没有较强的指导作用。

（三）2016 年《人民检察院办理羁押必要性审查案件规定（试行）》

该规定对审查的方式、主体和被采取羁押措施的犯罪嫌疑人的救济渠道等都有所明确，针对实务中出现的大量问题都给出了回应。首先，审查的主体和主要办理机关得到了明确，确定了检察机关的审查义务和刑事执行检察部门的任务和流程，对办案人员的审查工作起到了规范和指引作用，建立审查的统一处理系统也可以收集充分的材料而不至于使侦查和审查活动完全脱节。其次，规定了犯罪嫌疑人和被告人的救济渠道，对于羁押决定有意见的可以提出审查申请，如果申请通过则可以进入立案程序，这样做可以让犯罪嫌疑人或被告人对羁押的意见和所持有的证据在一个独立的程序中得到公正的处理，这也在很大程度上保护了犯罪嫌疑人的辩护权。最后，在该规定中增加了与社会危险性认定有关的 12 种情况，相较于之前的规定更加细化，为办案人员审查犯罪嫌疑人是否具有社会危险性提供了更加客观确定的依据，这种具体化的规定有利于避免社会危险性认定中可能出现的主观性较强等问题。[1]

总之，本规定对羁押必要性审查作出了更加细化和具有可操作性的规定，对于认定社会危险性条件也提出了较为有针对性的措施。但是，其出台还是不能完全解决目前存在的社会危险性认定的问题。一方面，其规定的 12 种情形的列举并不能有效地概括社会危险性；另一方面，该规定强调的都是检察院在审前羁押中的角色和作用，

---

[1] 刘晓山："审前羁押问题中社会危险性与羁押必要性的整体性思考"，载《理论月刊》2017 年第 7 期。

而对于公安机关的义务以及两个机关之间的交流和协调工作没有提及，两机关如何分工协调这些问题并没有得到解决。

三、审查逮捕中社会危险性的认定

从理论上来讲，社会危险性具体内容包括两个方面，即犯罪嫌疑人人身危险性和罪行危险性。"人身危险性"是基于嫌疑人"人"这个要素，评估其实施新犯罪或者妨害刑事诉讼顺利进行的可能性；"罪行危险性"是将犯罪行为这一"事"作为评估要素，来判断犯罪嫌疑人继续危害国家安全、公共秩序的可能性。

犯罪嫌疑人人身危险性的评估，除了要衡量其行为外化后的标签及一些人格、身份特征外，还需测评其犯罪后的表现，如对犯罪行为的认识，是否积极修复受损害的社会关系等。一般来讲，如果犯罪嫌疑人犯罪后隐匿赃物、毁灭证据、逃跑、抗拒抓捕、拒绝认罪、拒绝向被害人赔礼道歉，其人身危险性就较大；如果犯罪嫌疑人犯罪后自首、认罪悔罪、积极对被害人进行赔偿、获得了被害人谅解，其人身危险性就比较小。

一般而言，检察院对"罪行危险性"掌握的标准和原则是，犯罪嫌疑人罪行大小、性质恶劣程度，与其社会危险性存在正向关系：罪行越大、性质越恶劣，往往表明其社会危险性越大。至于犯罪情节是否严重，检察院主要衡量犯罪的时间、地点、手段、方法、动机、结果、后果、形态、在共同犯罪中的地位和作用，以综合判断犯罪嫌疑人的犯罪情节，进而得出其社会危险性的大小。

四、认罪认罚后社会危险性的认定

审查逮捕阶段，犯罪嫌疑人认罪并不必然导致其无社会危险性，从而规避逮捕的条件。《刑事诉讼法》第 81 条规定了逮捕的三个条件，即有证据证明犯罪事实、可能判处徒刑以上刑罚及采取取保候审尚不足以防止发生第 81 条规定的社会危险性。2012 年《人民检察院刑事诉讼规则（试行）》、2015 年最高人民检察院与公安部制定的《关于逮捕社会危险性条件若干问题的规定》等规定也对社会危险性进一步明确细化。因此，犯罪嫌疑人认罪是衡量其是否具有社会危险性的前提条件，认罪后应根据案件的性质、量刑起点、犯罪嫌疑人主观恶性程度等判断其是否具有社会危险性。

（1）对于初犯、偶犯，与被害人一方达成刑事和解的以及符合《刑法》等相关法律法规规定的减轻、从轻等从宽处罚的，可以不批准逮捕。对于一些过失犯罪，如交通肇事等案件，如果犯罪嫌疑人愿意赔偿且赔偿数额合理，但是由于被害人一方索赔过高而未达成刑事和解的，也应综合案件的实际情况考虑，在犯罪嫌疑人一方愿意提供保证金时，可作出不批准逮捕决定，以体现"宽严相济"的刑事政策。

（2）对符合《刑事诉讼法》第81条第3款规定的，即使认罪也应当批准逮捕。对于犯罪嫌疑人认罪，但是有同案犯在逃，可能影响案件诉讼的或者犯罪嫌疑人有吸毒、赌博等恶行以及居无定所、无经济来源的，也应批准逮捕。对于危害国家安全、公共安全、公共秩序的案件或者涉众案件容易造成上访的，也不适合不批准逮捕。对于认罪后被取保候审的，如果违反取保候审规定、影响诉讼正常进行的，应当予以逮捕。

五、羁押必要性审查中社会危险性的认定

（一）社会危险性认定的必要性

逮捕后的羁押必要性审查主要评估有无继续危害社会的可能性，侧重考察犯罪嫌疑人、被告人被羁押后，各类危险性是否降低到不必要羁押的程度，或者是否出现了可改变羁押状态的新情况。羁押必要性审查在多数情况下是对社会危险性条件的审查，对在押人员根据诉讼的进度进行动态评估，弥补了审查逮捕对社会危险性条件审查的乏力和不足。因此，在羁押必要性审查中应当重视社会危险性审查，重点关注社会危险性的评估。

（二）羁押必要性审查之社会危险性评估因素

1. 人身危险性因素

人身危险性与社会危害性是两种性质不同的概念，人身危险性

与社会危害性二者最根本的界分点在于，究竟是以行为为基点还是以行为人为基点的问题，以社会危害性为理论中心的传统刑法选取了客观行为作为自己的根基，而人身危险性的提出则把行为人置于更为基础的地位。[1]刑事实体法侧重于通过对行为人"行为"的评价，评估"行为"对法律所保护的社会关系的侵害程度以决定是否构成犯罪，其所使用的刑罚，重点在于惩罚和追责功能。而刑事程序法侧重于对犯罪嫌疑人"人"的评价，"人身危险性的大小主要通过考察其系初犯还是再犯、偶犯还是惯犯、激情犯还是预谋犯，其职业、性格、气质、品行，以及其犯罪前、犯罪中和犯罪后的表现来得出结论"。[2]其内容不仅包括与定罪量刑有关的信息，还包括与定罪量刑无关的信息，例如同案犯是否在逃，是否曾经实施过隐匿、毁灭证据的行为等。判断其采取非羁押措施后可能产生的后果，侧重于评估和预测功能。

根据相关法律规定以及理论实践，在判断犯罪嫌疑人人身危险性时具体应考虑下列因素：（1）犯罪嫌疑人的基本信息，如婚姻家庭情况、工作居住状态、前科、性格特征、日常表现等。（2）犯罪嫌疑人犯罪前后的表现，如是有预谋的犯罪还是偶然发生，犯罪的起因、动机、目的，是否有自首、立功、坦白等情节，是否积极赔偿被害人、赔礼道歉、寻求被害人的谅解等。（3）犯罪的性质和情节，如是否为暴力犯罪、犯罪的方式、手段是否恶劣、主观上是故意还是过失、在共同犯罪中的地位、犯罪的形态、被害人是否有过错等。

2. 诉讼可控性因素

防止受刑事指控者在自由状态下可能出现的实施针对证据、自身以及社会安全等阻碍诉讼、妨碍国家刑罚权实现的行为，保证刑事追诉目的的实现，是羁押必要性审查中社会危险评估重点关注的问题。因此诉讼可控性因素是羁押必要性审查中社会危险性评估的关键。具体而言，诉讼可控性主要应当考虑下面因素。

---

〔1〕 陈伟："'人身危险性'与'社会危险性'的纠缠与厘定"，载《法治研究》2016 年第 3 期。

〔2〕 陈兴良：《刑法哲学》，中国政法大学出版社 2004 年版，第 231 页。

（1）是否有"前科"。该"前科"是指为了逃避刑事追究，曾经故意采取多种手段阻碍司法机关的证据收集、固定工作，破坏指控犯罪的证据链条，自残、自杀、逃跑、以暴力手段抗拒抓捕等行为。一般而言，对其实施非羁押性措施的诉讼可控性风险高于没有"前科"的犯罪嫌疑人。

（2）共同犯罪情况下，重要证据是否收集到位。如果存在同案犯或者密切关联犯罪的犯罪嫌疑人在逃，且重要证据尚未收集到位，则犯罪嫌疑人之间实施串供或者隐匿、毁灭证据等行为的可能性较大，可能对刑事诉讼活动的顺利进行造成实质的阻碍。另外，应当考虑在逃的犯罪嫌疑人在共同犯罪中的地位和作用，当在逃的犯罪嫌疑人在共同犯罪中处于从属地位，重要证据已经收集到位，采取非羁押性措施对案件证据的收集影响不大时，可以考虑适用非羁押性措施。

（3）犯罪嫌疑人可能判处的刑罚的轻重。在犯罪嫌疑人可能受到的刑罚比较重时，其会基于趋利避害的心理，在接受刑罚处罚与逃避刑事追究的代价之间进行利益权衡。如果其认为逃避刑事追究所付出的代价更大时，其积极接受刑罚处罚的可能性则较大。《刑事诉讼法》第 81 条对可能判处十年以上有期徒刑刑罚的犯罪嫌疑人，应当适用逮捕措施的规定，就体现了刑罚严重性对诉讼可控性的影响。

（4）犯罪嫌疑人是否悔罪。在犯罪后通过自首、坦白等方式，自愿接受法律的惩罚，积极交代自己的罪行，积极赔偿被害人，寻求被害人或其亲属的谅解，积极化解由其行为引发的社会矛盾，并且其在监管期间认真遵守监规，服从管教，则说明其主观恶性不深，对自己行为的不当性有清醒的认识，其妨害诉讼进程的可能性较低。

（5）是否具备采取非羁押性措施的条件。对于存在诉讼可控性风险的，如果不具备采取非羁押性措施的条件，则无法保证对其约束的有效性，例如进行社区矫正存在一定障碍等情况，则不适宜采取非羁押性措施。[1]

---

〔1〕 邢伟："羁押必要性审查之社会危险性评估研究"，吉林大学 2018 年硕士学位论文。

羁押必要性审查中存在哪些现实问题?

问题引入

　　羁押必要性审查是对已经逮捕的犯罪嫌疑人、被告人是否还存在继续羁押的必要性进行审查,认为无需羁押的,检察机关可以提出释放或者变更强制措施的建议。羁押必要性审查只限于《刑事诉讼法》第95条所规定的内容,而第94条所规定的公检法依职权变更强制措施的权力和第96条所规定的依申请后变更强制措施的权力,均属于检察机关诉讼职能,不属于羁押必要性审查内容。2012年以来,各地羁押必要性审查制度的实施虽然取得了一定的效果,有效保障了被追诉人的合法权益,但同时也遇到了制约羁押必要性审查的实践问题,因此还有待进一步完善,以此顺应"以审判为中心"的诉讼体制改革,最大限度地维护犯罪嫌疑人、被告人的切身利益。本问仅针对影响羁押必要性审查程序运行中存在的问题进行科学分类,为该问题的解决提供一定的思路。

一、审查监督范围相对狭窄

羁押必要性审查的范围有待进一步拓宽。实践中，通过羁押必要性审查释放或者变更强制措施的案件主要集中在已经赔偿被害方经济损失，取得被害方谅解的交通肇事、轻伤害、犯罪情节相对较轻的盗窃和骗取贷款、故意毁坏财物等案件方面。在犯罪嫌疑人与被害方达成刑事和解或犯罪嫌疑人、被告人真诚悔罪、积极退赃后，变更为取保候审等非羁押强制措施。此外，检察机关进行羁押必要性审查的对象主要集中在侦查阶段和审查起诉阶段的犯罪嫌疑人，对已经向人民法院提起公诉的被告人，或者人民法院直接决定逮捕的被告人没有进行羁押必要性审查。对检察机关办理的直接立案侦查的职务犯罪案件中决定逮捕的犯罪嫌疑人、被告人，检察机关一般也不进行羁押必要性审查。可以看出，羁押必要性审查的案件范围和对象数量有待进一步拓展和提升。

二、审查主体不合理

2012年出台的试行规定中确立了分段审查模式：侦查阶段的羁押必要性审查由侦查监督部门负责，审判阶段的羁押必要性审查由公诉部门负责，监所检察部门在监所检察工作中发现不需要继续羁押的，可以提出释放犯罪嫌疑人、被告人或者变更强制措施的建议。从实践效果上看，由监所检察部门统一办理羁押必要性审查具有较强的可行性。例如，广西壮族自治区百色市、江苏省苏州市、上海市、山东省费县等检察机关实行监所检察部门统一归口办理羁押必要性审查案件的模式，[1]而且该模式具有理论上的可行性，因此为2016年最高人民检察院明确刑事执行检察部门为羁押监督审查的执行主体奠定了基础。

但是在实际执行中，该主体对羁押对象的具体信息的掌握程度

---

〔1〕 张贵才："基层院制约羁押必要性审查的几个因素"，载《人民检察》2014年第22期。

较低，对案件的调查也不够充分，从而导致对羁押状态改变意见的裁定缺乏实际依据。人民检察院是承担公诉职能的部门，对被追诉人有有罪推定的倾向，中立性不足。虽说刑事执行检察部门在内设机构中，相对其他部门具有中立性，因为它并不是直接的办案机构，与案件没有直接的利益冲突，但是，在审查过程中需要对案件以及对犯罪嫌疑人、被告人的自身状况、认罪态度都有精确的了解和准确的定位，刑事执行检察部门并不直接参与案件，对案件本身并不是十分熟悉，所以对案件细节不够了解，审查过程难免出现偏差。同时，审查过程需要审查人员有很强的专业性，对审查技术的要求也应该十分严格，刑事执行检察部门人员和设备配备的不受重视也是一大弊端。所以，在案件侦查环节，赋予刑事执行检察部门审查权限具有较高的风险。[1]

三、审查标准不统一

我国羁押必要性审查的标准模糊。《最高人民检察院刑事执行检察厅关于贯彻执行〈人民检察院办理羁押必要性审查案件规定（试行）〉的指导意见》第 26 条和第 27 条规定的应当向办案机关提出释放或者变更强制措施建议的情形大多具有可操作性，但是有无继续羁押必要性最终指向的都是"社会危险性"的主观标准，而如何判断是否具有社会危险性以及逮捕后由于情况发生变化是否会导致社会危险性发生改变，这种主观判断就必须建立在客观事实的基础上。《最高人民检察院刑事执行检察厅关于贯彻执行〈人民检察院办理羁押必要性审查案件规定（试行）〉的指导意见》明确指出，判断有无羁押必要性可以采用量化评估方式。具体而言，对于影响羁押必要性的因素可分为正面、反面以及中立的三种。其中 9 类加分项目主要有积极退赃、被害人有过错等情形；6 类中立减分项目主要有被羁押人不认罪、矛盾尚未化解等情形；5 类反面否决项目主要有提供的申请材料故意造假，具有重大社会影响等情形。这种量化评

---

〔1〕 宋晓旭："我国羁押必要性审查制度研究"，华东政法大学 2019 年硕士学位论文。

估方式可以对"社会危险性"原本带有主观判断性质的羁押必要性审查标准予以客观化，但是，目前的量化也仅仅是表面的、粗浅的。各地在羁押必要性审查过程中，按照逮捕的条件制定了羁押必要性审查的标准，但是由于各地的犯罪案件数量、外来人员犯罪比例、社会治安状况、本地的风土人情等方面存在差异，对羁押必要性审查的标准规定并不统一。例如相比于《广西壮族自治区检察机关侦查监督部门侦查阶段羁押必要性审查办法（试行）》第7条，《江苏省人民检察院关于开展羁押必要性审查工作的指导意见（试行）》没有对应当进行羁押必要性审查的情形予以规定，但是对开展羁押必要性审查工作的方式和应当认为没有继续羁押必要性或可以认为没有继续羁押必要性的情形进行了进一步的细化，这是与前者所不同的。

四、审查程序不规范

羁押必要性审查制度在运行过程中最大的实践困境就是程序常常被虚置，主要体现在三个方面：一是启动率低、立案率低；二是变更率低；三是在行政化的审查模式下缺乏被羁押人的充分参与。检察官在审查时往往带着一种"宁枉勿纵"的心理暗示，即宁可消极行使审查权也不愿冒着错误修改的风险，这种行政审查思维不仅阻碍了羁押必要性审查程序的开启，还严重影响了程序的运行模式，使该程序呈现出较为严重的行政化趋势，运行过程更倾向于单方面的书面审查。羁押必要性审查程序设计的最大价值就在于杜绝"一押到底，超期羁押"的现象产生，但是想发挥其最大功效不仅需要一段漫长的时间，还需要我们去挖掘程序运行中的障碍并且予以解决。羁押必要性审查程序适用率低的主要原因有两个：一是多数犯罪嫌疑人、被告人对此项权利不了解，无法自主申请并且充分参与该程序，审查主体对于该程序的启动抱有比较消极的心态；二是审查主体过多考虑法律规定以外的因素，例如办案机关的态度和被害人的态度，而没有严格按照法律规定的事项去审查是否应该立案。羁押必要性审查程序变更率低的主要原因也有两个：一是思维观念上的问题,认为已经逮捕的犯罪嫌疑人一定具有社会危险性,不应该被释放,同时变更羁押有着与批捕机关和办案机关"作对"的意思,害怕承担责任;二是审查程序缺乏犯罪嫌疑人、被告人的充分参与,从而无法保障其合法权益。[1]

五、审查救济方式不充足

我国目前并没有对羁押必要性审查制度的救济方式作出明确规定,对羁押人员在何时、以何种方式、向哪个部门提出申诉并没有作出明确要求。在审查过程中,如果侦查人员本身综合素养不足,或者和羁押对象存在利益关系,就会导致审查缺乏公正性,监督职能就无法真正实现,诉讼程序的有效性就大打折扣。

权利和救济应该具有同步性,人权保障离不开司法救济,一旦救济途径不足,就会导致羁押必要性审查制度失效。就逮捕强制措施而言,由于反对逮捕合法性的审查,羁押必要性审查就成为维护被追诉人人身自由的唯一途径,三机关的羁押变更权被虚化了。实践中,司法机关内部在人的逐利性的驱使下,倾向于追求有利于自己的结果,而且审查程序缺乏公开和有效制约,公安机关、检察机关很可能基于自己的职业利益作出决定。承担追诉职能的机关很难与羁押必要性审查的职能分开,这是行政不细化所带来的弊端。而且在错捕的风险责任小于不捕、"错押好过不押"的潜意识的驱使下,很多工作人员在程序的启动上具有消极性,在审查中会自然倾向于不变更。

相对于发达国家,我国在被告人救济制度方面还具有一定的滞后性。司法实践表明,公权力在法律规定和救济制度的框架内才能有效保障羁押对象的基本人权。如果权利救济机制缺位,羁押对象只能通过更加极端的途径来获取救助,例如上访、公共媒体曝光等方式。而这种非正常渠道的求助会降低国家权力的公信力,一旦引发社会矛盾或者社会不满情绪,就会对正常的社会秩序造成破坏。

---

[1] 张琳:"羁押必要性审查制度研究",吉林大学 2018 年博士学位论文。

检察院如何审查认罪认罚的自愿性和合法性？

问题引入

对于在侦查阶段认罪认罚的案件，当案件进入审查起诉阶段之后，人民检察院应当对认罪认罚的自愿性和合法性进行审查。那么在实践中，检察院会在哪些方面进行审查呢？本问将对此进行探讨。

一、自愿性、合法性审查的重要性

张军检察长在《最高人民检察院关于人民检察院适用认罪认罚从宽制度情况的报告》中强调认罪认罚案件应当强化认罪认罚自愿性和合法性审查，严防被迫认罪、替人顶罪等冤错案件。[1]

之所以如此强调，是因为，被追诉人自愿合法认罪认罚是认罪认罚从宽制度运行的正当性基础，同时，认罪认罚的自愿性也是维护被追诉人诉讼主体地位的必然要求，是关乎查清案件实质真实、防止无辜者被迫认罪的关键性问题。[2]

二、检察机关对自愿性、合法性审查的六个方面

根据《关于适用认罪认罚从宽制度的指导意见》第 28 条的规定，[3]人民检察院应当从以下六个方面来对认罪认罚的自愿性、合法性进行审查。

第一，审查犯罪嫌疑人，是否自愿认罪。犯罪嫌疑人认罪认罚必须出于自愿，不能受到暴力威胁或者引诱才认罪认罚。如果侦查人员在讯问犯罪嫌疑人时，告诉犯罪嫌疑人，如果他认罪认罚，将来可能判处缓刑，或者承诺他将来判处一年有期徒刑。如果不认罪认罚，将来可能判处三年有期徒刑。那么在这样的情况下，犯罪嫌

---

〔1〕 参见张军："最高人民检察院关于人民检察院适用认罪认罚从宽制度情况的报告——2020 年 10 月 15 日在第十三届全国人民代表大会常务委员会第二十二次会议上"，载《检察日报》2020 年 10 月 17 日，第 2 版。

〔2〕 参见吴岩、葛二磊："认罪认罚自愿性的实践困境及完善路径"，载《检察日报》2020 年 10 月 13 日，第 7 版。

〔3〕《关于适用认罪认罚从宽制度的指导意见》第 28 条规定："自愿性、合法性审查。对侦查阶段认罪认罚的案件，人民检察院应当重点审查以下内容：（一）犯罪嫌疑人是否自愿认罪认罚，有无因受到暴力、威胁、引诱而违背意愿认罪认罚；（二）犯罪嫌疑人认罪认罚时的认知能力和精神状态是否正常；（三）犯罪嫌疑人是否理解认罪认罚的性质和可能导致的法律后果；（四）侦查机关是否告知犯罪嫌疑人享有的诉讼权利，如实供述自己罪行可以从宽处理和认罪认罚的法律规定，并听取意见；（五）起诉意见书中是否写明犯罪嫌疑人认罪认罚情况；（六）犯罪嫌疑人是否真诚悔罪，是否向被害人赔礼道歉。经审查，犯罪嫌疑人违背意愿认罪认罚的，人民检察院可以重新开展认罪认罚工作。存在刑讯逼供等非法取证行为的，依照法律规定处理。"

疑人由于对法律没有正确的认知，迫于侦查人员的压力选择了认罪认罚，那么这种认罪认罚显然不是自愿的，犯罪嫌疑人是受到了一种欺骗或者引诱才认罪认罚的。《最高人民检察院就十三届全国人大常委会对人民检察院适用认罪认罚从宽制度情况报告的审议意见提出28条贯彻落实意见》第6条亦强调了人民检察院应当加强对认罪认罚自愿性和合法性的审查，对侦查阶段认罪认罚的，要注重审查是否存在暴力、威胁、引诱等违法情形。[1]

第二，审查犯罪嫌疑人精神状态是否正常，是否有正确的认知能力。犯罪嫌疑人在认罪认罚时必须具有正常认知能力、精神正常，此情况下犯罪嫌疑人作出的认罪认罚才有效。同样，在未成年人犯罪案件中，公安机关在侦查阶段审讯未成年人时，一定要有合适的成年人在场。适格成年人在场制度就是针对未成年人心智发育尚不成熟的特点作出的一种特殊规定。

第三，审查侦查机关有没有告知犯罪嫌疑人权利义务。根据法律规定，侦查机关一般会通过讯问笔录或者权利义务告知书的形式来告知犯罪嫌疑人相关权利义务。在司法实践中，检察院在审查权利告知这一内容的时候，会审查犯罪嫌疑人是否在权利义务告知书上签字。如果说有签字，那么他们就认为侦查机关已经履行了告知义务。

第四，审查犯罪嫌疑人对于认罪认罚相关的法律规定是否有充分的理解。犯罪嫌疑人想要对与认罪认罚从宽制度相关的法律规定有充分的理解，必须要依赖律师的有效介入。侦查机关对犯罪嫌疑人的这种权利义务的告知通常采取书面的形式，犯罪嫌疑人可能并不了解书面内容具体的含义。犯罪嫌疑人想要了解真正的法律规定的本身含义以及相关的法律后果，必须要有律师在会见过程中对法律规定进行充分的解释和说明。此外，检察机关也应当向犯罪嫌

---

[1] 最高人民检察院《关于认真学习贯彻十三届全国人大常委会第二十二次会议对〈最高人民检察院关于人民检察院适用认罪认罚从宽制度情况的报告〉的审议意见的通知》第6条规定："加强对认罪认罚自愿性和合法性的审查。对侦查阶段认罪认罚的，要注重审查是否存在暴力、威胁、引诱等违法情形，犯罪嫌疑人认罪认罚时的认知能力和精神状态是否正常，犯罪嫌疑人是否理解认罪认罚的性质和可能导致的法律后果等方面内容，防止违背意愿认罪认罚情形发生。"

人释法说理，依据《最高人民检察院就十三届全国人大常委会对人民检察院适用认罪认罚从宽制度情况报告的审议意见提出 28 条贯彻落实意见》第 2 条规定，[1]检察机关释法说理是否充分已纳入检察官的考核评价。

第五，审查在起诉意见书中是否写明了关于认罪认罚的有关情况。认罪认罚如果发生在审查起诉阶段，那么检察院应当和犯罪嫌疑人签署认罪认罚具结书。在侦查阶段，犯罪嫌疑人认罪认罚的，并没有一个专门的法律文书来予以记载和证明。相关认罪认罚的情况只能通过在起诉意见书中予以记载来表明犯罪嫌疑人认罪认罚。因此，检察机关在审查的时候，要审查起诉意见书有没有相关的认罪认罚内容。

第六，审查犯罪嫌疑人是否真诚地悔罪，有没有向被害人进行赔礼道歉。首先，犯罪嫌疑人是否真诚悔罪可能影响认罪认罚从宽制度的适用。依据《关于适用认罪认罚从宽制度的指导意见》第 7 条的规定，[2]"认罚"考察的重点是犯罪嫌疑人、被告人的悔罪态度和悔罪表现，应当结合退赃退赔、赔偿损失、赔礼道歉等因素来考量，犯罪嫌疑人、被告人虽然表示"认罚"，却暗中串供，干扰证人作证，毁灭、伪造证据或者隐匿、转移财产，有赔偿能力而不赔偿损失，则不能适用认罪认罚从宽制度。其次，向被害人赔礼道歉

---

〔1〕《最高人民检察院就十三届全国人大常委会对人民检察院适用认罪认罚制度情况报告的审议意见提出 28 条贯彻落实意见》第 2 条规定："在稳定制度适用基础上，对认罪认罚案件的考核评价要更加注重司法行为是否依法规范、释法说理是否充分、沟通协商是否到位、量刑建议是否准确、社会矛盾是否化解等方面……"

〔2〕《关于适用认罪认罚从宽制度的指导意见》第 7 条规定："'认罚'的把握。认罪认罚从宽制度中的'认罚'，是指犯罪嫌疑人、被告人真诚悔罪，愿意接受处罚。'认罚'，在侦查阶段表现为表示愿意接受处罚；在审查起诉阶段表现为接受人民检察院拟作出的起诉或不起诉决定，认可人民检察院的量刑建议，签署认罪认罚具结书；在审判阶段表现为当庭确认自愿签署具结书，愿意接受刑罚处罚。'认罚'考察的重点是犯罪嫌疑人、被告人的悔罪态度和悔罪表现，应当结合退赃退赔、赔偿损失、赔礼道歉等因素来考量。犯罪嫌疑人、被告人虽然表示'认罚'，却暗中串供、干扰证人作证、毁灭、伪造证据或者隐匿、转移财产，有赔偿能力而不赔偿损失，则不能适用认罪认罚从宽制度。犯罪嫌疑人、被告人享有程序选择权，不同意适用速裁程序、简易程序的，不影响'认罚'的认定。"

仅是犯罪嫌疑人在事后真诚悔罪的一种表现。除此之外,还有犯罪嫌疑人和被害人之间是否达成了调解或者和解,是否积极赔偿等表现……这些都是犯罪嫌疑人悔罪态度的表现形式。最后,是否向被害人赔礼道歉是保障被害人权益的重要方面,很大程度上影响了本案社会矛盾的化解。将犯罪嫌疑人真诚悔罪与是否与被害方达成刑事和解、取得被害方谅解等结合作为从宽的重要考虑因素,有助于弥补被害方身心及财产受到的侵害,化解社会矛盾,修复被损害的社会关系。而化解社会矛盾是认罪认罚从宽制度的一项重要价值功能。因此,在认罪认罚案件中应当坚持被害方利益依法得到弥补原则,充分保障被害方的诉讼参与权。[1]《最高人民检察院就十三届全国人大常委会对人民检察院适用认罪认罚从宽制度情况报告的审议意见提出 28 条贯彻落实意见》第 7 条亦强调了检察机关应当依法保障被害方权益,协同侦查机关做好犯罪嫌疑人、被告人的财产状况调查,将是否"认赔"、是否赔偿到位作为认罪认罚从宽的重要考虑因素,对有条件、有能力赔偿被害方损失而不积极赔偿的,慎重或者不适用从宽。[2]

以上就是检察院审查犯罪嫌疑人在侦查阶段的认罪认罚是否具有自愿性和合法性的六个方面的内容。

三、目前自愿性、合法性审查存在的问题

(一) 自愿性审查流于形式

在司法实践中,办案机关在审查判断被追诉人是否自愿认罪认

---

〔1〕 参见张军:"最高人民检察院关于人民检察院适用认罪认罚从宽制度情况的报告——2020 年 10 月 15 日在第十三届全国人民代表大会常务委员会第二十二次会议上",载《检察日报》2020 年 10 月 17 日,第 2 版。

〔2〕《最高人民检察院就十三届全国人大常委会对人民检察院适用认罪认罚制度情况报告的审议意见提出 28 条贯彻落实意见》第 7 条规定:"保障犯罪嫌疑人、被告人及时获得有效法律帮助。对愿意委托辩护人,或者符合指定辩护条件的,要充分保障犯罪嫌疑人、被告人的辩护权,严禁无故要求犯罪嫌疑人、被告人解除委托。认罪认罚案件签署具结书时,犯罪嫌疑人有辩护人的,应当由辩护人在场见证具结,严禁绕开辩护人,安排值班律师代为具结见证。对没有辩护人的,要通过多种形式及时通知、切实保障值班律师为犯罪嫌疑人、被告人提供有效的法律帮助。"

罚时，相对比较偏重的是外在形式审查，如办案机关是否履行告知义务，是否有辩护律师或值班律师参与，有无受到暴力、威胁、引诱、欺骗，是否存在不当承诺等。而被追诉人在认罪认罚时的内心真实情况，即其意志状态和辨认能力等，则经常被忽略。外在的形式完备，并不一定代表真实的自愿。办案机关为保障被追诉人能够真实自愿地认罪认罚，需要履行一系列外在保障义务。但考虑到控辩双方信息的不对称、外在环境的影响等，很难确保办案机关所提供的外在保障措施能够有效地保障被追诉人内心真实。偏重形式审查，轻视内心真实推敲带来的后果可能会导致案件证明标准的降低。从另一个方面来看，如果办案实践中被追诉人没有认罪认罚，办案机关对于证据标准的把握上相对于认罪认罚案件来讲要严格得多，案件也都成功起诉并获得判决。加之上述论及的认罪认罚案件更多的是看形式不看实质。如此，则会导致办案机关，尤其是侦查机关在认罪认罚案件中可能会降低案件的证明标准。降低证明标准实质上是对"疑罪从轻"的合法化，有的侦查人员会加大对口供的依赖，不再勤勉地搜集实物证据，可能会导致刑事侦查质量日益下降。[1]

（二）值班律师"见证人"化，实质性法律帮助缺失

值班律师制度是保障认罪认罚从宽制度有效开展的一项法定制度。在被追诉人未委托辩护人提供法律帮助的情况下，可以为被追诉人提供法律咨询、程序选择建议及对案件处理提出意见等法律帮助。但在部分地方办案实践中，值班律师由于报酬低而常由缺乏辩护经验的实习律师担任，加之值班律师缺乏阅卷权的明确规定等，很难为被追诉人在认罪认罚时提供实质性的法律帮助，更多地沦为了"见证人"。如此，由于值班律师法律帮助的弱化，一定程度上影响了被追诉人的辨认能力，也影响了真实的自愿认罪。[2]

（三）犯罪嫌疑人反悔上诉风险增大

控辩双方充分协商，是发挥好认罪认罚从宽制度价值的关键所

---

〔1〕 参见吴岩、葛二磊："认罪认罚自愿性的实践困境及完善路径"，载《检察日报》2020年10月13日，第7版。

〔2〕 参见吴岩、葛二磊："认罪认罚自愿性的实践困境及完善路径"，载《检察日报》2020年10月13日，第7版。

在。但办案实践中，有的办案机关常常是在根据案件事实及所具有的量刑情节拟定量刑建议以后，如果被追诉人及其辩护律师或者值班律师没有意见就直接签署具结书。虽然有听取辩方意见的环节，但辩方意见缺乏引导力，辩方意见有效影响量刑建议的情况较少。[1]

四、如何保障认罪认罚的自愿性、合法性

(一) 严格贯彻证据裁判原则

以事实为根据，以法律为准绳，是办理任何刑事案件都必须遵循的基本原则。办理认罪认罚案件也应当坚持证据裁判原则，这个原则是底线，任何时候都不能突破。无论被追诉人认罪与否，都应当依法全面收集、固定、审查、运用证据，起诉和审判的案件均应达到事实清楚、证据确实充分的法定标准，不能因为被追诉人自愿认罪就降低证据标准。[2]

(二) 强化值班律师的实质性帮助

辩护人和值班律师的参与是认罪认罚自愿性的重要保障。值班律师在参与认罪认罚案件时，办案机关应为值班律师查阅卷宗提供更多的便利，让值班律师在充分了解案件事实和证据的情况下，为被追诉人提供法律帮助及案件处理意见。同时，办案机关应充分听取值班律师对案件的意见，确保被追诉人获得实质性法律帮助，促进被追诉人真实自愿认罪。

赋予值班律师相应的诉讼权利。认罪认罚制度的适用，要以控辩双方对犯罪事实与证据情况信息对称为前提，否则就不存在开展协商对话的基础。有学者指出，要在审查起诉过程中，向犯罪嫌疑人充分开示证据，通过向被追诉人公开涉案的证据材料，保障犯罪嫌疑人、被告人获得实质而非形式的律师帮助和咨询。[3]

---

〔1〕 参见吴岩、葛二磊："认罪认罚自愿性的实践困境及完善路径"，载《检察日报》2020年10月13日，第7版。

〔2〕 参见吴岩、葛二磊："认罪认罚自愿性的实践困境及完善路径"，载《检察日报》2020年10月13日，第7版。

〔3〕 参见李国宝："认罪认罚自愿性保障制度研究——以聂树斌案等5个冤错案件为视角"，载《中国检察官》2017年第22期。

（三）加强协商过程的程序性保障

在认罪认罚从宽程序中，量刑协商是必备环节，控辩双方充分协商是实施认罪认罚从宽制度的基础。检察机关要充分发挥辩护人、值班律师在量刑协商中的作用，从而全面了解被追诉人的真实想法，量刑协商应就被追诉人涉嫌的罪名、刑罚种类、刑期及刑罚执行方式充分发表各方意见，协商达成的量刑合意不但要在认罪认罚具结书中写明量刑建议所具有的量刑情节及量刑建议的计算方法，也要让协商过程"看得见""摸得着"，这有利于法官真正感知到量刑协商的过程，提升量刑建议参与度、透明度及科学性，降低被追诉人反悔上诉的风险。[1]

（四）多重监督制约，防止刑讯逼供等外在压力[2]

1. 发挥检察机关法律监督作用

检察机关对于认罪认罚案件全部办理环节承担监督职能。由于侦查机关公权力的天然优势、侦查活动的秘密性等，可能出于减轻办案压力等目的，采取威胁、利诱等方式迫使犯罪嫌疑人认罪认罚，成为造成冤假错案的诱因。因此，人民检察院要着重审查侦查阶段犯罪嫌疑人认罪认罚的自愿性、真实性、合法性。此外，要加大控辩协商程序以及法院审查确认程序的监督力度。

2. 强化法庭自愿性审查功能

要根据工作重点，建立完善的自愿性审查程序。首先，庭审前重点审查案卷材料和认罪认罚协议，通过对案件证据情况的整体把握，并结合被告人在侦查阶段、审查起诉阶段认罪认罚情况的整体表现，尤其是供述稳定性、一致性情况，判断认罪认罚自愿性、真实性、合法性。其次，在法庭审理中，要对被告人在此权利告知的基础上进行口头确证，同时听取辩护律师就被告人自愿认罪认罚的意见。此外，检察机关对认罪认罚自愿性承担举证责任。

---

〔1〕 参见吴岩、葛二磊："认罪认罚自愿性的实践困境及完善路径"，载《检察日报》2020 年 10 月 13 日，第 7 版。

〔2〕 参见李国宝："认罪认罚自愿性保障制度研究——以聂树斌案等 5 个冤错案件为视角"，载《中国检察官》2017 年第 22 期。

3. 探索建立程序公开等机制

要消除制度适用的秘密性，不断增强程序透明度与司法公信力。可以尝试建立侦查阶段犯罪嫌疑人自愿认罪、审查起诉阶段控辩协商的全程同步录音录像制度，建立认罪认罚案件公开审查制度，通过引入社会公众监督，确保犯罪嫌疑人、被告人认罪的自愿性、真实性、合法性。

五、如果检察院经过审查，发现犯罪嫌疑人的认罪认罚不具有自愿性，应该如何处理

依据《关于适用认罪认罚从宽制度的指导意见》第 28 条第 2 款的规定，"经审查，犯罪嫌疑人违背意愿认罪认罚的，人民检察院可以重新开展认罪认罚工作。存在刑讯逼供等非法取证行为的，依照法律规定处理"，如果侦查阶段的认罪认罚不具有自愿性，检察院可以再次开展认罪认罚的工作，由检察机关告知嫌疑人相关法律规定，以及认罪认罚之后的法律后果，同时听取犯罪嫌疑人和辩护人的意见。如果最终双方经过协商达成一致，则签署认罪认罚具结书。检察机关亦可以依法直接对案件作出不认罪认罚处理，不再开展认罪认罚工作，但笔者认为检察机关是否开展认罪认罚工作的选择权应在于犯罪嫌疑人。即便犯罪嫌疑人在侦查阶段属于违背意愿认罪认罚，在审查起诉阶段，其自愿认罪认罚的，检察机关仍应与其签署认罪认罚具结书，以认罪认罚从宽制度办理该案。

在审查起诉阶段检察院会
听取哪些意见？

问题引入

　　依据刑事诉讼法以及相关法律规定，刑事案件的三个阶段都可以认罪认罚。在审查起诉阶段，若犯罪嫌疑人认罪认罚，检察机关应当听取辩护人或者值班律师意见，那么检察机关应当听取哪些意见呢？

一、检察院应当听取辩护人或值班律师意见

依据《刑事诉讼法》第173条规定，[1]人民检察院审查案件时应当讯问犯罪嫌疑人，听取辩护人或者值班律师、被害人及其诉讼代理人的意见，并记录在案。该条第2款进一步规定了认罪认罚案件中检察机关应当听取的具体事项的意见，并记录在案：（1）涉嫌的犯罪事实、罪名及适用的法律规定；（2）从轻、减轻或者免除处罚等从宽处罚的建议；（3）认罪认罚后案件审理适用的程序；（4）其他需要听取意见的事项。

第2项"从轻、减轻或者免除处罚等从宽处罚的建议"实则涉及量刑建议的提出。《关于适用认罪认罚从宽制度的指导意见》第33条[2]进一步详细规定了检察机关提出量刑建议的步骤，"人民检察院提出量刑建议前，应当充分听取犯罪嫌疑人、辩护人或者值班律师的意见，尽量协商一致"。

二、律师与当事人、律师以及当事人与检察机关之间的协商

检察院在听取当事人和律师意见时，当事人和律师提出什么样的意见尤为重要。根据我们的实践经验，在律师和当事人提出意见之前，双方应当先进行充分的沟通，当事人与辩护律师之间先要协商一致，因为最终案件的处理结果是由当事人自己来承受的，必须

---

〔1〕《刑事诉讼法》第173条规定："人民检察院审查案件，应当讯问犯罪嫌疑人，听取辩护人或者值班律师、被害人及其诉讼代理人的意见，并记录在案。辩护人或者值班律师、被害人及其诉讼代理人提出书面意见的，应当附卷。犯罪嫌疑人认罪认罚的，人民检察院应当告知其享有的诉讼权利和认罪认罚的法律规定，听取犯罪嫌疑人、辩护人或者值班律师、被害人及其诉讼代理人对下列事项的意见，并记录在案：（一）涉嫌的犯罪事实、罪名及适用的法律规定；（二）从轻、减轻或者免除处罚等从宽处罚的建议；（三）认罪认罚后案件审理适用的程序；（四）其他需要听取意见的事项。人民检察院依照前两款规定听取值班律师意见的，应当提前为值班律师了解案件有关情况提供必要的便利。"

〔2〕《关于适用认罪认罚从宽制度的指导意见》第33条规定，人民检察院提出量刑建议前，应当充分听取犯罪嫌疑人、辩护人或者值班律师的意见，尽量协商一致。办理认罪认罚案件，人民检察院一般应当提出确定刑量刑建议。对新类型、不常见犯罪案件，量刑情节复杂的重罪案件等，也可以提出幅度刑量刑建议。

让当事人知晓可能的法律后果。

那么当事人和辩护律师协商的时候,协商内容是什么呢?

当事人和辩护律师协商的内容和辩护律师提出意见的内容,或者说检察机关听取意见的内容应该是一致的。具体而言,主要有以下三个方面:第一,案件的证据、事实情况、案件适用何种罪名,以及适用哪条法律相关的内容;第二,案件中有哪些从轻、减轻或者从宽处罚的量刑情节;第三,案件在法院审判阶段适用何种审理程序的相关内容。当然,除上述三个方面之外,其他和案件有关的内容也可以一并向检察机关提出相关内容的意见。通过双方充分的沟通将上述内容形成一致意见之后,就可以向检察机关提出意见。

检察机关在听取当事人和辩护律师意见的时候应做记录,律师也可以通过口头或者书面的方式向检察机关提出自己的意见,相关记录或者书面意见都会附卷。在认罪认罚案件中,审查起诉阶段是最关键的一个环节,作为辩护律师,办理审查起诉阶段的认罪认罚案件一定要在充分准备的前提下和自己的当事人进行协商沟通,同时要注意把握相关的办案期限。

在与检察机关的协商中,量刑建议又是最为关键的一项内容,因为《刑事诉讼法》第 201 条规定,对于认罪认罚案件,人民法院依法作出判决时,一般应当采纳人民检察院指控的罪名和量刑建议,因此,检察机关提出的量刑建议极大可能就是被告人最终的量刑判决。辩护律师应当尽全力与检察机关协商量刑建议。

一般而言,辩护律师应当与检察机关达成确定刑的量刑建议,因为确定刑的建议更符合当事人对"罚"的期待,当事人之所以选择认罪认罚,就是想换取一个比较确定的刑罚预期,让从宽处理的激励变成现实,以避免庭审的不确定性和潜在风险。如果是幅度刑的量刑建议,当事人对可能受到的处罚的预期仍然不确定,即使其签署认罪认罚具结书,心理预期也往往是法官会在量刑建议的下限作出判决,一旦判决无法满足其心理预期,其就可能对判决不满,对辩护律师不满。[1]

在程序公正的审前起诉阶段，控辩双方应当围绕量刑问题，展开实质性的平等沟通与协商，最终形成控辩合意，保证量刑建议的合理性、可接受性、认可率，最大程度地维护当事人合法利益。基于过往立法对"量刑协商"的避讳，仍有学者认为听取意见是指专门机关听取当事人及诉讼参与人的意见，并在考量其意见的基础上作出相关决定，因此，它内含的职权调查逻辑为专门机关对诉讼的主导和控制，是以决定的单方性为前提的，诉讼参与人的意见仅仅是决定的根据之一。[2]但是《关于适用认罪认罚从宽制度的指导意见》第 33 条已明确提出"协商"，苗生明检察长在解读《关于适用认罪认罚从宽制度的指导意见》时，更是指出"量刑协商"概念，即"根据《刑事诉讼法》的规定，一方面，犯罪嫌疑人签署认罪认罚具结书的前提是自愿认罪并同意量刑建议；另一方面，人民检察院办理认罪认罚案件应当听取犯罪嫌疑人、辩护人或者值班律师对从宽处罚的建议。因此，在人民检察院正式提出量刑建议前，必然要与犯罪嫌疑人、辩护人或者值班律师进行量刑沟通或者协商，协商一致后，犯罪嫌疑人才会签署认罪认罚具结书。这种沟通与协商既有利于保障最终的控辩合意科学合理，也是对检察官的要求和义务，有利于检察权的正确行使。基于此，《关于适用认罪认罚从宽制度的指导意见》规定，人民检察院提出量刑建议前，应当充分听取被告人、辩护人或者值班律师、被害人及其诉讼代理人的意见，尽量协商一致"。[3]陈国庆亦认为，认罪认罚从宽制度确立后，量刑建议制度已经发生了根本变化。由检察机关单方提出变为控辩双方沟通协商达成一致后提出，是我国刑事诉讼由对抗向既有对抗又有合作的重要转变。认罪认罚案件中，量刑建议系控辩双方在经过充

[1] 参见闫召华："听取意见式司法的理性建构——以认罪认罚从宽制度为中心"，载《法制与社会发展》2019 年第 4 期。

[2] 参见闫召华："听取意见式司法的理性建构——以认罪认罚从宽制度为中心"，载《法制与社会发展》2019 年第 4 期。

[3] 参见苗生明、周颖："认罪认罚从宽制度适用的基本问题——《关于适用认罪认罚从宽制度的指导意见》的理解和适用"，载《中国刑事法杂志》2019 第 6 期。

分的量刑沟通与协商并达成一致的基础上由检察机关提出，但这并不代表量刑建议制度是检察机关"单方开价"，辩方无法对检察机关开出的条件进行"还价"，只有被迫接受的机制。相反，量刑协商是认罪认罚从宽制度适用中的重要一环，直接影响认罪认罚的自愿性和量刑建议的科学性和精准度，充分的量刑沟通和协商是认罪认罚从宽制度落地见效的重要保证。[1]

三、如何在认罪认罚从宽制度中构建科学的量刑协商机制

（一）强化律师帮助权确保平等量刑协商

量刑建议是认罪认罚具结书的核心内容，认罪认罚案件中检察机关提出的量刑建议不是基于控诉立场要求追诉犯罪而单方面提出的刑罚请求，而是基于控辩双方，并结合了被害方意见，对案件事实及量刑情节达成共识的基础上形成的定罪量刑的合意。开展充分的沟通与协商有利于保障最终的控辩合意科学合理。[2]

强化犯罪嫌疑人的律师帮助权，赋予值班律师相应的诉讼权利，[3]使量刑协商主要发生在值班律师与检察机关之间，保证协商的平等性，有助于确认犯罪嫌疑人认罪的自愿性、程序选择的自主性、量刑建议的公正性。[4]此外，犯罪嫌疑人、被告人获得有效的法律帮助，亦对推进认罪认罚从宽制度的稳定适用具有不可替代的重要作用，可以防止事后因量刑引发上诉、程序回转等问题。

"值班律师提供权利保障程度有限"，"对主要参与方的激励机制作用有限"是当前值班律师制度的掣肘所在。[5]从司法实践来

---

〔1〕 参见蒋安杰："认罪认罚从宽制度若干争议问题解析（中）"，载《检察日报》2020 年 5 月 6 日，第 3 版。

〔2〕 参见蒋安杰："认罪认罚从宽制度若干争议问题解析（中）"，载《检察日报》2020 年 5 月 6 日，第 3 版。

〔3〕 陈瑞华教授认为，"美国辩诉交易之所以被认为具有基本的公平性，就是因为交易的双方是检察官和辩护律师"。参见陈瑞华："认罪认罚从宽制度的若干争议问题"，载《中国法学（文摘）》2017 年第 1 期。

〔4〕 参见闵春雷："认罪认罚案件中的有效辩护"，载《当代法学》2017 年第 4 期。

〔5〕 参见刘灿华："'认罚'制度改革的实践图景与理论展开"，载《治理研究》2019 年第 5 期。

看，值班律师已有异化为检察机关职权行为合法性的"见证人"与"背书者"的风险，其提供的法律帮助亦有流于形式的迹象。[1]

值班律师制度的改革迫在眉睫，其诉讼权利急需重构。[2]充实值班律师的诉讼权利是提升值班律师协商能力的基础。可喜的是，《关于适用认罪认罚从宽制度的指导意见》赋予了值班律师会见权、阅卷权，为日后《刑事诉讼法》的修正奠定了基础。但是，值班律师上述权利的落实仍需检察机关、公安机关的配合，立法仅规定了检察机关需要为值班律师"提供便利"，却未明确检察机关该如何提供便利、提供何种便利。为了不使值班律师的诉讼权利成为一纸空谈，有必要细化相关保障措施与程序规定，落实值班律师会见权、阅卷权。[3]

此外，"值班律师应当是量刑协商的积极协商者和参与者"，[4]为保证值班律师积极参与协商，其必须有内生的协商动力、掌握一定的协商"筹码"、享有与检察机关周旋的能力，否则量刑协商只能流于形式。因此，笔者认为应当通过提高值班律师薪酬待遇与建立庭前证据开示制度，[5]保障控辩双方信息对等，保障控辩之间面对

---

[1] 参见刘杉彬、冯靖雯、王芳："自由裁量权与检察院精准量刑建议的博弈与平衡——以四个基层法院的认罪认罚判决书为样本"，载胡云腾主编：《司法体制综合配套改革与刑事审判问题研究——全国法院第 30 届学术讨论会获奖论文集（下）》，人民法院出版社 2019 年版，第 944—956 页。

[2] 陈瑞华教授认为，"作为辩护人，法律援助律师不应仅仅局限于为嫌疑人、被告人提供法律咨询，而应享有会见权、阅卷权和调查权"。详见陈瑞华："刑事诉讼的公力合作模式——量刑协商制度在中国的兴起"，载《法学论坛》2019 第 4 期。

[3] 吴宏耀教授指出，"应当切实保障犯罪嫌疑人、被告人与值班律师自由交流的时间和空间，切实保障犯罪嫌疑人、被告人可以在没有任何心理负担的情况下寻求值班律师的咨询或帮助"。详见吴宏耀："我国值班律师制度的法律定位及其制度构建"，载《法学杂志》2018 年第 9 期。

[4] 参见闵春雷："认罪认罚案件中的有效辩护"，载《当代法学》2017 年第 4 期。

[5] 《关于适用认罪认罚从宽制度的指导意见》第 29 条已对证据开示作出规定，"人民检察院可以针对案件具体情况，探索证据开示制度"。苗生明检察长亦认为，"证据开示是保障认罪认罚自愿性的有效方式。实现各诉讼参与主体信息对称，增强犯罪嫌疑人对审判结果的预测性，确保犯罪嫌疑人在充分了解知悉证据的基础上作出自愿选择，避免因'信息不对称'作出错误判断"。见苗生明、周颖："认罪认罚从宽制度适用的基本问题——《关于适用认罪认罚从宽制度的指导意见》的理解和适用"，载《中国刑事法杂志》2019 年第 6 期。

面的实质性平等沟通与协商，确保量刑建议体现控辩合意。当前的
"听取意见式"协商模式并不符合控辩平等协商的原则。[1]在此种
模式之下，检察机关在协商之前已经决定了量刑结果，犯罪嫌疑人
与值班律师仅有同意与否的权利。[2]"协商"二字重在沟通与交流，
而"听取意见"是单方的、被动的。法律文本应当明确"协商"二
字，而非以"听取意见"替代。契合法理且公正的量刑协商有赖于
双方享有相同的信息来源，从而面对面平等交流。[3]

（二）检察机关应主动开展量刑沟通与协商

认罪认罚从宽制度是十分典型的以检察官履行主导责任为基础
的诉讼制度设计。这一主导责任，是由修正后的《刑事诉讼法》规
定的，是对检察机关的更高要求。其中一个重要方面就是检察机关
应当主动就量刑问题听取辩方意见，进行深入沟通，引导做好认罪
认罚工作，实现维护被告人合法权益的共同目标，确保犯罪嫌疑人
自愿认罪认罚。[4]

（三）构建统一的量刑协商程序

从当前实践看，许多地方对量刑协商程序进行了有益的探索和
尝试，但统一科学的量刑协商程序尚未完全建立，协商不充分、不

---

〔1〕 《刑事诉讼法》第173条第2款规定，"犯罪嫌疑人认罪认罚的，人民检察院应
当告知其享有的诉讼权利和认罪认罚的法律规定，听取犯罪嫌疑人、辩护人或者值班律
师、被害人及其诉讼代理人对下列事项的意见，并记录在案：（一）涉嫌的犯罪事实、罪
名及适用的法律规定；（二）从轻、减轻或者免除处罚等从宽处罚的建议；（三）认罪认
罚后案件审理适用的程序；（四）其他需要听取意见的事项"。

〔2〕 在关于速裁程序量刑建议的实证研究中，学者指出，"当前速裁程序量刑协商
流于形式，量刑建议大多体现的是检察机关的单方主张，而非控辩双方基于协商、对话、
交涉达成的量刑共识"。见李艳飞："速裁程序量刑建议实证研究——基于C市J区460个
速裁案件及其相关经验的分析"，载《河南科技大学学报（社会科学版）》2019年第2期。

〔3〕 陈瑞华教授指出，"这种协商要保持最低限度的平等性，协商双方都必须具有
大体平衡的信息来源、相同的知识和技能以及相互尊重对方选择的可能性……而辩护律师
一般都全面查阅了控方的案卷材料，对公诉方的证据情况了如指掌，了解了公诉方的指控
根据和理由。由此，检察官才不会利用信息不对称的优势，来引诱或欺骗辩护方接受某种
不公平的方案"。见陈瑞华："刑事诉讼的公力合作模式——量刑协商制度在中国的兴
起"，载《法学论坛》2019年第4期。

〔4〕 参见闫召华："听取意见式司法的理性建构——以认罪认罚从宽制度为中心"，
载《法制与社会发展》2019年第4期。

彻底的问题不同程度上存在于实践中。究其原因，既有检察官能力不够、重视不够的因素，也有制度机制客观制约的因素。

量刑协商程序的构建需要逐渐地探索、完善、解决，它涉及办案机制调整、程序衔接等一系列问题，也必然需要一个逐步深化认识、逐步完善的过程。最高人民检察院已将量刑协商程序的构建列入计划，正在着手制定相关规范性文件。量刑协商中要求检察官充分听取律师意见，对被告人和辩护人的意见进行充分论证说理，特别是对认罪认罚前后量刑建议的区别进行充分说理，使量刑成为控辩双方充分协商的结果。[1]笔者认为可以建立同步录音录像制度，确保协商过程的公正性、合法性。检察机关不仅应在口头上和辩护律师或值班律师协商，也应将协商过程记录到纸面，认罪认罚具结书应记载相应内容。

---

〔1〕 参见闫召华："听取意见式司法的理性建构——以认罪认罚从宽制度为中心"，载《法制与社会发展》2019 年第 4 期。

审查起诉阶段，具结书中的量刑建议能协商吗？

问题引入

众所周知，在认罪认罚从宽制度的适用中，量刑从宽是制度内容的重中之重。而量刑从宽又以认罪认罚具结书中的量刑建议为实现方式。在审查起诉阶段，对认罪认罚案件而言，一个非常重要的工作就是签署认罪认罚具结书。那么认罪认罚具结书中包含哪些内容呢？在审查起诉阶段，认罪认罚具结书中的量刑建议是否可以协商呢？量刑的协商又是通过何种方式进行呢？

一、认罪认罚具结书中包含的内容

总体来说，认罪认罚具结书应当载明以下内容：犯罪嫌疑人如实供述的罪行、检察机关提出的量刑建议以及程序的适用，即犯罪嫌疑人是选择速裁程序还是简易程序等。具结书一般是检察机关一方作出的格式性协议，其内容经控辩双方协商达成。认罪认罚具结书详细的样式内容如下：

一、犯罪嫌疑人的身份信息

（本人姓名，性别，民族，出生日期，身份证号，住址等。）

二、权利知悉

本人已阅读《认罪认罚从宽制度告知书》，且理解并接受其全部内容，本人自愿适用认罪认罚从宽制度，同意适用速裁程序/简易程序/普通程序简化审。

三、认罪认罚内容

本人知悉并认可如下内容：

1. _____人民检察官指控本人的犯罪事实，构成犯罪。
2. 人民检察院提出的量刑建议。
3. 本案适用速裁程序/简易程序/普通程序简化审。

四、自愿签署声明

本人学历，可以阅读和理解汉语（如不能阅读和理解汉语，已获得翻译服务，且通过翻译可以完全清楚理解本文内容）。

本人就上述第三项的内容已经获得辩护人/值班律师的法律帮助并听取法律意见，知悉认罪认罚可能导致的法律后果。

> 　　本人已阅读、理解并认可本《认罪认罚具结书》的每一项内容，上述内容真实、准确、完整。
>
> 　　　　　　　　　　　　　　　　本人签名：
>
> 　　　　　　　　　　　　年　　　月　　　日

　　本《认罪认罚具结书》，是本人在知情和自愿的情况下签署，未受任何暴力、威胁或任何其他形式的非法影响，亦未受任何可能损害本人理解力和判断力的毒品、药物或酒精物质的影响，除了本《认罪认罚具结书》载明的内容，本人没有获得其他任何关于案件处理的承诺。

　　本人是犯罪嫌疑人、被告人的辩护人/值班律师。本人证明，犯罪嫌疑人、被告人已经阅读并理解了《认罪认罚具结书》及《认罪认罚从宽制度告知书》，根据本人所掌握和知晓的情况，犯罪嫌疑人、被告人系自愿签署上述《认罪认罚具结书》。

　　　　　　　　签名：

　　　　　　　　律师执业证号：

　　　　　　　　　　　　年　　　月　　　日

　　由此可见，认罪认罚具结书除犯罪嫌疑人、被告人要签字确认之外，还必须由自行委托的辩护律师、法律援助机构指派的律师或者值班律师签字确认，才发生法律效力。这也是保护犯罪嫌疑人、被告人合法权益的必然要求。

二、认罪认罚从宽案件中量刑建议的形成

　　《刑事诉讼法》第 176 条第 2 款规定："犯罪嫌疑人认罪认罚的，人民检察院应当就主刑、附加刑、是否适用缓刑等提出量刑建议，并随案移送认罪认罚具结书等材料。"因此，《刑事诉讼法》第 176 条第 2 款，对审查起诉后决定提起公诉的认罪认罚案件的处理提出了三个方面的要求：一是人民检察院应当提出量刑建议；二是量刑建议的内容应当包括主刑、附加刑、是否适用缓刑等内容；三是提

起公诉时应随案移送认罪认罚具结书等材料。[1]由此可见，在审查起诉阶段，人民检察院应当对认罪认罚案件提出量刑建议。

认罪认罚案件中的量刑建议，与非认罪案件的量刑建议既有相同之处又有所不同。相同之处在于，不论是认罪认罚案件还是非认罪认罚案件，量刑建议的性质都是求刑权。不同之处在于，认罪认罚案件中的量刑建议，是控辩双方协商后达成的"合意"，这种"合意"的达成以犯罪嫌疑人认罪认罚为前提，以检察机关的量刑减让为承诺。因此，认罪认罚案件中的量刑建议具有一定的司法公信力，其效力与非认罪案件不完全相同，即经过犯罪嫌疑人签署具结书同意的量刑建议，除法定情形外，人民法院一般应当采纳。[2]

量刑建议是检察机关对法院判处被告人具体刑罚的请求，因此量刑建议的内容应当全面而具体。全面而具体的量刑建议既是对犯罪嫌疑人知悉权的重要保障，也是对检察机关的一种约束。量刑建议的模糊会导致诸多实践中的混乱，如犯罪嫌疑人基于对量刑建议的错误理解，在不明智的情况下作出认罪认罚的选择；量刑建议内容不完整也会导致检法之间的分歧。仅在试点期间，就有地方出现了在宣告缓刑后检察机关抗诉的案件，究其原因，便在于量刑建议中缺少刑罚执行方式的建议。为切实解决实践中的问题，修正后的《刑事诉讼法》明确要求量刑建议应当写明是否适用缓刑。量刑建议应当具体，那种只建议刑种不建议量刑幅度，或量刑幅度过宽的量刑建议基本都属于无效建议。这里需要特别说明一点，明确具体的量刑建议并不等于确定的主刑刑期和确定的附加刑，而是指起止刑期清晰、跨度合理的量刑幅度。

三、量刑建议下的控辩协商机制

（一）量刑协商机制的法律规定

根据我国《刑事诉讼法》的规定，检察机关应当就从轻、减轻

---

〔1〕 胡云腾主编：《认罪认罚从宽制度的理解与适用》，人民法院出版社 2018 年版，第 37 页。

〔2〕 胡云腾主编：《认罪认罚从宽制度的理解与适用》，人民法院出版社 2018 年版，第 38 页。

或者是免除处罚等从宽处罚的建议，听取辩方的意见。这就涉及犯罪嫌疑人是否"认罚"以及"量刑幅度"的问题，也是认罪认罚从宽制度中控辩双方可以协商的内容和核心环节。因此，在审查起诉阶段，控辩双方可以对量刑展开协商，这一点是肯定的。量刑建议是控辩双方协商的一个结果。犯罪嫌疑人可以针对检察机关提出的量刑建议发表自己的意见。当然，犯罪嫌疑人本身因为缺乏专业的知识，所以在协商的时候可能不够充分和专业，这就需要律师的帮助，因此法律也规定，在认罪认罚案件中，必须有律师的参与。

在认罪认罚案件当中，对于量刑的协商，除有犯罪嫌疑人一方主体之外，还要有辩护律师或法律援助机构指派的法律援助律师或值班律师等主体的参与，从而协助犯罪嫌疑人和检察机关进行量刑协商。当然相比值班律师而言，当事人自行委托的辩护律师，或者法律援助机构指派的法律援助律师，因为在辩护权的行使上更具有充分性，所以他们在和检察机关进行量刑协商时应该具有更大的空间，发挥的作用也会更大一些。

(二) 量刑协商机制的实践模式

对我国认罪认罚从宽制度中的量刑协商机制，学界存在诸多争议。有研究者认为我国的认罪认罚从宽制度没有确立量刑协商机制，而基本上属于一种检察机关主导的"职权宽恕"模式。[1]这种主张的主要理由在于，在犯罪嫌疑人、被告人表达认罪认罚意愿的情况下，检察官会听取犯罪嫌疑人对定罪量刑问题的意见，并且听取辩护人或值班律师的意见，在此基础上责令犯罪嫌疑人、被告人签署认罪认罚具结书。这种"听取意见"与原有的审查起诉方式并无实质区别，这种模式下，给予被告人宽大处理的做法，也没有超出传统的"宽严相济"和"坦白从宽"的政策范畴。此外，当下值班律师提供的帮助极其有限，值班律师无法与检察官就量刑问题展开实质性协商，更难以通过积极的斡旋促使检察官降低量刑的幅度。在

---

〔1〕 陈卫东："认罪认罚从宽制度的理论问题再探讨"，载《环球法律评论》2020年第2期。

犯罪嫌疑人、被告人没有委托辩护律师也无法律援助的情况下，值班律师一定程度上沦为犯罪嫌疑人签署"认罪认罚具结书"的见证人。[1]

虽然需要承认我国的认罪认罚程序确实是以检察机关为主导，不同于美国典型的"辩诉交易"模式。但是在这一程序中，一种由检察机关与犯罪嫌疑人、被告人就量刑问题展开对话、达成妥协并产生协议的控辩协商机制已经得到确立。[2]控辩协商是指建立在控辩双方对案件实体问题作出处分基础上的当事人主义诉讼模式。截至目前，在定罪标准、指控罪名和指控犯罪数量等方面，不同于美国的辩诉交易，我国的刑事诉讼法并没有给出控辩协商和妥协的空间，而是确立了较为严格的法定主义的处理方式。[3]但是，在量刑方面，可以说我国认罪认罚程序已经确立了量刑协商机制，检察机关与犯罪嫌疑人在平等协商、互谅互让的基础上，以事实和证据为基础，可以就量刑的种类和幅度展开协商，达成合意下的妥协，最终根据协商的结果确立量刑建议。[4]

有鉴于此，尽管受到法定主义量刑理念的限制，但至少在法定刑幅度之内，检察机关与犯罪嫌疑人仍然可以有较大的量刑协商空间。对于被告人认罪认罚的案件，检察官将其视为法定的从轻量刑情节，在宽大程度上要高于坦白情节。此外，对于在不同诉讼节点认罪认罚的刑事被追诉人，检察机关可以遵循"阶梯式从宽处理"原则，对于在侦查阶段或审查起诉阶段认罪认罚的，可以给予高达30%的量刑减让幅度。

司法实践中，在审查起诉阶段，检察机关发现案件具备适用认罪认罚程序条件的，应当与犯罪嫌疑人、辩护人或者值班律师展开量刑协商。根据犯罪嫌疑人及其辩护人、值班律师的参与方式和参

---

〔1〕 闫召华："听取意见式司法的理性建构——以认罪认罚从宽制度为中心"，载《法制与社会发展》2019 年第 4 期。

〔2〕 陈瑞华："论量刑协商的性质和效力"，载《中外法学》2020 年第 5 期。

〔3〕 陈瑞华："认罪认罚从宽制度的若干争议问题"，载《中国法学（文摘）》2017 年第 1 期。

〔4〕 魏晓娜："结构视角下的认罪认罚从宽制度"，载《法学家》2019 年第 2 期。

与程度，量刑协商可以分为消极的量刑协商和积极的量刑协商这两种程序模式。[1]前者是检察官依据职权讯问犯罪嫌疑人并听取辩护人、值班律师意见的一种协商活动；后者则是犯罪嫌疑人在辩护人或值班律师的帮助下，与检察机关就量刑问题展开平等对话、协商和达成协议的过程。在那些值班律师参与的认罪认罚案件中，检察机关主导了整个协商过程，与犯罪嫌疑人的协商基本上属于消极的量刑协商模式。而在犯罪嫌疑人委托辩护律师的案件中，只要辩护律师积极地参与协商过程，提出了强有力的协商"筹码"，发表了具有影响力的量刑辩护意见，那么，这种协商就属于积极的量刑协商模式。

从辩护的角度而言，应当追求积极的量刑协商模式。对于犯罪嫌疑人、被告人委托辩护律师的，辩护律师可以在量刑方面提出强有力的辩护意见。例如，对于检察官所提出的宽大量刑方案，辩护律师除提出不同意见，要求降低量刑幅度以外，还可以提出一些新的证据、事实和适用法律意见，建议检察官将量刑降到最低限度。又如，辩护律师也可以逐一列出本案的从轻、减轻和免刑情节，将认罪认罚本身视为一种独立量刑情节，并在案件基准刑的基础上，通过合理的量刑比例调节，提出一个更为宽大的量刑方案。虽然从制度角度而言，这种理想的、积极的量刑协商模式的普遍推行尚存在困难，姑且不说值班律师的无效法律帮助，辩护律师的辩护活动也会受到多方面的法律限制。但从司法实践来看，也有一些律师通过有效的辩护活动，实质性地参与量刑协商，促成了积极的量刑协商模式的形成。在这些案件中，辩护律师将量刑协商视为一种谈判过程，这种谈判意味着互谅互让，达成适度的妥协，通过讨价还价，找到双方都能接受的量刑方案。而要做到这一点，辩护律师就需要通过会见在押犯罪嫌疑人、全面查阅案卷、进行必要调查取证等准备活动，了解检察机关所掌握的证据情况，从中发现对委托人有利的证据、事实、情节和线索。在面对检察机关时，辩护律师只有具

---

[1] 陈瑞华："论量刑协商的性质和效力"，载《中外法学》2020 年第 5 期。

有对抗的实力，拥有强有力的量刑协商的"筹码"，并且向检察官展示本方寻求合作和妥协的诚意，方可促使检察官作出战略妥协，提出减让幅度更大的量刑建议，从而使犯罪嫌疑人获得更大程度的量刑"优惠"。

辩护律师如何与检察机关进行量刑协商？

问题引入

关于本问首先须明确协商的内涵与主体，以及检察机关的量刑建议幅度问题，在这基础上进一步探究关于量刑协商在实践中所存在的问题。根据《关于适用认罪认罚从宽制度的指导意见》对于量刑建议的提出，就是要求检察机关提出精准的量刑。所谓精准的量刑就是一个"点"的量刑，而不是一个幅度宽泛的量刑。但是也存在例外，对于不常见的犯罪，或者说新型的犯罪，或者犯罪情节比较复杂的案件可以提出幅度刑量刑建议，但这种幅度显然也应该是相对的一个幅度。例如某个案件，可能判处有期徒刑三到十年。检察机关可以提出三年到四年、五年的量刑建议，这样就体现出精准性。在普通案件中，虽然量刑建议要有精准性，但是在协商过程中仍然会给辩护人留下一定的空间，并非由检察机关单独决定量刑建议。关于实践中具体的规定，各地试行办法均有所不同，需要具体问题具体分析。

一、量刑协商的概念

通常意义上的量刑协商，是指在刑事诉讼过程中，相关主体（既可以是控辩双方，也可以是审辩双方，还可以是控辩审三方）就被告人作认罪供述以换取"减轻"处罚（或者"折扣"）进行协商的过程。但上述概念并不唯一，因各国刑事司法规律而异，如美国仅表现为控辩双方之间的协商，德国则是控辩协商和审辩协商并存，而且协商的方式和内容也存在区别。

所谓认罪认罚从宽制度中的量刑协商，是指在被告人主动认罪的前提下，在审查起诉阶段，由检察机关启动，控辩双方对于量刑问题进行协商，达成一致的意见之后，由检察机关提交法院进行实体性和程序性审查，然后通过相对独立的量刑协商审判程序对被告人进行裁判。其中，控诉双方通过量刑协商所达成的量刑结果不能超出法律的规定；检察机关提出的量刑建议书对法院有拘束力，如果法院经过审查未发现违反法律规定的，应按照量刑建议书来进行定罪量刑。

二、量刑协商机制

（一）量刑协商的内容

检察机关通过减让一定的指控量刑幅度来换取被追诉人的认罪供述及良好的认罪态度，这既是控辩双方量刑协商的直接目的，也是量刑协商吸引被追诉人主动认罪之处，从这个角度来说，被追诉人认罪是其与检察机关开展量刑协商的基础，而量刑协商则是实现认罪从宽处罚的有效途径。从量刑协商本身的概念出发，协商的内容指向的是具体刑罚的协商，包括主刑、附加刑及刑罚的执行方式，即检察机关与被追诉人就认罪后刑罚从宽的幅度进行协商，包括监禁刑期的减让、罚金金额的减少以及是否可以判处缓刑等。笔者认为，控辩双方还可以就酌定量刑情节进行一定的协商，包括赔偿被害人的经济损失、向被害人赔礼道歉等。[1]

（二）量刑协商的幅度与标准

在实践当中，一方面各级检察机关要根据本地区的实际情况，建立统一的量刑指南。《美国联邦量刑指南》经历了对前量刑指南阶段"同罪异罚"，强制性量刑指南阶段"量刑的机械化"，参考性量刑指南阶段自由裁量量刑模式和强制性量刑模式的扬弃。[2]在我国，目前关于量刑方面的法律规定主要是2021年最高人民法院、最高人民检察院《关于常见犯罪的量刑指导意见（试行）》，因此各级检察机关可以在借鉴2021年最高人民法院、最高人民检察院《关于常见犯罪的量刑指导意见（试行）》的基础上，根据各地的实际情况制定量刑指南。量刑指南应进一步明确从宽的幅度，包括最低限度以及最高限度，细化具体限度的标准及适用范围。

另一方面，量刑协商幅度应该具体化。减刑的幅度控制在一定范围内，既不能因为幅度过大使刑罚目的不能实现，也不能因为幅度过小导致激励降低使控辩双方之间的协商失败。我们可以借鉴英国、意大利等国的做法。如英国规定，"一般来说，假如被告人作有罪答辩，量刑将减少四分之一至三分之一"。[3]因此，我国控辩双方之间的量刑幅度可以规定为不超过法定刑的三分之一。在适用时根据案件可以量刑从宽的数个情节，坚持"同向相加，逆向相减"原则，确定不同的量刑幅度，使不同的案件得到有区别的对待，更加激励被告人认罪。由于存在一定的量刑协商幅度，也使得在辩护的过程当中，辩护人与检察机关存在一定的协商空间。

三、实践中的相关数据收集

（一）基本数据

据笔者统计，2017年8月至2018年8月期间，S市P区人民检

---

[1] 孙丽婷："认罪认罚从宽制度下量刑协商机制研究"，华东政法大学2018年硕士学位论文。

[2] 汪贻飞：《量刑程序研究》，北京大学出版社2016年版，第151页。

[3] 熊秋红："刑事简易速决程序探究"，载陈光中、江伟主编：《诉讼法论丛》（第2卷），法律出版社1998年版，第174页。

察院适用认罪认罚从宽制度提起公诉的刑事案件为 583 件，涉案人数 717 人，分别占该院该期间内提起公诉的刑事案件总数和涉案人员总数的 42.97% 和 37.75%。

其中，公诉人提出一年以下有期徒刑（含一年）量刑建议的案件为 533 件，涉案人数 647 人；一年以上三年以下（含三年）有期徒刑量刑建议的案件为 37 件，涉案人数 51 人；三年以上七年以下（含七年）有期徒刑量刑建议的案件为 12 件，涉案人数 18 人；七年以上有期徒刑量刑建议的案件为 1 件，涉案人数 1 人。

在上述案件中，公诉人提出精准量刑建议的案件为 572 件，涉案人数 703 人；提出幅度刑量刑建议的案件为 11 件，涉案人数 14 人。其中幅度刑量刑建议的案件均为犯罪嫌疑人可能被判处三年以上有期徒刑的案件，罪名集中分布在诈骗罪、受贿罪、非法吸收公众存款罪等法定刑包含三年以上有期徒刑的犯罪。公诉人提起公诉后，法院改变公诉人量刑建议的案件为 7 件，涉案人数 7 人，法院对于控辩双方的量刑具结的采纳率为 98.77%。

（二）量刑减让幅度的实践探索

最高人民检察院在《人民检察院开展量刑建议工作的指导意见（试行）》中明确规定，量刑建议是检察机关公诉权的一项重要内容。对被追诉人而言，量刑减让的幅度是影响其决定是否认罪认罚的关键因素，而对检察机关而言，认罪认罚案件的从宽却是一个主观性较强的问题，量刑协商需要检察机关在与被追诉人协商之前作出刑罚的基本判断：到底给予被追诉人多少刑期"优惠"才能既符合法律的规定，又能够起到吸引被追诉人认罪供述的积极效果。试点至今，最高人民法院和最高人民检察院并未就认罪认罚案件的量刑出台指导意见，各试点城市也是在实践的基础上"摸着石头过河"。

如厦门市集美区人民法院推出了"321"阶梯式从宽量刑机制，以"认罪阶段不同，减少的刑罚量不同；认罪越早，从宽幅度越大"为量刑指导思想，即在侦查阶段认罪，最多可以减少基准刑的 30%；在审查起诉阶段认罪，最多可以减少基准刑的 20%；在审理阶段认罪，最多可以减少基准刑的 10%。[1] 这样明确的数字化量刑指导意见为控辩双方进行量刑协商提供了明确的指引，检察官在量刑协商过程中几乎可以给予被追诉人一个精确的刑期，被追诉人则在该刑期的基础上自主衡量是否接受量刑，更有利于量刑协商结果的形成。尽管"321"的量刑减让幅度的科学性有待进一步论证，但不可否认，其在控辩双方的量刑协商过程中的确发挥了实实在在的作用。又如上海市虹口区人民检察院与北大法宝合作引进定罪量刑系统，通过对犯罪事实的描述进行人工智能识别，提供定罪量刑参考、刑期分布、刑期与数额关系等功能，结合典型判例库系统，对量刑情节、刑期、犯罪金额等 20 余项条件组合筛选，提供类似案例判决文书作为参考，提高量刑建议的精准度。

在此背景之下，为解决案件负荷问题，2018 年《刑事诉讼法》修正后，正式将认罪认罚从宽制度吸收进法律之中，在确立了"认罪认罚从宽原则"的同时，还确立了一种适用于犯罪嫌疑人、被告人认罪认罚案件的特殊诉讼程序。根据这一程序，犯罪嫌疑人在侦查、审查起诉和审判阶段都可以选择认罪认罚程序。原则上，犯罪嫌疑人在审查起诉环节自愿认罪的，检察官在听取犯罪嫌疑人、辩护人或值班律师意见的前提下，可以与犯罪嫌疑人就量刑问题进行协商，给予自愿认罪的犯罪嫌疑人一定程度的量刑奖励或量刑"优惠"。犯罪嫌疑人接受检察官的量刑意见后，要在辩护人或值班律师在场的情况下签署认罪认罚具结书。检察官在起诉时将该具结书连同量刑建议提交法院。法院对于该具结书和量刑建议所提出的量刑幅度，一般都要予以采纳，也就是在这一量刑建议的幅度范围内作出量刑裁决。[2] "认罪认罚从宽"政策的具体化制度，区别于传统的"自首""认罪"，对罪犯在刑罚方面进行"法定"或者"酌定"的"从轻""减轻"处理，是在犯罪嫌疑人（被告人）自愿认罪的

---

〔1〕 参见厦门市集美区人民法院、集美区人民检察院、集美区公安分局、集美区司法局联合制定的《关于实施刑事案件认罪认罚从宽"321"机制的办法（试行）》。

〔2〕 参见杨立新："认罪认罚从宽制度的理解与适用"，载《国家检察官学院学报》2019 年第 1 期。

基础上适用刑事速裁程序的创新举措。认罪协商是指检察机关在办理符合适用刑事速裁程序的案件中，犯罪嫌疑人与检察官达成的协议。在犯罪嫌疑人自愿认罪的基础上，其将会以协议确定的罪名受到起诉，但是检察官在提起公诉时会建议法院适用刑事速裁程序，并在同类犯罪行为的基准刑上以独立的量刑情节对其减轻 10%—30%的幅度向法院提出量刑建议。[1]

在实践当中，各地试行的规则并不完全相同，辩护人所能做的就是依照当地运行的具体规则，在法律的框架内进行量刑协商。

---

〔1〕 该比例是根据《关于在部分地区开展刑事案件认罪认罚从宽制度试点工作的办法》的规定以及最高人民法院、最高人民检察院、公安部、司法部的座谈会纪要，进一步明确被告人同意适用速裁程序的，在确保法律效果的前提下，可以减少基准刑 10%—30%，将被告人同意适用速裁程序规定为独立从轻情节而确立的。

第三十四问

控辩协商中可否同步录音录像？

问题引入

　　认罪认罚作为协调控辩双方矛盾、恢复被破坏社会关系的一剂"良药"而被广泛地适用于当下的司法实践。对此，该制度不可避免地面临着诘问：控辩双方协商的过程是什么样的？控辩协商的内容如何尽可能地减少"暗箱操作"以保证公平？是否会在胁迫、利诱等非常态环境下作出？对这些问题的回答便涉及本问要讨论的制度安排：同步录音录像制度。

一、同步录音录像制度的适用节点

同步录音录像制度不是新的发明，在修正之前的《刑事诉讼法》中便有该制度的存在。在讯问过程中，为了避免出现讯问过程不合法，或者讯问笔录与犯罪嫌疑人供述存在不一致，包括不当缺失、不当增多、不当删改等致使内容可能失真等情况，我国《刑事诉讼法》便对讯问过程规定了适用同步录音录像的情形。那么类似地，认罪认罚制度实施过程中，在出现双方交互的情形下，为了保证公平透明，也应当适用同步录音录像制度。

2020 年 12 月，最高人民检察院发布了《关于认真学习贯彻十三届全国人大常委会第二十二次会议对〈最高人民检察院关于人民检察院适用认罪认罚从宽制度情况的报告〉的审议意见的通知》，提出了十个方面二十八条的贯彻落实意见，其中一条便是"积极探索控辩协商同步录音录像制度。对认罪认罚量刑协商、具结书签署等关键环节，探索实行同步录音录像，切实提高沟通协商的透明度和公信力"。在明确了同步录音录像制度实施的目的以后，对于何谓"关键环节"便可以得出答案。因此在实务中，各地方司法机关逐步摸索，对于同步录音录像制度的适用节点问题给出了更全面的规定。

首先，是最主要的控辩协商阶段。早在 2020 年 4 月，江苏省苏州市人民检察院出台的《关于保障认罪认罚具结自愿性实施意见（试行）》便在全市检察机关推广全程同步录音录像，总结了江苏省张家港市人民检察院率先出台的《认罪认罚程序执法记录仪使用暂行办法》中采用执法记录仪对认罪认罚具结过程进行全程同步录音录像的经验。2020 年 4 月至 11 月，江苏省苏州市检察机关共对8000 多名犯罪嫌疑人具结过程进行同步录音录像，未出现被告人以"具结过程不自愿"为由，在一审判决后提出上诉的情况，确保了具结全过程的规范化运转。依据《江苏省检察机关办理认罪认罚案件工作指引（试行）》，控辩协商的过程一般应当进行同步录音录像，这有利于保证认罪认罚案件控辩协商既充分又符合规范地进行，进一步强化案件监督管理，提升认罪认罚从宽工作的质效，通过增强

"镜头下"办案的自律意识，不断提高控辩协商透明度和司法公信力。

其次，在具结书签署时也应当同步录音录像。如《江苏省检察机关办理认罪认罚案件工作指引（试行）》第 30 条第 1 款规定，"犯罪嫌疑人自愿认罪，同意量刑建议和程序适用的，应当在辩护人或者值班律师在场的情况下签署认罪认罚具结书。辩护人或者值班律师确因正当理由，无法当面参与的，可以采取视频、电话等必要的方式进行，并做好同步录音录像"。这样也可以保证具结书签署的透明度和自愿性。

另外，还有在证据开示过程中应当制作笔录，并进行同步录音录像。证据开示是刑事诉讼的关键环节，保证证据规范合理而又充足地开示并记录在案，可以更好地促进案件事实的查明和案件的合理合法解决。

同步录音录像制度不仅作用于该节点以保证"镜头下的自律"，更在于通过复盘时间节点以促进案件规范化展开。依据前述江苏省检察机关的工作指引，在检察院提前介入重大疑难刑事案件中，可以围绕认罪认罚开展的工作主要就包括了查看犯罪现场和同步录音录像。此外，人民检察院办理认罪认罚案件时，也应当通过讯问核实、调阅同步录音录像、听取意见、公开审查等方式，审查犯罪嫌疑人认罪认罚的自愿性、合法性。

二、同步录音录像制度的具体操作

同步录音录像是一项联动的制度安排。以泰州市泰兴市人民检察院为例，这不仅需要该院配套制定嵌入式量刑表、诉判评析表、协商笔录等五个附件内容以使操作规范且真正具有可操作性，还要求该院刑检部门与技术、案管、警务部门会商明确相互协作事项，建立起完整的内部协作机制，与司法行政部门就律师实质参与问题进行沟通，充分保障律师的知情权，尤其需要技术部门对讯问区设备进行改造和调试，确保设备运行处于优质状态。泰州市兴化市人民检察院还在技术部门的指导下，由承办检察官在统一业务应用系统内生成《同步录音录像通知单（认罪认罚）》，并将该文书入卷后移送技术部门，由技术部门将上述过程全程同步录音录像。

在此，需要介绍同步录音录像的具体内容。依据《江苏省检察机关办理认罪认罚案件工作指引（试行）》，认罪认罚案件控辩协商过程一般应当进行同步录音录像，其录音录像的主要内容包括了对于犯罪嫌疑人诉讼权利和认罪认罚法律规定释法说理情况；对于拟起诉的犯罪事实、罪名和提出的量刑建议等向犯罪嫌疑人及其辩护人或者值班律师说明理由、依据和计算方法，听取意见并协商的情况；犯罪嫌疑人签署认罪认罚具结书及辩护人或者值班律师见证的情况以及其他需要音像记录的相关协商情况。浙江省宁波市《检察机关认罪认罚案件控辩协商同步录音录像规定（试行）》也对录制内容作出要求，包括犯罪嫌疑人（被告人）诉讼权利义务告知和认罪认罚法律规定释明情况；对拟起诉的犯罪事实、罪名、提出的量刑建议、程序适用等向犯罪嫌疑人（被告人）及其辩护人或值班律师说明理由、依据，听取意见进行协商的情况；根据协商需要，开展证据开示的情况；告知具结反悔后具结书失效、检察机关将撤回从宽量刑建议并可能依法提起抗诉等后果的情况；犯罪嫌疑人（被告人）签署认罪认罚具结书，辩护人或值班律师见证的情况以及其他需要音像记录的相关协商情况。

对于录制的光盘，宁波市相关规定要求控辩协商结束后，参与协商的检察人员应当及时将同步录音录像视频资料回传至认罪认罚案件控辩协商同步录音录像市级集中存储平台。保存期限一般为判决生效后一年。因案件评查、检务督察等需要调取同步录音录像资料的，检察技术部门应当协助配合调阅，并记录存档。案件提起公诉后，法院、被告人或者其辩护人对认罪认罚真实性、自愿性提出异议的，检察官可以将控辩协商同步录音录像资料移送法院，必要时提请法庭播放。泰州市兴化市人民检察院在技术部门的指导下，承办人在统一业务应用系统内可生成《同步录音录像通知单（认罪认罚）》，并将该文书入卷后移送技术部门。技术部门将上述过程的全程同步录音录像，刻录成光盘，一式两份，经犯罪嫌疑人、值班律师、承办人确认后，一份封存并由检察院技术部门保管，另一份在起诉时随案移送法院。

此外，《江西省龙南市人民检察院认罪认罚案件控辩协商程序与同步录音录像规定（试行）》还对未成年人认罪认罚案件的控辩协商过程进行了特殊规定，即明确规定了未成年人犯罪案件控辩协商应当同步录音录像，通过保障控辩协商的客观性、透明性和公信力来实现对未成年人的特殊保护。

在同步录音录像制度的探索试点中，宁波市还率先对录音录像的工作进行了规范要求："控辩协商应当在检察官、犯罪嫌疑人（被告人）、辩护人或值班律师三方都在场的情况下依法进行。协商应当由检察官主持，检察官助理或者书记员予以协助，参与协商的检察人员不得少于二人。从协商参与人员到齐开始录制，至签署完认罪认罚具结书结束。控辩协商开始时应当告知犯罪嫌疑人（被告人）、辩护人、值班律师协商过程同步录音录像。同步录像录制的图像应当全面反映检察人员、犯罪嫌疑人（被告人）及其辩护人或值班律师以及协商场景等情况，并显示与协商同步的时间数码。同步录音录像应当逐人录制，遵循客观、全面、规范、便捷原则，不得选择性录制，不得剪接、删改。"每增加一项额外的制度安排，便相应地增加了一道风险，因此对于录制工作的规范是必须的，全程、同步、不间断、无修剪的录制要求也是出于保证录制合法妥当进行的需要。

虽然，同步录音录像后制作产生的刻录光盘以及在此过程中诸如录制设备准备和软件开发、检察官助理进行逐人录制、满足录像要求的场景设置、业务系统的设计与置入、刻录光盘的备份与运转储存，这些都意味着司法机关更多的人力物力资源投入。但瑕不掩瑜，认罪认罚过程同步录音录像，可以确保程序适用和量刑协商在公开透明的条件下进行，增加犯罪嫌疑人认罪态度的"自律"，减少随意认罪的不谨慎和轻易反悔的可能，提高认罪认罚的程序推进效率和质量，保障认罪认罚全过程的公开透明，增强司法公信力。

认罪认罚案件中检察机关如何
适用不起诉？

问题引入

　　犯罪嫌疑人如果认罪认罚了，是不是还会被判处刑罚呢？答案是不一定的。根据《关于适用认罪认罚从宽制度的指导意见》，犯罪嫌疑人即使认罪认罚了，检察机关仍然可能会作出不起诉的决定。那么，什么情形下检察机关会作出不起诉的决定呢？

一、"不起诉"之概述

不起诉，是指人民检察院对侦查机关移送起诉的案件进行审查后，确定符合法律规定的终止刑事诉讼的条件，不应或不必对犯罪嫌疑人定罪，从而不将其交付审判的决定。[1]

对符合条件的认罪认罚案件作出不起诉处理，是实体从宽的重要体现，也是审前分流的重要方式。从实践情况看，目前适用认罪认罚从宽制度作出不起诉处理的仅占适用认罪认罚从宽制度案件人数的5%左右，不仅案件总量少而且占比低，而起诉的认罪认罚案件中法院判处缓免刑的比例近40%。这表明不起诉的审前把关和分流作用未得到充分发挥，也影响了认罪认罚从宽制度的功效。

不起诉权是无罪的人不受刑事追究的重要制度保障。实现公正司法最基本的要求之一就是确保无罪的人不受刑事追究，不起诉权恰恰是实现这一要求的重要制度保障。首先，不起诉权具有对侦查办案的纠错功能。我国传统刑事诉讼承继苏联诉讼阶段论的理念，"刑事案件从其开端的时候起直到判决的执行为止是向前运动的，是逐渐发展的"。这个过程中循序进行、相互连接而又相对独立的各个部分，称为"刑事诉讼阶段"。我国刑事诉讼通常划分为：立案、侦查、起诉、审判和执行五大阶段。"每一个诉讼阶段都是完整的……只有完成了前一阶段的任务，才能将案件移送至下一个阶段，如对这种任务执行不当的时候，就会将案件发还原阶段重新处理。"可见，在诉讼阶段论下，"法律规定了分阶段处理案件的程序"，后一阶段对前一阶段所办理的案件在事实证据认定、法律规范适用等方面都有一个再认识、再深化的过程，同时也伴随着后程序对前程序的纠错功能。具体就起诉阶段而言，在审查起诉过程中，检察机关通过对前一阶段侦查机关移送过来的案卷材料和证据的审查，将那些证据不足的案件退回公安机关补充侦查，对那些达不到起诉标准的案件及时终止诉讼程序，对不构成犯罪或不需要判处刑罚的犯罪

---

[1] 陈光中："论我国酌定不起诉制度"，载《中国刑事法杂志》2001年第1期。

嫌疑人及时作出不起诉决定，宣告其在法律上无罪。如此，不但可以使犯罪嫌疑人从讼累中及早解脱，还能有效抑制侦查阶段萌发的冤错案件在检察环节的发展。

此外，不起诉权具有防范审判恣意的功能。传统的纠问式诉讼中，纠问法官独揽追诉和审判两大职权。由于缺乏分权制衡，法官裁判时，先前有罪的追诉倾向早已先入为主，裁判难期公正，被告人已然沦为诉讼的客体、治罪的对象。随着现代社会控审分离制度的形成，控诉权划归检察机关独立行使，法院专司审判，权力的分离和职能的分离可以确保两个权力主体彼此制约，犯罪嫌疑人、被告人的合法权益被侵犯的可能性大大降低。就公诉对审判的制约而言，在控审分离的制度下，法院奉行不告不理的诉讼原则，"检察官扮演把关者角色，在诉讼法上之目的，乃透过诉讼分权机制，保障终局裁判之正确性与客观性"。具言之，对未经起诉的被告人及其所涉犯罪事实，法院不得自行审判。检察机关通过审查起诉对侦查终结的案件在诉至法院前进行筛选过滤，通过合理行使不起诉权将那些不符合起诉条件或没有必要提起公诉的案件分流出审判程序，从而有效调控进入审判的案件数量，限制法官的审判范围，避免恣意裁判对当事人合法权益的侵害。[1]

在我国，大多数刑事案件是由检察机关提起公诉。检察机关在提起诉讼前，需对侦查机关移送的起诉案件进行审查。经过审查，检察机关作出起诉或不起诉的决定。审查起诉的过程，为刑事诉讼程序提供了一个必不可少的过滤机制，可以发现侦查机关工作的漏洞和错误。终止不应起诉和不必起诉的案件，维护涉案当事人的合法权利，从而保证提起公诉的案件真正达到起诉条件，并提高诉讼效率。

《刑事诉讼法》第 177 条规定："犯罪嫌疑人没有犯罪事实，或者有本法第十六条规定的情形之一的，人民检察院应当作出不起诉决定。对于犯罪情节轻微，依照刑法规定不需要判处刑罚或者免除

---

[1] 童建明："论不起诉权的合理适用"，载《中国刑事法杂志》2019 年第 4 期。

刑罚的,人民检察院可以作出不起诉决定。人民检察院决定不起诉的案件,应当同时对侦查中查封、扣押、冻结的财物解除查封、扣押、冻结。对被不起诉人需要给予行政处罚、处分或者需要没收其违法所得的,人民检察院应当提出检察意见,移送有关主管机关处理。有关主管机关应当将处理结果及时通知人民检察院。"

二、不起诉制度概述

根据《刑事诉讼法》的规定及司法实践,我国的不起诉可以分为法定不起诉、酌定不起诉、证据不足不起诉三类。法律赋予检察机关的不起诉权是在历次修法中不断丰富和完善的,厘清几种不起诉的适用条件和范围是避免不当适用不起诉权的前提和基础。

（一）法定不起诉

法定不起诉,又称绝对不起诉,指犯罪嫌疑人的行为在法律上不构成犯罪或现有证据足以证实犯罪行为不是犯罪嫌疑人所为的,以及《刑事诉讼法》第 177 条第 1 款规定的法定不起诉情形。在具备《刑事诉讼法》第 16 条规定的六种法定不追究刑事责任情形时,检察机关应当作出不起诉决定:(1)情节显著轻微、危害不大,不认为是犯罪的;(2)犯罪已过追诉时效期限的;(3)经特赦令免除刑罚的;(4)依照《刑法》告诉才处理的犯罪,没有告诉或者撤回告诉的;(5)犯罪嫌疑人、被告人死亡的;(6)其他法律规定免予追究刑事责任的。依据立法规定,在上述情形下,检察机关"应当"作出不起诉的决定,因此称为"法定不起诉"。

在刑事诉讼中,如果在侦查阶段发现和出现上述六种情形中的任何一种,都应当由公安机关或人民检察院作出撤销案件的决定。案件移送人民检察院审查起诉时,如果发现和出现六种情形中的任何一种情况,都应当由人民检察院作出不起诉的决定。

案件如果在人民法院审判阶段发现和出现的,应分情况处理。如对于情节显著轻微、危害不大,不认为是犯罪的,应当作出判决,宣告无罪。对于被告人死亡的,应当作出终止审理的决定。这几种处理案件的方式中,终止审理是新增加的内容,主要是对于被告人死亡的，用这种方法处理比较适当，没有必要再审理判刑。

就法定不起诉的适用而言，学界仍存在争议。我国刑事起诉程序实行起诉法定主义为主，起诉便宜主义为辅的制度设计，赋予监察机关在法定范围内的不起诉权。然而，法定不起诉适用的缺陷可能直接导致涉诉公民的合法权益失去屏障。

有学者认为，从实践效果看，法定不起诉的规定存在明显疏漏。例如，对于经过调查查明确系无辜的犯罪嫌疑人，检察机关却不能依法作出不起诉的决定，这是因为立法上并未将此列为不起诉的法定事由，这显然不符合认识逻辑，也违背刑事诉讼保障人权的宗旨，是立法上的重大疏漏。再如，对于检察机关在审查时发现案件已经判决生效，这时如果再行起诉、重复追究势必违背"一罪不二罚"的刑罚原则，但是检察机关却无法作出不起诉决定，因为根据法定不起诉制度的精神，只有在法律有明文规定的情形下，检察机关才能作出不起诉决定。显然，这也是立法上的一个重大疏漏。立法上的疏漏，必将使涉诉公民的合法权益失去屏障。[1]

（二）酌定不起诉

《刑事诉讼法》第 177 条第 2 款规定的酌定不起诉，也被称为相对不起诉、罪轻不起诉、微罪不起诉，是对具备起诉条件，但犯罪情节轻微，依照刑法不需要判处刑罚或者免除刑罚的，检察机关可以作出不起诉决定。酌定不起诉的情形具体包括两种：一是犯罪情节轻微，依照刑法规定不需要判处刑罚的，是指《刑法》第 37 条规定的"对于犯罪情节轻微不需要判处刑罚的，可以免予刑事处罚"的情形。二是免除处罚，是指刑法规定的应当或者可以免除刑罚的情形，包括自首、重大立功、犯罪预备、犯罪中止、防卫过当、避险过当、从犯和胁从犯等。[2]

酌定不起诉方面，存在适用范围过窄的情况。根据《刑事诉讼法》第 177 条第 2 款规定，对于犯罪情节轻微，依照刑法规定不需

---

〔1〕 万毅："刑事不起诉制度改革若干问题研究"，载《政法论坛》2004 年第 6 期。

〔2〕 参见李寿伟主编：《中华人民共和国刑事诉讼法解读》，中国法制出版社 2018 年版，第 434 页。

要判处刑罚或者免除刑罚的，人民检察院可以作出不起诉决定。立法采用了"可以不起诉"的用语，表明在此情形下，是否起诉完全由检察机关自由裁量。

根据相关法律规定，检察机关酌定是否起诉的对象必须是"犯罪情节轻微"和"依照刑法规定不需要判处刑罚或者免除刑罚"的案件，只有当两项条件同时具备时才允许检察机关自由裁量是否起诉。然而，将酌定不起诉的适用范围仅仅局限于轻微犯罪案件，无法充分实现检察机关维护公共利益的职能，因为公共利益的维护是多层级、多维度的，其间可能涉及复杂的利益权衡和价值冲突。例如对于所谓"污点证人"问题，现行立法就缺乏规定，这在实践中带来了一定的问题。在重庆綦江虹桥垮塌案中，为了起诉本案主要被告人林世元的受贿行为，检察机关以不追究行贿人费某利的刑事责任为代价换取了其指控林某元受贿的关键性证词。事后，但由于"污点证人"制度在我国没有法律依据，检察机关的这一举动招致普遍非议，甚至有人质疑检察机关司法失衡、执法不公、放纵罪犯。[1]

(三) 证据不足不起诉

《刑事诉讼法》第175条第4款的证据不足不起诉是因为指控犯罪的证据不足而不能起诉。特别是对于二次补充侦查的案件，如果人民检察院仍然认为证据不足，不符合起诉条件的，应当作出不起诉的决定。《关于适用认罪认罚从宽制度的指导意见》中明确，办理认罪认罚案件，应当以事实为依据，以法律为准绳，严格按照证据裁判要求，全面收集、固定、审查和认定证据。对犯罪嫌疑人或被告人认罪认罚的案件，侦查机关（部门）仍然必须按照法定证明标准，依法、全面、及时收集固定相关证据，检察机关和审判机关也必须按照法定标准，全面审查案件，若认为"事实不清、证据不足"的，应当坚持"疑罪从无"的原则，依法作出不起诉决定或宣告无罪。

---

〔1〕 万毅："刑事不起诉制度改革若干问题研究"，载《政法论坛》2004年第6期。

三、适用不起诉的价值

长期以来，我国奉行起诉法定主义，公诉权成为检察机关的常规职能，而作为消极起诉权的酌定不起诉往往由于诸多因素，发挥的作用相当有限。但在新时期下，应充分重视不起诉的价值。不起诉的价值主要体现在"宽严相济"刑事政策的践行、受损社会关系的修复、司法资源的节约等方面。

（一）"宽严相济"刑事政策的践行

"宽严相济"的司法政策是对犯罪分清轻重，区别对待，做到该严的严、当宽的宽，宽中有严，严中有宽，处罚轻重适宜，符合罪责刑相适应的原则。[1]目前，"宽严相济"作为我国一项基本的刑事政策，构建起了从严惩治严重犯罪和从宽教育挽救较轻犯罪的双向司法体系，经过长期的司法实践和理论探讨，获得了社会公众的认可。通过宽与严实施手段的协调融合，结合考察社会背景、事实、性质、情节、个人情况等因素进行分析判断，作出适当的个别化司法处遇，以实现维护社会公共利益与保障个人权益的平衡。[2]

陈兴良教授指出："宽严相济"的"宽"是指宽大、宽缓和宽容，具有该轻而轻、该重而轻两层含义。该轻而轻，是罪刑均衡原则的题中之义，也合乎刑法公正的要求。对于那些较为轻微的犯罪，本来就应当处以较为轻缓的刑罚。该重而轻，是指所犯罪行较重，但被告人具有坦白、自首或者立功等法定的裁量情节的，法律上予以宽宥，在本应判处较重之刑的情况下判处较轻之刑。该重而轻，体现了刑法对犯罪人的感化，对于鼓励犯罪分子悔过自新具有重要意义。

不起诉权的制度设计正是落实"宽严相济"刑事政策的重要诉讼环节。一方面，检察机关在审查起诉工作中，坚持起诉法定主义要求，对于犯罪人主观恶性大、严重危害社会的犯罪坚决追诉，从

---

〔1〕 马克昌："'宽严相济'刑事政策与刑罚立法的完善"，载《法商研究》2007 年第 1 期。

〔2〕 吴仁义、王芳："论酌定不起诉的合理适用"，载《中国检察官》2020 年第 14 期。

严惩治,落实了严的要求。另一方面,检察机关兼顾起诉便宜主义,充分考虑起诉的法律效果和社会效果,合理运用起诉裁量权,对于初犯、从犯、预备犯、中止犯、防卫过当、避险过当、未成年人犯罪、老年人犯罪以及亲友、邻里、同学、同事等纠纷引发的案件,根据起诉的必要性,依法适用不起诉权,激励那些可罚可不罚的犯罪嫌疑人尽早认错悔悟,并通过赔礼道歉、赔偿损失、刑事和解等,取得被害人谅解,减少社会对抗,减轻甚至消除危害后果,这是在追求宽的效果,兑现宽的政策。2018年,全国检察机关对犯罪情节轻微、依法可不判处刑罚的决定不起诉人数为102 572人,同比上升25.5%;对不构成犯罪或证据不足的决定不起诉人数为34 398人,同比上升14.1%;对涉嫌轻微犯罪并有悔罪表现的未成年人附条件不起诉人数为6959人,同比上升16%。[1]这些数字充分体现了检察机关在贯彻"宽严相济"刑事政策中宽严有度,依法从宽,当宽则宽,合理适用不起诉权取得的成绩。不起诉的裁量权已经成为司法实践中检察机关贯彻"宽严相济"刑事政策的重要司法裁量活动。

(二)受损社会关系的修复

刑事司法的目的是打击犯罪,但是打击犯罪并非为了破坏社会关系。如果办理轻微刑事案件,打击犯罪导致本可以修复的社会关系裂痕加深甚至引发宿怨,那么就应当更加审慎、充分考量。秉持办理案件"法理情融合"的精神,对于轻微刑事案件酌定不起诉不仅对社会公共利益没有影响,同时可以促使行为人向受害人赔偿损失、化解矛盾、减少对抗,[2]实现"案结事了人和"的最佳效果,促进和谐社会的构建,符合恢复性司法理念。

(三)司法资源的节约

根据不完全统计,轻微刑事案件占据了基层案件的50%,其中大部分被判处缓刑。对于轻微刑事案件适用酌定不起诉,能使当事

---

[1] 参见张军2019年3月12日在第十三届全国人民代表大会第二次会议上所作最高人民检察院工作报告。

[2] 吴仁义、王芳:"论酌定不起诉的合理适用",载《中国检察官》2020年第14期。

人及时脱离诉讼程序，减少后续的司法投入，提升司法效率，有利于缓和刑事案件增多与司法资源有限的矛盾，有利于用最低的司法成本取得惩治犯罪和保护人权的最大效果。[1]

〔1〕 王晓峰："酌定不起诉实施情况调研报告——以荥阳市人民检察院为例"，西南政法大学 2016 年硕士学位论文。

检察机关决定不起诉，犯罪嫌疑人却反悔，该怎么处理？

第三十六问

问题引入

在我国，并非所有的刑事案件都会被起诉到法院。对于满足特定情节的案件，检察机关可以作出不起诉决定。在具体案件中，犯罪嫌疑人作出认罪认罚的决定，签署了具结书之后是否可以反悔？倘若检察机关作出不起诉决定，犯罪嫌疑人反悔并拒绝认罪认罚的，检察机关应当如何处理呢？

一、我国《刑事诉讼法》中规定的不起诉情形

当一个案件进入刑事追诉程序，其不一定通过法院审判来追究刑事责任。如果犯罪情节显著轻微，依法不应当认为是犯罪，或者免于刑事处罚的，检察机关可以依法作出不起诉处理。在我国，满足下列三种情形的，检察机关可以依法作出不起诉的处理决定。

第一种是法定不起诉。《刑事诉讼法》第 177 条第 1 款规定，犯罪嫌疑人有本法第 16 条规定的情形之一的，人民检察院应当作出不起诉决定。这种情形我们称之为法定不起诉，又称绝对不起诉。根据《刑事诉讼法》第 16 条规定，法定不起诉适用于以下六种情形。

（一）情节显著轻微、危害不大，不认为是犯罪的

我国刑法把情节分为定罪情节和量刑情节。根据《刑法》第 13 条，如果某行为虽具有一定的社会危害性，但情节显著轻微、危害不大的，不认为是犯罪。既然不是犯罪，而是一般违法行为，人民检察院便不能提起诉讼，作出起诉决定。

（二）犯罪已过追诉时效期限的

我国《刑法》第 87 条、第 88 条、第 89 条对追诉时效有具体规定。若犯罪已过法定追诉时效期限，则不再进行追诉。究其原因，主要是因犯罪分子对社会已无危害，基本无再犯可能性，故没有必要再对其追究刑事责任。

（三）经特赦令免除刑罚的

特赦是全国人大常委会根据中共中央或国务院的建议，经过审议决定，由最高人民法院和高级人民法院执行。在我国，凡是由全国人大常委会决定，对特定犯罪人免除刑罚的，公安机关不得立案侦查，检察机关也不得向人民法院提起诉讼。

（四）依照《刑法》告诉才处理的犯罪，没有告诉或撤回告诉的

在我国，告诉才处理的案件有四种，包括侮辱诽谤罪、暴力干涉婚姻自由罪、虐待罪和侵占罪。这些案件主要涉及公民个人的权益，如婚姻、名誉等，实质上是公民个人的私权，是否追究加害者的刑事责任由公民个人自行决定。对于这些案件，如果被害人及其

他有告诉权的人不提出告诉，或者提出告诉后又撤回告诉的，人民检察院依法作不起诉处理。

（五）犯罪嫌疑人、被告人死亡的

犯罪嫌疑人、被告人死亡的，意味着失去了追究刑事责任的对象，追究其刑事责任已没有任何实际意义，故刑事诉讼活动没必要继续进行下去，因此，人民检察院应当作出不起诉决定，就此终止刑事诉讼。

（六）其他法律规定免予追究刑事责任的

其他法律规定免予追究刑事责任的，不予追究。第二种是酌定不起诉，也称相对不起诉。根据我国《刑事诉讼法》第177条第2款的规定，对于犯罪情节轻微，依照刑法规定不需要判处刑罚或者免除刑罚的，人民检察院可以作出不起诉决定。酌定不起诉的适用必须同时具备两个条件：一是犯罪嫌疑人的行为已构成犯罪，应当负刑事责任；二是犯罪行为情节轻微，依照刑法规定不需要判处刑罚或者免除刑罚。依照刑法规定，以下几种情形可以适用酌定不起诉。

（1）犯罪嫌疑人在中国领域外犯罪，依照中国刑法应当负刑事责任，但在外国已经受过刑事处罚的；

（2）犯罪嫌疑人又聋又哑，或者是盲人的；

（3）犯罪嫌疑人因正当防卫或紧急避险过当而犯罪的；

（4）为犯罪准备工具，制造条件的；

（5）在犯罪过程中自动中止犯罪或者自动有效防止犯罪结果发生，没有造成损害的；

（6）在共同犯罪中，起次要或辅助作用的；

（7）被胁迫参加犯罪的；

（8）犯罪嫌疑人自首或有重大立功表现。

仍需注意的是，满足上述情形，人民检察院可以作出起诉决定，也可以不作出起诉决定。在确认犯罪嫌疑人有上述情形之一后，还必须在犯罪情节轻微的前提条件下才能考虑适用不起诉，即人民检察院要根据犯罪嫌疑人的年龄、犯罪目的和动机、犯罪手段、危害后果、悔罪表现以及一贯表现等进行综合考虑，只有在确实认为不起诉比起诉更为有利时，才能作出不起诉决定。

第三种是证据不足不起诉。根据《刑事诉讼法》第 175 条第 4 款规定，对于二次补充侦查的案件，人民检察院仍然认为证据不足，不符合起诉条件的，应当作出不起诉的决定。

与此同时，依据《人民检察院刑事诉讼规则》第 368 条规定，具有下列情形之一，不能确定犯罪嫌疑人构成犯罪和需要追究刑事责任的，属于证据不足，不符合起诉条件：

（1）犯罪构成要件事实缺乏必要的证据予以证明的；

（2）据以定罪的证据存在疑问，无法查证属实的；

（3）据以定罪的证据之间、证据与案件事实之间的矛盾不能合理排除的；

（4）根据证据得出的结论具有其他可能性，不能排除合理怀疑的；

（5）根据证据认定案件事实不符合逻辑和经验法则，得出的结论明显不符合常理的。

二、犯罪嫌疑人可以对"认罪认罚"反悔么？

在具体案件中，倘若犯罪嫌疑人已经作出了认罪认罚的决定，并且签署了认罪认罚具结书。此时，犯罪嫌疑人还可以反悔么？要回答这个问题，首先我们需要正确认识具结书的效力。

关于认罪认罚具结书的效力，一般可以从以下两个方面理解。

第一，从形式上看，认罪认罚具结书是犯罪嫌疑人、被告人的单方声明书，是认可控方指控犯罪事实、罪名、建议刑罚和适用审理程序的声明。[1]声明认可的内容意味着对某些法定诉讼权利的放弃，意味着对不利后果的承担。因此，这一单方声明是允许犯罪嫌疑人、被告人单方撤回的，即允许犯罪嫌疑人反悔。虽然其有权反悔，但是反悔的时间点亦受诉讼节点的限制。允许刑事被追诉人反

[1] 胡云腾主编：《认罪认罚从宽制度的理解与适用》，人民法院出版社 2018 年版，第 97 页。

悔的时间节点最晚应当在一审法庭裁判作出之前，尤其是法庭调查其认罪认罚自愿性和真实性、明智性时，可以提出。

第二，从实质上看，认罪认罚具结书实际上是控辩双方协商与合意的结果。犯罪嫌疑人、被告人所认之罪和所认之罚都是公诉机关指控之罪和建议之罚。在量刑方面，在犯罪嫌疑人、被告人签署具结书表示认可之前，存在着公诉机关与犯罪嫌疑人和被告人之间的互动协商过程。[1]从这一角度来看，认罪认罚具结书虽形式上是单方声明，但是实质上确有合意的性质，是司法机关同犯罪嫌疑人、被告人共同沟通协商、共同认可的法律文件，具有法定的效力。正是基于这一点，认罪认罚具结书一旦签署便对犯罪嫌疑人和被告人产生法定约束力。因此，犯罪嫌疑人、被告人的后悔伴随着相应的法律后果，包括可以采取羁押性强制措施、不再享受量刑从宽、不得主张适用速裁程序等内容。

三、不起诉决定作出后，犯罪嫌疑人反悔应当如何处理

犯罪嫌疑人或者被告人认罪认罚后又反悔应当如何处理，是认罪认罚从宽制度适用中不得不面对的"特殊的制度困扰"。检察机关作出不起诉决定之后，犯罪嫌疑人反悔了，又不认罪认罚了，在这种情况下，检察机关应当如何处理呢？

《人民检察院刑事诉讼规则》第 278 条对检察机关作出不起诉决定后犯罪嫌疑人反悔如何处理作出了规定，即犯罪嫌疑人认罪认罚，人民检察院依照《刑事诉讼法》第 177 条第 2 款作出不起诉决定后，犯罪嫌疑人反悔的，人民检察院应当进行审查，并区分下列情形依法作出处理：（1）发现犯罪嫌疑人没有犯罪事实，或者符合《刑事诉讼法》第 16 条规定的情形之一的，应当撤销原不起诉决定，依照《刑事诉讼法》第 177 条第 1 款规定重新作出不起诉决定；（2）犯罪嫌疑人犯罪情节轻微，依照刑法不需要判处刑罚或者免除刑罚的，可以维持原不起诉决定；（3）排除认罪认罚因素后，符合起诉条件

---

〔1〕 胡云腾主编：《认罪认罚从宽制度的理解与适用》，人民法院出版社 2018 年版，第 97 页。

的，应当根据案件具体情况撤销原不起诉决定，依法提起公诉。

对此，需要从以下五点进行具体把握。一是此处不起诉的反悔，是指对犯罪嫌疑人认罪认罚，人民检察院依照《刑事诉讼法》第177条第2款作出不起诉决定后，犯罪嫌疑人反悔的情形。二是人民检察院应当对反悔进行审查，根据审查情况区分处理。三是发现犯罪嫌疑人没有犯罪事实，或者符合《刑事诉讼法》第16条规定的情形之一的，应当撤销原不起诉决定，依法重新作出不起诉决定。犯罪嫌疑人没有犯罪事实或者符合《刑事诉讼法》第16条规定的不追究刑事责任情形之一的，是绝对不起诉适用的前提条件，即使犯罪嫌疑人认罪认罚，检察机关也应当作出绝对不起诉决定。四是认为犯罪嫌疑人仍属于犯罪情节轻微，依照刑法规定不需要判处刑罚或者免除刑罚的，可以维持原不起诉决定，此类案件犯罪嫌疑人反悔并撤回认罪认罚承诺，原不起诉决定依然可以适用。五是排除认罪认罚因素后，符合起诉条件的，应当根据案件具体情况撤销原不起诉决定，依法提起公诉。相对不起诉中对情节轻微的判断，需要结合案件具体情况来进行，其中，认罪认罚是一个重要考虑因素。对本应提起公诉，但因犯罪嫌疑人认罪认罚，检察机关综合犯罪性质、情节、后果等因素，而作出相对不起诉决定后，犯罪嫌疑人反悔的，原本享有从宽优惠的前提即不复存在，此时，检察机关可以撤销原不起诉决定，依法提起公诉。[1]

综上所述，对于检察机关作出不起诉决定之后，犯罪嫌疑人后悔认罪认罚的，检察机关可以根据案情作出"不起诉""维持原有不起诉"和"提起公诉"的决定。首先，检察机关应当尽职审查犯罪嫌疑人不认罪认罚的原因，如果犯罪嫌疑人认定自己没有犯罪行为，或者不构成犯罪，检察机关通过审查发现确实没有犯罪事实的；或者犯罪嫌疑人符合《刑事诉讼法》第16条规定的情形之一的，检察机关应当撤销原来的不起诉决定，重新作出不起诉决定。其次，如果检察机关经过审查，排除了犯罪嫌疑人认罪认罚的因素后，认

---

〔1〕 苗生明："认罪认罚后反悔的评价与处理"，载《检察日报》2020年2月20日，第3版。

为该案件仍符合起诉条件的，应当在撤销原不起诉决定的基础上，直接提起公诉。最后，如果检察机关通过审查，认为该案件仍属于犯罪情节轻微，依照刑法规定，不需要判处刑罚，或者免于刑事处罚的，检察机关可以维持原有的不起诉决定。

检察机关提起公诉前犯罪嫌疑人反悔了怎么办？

第三十七问

第三十七问

问题引入

　　一个案件进入审查起诉阶段后，犯罪嫌疑人表示自愿认罪认罚，同意检察机关提出量刑建议，并且与检察机关签署了认罪认罚具结书。在这之后检察机关一般会连同案卷材料以及认罪认罚具结书，一起移送人民法院提起公诉。那么在犯罪嫌疑人认罪认罚之后，检察机关决定提起公诉之前，如果犯罪嫌疑人反悔了，会怎么样呢？

一、起诉前犯罪嫌疑人反悔的可能性

首先，起诉前犯罪嫌疑人有没有可能反悔？一般而言，有这种可能性，比如犯罪嫌疑人签署了认罪认罚具结书之后，回到监室，与监室里的人聊起自己的案子，突然觉得自己的量刑过重了，觉得自己被冤枉了，于是他表示反悔，决定不认罪认罚了。那么对于这种情况应该如何处理？

其次，犯罪嫌疑人在签署认罪认罚具结书后有无权利反悔？对此主要有三种观点：第一种观点认为，被追诉人有认罪认罚的权利，也有不认罪认罚的权利，还有认罪认罚并签署具结书后反悔的权利，司法机关应予尊重。第二种观点认为，被追诉人签署了认罪认罚具结书，不仅表明其已认罪认罚，而且接受了检察机关提出的从宽处理建议和案件审理适用的程序，此后又反悔，出尔反尔，根据契约的诚实信用原则和"禁止反言"的精神，司法机关应予反制，不以认罪认罚从宽处理。第三种观点认为，应当兼顾尊重被追诉人反悔权与维护诚实信用这两个方面，对恶意的反悔，司法机关应予约束，不以认罪认罚从宽处理。[1]笔者认为，犯罪嫌疑人有权反悔，有权撤回认罪认罚的承诺。如果犯罪嫌疑人没有反悔权利，那么认罪认罚从宽制度的自愿性保障就无从谈起，而犯罪嫌疑人认罪认罚的自愿性是认罪认罚从宽制度适用的根基，没有自愿性保障，认罪认罚从宽制度的适用就没有公正可言，"在公正基础上追求效率的最大化"就可能沦为一纸空文。

一般而言，认罪认罚从宽制度下，犯罪嫌疑人、被告人在与检察机关沟通协商达成一致意见的基础上，自愿认罪认罚并签署具结书，实质上属于个人与检察机关之间达成的合意。根据契约精神，控辩双方均应当受协议内容的约束，有义务配合推动协议的履行。但这种约束对控辩双方来讲，其效力并不一样，对代表公权一方的检察机关的约束远大于对被告人个体的约束。具体表现为，检察机

---

[1] 参见朱孝清："如何对待被追诉人签署认罪认罚具结书后反悔"，载《检察日报》2019年8月28日，第3版。

关原则上不得撤销协议内容，除非被告人首先不履行其在具结书中承诺的内容，或者据以签署具结书的事实、情节等发生重大变化；而被告人在法院判决前，均可反悔。被告人在法院审理程序终结前可以随时撤销具结书，而检察机关只有在证明被告人违反协商协议时，方可提出撤销具结书的申请。[1]

最后，要解决的问题就是犯罪嫌疑人如何将自己不认罪认罚的意见传递给办案机关？一般而言，犯罪嫌疑人可以通过羁押场所的管教向办案机关传递这样的信息，同时他也可以通过自己委托的律师或者提出要求约见值班律师，通过值班律师向办案机关传达反悔的信息。

二、犯罪嫌疑人反悔之后，检察机关应当如何处理？

（一）起诉前反悔的法律规定

依据《关于适用认罪认罚从宽制度的指导意见》第 52 条规定，如果犯罪嫌疑人在起诉前认罪认罚，签署认罪认罚具结书，但在人民检察院提起公诉前反悔，则认罪认罚具结书失效，人民检察院应当在全面审查事实证据的基础上，依法提起公诉。最高人民检察院第一检察厅厅长苗生明认为起诉前反悔，首先带来的后果一是具结书内容失效，因为具结书本质上是控辩双方达成的一种协议，犯罪嫌疑人反悔相当于一方违约，此时协议自然失效；二是人民检察院应当全面审查事实证据，依法提起公诉。因犯罪嫌疑人反悔，原本的从宽处罚建议失去了存在基础，人民检察院可以综合犯罪事实、情节、性质等重新提出量刑建议。[2]

但是第 52 条并不意味着人民检察院对所有犯罪嫌疑人反悔案件都可以直接提起公诉。类推适用该指导意见第 51 条关于检察机关作

---

〔1〕 参见苗生明："认罪认罚后反悔的评价与处理"，载《检察日报》2020 年 2 月 20 日，第 3 版。

〔2〕 参见苗生明："认罪认罚后反悔的评价与处理"，载《检察日报》2020 年 2 月 20 日，第 3 版。

出酌定不起诉决定后犯罪嫌疑人反悔的规定,[1]起诉前犯罪嫌疑人反悔的,检察机关仍应当根据案件事实区分以下情形进行处理:如果发现犯罪嫌疑人没有犯罪事实,或者符合《刑事诉讼法》第16条规定的情形之一的,应当依法作出不起诉决定;如果认为犯罪嫌疑人仍属于犯罪情节轻微,依照刑法规定不需要判处刑罚或者免除刑罚的,可以依照《刑事诉讼法》第177条第2款作出不起诉决定;如果排除认罪认罚因素后,犯罪嫌疑人仍符合起诉条件的,才应当依法提起公诉。

(二) 法律规定的合理性

《关于适用认罪认罚从宽制度的指导意见》第51条和第52条实则没有为犯罪嫌疑人再次认罪认罚留下空间,犯罪嫌疑人在审前阶段只有一次认罪认罚机会,若反悔后便不能再次认罪认罚。笔者认为检察机关如此处理并不合理,因为涉嫌对犯罪嫌疑人合法权利的剥夺。依据立法规定,被告人在二审阶段尚能认罪认罚,犯罪嫌疑人在起诉前反悔后为何不能再次认罪认罚?

笔者认为起诉前反悔的,检察机关应当区分犯罪嫌疑人反悔的内容进行处理。

如果犯罪嫌疑人是对犯罪表示不认可,认为自己没有实施这样的犯罪行为,或者认为公诉机关指控的犯罪行为根本就不存在,或者认为自己的行为就不是犯罪的,认罪认罚具结书应该定为失效,检察机关须重新对案件进行审查。如果发现这个案件确实如犯罪嫌疑人所述,其没有犯罪事实,或者符合《刑事诉讼法》第16条规定的情形之一的,应当依法作出不起诉决定,或者将案件退回公安机

---

[1] 《关于适用认罪认罚从宽制度的指导意见》第51条规定:"不起诉后反悔的处理。因犯罪嫌疑人认罪认罚,人民检察院依照刑事诉讼法第一百七十七条第二款作出不起诉决定后,犯罪嫌疑人否认指控的犯罪事实或者不积极履行赔礼道歉、退赃退赔、赔偿损失等义务的,人民检察院应当进行审查,区分下列情形依法作出处理:(一) 发现犯罪嫌疑人没有犯罪事实,或者符合刑事诉讼法第十六条规定的情形之一的,应当撤销原不起诉决定,依法重新作出不起诉决定;(二) 认为犯罪嫌疑人仍属于犯罪情节轻微,依照刑法规定不需要判处刑罚或者免除刑罚的,可以维持原不起诉决定;(三) 排除认罪认罚因素后,符合起诉条件的,应当根据案件具体情况撤销原不起诉决定,依法提起公诉。"

关进行补充侦查。

如果犯罪嫌疑人不是对罪名表示了异议，而是仅仅对量刑建议提出了异议，这个时候检察机关应当和犯罪嫌疑人以及其辩护律师或者值班律师重新就量刑进行协商。如果能够达成一致，之前的认罪认罚具结书就失效，可以重新签署新的认罪认罚具结书，然后再按照认罪认罚程序将案件移送给人民法院。但是，如果控辩双方通过协商之后，对于量刑仍不能达成一致，那么之前的认罪认罚具结书失效，也不能将该案件再作为认罪认罚案件处理，检察机关应当根据案件事实与证据进行处理，如果案件量刑剔除认罪认罚考量以后，仍符合起诉标准，检察机关则应当依法向人民法院提起公诉；如果即便犯罪嫌疑人不认罪认罚，案件仍不能达到起诉标准，检察机关则应当作出相应的不起诉决定。

在不同情形中，检察机关需要把握的主线是绝对不能因为犯罪嫌疑人反悔而对其加重处罚，检察机关提出量刑建议、对案件作出处理的依据只能是案件事实、证据、法定或酌定量刑情节。总而言之，被告人反悔后还可以在充分了解其所享有的权利和认罪认罚可能导致的法律后果的基础上重新认罪认罚，从而继续适用认罪认罚从宽制度，也可以因反悔而不适用认罪认罚从宽制度，具体程序以及制度适用的选择权在于被告人。[1]

三、如何从源头上防范犯罪嫌疑人起诉前反悔

（一）完善权利告知程序与内容

虽然认罪认罚从宽制度已经规定了办案机关都应当告知犯罪嫌疑人享有的权利，但是，当前的告知程序仍然有待完善，具体问题主要体现在两个方面：第一，告知的时间不明确，存在不及时告知的现象；第二，告知的内容流于形式，缺乏与个案的结合。[2]

---

〔1〕 参见苗生明："认罪认罚后反悔的评价与处理"，载《检察日报》2020年2月20日，第3版。

〔2〕 参见周新："认罪认罚被追诉人权利保障问题实证研究"，载《法商研究》2020年第1期。

首先,告知时间的规定决定了被追诉人进行选择、判断的时间和其在进行选择之后的权利保障程度,如律师介入的时间和提供帮助的程度等。因此,强调侦查人员、检察人员告知义务的及时履行,能为被追诉人了解认罪认罚从宽制度以及认罪认罚可能导致的法律后果提供更多判断和权衡的时间。

其次,办案机关告知的内容仅为程序性事项,并不涉及个案的具体内容,甚至存在直接向被追诉人发放《认罪认罚从宽制度告知书》而不做解释的现象,如此便无法保障被追诉人对认罪认罚从宽制度的理解,进而作出明知的判断与选择。因此,办案机关在向被追诉人告知诉讼权利和认罪认罚的法律规定之时,不仅应当宣读法条、发放权利告知书,还应发挥解释说明的作用、避免机械适用相关法律,以通俗易懂的语言帮助犯罪嫌疑人真正理解认罪认罚相关法律后果,让其在制度选择时既能够知其然,又能够知其所以然,并且能够结合个案对认罪认罚从宽制度有更具体、直观的了解。

最后,值班律师与辩护律师也应当充分发挥保障犯罪嫌疑人认罪认罚自愿性、明知性、明智性的作用。依据刑事诉讼法,值班律师须发挥以下作用:一是见证,主要指通过律师的在场来监督司法机关的行为,保障认罪认罚程序的合法性;二是告知,是在见证的基础上,向犯罪嫌疑人介绍认罪认罚从宽制度的内容和适用;三是说理,是在告知的基础上,律师针对案件本身,有针对性地进行释法说理。

(二)落实值班律师制度,尽快实现值班律师对无辩护人的认罪认罚案件全覆盖

在无辩护人的案件中,值班律师为犯罪嫌疑人提供法律帮助,对于维护犯罪嫌疑人合法权益,保障控辩协商的公平公正,保证认罪认罚的自愿、明智,减少犯罪嫌疑人反悔,都具有重要意义。但目前值班律师参与无辩护人的认罪认罚案件的比例还有较大的提升空间。要采取强化行业推动、加大财政投入、落实司法机关等的告知义务等措施,尽快提高值班律师参与的比例,实现无辩护人的认罪认罚案件值班律师全覆盖。

根据《刑事诉讼法》第 173 条第 3 款规定，值班律师自人民检察院对案件审查起诉之日起，应当有权阅卷，因为阅卷是其"提前了解案件有关情况"的主要和基本方式。根据《刑事诉讼法》第 36 条第 2 款规定，值班律师应当有权同在押的犯罪嫌疑人、被告人会见和通信，犯罪嫌疑人、被告人有权约见值班律师，且法律并无约见次数的限制，那被约见后的值班律师也应当有权会见犯罪嫌疑人、被告人或与其通信。但上述权利需要司法解释予以进一步明确。[1]

---

〔1〕 朱孝清："如何对待被追诉人签署认罪认罚具结书后反悔"，载《检察日报》2019 年 8 月 28 日，第 3 版。

检察机关提起公诉时发现新证据怎么处理？

问题引入

关于本问，当检察机关发现新证据时应作何处理存在两种情况：一是犯罪嫌疑人对认罪认罚无反悔意图，此时涉及的问题就是检察机关是应当继续依照认罪认罚处理还是作出不起诉决定；二是犯罪嫌疑人反悔，这涉及认罪认罚当中对于犯罪嫌疑人反悔权保障的问题。

一、犯罪嫌疑人无反悔意图时检察机关的处理方式

一般情况下，如果公诉机关发现证据之后，首先要进行核实，如果核实认为这个证据确实具有合法性和真实性，能够证明犯罪嫌疑人不构成犯罪，检察机关就不能一味地推进认罪认罚程序。根据《刑事诉讼法》第115条规定，公安机关对已经立案的刑事案件，应当进行侦查，收集、调取犯罪嫌疑人有罪或者无罪、罪轻或者罪重的证据材料。司法机关的任务不仅仅是对犯罪嫌疑人定罪，同时也要保障犯罪嫌疑人的权利，既要搜查有罪证据也要搜查无罪证据，在搜查到无罪证据时应当对案件作出不起诉处理。若认为证据不充分，根据《刑事诉讼法》第175条第2款的规定，人民检察院审查案件，对于需要补充侦查的，可以退回公安机关补充侦查，也可以自行侦查。若最后仍然证据不足，也应当依照法律规定，作出不起诉的决定。

二、犯罪嫌疑人行使反悔权的后果

犯罪嫌疑人在不同阶段行使反悔权，后果也不同，下文将分阶段进行梳理。

（一）审查起诉阶段

在审查起诉阶段，被追诉人在签署认罪认罚具结书前行使反悔权的，法律后果同侦查阶段；签署认罪认罚具结书后被追诉人反悔的，认罪认罚具结书失效，人民检察院在全面审查事实和证据的基础上，依法提起公诉。犯罪嫌疑人在主张认罪认罚并签署认罪认罚具结书之后，人民检察院向法院提起公诉之前表示反悔的，先前依据与控方达成合意所签署的认罪认罚具结书失效，那么人民检察院自然也应对所掌握的事实与证据重新进行全面审查，按照不认罪认罚的普通刑事案件的法定起诉标准作出是否提起公诉的决定。

（二）人民检察院作出不起诉决定后

此时犯罪嫌疑人表示反悔的，根据《关于适用认罪认罚从宽制度的指导意见》第51条的规定，人民检察院应当对案件进行审查，

分三种情形作出不同的处理:首先,犯罪嫌疑人没有犯罪事实,符合法定不起诉条件的,应当撤销原不起诉决定,依法重新作出不起诉决定。此种情境下的犯罪嫌疑人是否认罪认罚以及认罪认罚后是否反悔实际上并不影响人民检察院依法作出不起诉决定;其次,符合酌定不起诉条件的,可以维持原不起诉决定,也可依法提起公诉;最后,排除认罪认罚因素后,符合起诉条件的,应当根据案件具体情况撤销原不起诉决定,依法提起公诉。

(三)其他程序问题

另外,根据回避原则,被追诉人反悔后还存在更换办案人员的需要。被追诉人反悔权的行使,不仅引发程序性后果,对实体事实的认定、证据的采纳、刑罚的裁量也有影响,几乎要求公检法三机关重新处理该案件。而被追诉人在行使反悔权的同时,其有罪供述已经进入了办案机关工作人员的视线,办案人员处理被追诉人反悔后的案件时,难免对被追诉人产生有罪的偏见。我国侦查、检察、审判机关的职权与立场决定了被追诉人反悔后对办案人员更换的要求也不同。侦查机关和检察机关与被追诉人存在天然对立的关系,且最终审判权由审判机关掌握,除非侦查、检察机关工作人员对被追诉人实施了如刑讯逼供等非法采集证据的手段,对被追诉人产生了足够大的心理阴影,严重影响后续诉讼程序的进行,或有其他回避事由,否则被追诉人认罪认罚后,并无更换侦查、检察机关工作人员的必要。与之相对,人民法院在刑事诉讼制度中扮演着中立裁判的角色,被追诉人行使反悔权的前提是其已经表示了认罪认罚,此时审判人员也已接收被追诉人认罪认罚的信息,或将形成被追诉人有罪的心证。而被追诉人反悔后,不仅应当消除认罪认罚对诉讼程序适用的影响,还应考虑实体上能否消除司法机关因认罪认罚而对被追诉人产生的负面评价。依照相关规定,被追诉人反悔的,人民法院对案件重新审理,尽管我们相信审判人员会凭借专业素质和职业伦理对案件的事实、证据进行公正考量,但为了防止审判人员对被追诉人抱有不利偏见,还是应当更换审判人员,这是程序正义的要求,是以审判为中心的需要,是直接言词原则的体现,也是被告人获得公正审判的需要。[1]

（四）反悔后对证据的采纳

被追诉人针对"认罪"行使反悔权的，人民法院将根据审理查明的事实，依法作出裁判，而对被追诉人的有罪供述如何处理，以及涉及非法取证的，能否启动非法证据排除程序等问题，现有的法律条文以及司法解释并未作出明确规定。部分学者对此进行了调研，发现在司法实践中，对于之前证据的采纳率几乎达到了100%。[2]被追诉人反悔后的审判中，对先前证据不做处理、对证据采纳不受限制是极不妥当的。对事实的认定和证据的采纳与被追诉人最终需承担的法律后果密切相关。与实物证据不同，其供述主观性较强，为维护司法公正以及保护被追诉人合法权益，对被追诉人反悔后的证据采纳需审慎。被追诉人反悔后不再认罪的，其有罪供述应当被排除。按照司法实践中司法机关在被追诉人反悔后依然采纳其有罪供述的做法，若被追诉人非自愿签署认罪认罚具结书后，在庭审中明确表达了抗议，这种抗议除带给被追诉人更加糟糕的结果外没有其他任何作用，司法机关也不会因此受到程序制裁，可以想象，认罪认罚从宽制度的实施会严重偏离轨道。

因此，被追诉人所做的有罪供述在其反悔后不应再被后续的审判活动所采纳，如此方能保障反悔权行使的有效性。对于可能存在非法取证情况的，应当依法启动非法证据排除程序，使认罪认罚反悔权的行使成为一项有效的权利救济手段。

被追诉人认罪认罚后，无论反悔与否，都不能降低证明标准。第一，即使被追诉人认罪认罚后并未反悔，也不能排除其无罪的可能，还应考虑认罪认罚内容的真实性，避免给无辜者造成不必要的伤害。而司法实践中，随着被追诉人认罪认罚具结书的签署，司法机关往往不经意间就降低了证明标准，过分依赖认罪认罚具结书。

---

[1] 丛琳："认罪认罚从宽制度中被追诉人反悔权研究"，吉林大学2020年硕士学位论文。

[2] 马明亮、张宏宇："认罪认罚从宽制度中被追诉人反悔问题研究"，载《中国人民公安大学学报（社会科学版）》2018年第4期。

因此，出于维护司法公正、减少冤假错案的考虑，即使案件适用速裁程序，也还是应当坚持有利于犯罪嫌疑人、被告人的原则，坚持案件事实清楚，证据确实、充分，能够排除合理怀疑的证明标准。第二，若被追诉人行使反悔权，更加不能降低证明标准。被追诉人反悔后，依法排除其有罪供述的，由于此时距离案件发生已有一段时间，表面上看可能已经过了最佳取证时间，无法补上证据缺口，若为惩罚犯罪，可以酌情降低证明标准。但若排除被追诉人的有罪供述便无法对其定罪，说明在侦查、审查起诉阶段都过分依赖了口供，证明标准根本未达到法定要求，这是司法机关应承担的责任，不能将司法机关的过错转嫁给被追诉人，使被追诉人承受其不应承受的不利后果。因此，无论被追诉人认罪认罚后是否行使反悔权，都应坚持有利于犯罪嫌疑人、被告人的原则，坚持案件事实清楚，证据确实、充分，能够排除合理怀疑的证明标准。这既是无罪推定原则的要求、实质真实原则的要求，也是出于避免冤假错案的考量。[1]

（五）反悔后的刑罚裁量

无论被追诉人在庭审过程中还是一审判决作出后行使反悔权，人民法院都应对其刑罚重新进行裁量，对于被追诉人不同类型的反悔，在量刑上也有些许区别。

一审判决作出前被告人行使反悔权，对"认罪""认罚"或程序适用提出异议的，意味着其先前签署的认罪认罚具结书归于无效，被追诉人不再享受先前与人民检察院协商好的量刑"优惠"，人民法院不再按照此前具结书中人民检察院给出的量刑建议进行刑罚裁量，而应综合案件事实与证据重新进行刑罚裁量。对于重新量刑的幅度，笔者认为人民法院整体上应当做到"同案同判"，即无论被追诉人认罪认罚后针对"认罪""认罚"还是程序简化行使反悔权，依法转换成普通程序审理的案件所遵循的刑罚裁量标准，均应与相似的被追诉人未签署认罪认罚具结书的案件中的刑罚裁量标准保持一致。

---

〔1〕 陈瑞华："认罪认罚从宽制度的若干争议问题"，载《中国法学（文摘）》2017 年第 1 期。

被追诉人未签署认罪认罚具结书的普通案件中，刑罚裁量时考虑的是被追诉人犯罪行为的恶劣程度和被追诉人的人身危险性，刑罚裁量的从宽情节一般包括被追诉人具有自首、坦白、立功等行为。在认罪认罚从宽制度中，对于被追诉人从轻处罚的立足点还包括由于案件适用刑事速裁程序，减少了司法资源的投入，而对被追诉人予以"奖励"。无论被追诉人认罪认罚后的反悔是针对"认罪""认罚"还是程序简化，其反悔带来的程序性后果主要是不再适用刑事速裁程序，转为普通程序或简易程序继续案件审理，对量刑情节的影响仅在于被追诉人失去了为国家节约司法资源这一从宽情节，此时司法机关并没有任何正当理由对被追诉人加重处罚。因此，司法机关不可将被追诉人认罪认罚后的反悔视为从重情节，更不可因其反悔而对其打击报复，恶意加重刑罚，致使被追诉人因依法行使其所享有的正当诉讼权利而承担不利的法律后果。

一审判决作出后被追诉人行使反悔权，提出上诉的，根据《关于适用认罪认罚从宽制度的指导意见》第 45 条的规定，被追诉人针对"认罪"反悔的，二审法院应撤销原判，发回重审，不再按认罪认罚案件从宽处罚。被追诉人针对"认罚"反悔的，二审法院认定原判量刑适当的，应裁定驳回上诉，维持原判；原判量刑不当的，经审理后依法改判。

"量刑不当""依法改判"应作限缩解释。"量刑不当"仅指量刑过重，不包括量刑过轻的情形；"依法改判"也仅指减轻被追诉人的刑罚，而不可对其加重处罚。我国《刑事诉讼法》第 237 条规定了上诉不加刑原则，为消除被追诉人的顾虑，保障被追诉人可依法行使上诉权，被追诉人提出上诉的，二审法院不得加重其刑罚，人民检察院提起抗诉的，不受该原则的限制。因此，仅检察机关提起抗诉的，二审法院可依法加重被追诉人的刑罚，否则二审法院不得加重被追诉人的刑罚。

据此，被追诉人对"认罚"反悔，提出上诉，原判量刑适当的，二审法院应裁定驳回上诉，维持原判；原判量刑过重的，二审法院应经审理后依法改判；原判量刑畸轻的，二审法院应裁定撤销原判，发回重审。检察机关同时提起抗诉的，二审法院可撤销原判，综合案件事实、证据依法改判。

三、对犯罪嫌疑人的保护与限制

（一）结合效率与公正进行处理

在签署具结书后至一审程序结束前被追诉人提出撤回认罪认罚答辩的，应尊重被追诉人的自主选择权，并确立"程序回转"机制，检察机关应当详细了解其反悔的原因，履行告知释明的义务，告知其反悔后程序的适用以及实体上的后果，若被追诉人坚持反悔的，应当由检察机关对反悔的事由及反悔事实记录在案，随后通过证据展示等方式，引导其正确行使反悔权，上述过程应该有值班律师在场。撤回后，案件后续审理程序的变更要根据被追诉人具体的反悔内容来区别对待：第一，对于"认罪"后反悔的处理（包含同时对罪名和量刑存有异议的），是指对于罪名、犯罪的事实和证据认定等有关案件的证据和事实等案件实体问题有异议，因此应当适用普通程序，便于在庭审中进行充分的举证、质证，进行法庭调查。此时检察官的起诉书变更可以在庭审中口头调整并记录于庭审笔录上。第二，若是"认罚"后的反悔，法院可以建议检察院调整量刑建议，检方若不同意调整或调整后被追诉人及其辩护人仍存有异议的依法作出判决。但对于仅针对量刑存有异议，对于定罪有关的事实没有异议的，案件审理的重点应当放在法律适用上，因此未必转换为普通程序进行审理。

被追诉人一旦对于定罪或量刑存有异议，行使了认罪认罚制度中的反悔权，那么检察院与被告人之间签署的认罪认罚具结书归于无效，检察官需要根据案件事实与证据对案件重新展开调查。另外对于被追诉人反悔后是否可以再次认罪认罚的问题，笔者认为，对于被追诉人的反悔，在其提出撤回的请求，检察机关告知释明后，应当设置一定的考虑时间，时间不宜过长，如一日至两日，当然被追诉人也可以放弃考虑时间直接作出最终的撤回决定，被追诉人经考虑表示不反悔继续认罪认罚程序的，具结书效力没有改变，继续之前的程序即可，但其一旦作出撤回的决定，就不宜设定再次反复认罪，究其根本认罪认罚就是内心上的一种悔悟，若反复认罪再撤回再认罪，其认罪认罚的动机以及内心的反复犹豫决定不宜再适用认罪认罚从宽制度，反复的认罪和反悔带来的只能是诉讼资源的浪费。其与一次性的认罪认罚在量刑"从宽"幅度上如何体现区别，也是值得研究的问题。[1]

（二）排除之前的有罪供述

对认罪认罚被追诉人反悔后的口供的处理，其他国家或地区普遍的做法是不得作为证据使用。美国辩诉交易亦是如此，甚至证据排除对象不限于口供，禁止适用的程序也不限于刑事指控，法国也采取了类似做法。其他国家或地区的做法为我国对反悔后案件中"认罪证据"的适用问题提供了基本思路。本文认为，一方面，对于认罪认罚案件中被追诉人反悔前所收集的有罪供述不得再继续用作对其不利的指控，因为反悔必然对被追诉人有罪供述的证明力产生影响，被追诉人的反悔可能由于其之前的认罪认罚行为是非自愿、非明智的，甚至是无罪之人因公权力机关的诱导而作出的虚假不实的答辩，这些证据本身的真实性是没有保障的，但被追诉人供述中对其有利的部分则可继续使用。另一方面，对于以被追诉人口供为线索获取的其他实物证据须经过认证规则的检验，未经过辨认、鉴定等方式确定其与案件事实的关联的，不得作为定案的根据，不可继续使用。

---

[1] 韩钰佳："认罪认罚从宽制度中被追诉人反悔权问题研究"，四川省社会科学院 2020 年硕士学位论文。

如何把握检察院的审查起诉期限？

问题引入

对于一个刑事案件，公安机关侦查终结后，会将案件移送到检察院，由检察院来审查是否需要作出起诉决定。那么这个阶段审查的期限是多久呢？一个案件到了审查起诉阶段，按照法律的规定，它的审查起诉期限一般是一个月，重大复杂的可以延长十五日。也就是说正常情况下，一个案件的审查起诉期限是四十五天。当然还可以退回补充侦查，然后重新计算审查起诉的期限。

一、审查起诉期限概述

《刑事诉讼法》第 172 条规定，人民检察院对于监察机关、公安机关移送起诉的案件，应当在一个月以内作出决定，重大、复杂的案件，可以延长十五日。人民检察院审查起诉的案件，改变管辖的，从改变后的人民检察院收到案件之日起计算审查起诉期限。该条对审查起诉的期限以及改变管辖后审查起诉期限的计算，都作出了明确的规定。这一规定是长期审查起诉经验的总结，是符合准确、及时办案要求的。

根据《刑事诉讼法》的规定，人民检察院对于公安机关移送起诉的案件，应当在一个月以内作出决定，重大、复杂的案件，可以延长十五日。上述审查起诉期限，是针对犯罪嫌疑人已被羁押而言，对于犯罪嫌疑人未被羁押的法律未规定审查起诉期限，但检察机关应抓紧时间进行审查，不得拖延时间。法律规定办案期限，主要是根据司法机关的办案水平和实际需要进行考虑的，既要保证司法机关有足够的时间审查案件，如检察院在审查案件过程中要讯问犯罪嫌疑人，询问证人、被害人，要对各种证据进行核查，有的还要进行技术鉴定，对证据不够充分的，检察院可以自行进行侦查，以保证做到准确、不出差错；同时又要防止办案时间过分延长，使案件久拖不决，不利于保障犯罪嫌疑人的合法权益。《刑事诉讼法》规定的上述检察院审查案件的时间基本上是符合我们国家的情况的。这里应当注意两种情况，一是人民检察院在审查案件当中，认为事实不清、证据不足，需要退回公安机关补充侦查的，经公安机关在一个月内补充侦查完毕，又移送人民检察院要求起诉的，人民检察院可以重新计算审查期限；二是在人民检察院审查案件中，发现该案件依照法律规定不属于自己管辖，而属于另外一个检察院管辖的，或是由上级人民检察院指定将该案件交给另一个检察院管辖的，改变管辖后的人民检察院应当重新计算审查期限。

二、审查起诉期限之背景

为保障刑事诉讼活动的正常进行，提高诉讼效率，保护当事人合法权益，明确人民检察院审查起诉的期限具有重要意义。1979 年《刑事诉讼法》就对人民检察院审查起诉的期限作了规定，该法第 97 条规定："人民检察院对于公安机关移送起诉或者免予起诉的案件，应当在一个月以内作出决定，重大、复杂的案件，可以延长半个月。"

1996 年《刑事诉讼法》对该条作了两处修改。

一是删去了关于免予起诉案件审查起诉的期限的规定。免予起诉是检察机关对不需要判处刑罚或者免除刑罚的犯罪嫌疑人定罪但不予起诉的制度。1996 年修正《刑事诉讼法》时，考虑到不经法院审判程序就定有罪，不符合法治的原则；实践中，对有些无罪的人决定免予起诉，侵害了被告人的合法权利；对有些依法应当判刑的，却免予起诉也不合适。因此，取消了免予起诉制度，同时规定，对犯罪情节轻微，依照刑法规定不需要判处刑罚或者免除刑罚的，人民检察院可以不起诉，并相应删去了关于免予起诉案件审查起诉的期限规定。

二是增加一款作为第二款，规定人民检察院审查起诉的案件，改变管辖的，从改变后的人民检察院收到案件之日起计算审查起诉期限。1984 年第六届全国人大常委会第六次会议通过的《关于刑事案件办案期限的补充规定》对人民法院和人民检察院改变管辖案件的办案期限作了专门规定。其第 6 条规定："人民检察院和人民法院改变管辖的公诉案件，从改变后的办案机关收到案件之日起计算办案期限。"1996 年《刑事诉讼法》将上述内容作为一款加以规定。

2018 年《刑事诉讼法》对该条作了三处修改。

一是增加关于监察机关移送案件审查起诉期限的规定。这是与监察体制改革配套和与监察法相衔接的修改。《监察法》第 3 条规定，监察委员会是行使国家监察职能的专责机关，依照本法对所有行使公权力的公职人员进行监察，调查职务违法和职务犯罪；第 45

条第 1 款第 4 项规定，对涉嫌职务犯罪的，监察机关经调查认为犯罪事实清楚，证据确实、充分的，制作起诉意见书，连同案卷材料、证据一并移送人民检察院审查、提起起诉。2018 年《刑事诉讼法》，增加规定监察委员会移送案件的审查起诉期限，既是落实监察体制改革成果的需要，也是与监察法相衔接的需要。

二是对速裁案件审查起诉的期限作出专门规定。《刑事诉讼法》对第一审公诉案件规定了普通程序和简易程序两种审理程序，以适用普通程序为原则，以适用简易程序为例外。根据《刑事诉讼法》的规定，适用简易程序审理案件，不受送达期限、讯问被告人、询问证人、鉴定人、出示证据、法庭辩论程序规定的限制。作出这种规定，主要是为了对事实清楚、证据充分，且被告人自愿认罪的案件，在保障权利、保证公正的前提下尽量做到程序从简，节约司法资源。当前，我国正处于经济结构调整、矛盾纠纷多发的刑事犯罪高发期，司法机关面临的"案多人少"、司法资源配置不合理等问题依然需要通过深化改革解决。为进一步推动刑事案件繁简分流，优化司法资源配置，2014 年 6 月，第十二届全国人大常委会第九次会议审议通过《关于授权最高人民法院、最高人民检察院在部分地区开展刑事案件速裁程序试点工作的决定》，授权最高人民法院、最高人民检察院在北京、天津、上海等地开展刑事案件速裁程序试点工作。对事实清楚、证据充分、被告人自愿认罪、当事人对适用法律没有争议的危险驾驶、交通肇事、盗窃等情节较轻，依法可能判处一年以下有期徒刑、拘役、管制的案件，或者依法单处罚金的案件，进一步简化《刑事诉讼法》规定的相关诉讼程序。2016 年 9 月，第十二届全国人大常委会第二十二次会议审议通过《关于授权最高人民法院、最高人民检察院在部分地区开展刑事案件认罪认罚从宽制度试点工作的决定》，并明确在原速裁程序试点地区开展的试点工作，按照新的试点办法继续试行（试点授权于 2018 年期满）。为落实全国人大常委会授权决定，2016 年 11 月 11 日，最高人民法院、最高人民检察院、公安部、国家安全部、司法部联合印发了《关于在部分地区开展刑事案件认罪认罚从宽制度试点工作的办法》。该办法第 12 条规定对适用速裁程序的案件，人民检察院一般应当在受理后十日内作出是否提起公诉的决定；对可能判处有期徒刑超过一年的，可以延长至十五日。近两年的试点实践证明，办法规定的十日和十五日的审查起诉期限基本能够满足实际需要，也充分体现和发挥了速裁程序的效率优势。2018 年《刑事诉讼法》将试点工作经验加以总结，增加规定了速裁程序，并根据各方面意见和实际工作需要，吸收了试点办法中对速裁程序审查起诉期限的规定。

三是将本条中"半个月"的表述修改为"十五日"。草案一审稿规定人民检察院对于监察机关、公安机关移送起诉的案件，应当在一个月以内作出决定，重大、复杂的案件，可以延长半个月；犯罪嫌疑人认罪认罚，符合速裁程序适用条件的，应当在十日以内作出决定，对可能判处有期徒刑超过一年的，可以延长至十五日。在草案审议和征求意见过程中，有的地方和社会公众提出，每个月的日数不同，"半个月"具体是多少天可能存在差异，且在同一条中既有"半个月"又有"十五日"的表述也不科学，建议统一按日规定。本条吸收了这一意见，将"半个月"的表述修改为"十五日"。

本条共分两款。第 1 款是关于人民检察院审查起诉期限的一般规定。"应当在一个月以内作出决定"是指人民检察院对公安机关、监察机关移送起诉的案件，应当按照本法第 171 条规定的审查要求，在一个月以内审查完毕，并作出提起公诉或者不起诉的决定。"重大、复杂的案件，可以延长十五日"是指案情重大或者案情复杂，在一个月内不能办结的案件，可以延长十五日的审查期限。第 2 款是关于对人民检察院审查起诉的案件改变管辖的，如何计算审查起诉期限的规定。本款是 1996 年《刑事诉讼法》增加的规定。实践中，人民检察院对于公安机关、监察机关移送起诉的案件，通过审查阅卷、核实证据，在一个月以内基本上可以作出决定。重大、复杂的案件，延长半个月后一般也可以审查完毕作出决定。但是，对于审查起诉过程中依法改变管辖后的案件，如果让接收案件的检察机关仍按剩余的审查起诉期限办案，显然存在困难。为解决这一问题，1996 年《刑事诉讼法》吸收了 1984 年《关于刑事案件办案期限的补充规定》第 6 条的规定，即"人民检察院和人民法院改变管辖的公诉案件，从改变后的办案机关收到案件之日起计算办案期限"，以便于人民检察院有充分的时间审查案件。

改变管辖，主要是指人民检察院在审查起诉的过程中，发现案件不属于其管辖范围，或者案件需要依法调整管辖的情况。如果发生人民检察院将案件移送有关人民检察院重新审查起诉的情形，接收案件的人民检察院自收到案件之日起，按照第 1 款的规定计算办案期限，即应当在一个月以内作出决定，重大、复杂的案件，可以延长十五日。

审查起诉环节，出现审限延长或者退回补充侦查是正常的办案方式，而对不属于重大、复杂案件延期或者为了换取时间而退回补充侦查，并导致羁押期限过长是不符合法律本意的，也违背法律精神。出现上述情况的原因是多方面的，主要是因为审查起诉期限包含的实际办案时间存在差异。虽然法律规定审查起诉期限为一个月，但根据《刑事诉讼法》的规定："期间开始的时和日不算在期间以内"，"期间的最后一日为节假日的，以节假日后的第一日为期满日期，但犯罪嫌疑人、被告人或者罪犯在押期间，应当至期满之日为止，不得因节假日而延长"。事实上，实际审查起诉的期限可能是不足一个月的，还不包括期间的双休日。根据《最高人民法院关于适用〈中华人民共和国刑事诉讼法〉的解释》规定："以月计算的期间，自本月某日至下月同日为一个月；期限起算日为本月最后一日的，至下月最后一日为一个月；下月同日不存在的，自本月某日至下月最后一日为一个月；半个月一律按十五日计算。"审查起诉一个月的时间同样存在差异。对于一个疑难、新型、媒体高度关注的案件，时间是非常宝贵的，一天、两天的时间差异，都可能增加办案人的压力。[1]

---

〔1〕 李新、余响铃："延长审查起诉期限问题研究"，载《中国刑事法杂志》2013 年第 10 期。

三、速裁程序的适用

对于认罪认罚案件来说，如果犯罪嫌疑人、被告人在公安机关认罪认罚了，那么公安机关在移送到检察院的时候，在起诉意见书中可以建议检察机关适用速裁程序。那么，检察机关如果对认罪认罚案件适用了速裁程序，办案期限就会大大缩短，一般在十天之内就要提起公诉，对于有可能判处一年以上有期徒刑的可以延长到十五天。由此可见，如果检察机关适用了速裁程序来办理认罪认罚案件的，审查起诉期限就大大缩短了。在我们的司法实践中，有这样一种情况，犯罪嫌疑人在公安机关没有认罪认罚，到了检察机关才认罪认罚，公安机关移送到检察院的时候，没有建议检察机关适用速裁程序，那么检察机关受理这个案件的时候也没有适用速裁程序。但是在检察院审查起诉期间，犯罪嫌疑人、被告人表示认罪认罚，这个时候检察院将这个案件移送法院，也可以建议法院根据犯罪嫌疑人认罪认罚，适用速裁程序。也就是说，即使检察机关没有适用速裁程序办理认罪认罚案件，也不影响法院适用速裁程序来办理认罪认罚的案件。

2018 年《刑事诉讼法》增设了刑事速裁程序，规定基层人民法院管辖的可能判处三年有期徒刑以下刑罚的案件，案件事实清楚，证据确实、充分，被告人认罪认罚并同意适用速裁程序的，可以适用速裁程序，由审判员一人独任审判。人民检察院在提起公诉的时候，可以建议人民法院适用速裁程序。同时明确，人民检察院对犯罪嫌疑人认罪认罚、符合速裁程序适用条件的，要在十日或者十五日内审查起诉。适用速裁程序办理案件对推进刑事案件繁简分流、提升诉讼效率、节约诉讼资源、优化司法资源配置、维护当事人合法权益具有重要意义。刑事诉讼中，检察机关承担着审查逮捕、审查起诉、出庭公诉、诉讼监督等职责，前接侦查，后启审判，是承上启下的关键环节，在推动刑事案件繁简分流、简案快办方面发挥着重要作用。认罪认罚从宽制度全面实施以来，检察机关适用该制度办理的案件，起诉到法院后适用速裁程序审理的占 27.6%，适用简易程序审理的占 49.4%，适用普通程序审理的占 23%。与人民法院 80%以上的案件判处三年有期徒刑以下刑罚相比，适用速裁程序的比例还是比较低的，客观上与我国新时期刑事犯罪结构发生的变化也不相适应，运用速裁程序处理轻罪案件的优势尚未充分体现出来。通过调研分析发现，从检察机关自身角度讲，速裁程序办案时限紧张，认罪认罚工作任务增多，但部分轻刑案件并不简单，导致检察办案人员不愿用、不会用、不善用速裁程序。最高人民检察院广泛开展调研，结合工作中的经验和不足，选取典型案例，为各级检察机关进一步落实《刑事诉讼法》关于速裁程序的相关规定，提高速裁程序适用比例，提升轻刑案件办理质量和效率提供参考借鉴。[1]

检察机关在推动落实速裁程序中，往往具体发挥自身的职能作用。速裁程序主要适用于简单、轻刑案件，能否适用速裁程序最重要的是要确保案件事实清楚、证据确实、充分，犯罪嫌疑人自愿认罪认罚且同意适用速裁程序。检察机关在刑事诉讼中前接侦查、后启审判，是起诉案件的把关者，也是程序分流的重要参与者。认罪认罚从宽制度中，刑事诉讼法赋予了检察机关更重的责任，检察机关不仅要在起诉前引导开展认罪教育、发挥审前把关的作用，起诉后也要承担有效指控证明犯罪、准确提出量刑建议的责任，还承担着落实以审判为中心的要求，积极推动刑事案件繁简分流的重要责任。

四、适用速裁程序的意义

认罪认罚案件适用速裁程序，在提升办案效率的同时，应更好地保障被告人和被害方的权益。最高人民检察院第一检察厅厅长苗生明在解读认罪认罚案件适用速裁程序中指出，打击犯罪和保障人权是我国刑事诉讼的两大目标，适用速裁程序办理案件也不例外。检察机关适用速裁程序办理案件，兼顾被告人和被害方合法权益，

---

〔1〕 刘丹："检察机关在认罪认罚从宽制度中的作用"，载《新乡日报》2020 年 12 月 26 日，第 A3 版。

注重适用速裁程序从快从简从宽处理涉民营企业案件，维护企业正常经营活动，实现最佳办案效果。适用速裁程序处理案件，既要对认罪认罚的被告人体现实体从宽、程序从简，又要充分维护被害方利益。坚持依法保护被害方合法权益，将被害方损失是否得到弥补作为是否适用认罪认罚从宽制度以及从宽幅度把握的重要考量因素，对有条件、有能力赔偿而不积极赔偿的，慎重适用认罪认罚从宽制度。将听取被害方意见作为开展认罪认罚工作的重要内容，努力化解矛盾，实现"案结事了"。如邱某某盗窃案、魏某某职务侵占案，均有效追回、弥补了被害方损失，亦听取了被害方意见。同时，检察机关应当注重发挥速裁程序优势，从快从简从宽处理涉民营企业案件，维护企业正常经营活动，落实平等保护。如成都某印务有限责任公司、黄某某非法经营案，对单位犯罪适用了认罪认罚从宽制度。在适用过程中，坚持打击和保护并重、实体公正和程序公正并重，对犯罪情节较轻的民营企业经营者慎用人身强制措施和监禁刑，并通过建议适用速裁程序快速处理案件，最大程度减少对企业正常经营活动的负面影响，实现案件处理法律效果、政治效果和社会效果的有机统一。

检察院如何行使监督职责？

问题引入

　　在认罪认罚案件中，检察机关仍然行使的是自己的追诉职能，只是实现追诉职能的方式发生了变化，由原先的对抗转向了控辩双方的协商。除此之外，检察机关仍然应当坚持宪法所赋予的法律监督权。那么如何理解认罪认罚案件中检察机关的法律监督职责？本问将讨论检察机关进行法律监督的法律依据、认罪认罚从宽制度中检察机关法律监督的重要性，以及检察院如何具体行使法律监督职责的问题。

一、检察机关法律监督的依据

法律监督是一种特殊的诉讼监督，指法律监督的主体依照法定程序对侦查、起诉、审判机关在刑事案件认罪协商过程中存在的违法行为进行监督纠正，进而维护法律统一实施的诉讼活动。[1]根据《宪法》规定，中华人民共和国人民检察院是国家的法律监督机关。《刑事诉讼法》第 8 条规定了人民检察院依法对刑事诉讼实行法律监督。强化法律监督制约是确保认罪认罚从宽制度公正执行，防止产生"权权交易""权钱交易"等司法腐败问题的重要手段。[2]检察机关作为国家的法律监督机关，加强办理认罪认罚案件的诉讼监督，对确保制度公正运行具有重要作用。

《关于适用认罪认罚从宽制度的指导意见》第 54 条规定："……完善人民检察院对侦查活动和刑事审判活动的监督机制，加强对认罪认罚案件办理全过程的监督，规范认罪认罚案件的抗诉工作，确保无罪的人不受刑事追究、有罪的人受到公正处罚。"对于这一条文，具体可以从两个层面来把握：一是强化对侦查活动的监督。重点是要强化对侦查阶段认罪认罚自愿性、合法性的监督，坚决排除非法证据，防止刑讯逼供等非法取证行为。二是加强对法院裁判的监督。[3]为了进一步贯彻实施认罪认罚案件检察权运行监督机制，加强检察官办案廉政风险防控，确保依法规范适用认罪认罚从宽制度，最高人民检察院印发了《人民检察院办理认罪认罚案件监督管理办法》。该办法全面梳理办案风险点，明确部门负责人、副检察长、检察长的监督管理职责，构建全流程监督管理体系。规定当面听取辩护人、被害人及其诉讼代理人意见时，检察人员不得少于两人，且应当在工作时间和办公场所进行。量刑建议应当与审判机关

〔1〕 参见胡铭、张传玺："认罪认罚从宽制度中的法律监督"，载《昆明理工大学学报（社会科学版）》2017 年第 2 期。

〔2〕 参见苗生明、周颖："认罪认罚从宽制度适用的基本问题——《关于适用认罪认罚从宽制度的指导意见》的理解和适用"，载《中国刑法杂志》2019 年第 6 期。

〔3〕 参见苗生明、周颖："认罪认罚从宽制度适用的基本问题——《关于适用认罪认罚从宽制度的指导意见》的理解和适用"，载《中国刑法杂志》2019 年第 6 期。

对同类、情节相当案件的判罚尺度基本一致，遇有特殊情况须说明理由和依据。对拟不批捕、不起诉的，需报检察长决定。对被害人不谅解或不同意从宽处理的案件拟不起诉的，视情况邀请代表、委员、律师、专家学者等参与公开听证。健全案件评查、绩效考核、失责惩戒和执纪问责相衔接的制度机制，重点对量刑建议明显不当、犯罪嫌疑人认罪认罚又反悔、当事人不服提出申诉等案件进行监督。以更严格的要求落实过问或干预、插手司法办案记录报告的"三个规定"，筑牢司法廉洁"防火墙"。[1]

二、检察机关在认罪认罚从宽制度中的作用与责任

（一）检察机关在认罪认罚从宽制度中的作用

最高人民检察院检察长张军指出要"全面落实认罪认罚制度，切实发挥检察机关的主导作用"，明确了检察机关在认罪认罚从宽制度中作用的主导性，而且指明了检察机关在认罪认罚从宽制度中地位的主导性。[2]在认罪认罚案件的办理过程中，检察官不仅参与案件办理、量刑协商、签署具结书等环节，也承担了法律赋予的检察监督职责，这一监督在案件类型及程序上都具有全面性。一方面，检察监督在案件类型上具有全面性，不存在只能对不认罪案件监督而不能对认罪案件监督的情况。另一方面，检察监督在程序上也具有全面性，既包括在审查起诉阶段对认罪自愿性和合法性的监督，也包括对审判活动及裁判进行的监督。[3]故在认罪认罚从宽制度中，检察机关不仅是承上启下的枢纽和监督者，而且是罪案处理的实质影响者，因而无论是在程序上还是在实体上都居于主导地位。[4]

---

〔1〕 张军："最高人民检察院关于人民检察院适用认罪认罚从宽制度情况的报告——2020年10月15日在第十三届全国人民代表大会常务委员会第二十二次会议上"，载《检察日报》2020年10月17日，第2版。

〔2〕 参见朱孝清："检察机关在认罪认罚从宽制度中的地位和作用"，载《检察日报》2019年5月13日，第3版。

〔3〕 参见鲍键、陈申骁："认罪认罚案件被告人上诉的检察监督"，载《人民检察》2019年第12期。

〔4〕 参见朱孝清："检察机关在认罪认罚从宽制度中的地位和作用"，载《检察日报》2019年5月13日，第3版。

（二）检察机关在认罪认罚从宽制度中的责任

认罪认罚从宽制度的建立和完善，推动我国刑事诉讼程序、模式发生重大变化，也赋予检察机关对于贯彻落实认罪认罚从宽制度的更重责任。《最高人民检察院关于人民检察院适用认罪认罚从宽制度情况的报告》指出，检察机关在落实认罪认罚从宽制度中应当发挥主导作用中的"主导"这一实实在在的责任。检察机关在认罪认罚从宽制度中应当履行的主导责任主要有：一是查明事实、夯实证据体系的责任。检察机关致力于诉侦密切协作，在提前介入侦查、审查逮捕、审查起诉等环节，引导侦查机关或者自行收集完善证据，查明案件事实，夯实证据体系，为适用认罪认罚从宽制度奠定坚实的事实和证据基础。二是主动开展教育转化工作的责任。隐瞒事实、逃避处罚、避重就轻是很多犯罪嫌疑人的本能选择。在审查逮捕，尤其是审查起诉环节，检察机关需要耐心细致地做好权利告知、释法说理、教育转化工作，促使犯罪嫌疑人在确凿的事实和证据面前，减少对抗情绪，自愿认罪认罚。三是积极做好被害方工作的责任。检察机关负有听取被害方意见的义务，应当积极推动双方达成和解谅解，并将刑事和解、赔偿情况作为被告人从宽处罚的重要考虑因素。对符合司法救助条件的，积极协调申请司法救助。四是积极开展案件沟通和量刑协商、提出量刑建议的责任。提出量刑建议是适用认罪认罚从宽制度的重要环节。检察机关需要熟知法律、深谙实践，广泛听取意见，充分有效沟通协商，形成一致的、控辩审可接受的量刑建议。五是视情形对案件进行程序分流的责任。检察机关通过依法行使起诉裁量权，对符合条件的认罪认罚案件可以作出不起诉处理；对符合速裁、简易程序的案件，在犯罪嫌疑人、被告人作出程序选择的基础上，可以向法庭提出适用建议，从而推动实现繁简分流。[1]

---

〔1〕 参见《提升办案质效 彰显认罪认罚从宽制度价值——最高检第一检察厅负责人就第二十二批指导性案例答记者问》。

三、检察机关监督职责的具体行使

人民检察院依法对刑事诉讼实行法律监督，其法律监督权是多方位的，包括立案监督、侦查监督、审判监督、执行监督等。《关于适用认罪认罚从宽制度的指导意见》对检察机关法律监督的规定的重点在于对侦查活动与审判活动的监督，通过检察机关的法律监督确保无罪的人不受刑事追究、有罪的人受到公正处罚。

（一）对侦查活动的监督

在侦查阶段，检察机关应当对犯罪嫌疑人在侦查阶段的认罪认罚进行合法性和合理性监督，其监督重点主要有以下三点：第一，强化对主要犯罪事实及其证据的审查。审查主要犯罪事实及其证据是审查起诉阶段的一般性工作，在犯罪嫌疑人自愿认罪的案件中，检察机关应当进一步强化这项工作。一方面，侦查机关促成犯罪嫌疑人认罪认罚后，容易忽视收集有利于犯罪嫌疑人的证据。另一方面，侦查机关在无法获取有力的定罪证据的情况下，为了迫使犯罪嫌疑人认罪，可能会采取不正当手段收集有关非犯罪方面的证据；或者在犯罪嫌疑人认罪的情况下，根据其供述而非法收集犯罪方面的证据。因此，检察机关还要加强对定罪证据以及关联性证据的合法性审查，保障犯罪嫌疑人合法权利和刑罚的正确实施。第二，重点审查犯罪嫌疑人认罪认罚的明智性、自愿性和真实性。认罪认罚明智性是指，犯罪嫌疑人是在充分认识到法律后果后认罪认罚的。认罪认罚自愿性是指，犯罪嫌疑人是基于自由意志认罪认罚的。实践中，检察机关主要通过值班律师来保障犯罪嫌疑人获得有效法律帮助，促进其自愿认罪。认罪认罚真实性是指，犯罪嫌疑人的有罪供述基本符合案件事实，特别是行为系犯罪嫌疑人所为。第三，注意审查侦查机关向犯罪嫌疑人作出的量刑建议承诺或向检察机关提出的程序处理建议是否合法与合理。《关于适用认罪认罚从宽制度的指导意见》规定，公安机关不得作出具体的从宽承诺。如果犯罪嫌疑人基于侦查机关的不当量刑建议承诺而认罪，则可能违反明智性原则和自愿性原则，其最终也很难服判息讼。所以，在侦查机关作出量刑建议承诺的案件中，检察机关应当审查量刑建议承诺是否具有合法性和合理性。如果该量刑建议承诺违法或者明显失当，检察机关应当就此向犯罪嫌疑人作出解释，告知其可以撤回此前的有罪供述，变更为无罪辩解。检察机关还应当告知犯罪嫌疑人可能被判处的刑罚并向其作出妥当的量刑承诺，供犯罪嫌疑人参考以决定是否认罪认罚。犯罪嫌疑人自愿认罪后，侦查机关还可能向检察机关提出程序处理建议。对此，检察机关要根据《刑事诉讼法》的相关规定，结合案件的具体情况，在综合审查和评估后作出处理决定。[1]

（二）对审判活动的监督

在审判阶段，人民检察院对人民法院活动是否合法进行监督，最高人民检察院对各级人民法院、上级人民法院对下级人民法院已经发生法律效力的判决和裁定，如果发现确有错误，依照审判监督程序提起抗诉。认罪认罚案件的审理容易出现两个极端：一种是庭审形式化；另一种是过于强调审判权，对检察机关的量刑建议无故不予采纳。检察机关要着重审查人民法院适用法律是否正确，诉讼程序是否合法，并加强对诉判不一案件的审判监督。比如浙江省某检察机关办理的一起危险驾驶认罪认罚案件，控辩双方已经签署认罪认罚具结书，检察机关依法提出拘役二个月十五日的量刑建议，但一审法院在没有充分理由的前提下，未采纳检察机关的量刑建议，判了拘役三个月十日。检察机关认为一审法院违反《刑事诉讼法》中关于量刑建议"一般应当采纳"的规定，适用法律不当，遂提出抗诉。二审法院采纳了抗诉意见，撤销原判，改判被告人拘役二个月十五日。[2]人民检察院应当充分运用确定刑量刑建议，量刑建议应与审判机关对同类、情节相当案件的判罚尺度基本一致，如有特殊情况须说明理由和依据，人民法院一般应当采纳检察院指控的罪

〔1〕参见王刚、王飞："检察机关实施认罪认罚从宽制度若干问题研究"，载《政法学刊》2020年第5期。
〔2〕参见贾宇："认罪认罚从宽制度与检察官在刑事诉讼中的主导地位"，载《法学评论》2020年第3期。

名和量刑建议。根据 2020 年全国检察机关主要办案数据，法院一审宣判的适用认罪认罚从宽制度案件中，检察机关提出量刑建议 1 177 124人，其中确定刑量刑建议 865 565 人，占提出总数的 73.5%，同比增加 36.7 个百分点；法院采纳检察机关量刑建议 1 116 681 人，占同期提出量刑建议数的 94.9%，同比增加 10 个百分点；采纳确定刑量刑建议 833 654 人，占提出确定刑量刑建议数的 96.3%，同比增加10.7 个百分点。

（三）保障当事人合法权利

人民检察院的法律监督应当确保无罪的人不受刑事追究、有罪的人受到公正处罚。检察机关在认罪认罚案件中应当坚持提速不降低质量、从简不减损权利保障；高度重视被害方合法权益保护，细致释明认罪认罚从宽、刑事和解等具体法律规定，充分听取被害人及其诉讼代理人对案件处理的意见；及时告知犯罪嫌疑人相关法律规定，让其充分知悉认罪认罚的性质和法律后果。[1]在认罪认罚案件中，如果犯罪嫌疑人、被告人认为自己的权益受到了侵害，可以自己到检察机关去提出申诉控告，也可以委托自己的近亲属或者律师代为申诉控告。如果犯罪嫌疑人、被告人处于被羁押的状态，一般可以通过羁押场所或者委托自己的辩护律师向检察机关提出申诉控告。申诉控告的方式既可以是口头的，也可以是书面的；既可以通过邮寄信件的方式，也可以通过检察机关发布的其他形式向检察机关提出。检察机关收到犯罪嫌疑人、被告人提出的申诉控告之后，应当对其进行核实审查。如果发现确实属实，应当向有关的办案机关提出违法纠正的意见，如果涉嫌犯罪，应当依法追究刑事责任。此外检察机关如果认为人民法院的判决或者裁定有错误，可以通过抗诉启动二审程序或者审判监督程序来纠正法院的错误。

---

〔1〕 参见《提升办案质效 彰显认罪认罚从宽制度价值——最高检第一检察厅负责人就第二十二批指导性案例答记者问》。

认罪认罚中，被告人的程序选择权有哪些内容？

问题引入

认罪认罚案件中，刑事被追诉人在审查起诉阶段享有诸多诉讼权利，其中一项便是程序选择权。程序选择权，指的是犯罪嫌疑人可以就案件进入审判阶段之后，适用何种程序对案件进行审理这一问题与检察机关进行协商。那么被告人可以作出哪些程序选择？不同程序之间又有何区别？

一、审理认罪认罚案件可以适用三种审判程序

根据我国法律规定，认罪认罚案件有三种程序可以适用，分别是：速裁程序、简易程序和普通程序。这三种程序分别具有不同的适用条件和审判程序。

（一）速裁程序

对于基层人民法院管辖的可能判处三年有期徒刑以下刑罚的案件，案件事实清楚，证据确实、充分，被告人认罪认罚并同意适用速裁程序的，可以适用速裁程序。在速裁程序的审理中，由审判员一人独任审判，一般不进行法庭调查和法庭辩论，但是在判决宣告前应当听取辩护人的意见和被告人的最后陈述，并当庭宣判。适用速裁程序审理案件，人民法院应当在受理后十日以内审结；对可能判处有期徒刑超过一年的，可以延长至十五日。

（二）简易程序

对于基层人民法院管辖的可能判处三年有期徒刑以上刑罚的案件，案件事实清楚，证据充分，被告人认罪且对适用简易程序没有异议的，可以适用简易程序审判，或者对基层人民法院管辖的可能判处三年有期徒刑以下刑罚的案件，被告人认罪但不认罚，不符合速裁程序适用条件但是符合简易程序适用条件的，也可以适用简易程序审判。

适用简易程序审理案件，可以组成合议庭进行审判，也可以由审判员一人独任审判；简易程序可以对庭审进行简化。根据《最高人民法院关于适用〈中华人民共和国刑事诉讼法〉的解释》第365条的规定，适用简易程序审理案件，可以对庭审作如下简化：（1）公诉人可以摘要宣读起诉书；（2）公诉人、辩护人、审判人员对被告人的讯问、发问可以简化或者省略；（3）对控辩双方无异议的证据，可以仅就证据的名称及所证明的事项作出说明；对控辩双方有异议或者法庭认为有必要调查核实的证据，应当出示，并进行质证；（4）控辩双方对与定罪量刑有关的事实、证据没有异议的，法庭可以直接围绕罪名确定和量刑问题进行审理。适用简易程序审理案件，判决

宣告前应当听取被告人的最后陈述。简易程序的办理期限一般是二十日，可能判处有期徒刑超过三年的，可以延长至一个半月。

（三）普通程序审理

对既不符合简易程序也不符合速裁程序审理的案件，或者适用简易程序、速裁程序审判的案件，在审判过程中出现法定情形应当转程序的，应当转为普通程序审理。适用普通程序的，应当严格遵循《刑事诉讼法》关于讯问被告人、询问证人、鉴定人、出示证据、法庭辩论程序的规定。

根据《最高人民法院关于适用〈中华人民共和国刑事诉讼法〉的解释》第 368 条的规定，适用简易程序审理案件，在法庭审理过程中，有下列情形之一的，应当转为普通程序审理：（1）被告人的行为可能不构成犯罪的；（2）被告人可能不负刑事责任的；（3）被告人当庭对起诉指控的犯罪事实予以否认的；（4）案件事实不清、证据不足的；（5）不应当或者不宜适用简易程序的其他情形。一个案件若从简易程序转为普通程序审理，审理期限应当从决定转为普通程序审理之日起计算。

同样，对于速裁程序而言，也有转为简易程序或普通程序审理的可能。根据我国《刑事诉讼法》第 226 条的规定，人民法院在审理过程中，发现有被告人的行为不构成犯罪或者不应当追究其刑事责任、被告人违背意愿认罪认罚、被告人否认指控的犯罪事实或者其他不宜适用速裁程序审理的情形的，应当按照公诉案件普通程序或简易程序的规定重新审理。

二、被告人享有程序选择的权利

根据我国《刑事诉讼法》第 173 条的规定，人民检察院审查案件，应当讯问犯罪嫌疑人，听取辩护人或者值班律师、被害人及其诉讼代理人的意见，并记录在案。辩护人或者值班律师、被害人及其诉讼代理人提出书面意见的，应当附卷。犯罪嫌疑人认罪认罚的，人民检察院应当告知其享有的诉讼权利和认罪认罚的法律规定，听取犯罪嫌疑人、辩护人或者值班律师、被害人及其诉讼代理人对下列事项的意见，并记录在案：（1）涉嫌的犯罪事实、罪名及适用的法律规定；（2）从轻、减轻或者免除处罚等从宽处罚的建议；（3）认罪认罚后案件审理适用的程序；（4）其他需要听取意见的事项。人民检察院依照前两款规定听取值班律师意见的，应当提前为值班律师了解案件有关情况提供必要的便利。

由此可见，我国法律明确规定，认罪认罚后案件审理适用的程序，要听取犯罪嫌疑人、被告人的意见。这些规定告诉办案机关，法律赋予了犯罪嫌疑人、被告人选择适用何种程序的权利，因此，必须给予尊重，审理程序不能由办案机关随意决定，更不能违背犯罪嫌疑人、被告人的意愿。[1]

对于认罪认罚案件的当事人而言，速裁程序、简易程序和普通审理程序之间最重要的区别在于，审判程序所需要的时间不一致。对于适用普通程序的案件，一般是要在两个月内进行审结，最长不超过三个月。对于特殊案件，经过上级法院批准，可以再延长三个月，也就是六个月时间。对于适用简易程序的案件，法院一般应当在二十天内审结。对于有可能判处三年以上有期徒刑的案件，法院可以在一个半月之内审结。对于适用速裁程序的案件，法院一般应当在十天之内审结，但对于有可能判处超过一年有期徒刑的案件，法院应当在十五天之内审结。在实践当中，大部分都建议认罪认罚的案件适用速裁程序来审结。因为既然已经认罪认罚，那么对于公诉机关指控的罪名和量刑建议，犯罪嫌疑人、被告人并没有实质性的异议。在这种情况下，审理的时间越短，对于犯罪嫌疑人、被告人而言可能获得的实际利益就会越大。

但如前所述，无论是简易程序、速裁程序还是普通程序，每一种程序都有自己的适用范围、条件和繁简有别的程序。面对这些法律问题，犯罪嫌疑人、被告人如何行使自己的选择权，办案机关或值班律师、法律援助律师、委托律师必须向犯罪嫌疑人、被告人提供程序选择的建议。在行使程序选择权的过程中应当严格按照法律

---

[1] 樊崇义："认罪认罚从宽制度与程序选择权"，载《人民法治》2019 年第 10 期。

的规定，不能违背《刑事诉讼法》中关于审判管辖权的规定。

认罪认罚从宽制度的根本出发点就是要按照公正和效率的要求，实现社会的公平、公正和正义。在其追求的价值中当然包括对被告人权利的保护。因此在程序选择中，应当遵循三项基本原则：一是兼顾效率与公平的原则；二是坚持维护当事人程序权利的人权保障原则；三是坚持程序正义原则。[1]也就是说，面对当下案件审理的实际压力，既要提升效率，缓解当前案多人少的矛盾；又要注重案件的质量，维护公平，保护当事人在诉讼中的权利。

三、对被告人程序选择权的维护与促进

在刑事诉讼中，如果犯罪嫌疑人、被告人认罪认罚，办案机关和辩护律师，包括法律帮助提供者必须高度重视其程序选择权。认罪认罚从宽制度在追求公正和效率的同时，也必须追求当事人的权利保障。司法绝不能牺牲犯罪嫌疑人、被告人的诉讼权利，进行认罪认罚从宽制度的改革。认罪认罚从宽制度改革的一个侧重点，就是保障当事人的程序选择权。即一旦犯罪嫌疑人、被告人在刑事诉讼进程中自愿认罪，对指控的犯罪如实陈述，办案机关就必须赋予犯罪嫌疑人、被告人程序的选择权。

我国的认罪认罚从宽制度尚处于强职权主义逻辑下，还没有完全实现协商性逻辑。因此，实践中出现了很多对犯罪嫌疑人、被告人权利保护的阙如。基于此，在维护犯罪嫌疑人、被告人的程序选择权问题上，应当加强检法对被告人认罪认罚和程序选择自愿性、知悉性的审查；保障犯罪嫌疑人、被告人获得法律帮助的权利，让值班律师的作用落到实处。

第一，有辩护人或者值班律师参与，是认罪认罚案件的必备条件，是确保认罪认罚自愿性的重要保障，也是确保程序正当性的关键所在。实践中，一些犯罪嫌疑人、被告人往往不具备法律常识，对案件及认罪认罚的实体和程序后果很难有客观准确的理解和把握，因

---

〔1〕 樊崇义："认罪认罚从宽制度与程序选择权"，载《人民法治》2019年第10期。

此更需要律师提供专业的法律帮助。[1]对于已经委托辩护律师和受法律指定援助的犯罪嫌疑人、被告人而言，其可以得到有效的法律帮助。因此，应当将重点落在值班律师提供法律帮助的问题上。公安司法机关应当切实落实值班律师制度，并为值班律师权利的行使提供便利和保障，让值班律师可以为犯罪嫌疑人、被告人提供有效的程序选择的法律帮助和指导。

落实值班律师制度应当注重三个问题。一是针对实践中一些地方值班律师缺位的情况，应当建立常态的值班律师制度。二是应当明确值班律师的阅卷权及相关保障，当下对于值班律师是否具有阅卷权这一问题规定很模糊，但是如果值班律师想为犯罪嫌疑人、被告人提供有效的法律帮助，那么阅卷权则是值班律师了解案情、维护被追诉人权利之必需。如果仅凭会见当事人，不客观全面地了解案件的事实和证据情况，则很难为犯罪嫌疑人提供有效的程序选择建议。[2]三是要完善值班律师的工作衔接及身份转换机制。从试点情况看，值班律师为试点顺利开展提供了重要保障，但是在实践中也存在一定的问题，如值班律师往往不跟案、多为值班制，不同诉讼阶段由不同律师担任，无法参与案件诉讼全过程，工作缺乏连续性，实质参与度不够，发挥作用有限。针对此类问题，在一些律师资源相对充足的地方，如北京、杭州等地，对可能判处三年有期徒刑以上刑罚的认罪认罚案件，在《刑事诉讼法》框架基础上，探索值班律师转辩护人机制，以提升法律援助的针对性和有效性。[3]

第二，要加强检法机关对犯罪嫌疑人、被告人认罪认罚和程序选择的自愿性、知悉性和事实基础的审查。首先，关于知悉性的审查。保障被告人的知情权，确保其知悉自己享有的诉讼权利和认罪认罚的法律后果，是被告人自愿、稳定认罪认罚的前提基础。被告

---

〔1〕 沈亮："刑事诉讼中认罪认罚从宽制度的适用"，载《人民司法（应用）》2018 年第 34 期。

〔2〕 闵春雷："回归权利：认罪认罚从宽制度的适用困境及理论反思"，载《法学杂志》2019 年第 12 期。

〔3〕 闵春雷："回归权利：认罪认罚从宽制度的适用困境及理论反思"，载《法学杂志》2019 年第 12 期。

人只有在对程序选择的后果明知的情况下，才能作出审慎的选择。司法实践中，应当主要通过以下方式保障被告人的知情权：一是公安机关、检察机关的告知；二是辩护人或者是值班律师的咨询；三是人民法院开庭告知。人民法院应当对被告人进行知悉性审查，除开庭时告知其诉讼权利和法律后果外，还可以围绕被告人知情权是否得以保障、法定告知主体是否履行告知义务、提供法律咨询来进行审查，从而确保被告人的程序选择是基于自己意愿的明智决定。其次，关于自愿性的审查。即被告人作出程序选择是否受到利诱、威胁或强制。实践中，可以重点审查被告人在签署认罪认罚具结书和作出程序选择的时候是否有辩护人或值班律师在场，是否为被告人提供了有效的法律帮助。最后，关于事实基础的审查。对事实基础的审查是认罪认罚从宽制度准确适用的关键。通过事实审查，确保被告人认罪认罚具有事实基础。人民法院应当全面审查案卷材料，严格审查涉及定罪、量刑的关键事实和证据，确保被告人认罪认罚具有事实基础。如果案件事实基础存疑，或者可能存在被告人不构成犯罪、违背意愿认罪认罚等情形的，那么被告人此时作出的程序选择便是在不明知、不客观的情况下作出的。故，应当适用普通程序进行审理，对案件的事实进行详细核查，以维护司法行为的公平和公正。

如何理解刑事速裁程序？

问题引入

　　关于本问，首先要明确速裁程序相较于普通程序的特点有哪些；其次要知道这些特点在实践当中发挥了什么样的作用；最后要结合实证研究发现速裁程序在实践中所存在的问题。

一、刑事速裁程序的主要特征

（一）适用范围的有限性

在诉讼价值体系中公正与效率之间存在一定程度的矛盾与冲突，对司法效率的追求会影响对司法公正的贯彻，对司法公平的机械固守也会阻碍司法效率的提高。刑事速裁程序以司法效率为价值取向，势必会增加裁判结果公正性的风险，影响司法正义、司法权威。因此，为了保障司法活动不逾越原则的界限，刑事速裁程序的适用应当维持"底限正义"，即有限度地简化司法程序，提高诉讼效率，在维持个体正义的同时，保证整体正义。据此，出于公平公正的要求，并不是一切刑事案件都可以适用刑事速裁程序，其适用的案件范围需要受到限制。

在美国，因对抗式诉讼模式的天然关系，辩诉交易制度的适用范围相对广泛，但由于它强调"交易"的合意性，必须以被告人自愿为前提，所以仅适用于有罪答辩的案件。如果被告作无罪答辩，就不能适用这一程序。另外，像叛国罪、间谍罪等严重犯罪，也不在这一范围之内。在欧洲大陆的诸多国家，刑事速裁程序的适用范围更加明确而严格，既对适用的案件类型作了规范，又对适应的刑罚作了要求。在意大利，刑事速裁程序适用于最高判处 5 年监禁刑或财产刑的刑事案件。在法国，适用于主刑最高判处 5 年监禁刑或罚金刑的轻罪案件，并明确规定未成年人犯罪、虚假新闻罪、过失杀人罪、政治罪等不包括在内。[1]德国处罚令程序仅适用于"判处 1 年以下自由刑或保安刑"的轻微刑事案件。此外，日本、俄罗斯、西班牙的相关程序，也都对适用范围作出了相关限制。

我国自开展刑事速裁程序试点改革以来，在各试点地区明确划定了适用范围。《关于在部分地区开展刑事案件速裁程序试点工作的办法》要求可对情节较轻、依法可能判处 1 年以下有期徒刑、拘役、管制，或者依法单处罚金的案件适用认罪认罚从宽刑事速裁程序，

---

〔1〕 施鹏鹏："法、意辩诉交易制度比较研究——兼论美国经验在欧陆的推行与阻碍"，载《中国刑事法杂志》2007 年第 5 期。

并确定了 11 种犯罪类型：构成危险驾驶、交通肇事、盗窃、诈骗、抢夺、伤害、寻衅滋事、非法拘禁、毒品犯罪、行贿犯罪、在公共场所实施的扰乱公共秩序犯罪。随着改革的进一步深化，《关于在部分地区开展刑事案件速裁程序试点工作的办法》又将这一范围扩大为基层人民法院管辖的，可能判处 3 年有期徒刑以下刑罚的案件，2018 年《刑事诉讼法》沿用了《关于在部分地区开展刑事案件速裁程序试点工作的办法》的相关规定，但同时也规定，如果存在"被告人是盲、聋、哑人，或者是尚未完全丧失辨认或者控制自己行为能力的精神病人"，"被告人是未成年人"，"案件有重大社会影响"，"共同犯罪存有异议"，"就附带民事部分未能达成和解"等情况，则不能适用刑事速裁程序。

（二）办案方式的简略化

刑事速裁程序以提升司法效益为基本追求，力求在刑事诉讼中实现诉讼程序的简化，省略烦冗程序，快速实现审判。相较普通刑事诉讼程序，刑事速裁程序可以没有检察官参加庭审，不举行证据开示和法庭调查，法庭直接宣判，甚至只需要格式化的判决书，通过这一系列的简化手段，办案方式更加简便快捷。

普通程序要求控辩双方在法庭上进行证据罗列，实行交叉询问等一系列庭审环节，这是各国刑事诉讼程序的基本规则。而辩诉交易程序、处罚令程序等简易程序则省略了上述环节，在开庭之前，控辩双方就达成协议，开庭之后被告人直接认罪，法官根据指控书立即判决，该程序比庭审化的简易程序更为简单、便捷。在意大利、德国、日本等大陆法系国家，被告人认罪之后法官根据检察官的起诉书直接判决，省略开庭审理程序，从而达到简化诉讼程序、提高诉讼效率的目的。如在德国的处罚令程序中，起诉时可以不提交书面起诉书，而是提出处罚令申请；被告人可以不经传唤参加庭审；法官仅通过书面审理可作出颁布处罚令的决定等。我国刑事速裁程序在程序运行上与法国庭前认罪答辩制度更为接近。在开庭之前，检察官若认为符合启用认罪认罚从宽程序的条件，可通知值班律师了解案件情况，之后由值班律师和被告人联系，如果被告人在清楚指控性质的情况下作出自愿的认罪承诺，则和检察官约定量刑，制作书面协议；在开庭时，确认被告人的认罪态度后，法官可不受普通程序规则的约束作出裁判。通过速裁试点，刑事案件的法庭审理可迅速结束，办案方式也得到高度简化。在我国，据《关于刑事案件速裁程序试点情况的中期报告》统计，检察机关审查起诉周期由过去的平均 20 天缩短至 5.7 天，人民法院适用速裁程序 10 日内审结的占 94.28%，比简易程序高 58.4 个百分点，当庭宣判率达 95.16%。

（三）公诉机关的主导性

在刑事普通程序中，侦查、审查起诉、法庭审判三个阶段由侦查机关、公诉机关、审判机关分别承担，共同推进案件的办理，其中案件在实体上和程序上的裁判权都由法院掌握。而在刑事速裁程序中，为提高办案效率，简化了烦冗的庭审程序，使得案件的庭审环节或省略或缩减，法官一般只需确认被告人认罪的自愿性，在获得被告人认罪答辩的情况下根据检察官的起诉书径行裁判。可以说，检察官拥有了一定意义上的裁判权，在刑事速裁程序中占有主导地位。

认罪认罚从宽制度同样强调检察机关在办理刑事案件过程中的主导地位。因为刑事速裁程序能够将被告人认罪的轻微犯罪案件从正式复杂的庭审中分流出来，因此检察机关办案主体地位的加强是应有之义。根据认罪认罚从宽制度的相关规定，当检察官接到符合刑事速裁程序适用条件的案件时，他们可以决定是否启动该程序。在之后的程序中检察官一直处于主导地位，首先对犯罪事实作出指控，指控包括罪名上和刑罚上的内容，随后通知值班律师为被告人提供法律帮助，在被告人认罪并同意适用速裁程序以后，法院在参照量刑建议的基础上作出裁判，案件即告结束。显然，在这一过程中，案件实际上在被告人接受检察官的指控与量刑意见之后便已有结果，法官虽然具有最终裁判权，但实践中对刑事速裁案件的审判往往只是一种形式。目前在理论界，对于速裁案件审判的形式化，也引发了是否应废除该程序并实行书面审理模式的广泛讨论。[1]

（四）诉讼环节的简捷性

裁判文书的简化亦是诉讼环节简化的表现之一。在我国，《最高人民法院关于全面深化人民法院改革的意见——人民法院第四个五年改革纲要（2014—2018）》便提出裁判文书必须进行繁简分流，案件类型是文书繁简分流的标准之一，对适用简易程序、速裁程序审理的案件可以简化裁判进行说理。传统裁判文书采取的固定写作模式，无论案件繁简都采用此模式，无法突出重点，也使得简单的案件呈现复杂化。对此，自我国开展刑事速裁试点以来，试点法院也纷纷推行裁判文书简化改革，将判决书中的基本要素、核心内容简明扼要地突出，一目了然。在总结改革经验的基础上，《关于在部分地区开展刑事案件速裁程序试点工作的办法》规定，刑事速裁程序一律使用格式文书。格式文书包括表格式文书和填充式文书两类，在实践中可作适当调整。

（五）诉讼结果的轻缓化

为了激励犯罪嫌疑人、被告人与司法机关合作、积极认罪，法律往往会给予他们一定的量刑"优惠"。在我国速裁程序试点之初，《关于在部分地区开展刑事案件速裁程序试点工作的办法》第 1 条规定，对危险驾驶、交通肇事、盗窃、诈骗、抢夺、伤害、寻衅滋事、非法拘禁、毒品犯罪、行贿犯罪、在公共场所实施的扰乱公共秩序犯罪情节较轻、依法可能判处 1 年以下有期徒刑、拘役、管制的案件，或者依法单处罚金的案件，可以适用速裁程序。速裁程序因其良好的试点效果，被继续扩大应用范围，这不但包括地域范围，还包括适用刑罚的范围，即对于基层人民法院管辖的可能判处 3 年有期徒刑以下刑罚的案件，事实清楚、证据充分，当事人对适用法律没有争议，被告人认罪认罚并同意适用速裁程序的，可以适用速裁程序。2018 年《刑事诉讼法》第 15 条规定，犯罪嫌疑人、被告人认罪认罚的，可以依法从宽处理，刑事速裁案件几乎都可以获得从

---

〔1〕 贾志强："'书面审'抑或'开庭审'：我国刑事速裁程序审理方式探究"，载《华东政法大学学报》2018 年第 4 期。

轻处罚的诉讼结果。这是因为,刑事速裁程序的适用必须以被告人自愿认罪认罚为前提。同时,自愿认罪不仅可以根据情形认定被告人具备自首、坦白、立功等法定从宽情节,也包括被告人具备达成调解或和解协议的情节,这些情节都可以在基准刑之下进行一定比例的量刑减让。故,适用刑事速裁程序的案件诉讼结果均倾向于轻缓化,既有利于鼓励被告人认罪认罚,也可以推进我国刑事程序分流体系和轻罪制度的进一步完善。[1]

二、刑事速裁程序的运行情况及基本分析

对速裁程序特点的认识不仅要进行理论的阐述,还要将其放在实践当中进行分析,下文对地方法院适用速裁程序的案件进行了数据总结。

(一)济南市人民法院速裁程序案件审结数据

2017 年 1 月至 2018 年 12 月,济南市各区县基层人民法院审结的刑事速裁案件 1456 件、涉及 1501 人,各基层人民法院审结的速裁案件占同期审结的全部刑事案件的比例为 31.6%,占同期审结三年以下有期徒刑案件的 46.8% 左右,因《刑事诉讼法》修正后速裁程序适用范围的扩大,可以期望在今后速裁程序占比会有大幅提升。从办案期限看,845 件刑案在 5 天以内审结,404 件刑案在 5 天至 10 天审结,10 天内审结刑事案件占比 85.8%,205 件刑案在 10 天至 15 天审结,超过 16 天的仅有 2 件刑案。除 1 件刑案外,其他刑事案件均实现当庭宣判。从庭审效率看,适用速裁程序的案件庭审采用多案集中审理方式,案件庭审所耗费平均时间为 5 分钟左右,与简易程序平均时间 30 分钟相比,所需时间降低了 83.3%。

从适用罪名看,适用最多的前三类罪名分别是:危险驾驶犯罪 981 件,占 67.4%;盗窃 178 件,占 12.2%;故意伤害 152 件,占 10.4%;另外,交通肇事 75 件,毒品犯罪 38 件,寻衅滋事 10 件,诈骗 9 件,抢夺 6 件,信用卡诈骗 3 件,故意毁坏财物 1 件,掩饰隐

---

[1] 陆海:"刑事速裁程序改革研究",中南财经政法大学 2019 年博士学位论文。

瞒犯罪所得2件，没有审理过过失致人重伤、非法拘禁、行贿犯罪等罪名。从处刑情况看，判处拘役实刑524人，判处三年以下有期徒刑实刑的95人，实刑率占41.2%；判处缓刑790人，判管制29人、单处罚金59人，非监禁刑适用率为58.5%；免于刑事处罚4人。从审判效果看，审结的速裁案件共有13件提出上诉，上诉率为0.9%。而根据办案人员介绍，这13起案件犯罪嫌疑人之所以上诉，并不是因为对案件裁决结果不满意，主要还是希望能够拖延时间，保证自己始终在看守所里服刑。

（二）其他地区速裁程序适用情况汇总

在调查研究时，为了能够充分体现刑事速裁程序应用现状，笔者在调查过程中汇总了部分地区速裁程序适用情况。

1. 重庆市刑事速裁程序适用情况

从2016年1月到11月，在试点的所有地区内适用速裁程序案件数量达到1657起，涉及犯罪嫌疑人人数将近1800人，在整个时期受理的刑事案件数量所占比例为14.2%。而从2016年11月到2017年3月，随着适用范围的扩大，适用案件数量达到719件，涉及人数达到780人，其中上诉率仅为2.02%，公诉机关抗诉率为0.01%。办案周期更为缩短，在适用该程序之前，庭审所耗费的时间一般在20天左右，而在适用之后则缩短到了5天左右，审结周期更是缩短6天左右。而从2014年重庆市所公布的适用程序看，速裁程序7日内审结率为95.32%，超出简易程序接近55个百分点。当庭审判率更是达到100%，超出简易程序接近25个百分点。而从庭审时间来看，基本维持在4分钟到7分钟之内，简易程序庭审时间则在20分钟以上，能够看出效率得到显著提升。

2. 北京市朝阳区人民检察院速裁程序数据

2015年适用速裁程序占全部提起公诉案件的13.27%，2016年占21.24%，2017年占42.79%。上述案件的平均审查起诉期限从原来的20天左右缩短到14天，大大提升了诉讼效率。2017年，北京市朝阳区人民检察院适用认罪认罚从宽制度的案件占同期审理案件总数的86.23%，其中适用速裁程序的占全部认罪认罚案件的

66.66%，速裁程序案件成为基层司法的主体。自 2016 年 8 月成立以来，该院 14%的检察官办理了 55%的刑检案件，切实缓解了案多人少的矛盾。

从以上实践数据能够清楚地看到，适用刑事速裁程度审结的刑事案件数量也在不断增加。另外，从占试点法院同期判处 1 年有期徒刑以下案件的比例上来看，也从 2015 年的 30.07%增长到 2016 年的 18.48%。检察机关抗诉率几乎为 0，充分说明在刑事速裁案件当中被检察机关抗诉的案件数量十分少。还需要指出的一点是，在这一年时间当中没有出现一例民事诉讼原告人上诉的刑事速裁案件。

三、刑事速裁程序的特点在实践中的问题

刑事诉讼提高效率不能仅仅依靠审判阶段，还要在侦查阶段、审查起诉阶段下功夫。各部门只有在制约的同时加强沟通和配合才能真正提高办案效率。首先，公安机关对于速裁程序适用的积极性严重偏低。客观上讲，2018 年修正的《刑事诉讼法》对速裁程序的侦查时间等办案期间并未作出修改，还是沿袭以前的规定，这就导致公安机关侦办案件的时限及模式还是按照旧的模式运行，并未有任何变化。公安机关在审查案件事实、收集证据上一般只是考虑自身的办案效果，未真正认识到刑事速裁是一盘棋的情况。公安机关本身肩负多项职责，案多人少矛盾突出，很多文书要领导审批才行，这导致刑事速裁在侦查阶段的效率不能明显提高。以笔者掌握的情况来说，公安机关对刑事速裁的认识不足，认为只是配合法检工作，并未真正融入其中，处于旁观者的角色，如在看守所配合建立临时速裁法庭等。

检察机关对刑事速裁呼声较高，但是限于精力和人员、场所等原因，发挥的作用不大。如被告人要在有律师见证的情况下签署具结书、联系值班律师、起草公诉书和量刑建议，与法院协调案情、移送案卷，在这些工作量面前员额检察官显得人员力量薄弱。最高人民检察院在现阶段推行捕诉合一，同一案件公诉和逮捕归为一人在一个部门办理，无疑也加大了主诉检察官的责任。在办案压力较

大的情况下，检察官也会审慎适用刑事速裁程序。

就法院来说，因为简易程序和普通程序的案件已经出现积压、尚未审结的情况，确实没有足够的时间和精力来适用速裁程序审理新的案件。以法院刑庭法官为例，并没有为每一位员额法官分配一名法官助理，甚至一名法官连一名书记员的基本配置都没有得到满足，司法资源严重不足。刑事审判团队中，基本上是法官天天看卷，其他事务如看守所送达、讯问犯罪嫌疑人、村委会调查、党员调查、约谈被害人达成谅解或者调解赔偿数额，都由一个正式干警带领临时人员在工作，甚至出现两个临时人员请假不上班，开庭都成问题的现象。另外一个很重要的原因就是，现在法院不管是审判还是执行各个环节，都已经实行电子化和信息化，这虽然带来了便捷，但因很多软件操作专业性要求较高，正式干警基本不懂，出现问题都是找外包公司来解决，这就造成审判直播系统、文书撰写系统出现问题时得不到快速解决，导致效率不高。如司法实践中，庭审直播连不上网、文书撰写的智审办公系统登录不上、法律文书电子签章不能使用、远程开庭无信号，这无疑阻碍了适用速裁程序的步伐。因为速裁程序一般要求 10 日之内审结，但是信息系统有时升级或者维护就要花几天时间，所以只能适用简易程序或者普通程序，这样回旋余地更大。

检察机关的量刑建议无详细法律依据，是法院适用刑事速裁较少的另一个重要原因。现阶段，最高人民检察院要求检察机关作出量刑建议要从幅度刑的量刑建议向确定刑的量刑建议转变，新修正的《刑事诉讼法》也作出了相应的修改。法律规定对于检察机关的量刑建议，法院应当予以采纳，若不采纳，应说明理由，这本质上属于检察机关的量刑建议权从请求权向制约权的重大转变。但是对于理由的标准或者依据没有规定，这就导致一个新的问题。针对一件盗窃案件，适用速裁程序，检察机关量刑建议是 7 个月有期徒刑，法院综合犯罪情节、退赃与否、认罪态度认为应给予 10 个月有期徒刑，这样肯定会使检法机关产生很多问题。要知道速裁案件都是认罪认罚案件，检察机关在开庭前已经与被告人针对量刑建议达成一致,这样就会导致较为尴尬的局面,甚至已经出现对于法院更改量刑建议的行为,被告人认为检察机关、法院欺骗他的情况,这可以说严重影响了法律的权威,不能让被告人产生自己只要认罪认罚,签署了具结书,法院就应该按照检察机关的量刑建议判处刑罚的印象,这样会产生负面效果。[1]

另外,从外部环境看,公检法机关整体上的衔接机制不顺畅,一定程度上影响了速裁程序的效率:一是关键证据标准没有统一,很多简单轻微案件可以适用速裁程序,但是因为各机关对于关键证据的认定标准不同,导致很多案件不能适用,如拒不执行判决、裁定罪中,若通过网控查到被执行人名下有车辆,有的省份明确了证据标准,要求执行人员向被执行人送达限期交出车辆通知书,无正当理由若不交出,予以司法拘留,司法拘留后还不交出就构成拒不执行判决、裁定罪;但是有的省份因公检法未达成一致共识,对罪与非罪还存在观点不一致,就导致很多速裁案件不能适用。二是很多地方公检法机关未形成联动办案机制,各自为战,很多环节无法对接,沟通机制不完善。三是各部门未建立专门负责的速裁机构,导致人员不专一、衔接经常出现不畅通的情况,若对于刑事速裁案件进行精细化管理、流程化管理、专业化管理,刑事速裁程序会发挥很大的作用。

---

〔1〕 吴宏耀:"凝聚控辩审共识 优化量刑建议质量",载《检察日报》2019年6月10日,第3版。

选择速裁程序有哪些好处？

　　认罪认罚的案件，既可以适用普通程序，也可以适用速裁程序或者简易程序。适用速裁程序的审限是非常短的，一般是 10 天到 15 天。根据司法实践经验，速裁程序一个案件的平均审理时间，也就是开庭的时间大概为 7 分钟至 8 分钟，那么一个案件的审理周期一般平均在 7 天左右，可见适用速裁程序审理案件，提高了审理的效率。设立速裁程序的立法背景是什么？适用速裁程序的好处有哪些？速裁程序在司法实践中又取得了怎样的成效？

一、速裁程序的立法背景

近年来,我国司法机关"案多人少"的矛盾日益突出,刑事司法实践迫切需要创设更符合轻微刑事案件特点、更为快速简便的诉讼程序,以分担因轻微刑事案件数量增加而带来的现实压力。正是为了回应日益突出的人案矛盾,我国以构建刑事案件繁简分流机制为目标,开展了刑事速裁程序的试点改革。[1]2018 年修改的《刑事诉讼法》将速裁程序法定化,将其确立为法定的审判程序。在 2021年《最高人民法院关于适用〈中华人民共和国刑事诉讼法〉的解释》中,具体规定了速裁程序的适用问题。

二、适用速裁程序的好处

速裁程序对推进刑事案件繁简分流,提升诉讼效率,节约诉讼资源,优化司法资源配置,维护当事人合法权益具有重要意义。具体而言,刑事速裁程序的好处表现在以下几个方面。

第一,简化程序,节约时间。适用速裁程序的案件按照规定要在 10 日以内审结,对于需要判处一年有期徒刑以上刑罚的案件要在 15 日内审结。在实践中,为了节省时间还可以对检察机关制作的起诉书进行简化。根据最高人民法院、最高人民检察院《关于刑事案件速裁程序试点情况的中期报告》及相关试点工作统计数据,截至 2016 年 6 月 30 日,适用刑事速裁程序审结案件为 52 540 件,占同期全部刑事案件的 18.48%。检察机关办案周期较过去也缩减到了 6 天左右。审判机关适用速裁程序审理的案件多在 10 天之内审结,检察机关基本没有抗诉。这说明刑事速裁程序逐步适用检察、审判机关的工作机制,其优势明显。[2]

第二,优化司法资源配置,做到繁简分流兼顾效率公平。刑事

---

〔1〕 参见卞建林、吴思远:"刑事速裁程序的实践观察与立法展望",载《中国政法大学学报》2019 年第 1 期。

〔2〕 参见马赫擎:"我国刑事速裁程序效率价值探究",载《辽宁公安司法管理干部学院学报》2019 年第 5 期。

案件在我国居高不下，但处理刑事案件的程序在我国刑事诉讼法中只有简易程序、普通程序两种。通过设立刑事速裁程序，削减了办案流程，缩短了办案时间，有效地避免司法资源的浪费。例如，在人力成本上，速裁案件的一审程序实行独任审判，且往往多案集中审理，只需一次开庭，这减少了对法官、检察官和人民陪审员的需求数量。[1]故，速裁程序的运用可以提高对简单案件的审理效率，把节约下来的司法资源用于疑难案件审理，使司法资源的分配趋于优化。

第三，刑事速裁程序有助于实现"宽严相济"中"宽的结果"。刑事速裁程序的适用首先要求被告人认罪认罚并同意适用速裁程序，对认罪认罚的被告人适用刑事速裁程序是本次司法改革"认罪认罚从宽制度"的体现。对案件中犯罪嫌疑人、被告人采取非羁押性强制措施是评价速裁程序对认罪认罚从宽、"宽严相济"刑事政策贯彻情况的重要标准。《关于刑事案件速裁程序试点情况的中期报告》指出，速裁程序案件中被告人的非监禁刑适用比例为 36.88%，比简易程序高 6.93%。对被告人从快处理、从宽量刑，准确兑现了"宽严相济"的刑事政策。[2]

第四，保障当事人基本权利。一是检察官在启动速裁程序协商时，按规定了解犯罪嫌疑人对指控的犯罪事实、量刑建议及适用速裁程序的意见，告知有关法律规定，保障了犯罪嫌疑人的知情权和程序选择权。二是设立法律援助值班律师制度。只要犯罪嫌疑人提出法律帮助的要求，法院和看守所应立即安排法律援助值班律师为犯罪嫌疑人提供免费的法律帮助，保障犯罪嫌疑人获得法律帮助。三是对犯罪嫌疑人一般采取非羁押措施。根据《关于刑事案件速裁程序试点情况的中期报告》，刑事速裁案件被告人被拘留、逮捕的占比 52.08%，比简易程序低 13.91 个百分点。这体现了对犯罪嫌疑

[1] 参见李彬："刑事速裁程序的效率分析——以'成本—收益'为视角"，载《广州大学学报（社会科学版）》2019 年第 1 期。
[2] 参见马赫擎："我国刑事速裁程序效率价值探究"，载《辽宁公安司法管理干部学院学报》2019 年第 5 期。

人、被告人人身自由权利的保障。四是法官在庭审时须确认被告人认罪认罚的自愿性，一旦判断不具有自愿性时，须转为普通程序审理，重新计算审理期限，保障了被告人的程序回转权和救济权。五是保障被害人的受偿权。适用刑事速裁程序的前提之一是被告人获得被害人的谅解书，没有被害人的谅解书就不能启动速裁程序，与此同时，要求法官适用速裁程序前听取被害人的意见，这保障了被害人的权利。[1]六是尽早结束案件审理。适用速裁程序，能够提早结束、快速审结案件，可以避免犯罪嫌疑人遭受过长时间的审前羁押和审判量刑时出现"刑期倒挂"的现象，这也是对被告人权益的一种保护。

三、司法实践中的速裁程序

(一) 速裁程序的实效

自刑事速裁程序试点工作全面推进以来，各试点地区积极探索、勇于创新，进行了富有成效的改革。根据《最高人民法院、最高人民检察院关于在部分地区开展刑事案件认罪认罚从宽制度试点工作情况的中期报告》，以及不少学者针对刑事速裁程序所进行的实证调研，经过前后两轮的试点改革，刑事速裁程序已经积累了大量有益的经验，取得了相当大的成效。

1. 显著提升了诉讼效率，服务于以审判为中心的诉讼制度改革

试点改革充分说明了刑事速裁程序符合诉讼的基本规律，其通过繁简分流，对有限的司法资源进行了合理的配置，达到了"简案快审、疑案精审"之效果。根据《最高人民法院、最高人民检察院关于在部分地区开展刑事案件认罪认罚从宽制度试点工作情况的中期报告》，适用速裁程序审结的案件占全部认罪认罚案件的 68.5%，其中当庭宣判率达 93.8%，办案效率得到了显著提升。刑事速裁程序更有利于实现以审判为中心的诉讼制度改革，确保在更高层次上实

---

〔1〕 参见李彬："刑事速裁程序的效率分析——以'成本—收益'为视角"，载《广州大学学报（社会科学版）》2019 年第 1 期。

现公正与效率的统一。推进以审判为中心的诉讼制度改革，关键在于实现庭审的实质化，克服庭审的形式化。故为了实现这一目标，就必须对不同的案件进行合理的区分，确保能将有限的司法资源更多用在重大疑难有争议的案件上，真正发挥庭审的实质作用。从这个角度来看，刑事速裁程序即是推进以审判为中心的诉讼制度改革的必要配套机制，其有效之运行无疑将直接有益于以审判为中心的诉讼制度改革。

2. 有效保障了诉讼权利，强化了刑事诉讼对于人权的司法保障

刑事速裁程序除了显著提升了诉讼效率，同时注重适用速裁程序案件的办理质量，尤其强调发挥刑事诉讼对于人权的保障。具体体现为：一是适用刑事速裁程序案件的非羁押强制措施和非监禁刑适用比例进一步提高。根据《关于刑事案件速裁程序试点情况的中期报告》提供的数据显示，对刑事速裁案件被告人适用非监禁刑的比例为36.88%，比简易程序高6.93个百分点。这充分说明了刑事速裁程序进一步区别于现行简易程序，可以发挥自身在贯彻"宽严相济"刑事司法政策方面的优势，而此举从客观上将有利于被告人的改造与回归，最大限度地减少社会对立面，促进社会和谐稳定；二是刑事速裁程序强调被告人和被害人的有效参与，通过调解和解、量刑激励、法庭教育，敦促被告人退赃退赔、赔礼道歉，有效保护被害人权益，及时化解社会矛盾。根据《关于刑事案件速裁程序试点情况的中期报告》，检察机关抗诉率、附带民事诉讼原告人上诉率为0，被告人上诉率仅为2.1%；三是适用刑事速裁程序案件充分保障被告人各项诉讼权利，不以效率牺牲公正，强化犯罪嫌疑人、被告人的诉讼主体地位。通过保障被告人认罪的自愿权、程序的选择权、获得律师帮助权、发表意见权、最后陈述权、上诉权等一系列权利，确保无罪的人不受刑事追究、有罪的人受到公正惩罚，维护与促进司法公正。

3. 优化了办案模式，助力于推进员额制与司法责任制改革

试点城市在推进刑事速裁程序试点工作时，均在办案模式方面不断创新优化，主要体现为探索速裁程序的集中办案、专人办案。

集中办案要求在各个诉讼环节上以批量化、集约化的方式代替普通诉讼程序中"一案一办"的方式，具体表现为公安机关集中移送起诉、检察机关集中提讯与起诉、法院集中排庭审理、检察机关集中出庭支持公诉；专人办案则是在侦查、审查起诉、审判阶段指定专人或成立专门组来办理适用刑事速裁程序的案件，如北京市海淀区推行的"3+2+2"刑事速裁模式，[1]再如上海浦东新区基层人民法院推行的速裁办案组等。基于刑事速裁程序办案模式的完善，一些试点城市即与员额制、司法责任制改革等举措相结合，进一步扩大了改革的积极作用。通过刑事速裁案件当庭宣判、当庭送达，减少案件办理过程中不必要的审批手续，适当下放案件的审批权限，切实落实主审法官、主任检察官办案责任制，强化了司法体制改革的整体效果。[2]

（二）需注意的问题

在司法实践中，应正确把握速裁程序和轻罪快办机制的关系。速裁程序是在简易程序基础上进行的试点改革。轻罪快办机制，或称"轻罪快审"，是各地在简易程序法律框架内自行进行的探索，主要做法是缩短办案期限、减少流转环节，为速裁程序改革提供了很好的实践经验。速裁程序是简化诉讼程序，轻罪快办机制是优化工作机制。各有侧重，可以并行不悖。认罪认罚从宽制度试点中，有些地方在先前探索的"轻刑快审"机制基础上，探索适应速裁案件特点的全流程简化办案模式，如南京探索建立"刑拘直诉办案模式"，在刑事拘留期限内完成侦查、起诉、审判工作；又如北京市海淀区实行的"全流程简化模式"，郑州、西安等地探索的"一站式"诉讼全程简化提速的办案模式，都是有益尝试。认罪认罚从宽制度

---

〔1〕 所谓"3+2+2"刑事速裁模式，是指包括公检法机关的 3 个"刑事速裁办公室"，2 个法庭（一个是看守所内的速裁法庭，另一个是法院内的同步数字法庭），2 个"室"（一个是法律援助律师值班室，另一个是犯罪嫌疑人视频会见室）。公检法司四机关就近办公，既能有效压缩案件流转的在途时间，又方便办案人员互相沟通，迅速推进案件流转。

〔2〕 参见卞建林、吴思远："刑事速裁程序的实践观察与立法展望"，载《中国政法大学学报》2019 年第 1 期。

在全国推行后，各地还可以结合本地实际和先前积累经验，继续整合、探索完善，推动速裁程序案件诉讼全程简化提速，构建中国特色轻罪诉讼体系制度。[1]

---

〔1〕 参见胡云腾主编：《认罪认罚从宽制度的理解与适用》，人民法院出版社 2018年版，第 66-67 页。

如何把握速裁程序的审理期限？

问题引入

　　对于认罪认罚从宽的案件，在适用程序上既可以适用普通程序，也可以适用简易程序或者速裁程序。而适用速裁程序审理的案件，可以大大缩短审理时间。根据《刑事诉讼法》的规定，对于基层人民法院管辖的可能判处有期徒刑三年以上的案件，案件事实清楚，证据确实充分，被告人认罪认罚，而且同意适用速裁程序的，才可以适用速裁程序来进行审理。适用速裁程序审理的案件在人民法院受理后 10 日内审结。如果可能判处有期徒刑超过一年以上的，延长至 15 日。由此可见，适用速裁程序审理的案件，其审限比普通程序大大缩短了。但一个案件究竟适用速裁程序还是适用普通程序，显然不能仅仅考虑它的诉讼效率的问题。速裁程序的适用条件是被告人同意，作为辩护人就需要清楚在何种情况下适用速裁程序对被告人更有利，以及选择适用速裁程序的弊端。

一、适用速裁程序的期限

根据《刑事诉讼法》第 225 条规定，适用速裁程序审理案件，人民法院应当在受理后 10 日内审结；对可能判处有期徒刑超过一年的，可以延长至 15 日。对于判处的有期徒刑是否可能超过一年由审理的法院来决定，适用速裁程序对于被告人来说也并不一定是最有利的选择，仍需要根据具体情况进行判断，下文梳理了司法实践当中适用速裁程序的状况。

二、法院适用速裁程序的实践状况

为了贯彻刑事速裁程序试点工作，作为首批试点城市的 A 市积极响应，在充分考察的前提下确定了 A 市四个基层法院作为刑事速裁程序的试点机关。四个基层法院借鉴前期刑事案件快速审理程序取得的实践经验，依照相关法律规定以及本地区的司法实践情况，制定具体实施细则，大刀阔斧地开展试点工作。自 2015 年 9 月 1 日至 2017 年 9 月 31 日期间，四个试点基层法院审结刑事案件的数量总计 5389 件，其中交通肇事、盗窃等能够适用刑事速裁程序的案件有 11 类总计 4126 件，最终适用刑事速裁程序进行审理的案件总计 1283 件，占同期审结刑事案件总数比例为 23.8%，占能够适用刑事速裁程序 11 类案件总数比例为 31.1%。

虽然 A 市四个试点法院适用刑事速裁程序审结的案件占比为 23.8%，仍然没有达到 30% 至 40% 的预期目标，但远高于全国 18 个试点城市速裁案件的平均比例 12.82%，相对而言，A 市的试点工作成效显著。

从案件种类分析，在全部适用刑事速裁程序的 1283 起案件中，危险驾驶类案件数量总计 1009 件，占比 78.64%；毒品犯罪类案件数量总计 103 件，占比 8.03%；盗窃类案件总计 98 件，占比 7.64%。上述三类案件在全部适用刑事速裁程序的案件中所占比例很高，合计 94.31%。值得注意的是，非法拘禁、行贿犯罪、扰乱公共秩序、诈骗等四种可以适用刑事速裁程序的案件数量均为 0 件。

（一）速裁程序的效率

刑事速裁程序的根本出发点就是提升诉讼效率，一方面其大大简化了普通程序流程，甚至对简易程序进行了一定的精简化，另一方面对审查起诉的时限提出了具体要求。依照《关于在部分地区开展刑事案件速裁程序试点工作的办法》第 8 条的相关规定，对于案件是否要提起公诉，检察院有 8 个工作日的考量时间，而适用速裁程序的案件，法院要在 7 个工作日之内审结。

依据试点法院的具体情况，如果法院在初步了解案情后，认为案件无法在速裁程序规定时间范围内审结，则该案件就不能按照该程序审理，或者法院会决定在适用该程序的途中进行程序转换。所以，一般情况下，适用刑事速裁程序的案件都能够在该程序规定时段内审理完毕。参阅四个试点法院资料，笔者进行了相关统计，A 法院审理适用刑事速裁程序的案件，平均时长为 2.3 个工作日，C 法院审理平均时长为 4.6 个工作日，B 法院和 D 法院审理平均时长分别为 5.3 个工作日和 6.2 个工作日。其中，D 法院审理的平均时间最长，甚至个别适用刑事速裁程序案件的审理时间长达 14 天。

值得关注的是，虽然不同试点法院审结案件耗费的时间不同，甚至个别存在明显差异，但也表现出了一定共同特点，例如开庭审理的时间都很短，四个试点法院适用刑事速裁程序类案件的平均开庭审理时间都在八分钟以内。只对比开庭审理时间，刑事速裁程序与简易程序并无明显差别。这就意味着，如果仅仅依靠简化庭审程序的办法是无法提升刑事诉讼效率的，必须针对刑事诉讼的全过程进行精简，这样才能找到提升诉讼效率的新突破点。

（二）非羁押强制措施以及非监禁措施的适用状况

《关于在部分地区开展刑事案件速裁程序试点工作的办法》第 3 条明确规定，如果满足速裁程序的条件，按照该程序审理的案件，对于可以取保候审、监视居住的被追诉人，应当取保候审、监视居住。笔者通过查阅 A 市四个试点法院的强制措施实施情况资料发现，在 1283 起适用刑事速裁程序的案件中，共涉及人数 1376 名，法院宣判时被拘留、逮捕的共计 349 人，被取保候审的共计 1019 人，被监视居住的共计 8 人，如果不考虑被拘留、逮捕的人数，采取非羁押性强制措施的人数总计 1027 人，占比为 74.6%。根据数据统计，在被采取取保候审措施的 1019 人里，有 598 人先被临时拘留，而后才被取保候审，其中危险驾驶类 588 人，伤害类 8 人，寻衅滋事类 2 人。从《关于在部分地区开展刑事案件速裁程序试点工作的办法》第 1 条、第 8 条相关规定，以及最高人民检察院通知的内容明显看出，非监禁刑的适用情况是衡量"宽严相济"刑事政策落实程度的重要标准。依据《关于刑事案件速裁程序试点情况的中期报告》中的相关数据，适用刑事速裁程序的相关案件中采用非监禁刑措施的占比为 36.88%。从 A 市四个试点法院的实施程度来看，其采用非监禁刑措施的比重与全国相比，大体相符。在 1283 起适用刑事速裁程序的案件中，共涉及被告人、犯罪嫌疑人达 1376 名，被判处实刑（拘役以及一年以下有期徒刑）的被告人共 807 人，将近 60%；被判处缓刑的被告人共 542 人，被判处管制的被告人共 4 人，被单处罚金的被告人共 23 人，适用非监禁刑的被告人共计 569 人，占比为 41.4%。

（三）被告人服判信息状况

根据《关于在部分地区开展刑事案件速裁程序试点工作的办法》第 1 条第 2 项、第 3 项的规定可以看出，如果法院同意检察机关提出的适用刑事速裁程序的建议，就意味着被告方完全同意检察机关提出的指控内容及量刑意见，人民法院进行的最终判决只是对该指控罪名以及量刑意见的司法确认。由于被告方已经认同检察机关的指控内容及量刑意见，因此，只要人民法院的最终判决与检察机关量刑建议相符，被告方就会认可判决，不会进行上诉。从 A 市四个试点法院的司法实践来看，被告方服判息诉的情况良好，只有少数被告人进行上诉。四个试点法院共有 1283 起适用刑事速裁程序的案件，提起上诉的共有 34 起，服判息诉率为 97.3%。在 34 起上诉案件中，并没有出现改判的案件，29 起上诉案件二审维持原判，5 起上诉案件由原告主动撤诉。

对于这 34 起上诉案件，很容易产生下述疑问：既然被告方认可检察机关的指控内容以及量刑建议，为何还会出现上诉的情况？部分 A 市试点法院法官在接受采访时谈到，被告方进行上诉主要出于以下原因：一是危险驾驶类案件，大多数被告人通常未被羁押，主观上都存在缓刑预期，而部分检察机关在给出量刑意见时并不涉及具体刑罚执行方式，对于缓刑是否适用并不明确。在这种情况下，当法院宣判执行实刑时，这就与被告人的预期不同，因此出现上诉的情况；二是被告人在审前就被羁押，虽然其对判决结果预期不高，但较为在意刑罚执行场所，依照我国当前《刑事诉讼法》规定，剩余刑期超过三个月的，必须送监。即使法院的最终判决与检察机关的量刑意见相符，部分被判处三个月以上刑期的被告人为了不被送监执行，就会进行上诉，从而拖延判决生效时间，希望剩余刑期在二审判决生效后可以少于三个月，最终能够在看守所服刑。

（四）刑事速裁程序中的值班律师制度

依照《关于在部分地区开展刑事案件速裁程序试点工作的办法》第 4 条规定，必须建立法律援助值班律师制度。这一方面是基于我国刑事司法发展的需要，另一方面也可以通过法律援助值班律师制度明确界定速裁程序与简易程序的区别。值得肯定的是，值班律师制度已经由 2018 年《刑事诉讼法》明确规定。值班律师制度在法律上的确立，是我国司法改革适应世界人权发展趋势，积极弘扬司法人权的体现，推动了我国司法人权保障制度的进一步发展和完善。

在试点过程中，为了保障试点工作的顺利推进，A 市法律援助中心贯彻《关于在部分地区开展刑事案件速裁程序试点工作的办法》以及最高人民法院、最高人民检察院、公安部、司法部印发的《关于在部分地区开展刑事案件速裁程序试点工作的通知》的相关规定，先后出台了《A 市刑事案件速裁程序法律援助值班律师岗位职责》《A 市 B 法院社区矫正工作实施办法》《A 市开展法律援助值班律师工作的实施办法》等规范性文件，并创建值班律师工作室，在刑事速裁程序试点期间共安排值班律师 3700 余人次，切实保障了适用刑事速裁程序时被告方的诉权，这也符合《刑事诉讼法》明确值班律师制度的相关规定。各试点法院在向被告方送达起诉书副本时，确切保证被告方知悉该项权利，如果被告方需要申请法律援助，书记员就要及时与相关值班律师取得联系，从而确保被告方及时获取法律援助。另外，试点法院依照速裁程序的工作安排，在速裁程序类案件开庭当日确保有一到两名法律援助律师值班，为被告方提供法律援助。该类数据并没有进行具体统计，但通过相关人员的反馈以及现有资料来看，A 市试点法院被告方要求值班律师援助的情形较少。[1]

三、总结

在我国当下，速裁程序的适用是大趋势，为了提高效率、减轻诉累，越来越多的认罪认罚案件会适用速裁程序。虽然实践中的速裁程序适用对于被告人的权利保障还有不到位之处，但是在部分情况下适用速裁程序对于被告人而言也是一种很好的选择，作为律师要针对不同案件的情况向被告人提出建议。

---

[1] 刘照瑾："我国刑事速裁程序的问题研究"，上海师范大学 2019 年硕士学位论文。

第四十五问

速裁程序的适用条件是什么？

问题引入

　　适用普通程序审理的刑事案件，法庭审理一般包括宣读起诉书、发问、举证质证、法庭辩论、最后陈述等多个环节。而在认罪认罚案件中，一般会适用速裁程序，缩短庭审时长，提高庭审效率。那么适用速裁程序的立法意图是什么？适用速裁程序的条件是什么？以及司法实践中速裁程序的适用情况如何？本问将重点讨论如何适用速裁程序。

一、速裁程序的法定化

2014 年 6 月 27 日，最高人民法院、最高人民检察院在北京等 18 个试点地区开展刑事案件速裁程序试点工作，对犯罪嫌疑人、被告人认罪认罚、可能判处有期徒刑一年以下刑罚的案件依法从宽、从简、从快处理。2018 年 10 月 26 日，第十三届全国人大常委会六次会议通过《关于修改〈中华人民共和国刑事诉讼法〉的决定》，将速裁程序确立为法定的审判程序。[1]《最高人民法院关于适用〈中华人民共和国刑事诉讼法〉的解释》也对速裁程序进行了专章说明。

刑事速裁程序的确立，与当下面临的时代背景紧密相关，是我国立足于国情并借鉴他国有益经验的创新之举。如何在维护当事人合法权益的基础上解决这一矛盾，从而实现合理配置司法资源、提高刑事审判质量和效率的目标，一直是我国理论界和实务界共同探讨的问题。我国早在 1996 年《刑事诉讼法》中即确立了简易程序，2012 年《刑事诉讼法》予以进一步完善。但由于简易程序适用跨度大，程序相对单一，量刑三年有期徒刑以上和三年有期徒刑以下的案件，除对审判组织和审理期限有不同要求外，简化程度没有明显区别，简易程序在司法实践中的适用情况不甚理想。另外，以《刑法修正案（八）》《刑法修正案（九）》的出台、劳动教养制度被废除等为突出诱因，我国刑事司法领域突显出犯罪轻刑化倾向，同时，结合立案登记制改革等一系列举措的适用，有限的司法资源与解决司法纠纷的社会需求之间的矛盾愈发明显。在此背景下，刑事速裁程序应运而生。[2]

---

[1] 参见孟伟、何东青、杨立新："刑事案件速裁程序适用若干问题"，载《人民司法（应用）》2019 年第 4 期。

[2] 参见郭丰璐、刘计划："刑事速裁程序立法及展望"，载《人民司法（应用）》2019 年第 4 期。

二、速裁程序的适用条件

(一) 积极条件

根据《刑事诉讼法》的规定,适用速裁程序需要满足以下四个条件:一是适用速裁程序的案件必须是基层人民法院管辖的案件,排除适用危害国家安全、恐怖活动案件;二是必须是可能判处三年有期徒刑以下刑罚的案件,排除适用可能超过三年有期徒刑刑罚的案件;三是案件事实清楚,证据确实、充分,才可以适用速裁程序,如果案件事实不清、证据存疑,则不能适用速裁程序;四是被告人同意适用速裁程序;五是符合被告人认罪认罚的实体条件。这对被告人认罪和认罚提出了罪与刑双重认可的要求。综合来看,就是事实证据、适用法律、程序选择均无争议的案件,才可以适用速裁程序。如果存在争议,就不能适用速裁程序,省略法庭调查、法庭辩论环节。[1]

(二) 消极条件

《最高人民法院关于适用〈中华人民共和国刑事诉讼法〉的解释》第 370 条规定:"具有下列情形之一的,不适用速裁程序:(一) 被告人是盲、聋、哑人的;(二) 被告人是尚未完全丧失辨认或者控制自己行为能力的精神病人的;(三) 被告人是未成年人的;(四) 案件有重大社会影响的;(五) 共同犯罪案件中部分被告人对指控的犯罪事实、罪名、量刑建议或者适用速裁程序有异议的;(六) 被告人与被害人或者其法定代理人没有就附带民事诉讼赔偿等事项达成调解、和解协议的;(七) 辩护人作无罪辩护的;(八) 其他不宜适用速裁程序的情形。"其中,与《关于在部分地区开展刑事案件速裁程序试点工作的办法》及《刑事诉讼法(修正草案)》一审稿、二审稿相比,2018 年《刑事诉讼法》将未成年人犯罪案件排除在速裁程序适用范围之外,并将其单独列为一项(《关于在部分地区开展刑事案件速裁程序试点工作的办法》中"未成年人犯罪案件"同"被告人是

---

〔1〕 参见苗生明、周颖:"认罪认罚从宽制度适用的基本问题——《关于适用认罪认罚从宽制度的指导意见》的理解和适用",载《中国刑事法杂志》2019 年第 6 期。

盲、聋、哑人，或者是尚未完全丧失辨认或者控制自己行为能力的精神病人"合并列为一项），这主要是考虑到，我国对于犯罪的未成年人采取"教育、感化、挽救"的方针，坚持"教育为主、惩罚为辅"的原则，而司法实践中审理未成年人刑事案件通常采用有利于关护帮教未成年人的审判方式，并对未成年人进行法庭教育。由于速裁程序一般不进行法庭调查、法庭辩论，且一般采取集中审理、集中宣判的形式，无法达到教育、保护未成年人的意旨。[1]

（三）程序启动

速裁程序是审判程序，适用主体和决定权在人民法院，人民检察院有建议权。《刑事诉讼法》第 222 条第 2 款规定："人民检察院在提起公诉的时候，可以建议人民法院适用速裁程序。"人民检察院在提起公诉前，经审查，认为被告人符合《刑事诉讼法》第 222 条第 1 款规定条件的，在提起公诉时，可以建议人民法院对提起公诉的案件适用速裁程序进行审理。对于最终是否适用速裁程序，由人民法院根据案件和被告人意见作出决定。检察机关没有提出建议，人民法院经审查认为可以适用速裁程序的，在征得被告人同意后，也可决定适用速裁程序。

人民法院适用速裁程序审理案件时，要严格掌握法律规定的适用条件，要保障被告人的程序选择权；只要被告人提出异议，即使案件事实清楚，证据确实、充分，也不应适用速裁程序进行审理。[2]

三、速裁程序的实务分析

（一）适用的困境

刑事速裁程序的探索已初见成效，刑事案件适用速裁程序的比例不断攀升，审理期限大幅缩短，庭审效率得以提升，判后服判息诉率较高，整体运行良好，成效显著。但是，随着该程序的普遍适

---

〔1〕 参见郭丰璐、刘计划："刑事速裁程序立法及展望"，载《人民司法（应用）》2019 年第 4 期。

〔2〕 参见胡云腾主编：《认罪认罚从宽制度的理解与适用》，人民法院出版社 2018 年版，第 59 页。

用，司法实践中凸显出一些问题。[1]

1. 案件选择过窄

案件选择过窄主要表现在两个方面：一方面，罪名选择过窄。根据相关规定适用刑事速裁案件的罪名包括危险驾驶、交通肇事、盗窃、诈骗、抢夺、伤害、寻衅滋事、非法拘禁、毒品犯罪、行贿犯罪等。鉴于速裁程序是我国司法实践中的一个新生事物，司法机关对刑事速裁程序的适用采取相对保守的态度。以北京市检察系统为例，2017 年 9 月至 2018 年 2 月所办理的 913 件 924 人的速裁案件中，危险驾驶罪共 79 件，占全部速裁案件的 87.5%，其他有少量的盗窃、毒品犯罪、故意伤害等几个以往经常采取轻刑快审程序的罪名。另一方面，强制措施上大多属于刑事拘留的案件，逮捕、取保候审案件选择速裁程序的情况较少。可见，当前适用速裁程序的案件类别仍比较狭窄，影响着刑事速裁程序作用的发挥。[2]

2. 诉讼程序有待进一步简化

从目前的观察来看，各地对刑事速裁试点工作都持一种谨慎的态度，对于庭审阶段，实行了比简易程序庭审更为简易的方式，省去法庭调查、辩论环节，仍保留被告人最后陈述。省去最重要的内容，保留一个非关键性内容，使得庭审成为形式化的庭审，更多具有象征性意义。长期来看，这样做会导致在简单案件中浪费过多的司法资源，因为在实施诉辩交易和省略式程序的诉讼制度中，主要采取放弃正当程序审判或检察官提出书面处刑命令申请，无需开庭审理而由法官直接判决或直接签发处刑命令的方式。这样可以做到简化的真简化，使得重大、疑难、复杂案件能够充分贯彻以审判为中心的要求，保证案件办理的公正和效率。由此可见，当前的刑事速裁程序仍然具有简化的空间。[3]

---

〔1〕 参见黄淘涛、乔晓楠："建立多层联动机制 完善刑事速裁程序"，载《人民法院报》2019 年 8 月 5 日，第 2 版。

〔2〕 邹贤祥、王桂胜：《"以审判为中心"视角下刑事诉讼重点难点问题研究——以对公安机关的影响为研究重点》，中国人民公安大学出版社 2019 年版，第 222-245 页。

〔3〕 邹贤祥、王桂胜：《"以审判为中心"视角下刑事诉讼重点难点问题研究——以对公安机关的影响为研究重点》，中国人民公安大学出版社 2019 年版，第 222-245 页。

3. 检察机关适用速裁程序比例低

认罪认罚从宽制度全面实施以来，检察机关适用该制度办理的案件，起诉到法院后适用速裁程序审理的占 27.6%，适用简易程序审理的占 49.4%，适用普通程序审理的占 23%。与人民法院 80% 以上的案件判处三年有期徒刑以下刑罚相比，适用速裁程序的比例还是比较低的，客观上与我国新时期刑事犯罪结构发生的变化也不相适应，运用速裁程序处理轻罪案件的优势尚未充分体现出来。通过调研分析发现，确定刑量刑建议提出率和法院采纳率地区差异明显，提出率高的省份达 78.8%，低的只有 27.7%；采纳率高的省份达 97.5%，低的只有 69.9%。由于耗时费力，对拟提出缓刑或者管制刑建议的犯罪嫌疑人开展社会调查评估积极性不高。对一些符合条件的案件，检察机关未主动建议适用速裁程序。[1]总体而言，从检察机关自身角度讲，速裁程序办案时限紧张，认罪认罚工作任务增多，部分轻刑案件并不简单，导致检察办案人员不愿用、不会用、不善用。[2]

（二）典型案例

为更好落实《刑事诉讼法》关于速裁程序的相关规定，提高速裁程序适用比例，最高人民检察院发布了认罪认罚案件适用速裁程序典型案例，为提升轻刑案件办理质量和效率提供参考借鉴。

本问选取了肖某某危险驾驶案以说明速裁程序在司法实践中的具体适用。

【案例】被告人肖某某，男，务工人员。2019 年 11 月 11 日 21 时许，被告人肖某某酒后驾驶小型轿车从福建省莆田市秀屿区东庄镇前云村自己家中往秀屿区月塘镇西园村方向行驶，途经秀屿区东

〔1〕 张军："最高人民检察院关于人民检察院适用认罪认罚从宽制度情况的报告——2020 年 10 月 15 日在第十三届全国人民代表大会常务委员会第二十二次会议上"，载《检察日报》2020 年 10 月 17 日，第 2 版。
〔2〕 史兆琨："兼顾办案质量与效率 推动落实速裁程序——最高人民检察院第一检察厅厅长苗生明解读认罪认罚案件适用速裁程序典型案例"，载《检察日报》2020 年 10 月 14 日，第 2 版。

庄镇前云村圆圈路段时被莆田市秀屿区公安分局东庄派出所民警查获。经呼气检测，肖某某的酒精呼气检测值为 124.6mg/100ml。经鉴定，从肖某某的血样中检出乙醇浓度为 124.77 mg/100ml。

被告人肖某某因涉嫌危险驾驶罪，于 2019 年 11 月 12 日 13 时被莆田市公安局秀屿分局刑事拘留，于当日 15 时移送莆田市秀屿区人民检察院审查起诉。秀屿区人民检察院对本案适用认罪认罚从宽制度，于当日 17 时以肖某某涉嫌危险驾驶罪提起公诉，并建议法院适用速裁程序审理本案。次日 10 时，莆田市秀屿区人民法院适用速裁程序开庭审理本案，采纳检察机关指控和量刑建议并当庭宣判，判处被告人肖某某拘役一个月，缓刑二个月，并处罚金 1000 元。肖某某服判，不上诉。

本案检察机关履职情况：一是提前了解案情，及时启动 48 小时速裁办理机制。2019 年 11 月 11 日 21 时许，肖某某酒后驾驶机动车被查获，并被带至医院抽血后送至执法办案管理中心。经莆田市公安局秀屿分局通知，莆田市秀屿区人民检察院及时派员了解案件基本情况。司法鉴定机构为危险驾驶案件开设"绿色通道"，于 12 日 9 时许出具鉴定意见：从肖某某血样中检出乙醇浓度为 124.77mg/100ml。12 日 10 时，莆田市公安局秀屿分局对肖某某立案侦查。12 日 13 时，肖某某被刑事拘留。立案后，检察官在执法办案管理中心查阅相关证据材料后认为，本案案情简单，事实清楚，证据确实、充分，肖某某亦如实供述，对鉴定意见没有异议，无法定从重处罚情节，建议对本案适用 48 小时速裁办理机制。12 日 15 时，公安机关将本案移送人民检察院审查起诉。二是充分保障被告人诉讼权利，准确适用认罪认罚速裁程序。受理当日，检察官制作简版审查报告，认定肖某某的行为构成危险驾驶罪，初步拟定量刑建议后，电话通知值班律师在执法办案管理中心为肖某某提供法律帮助。12 日 16 时，检察官讯问肖某某，肖某某自愿认罪认罚。12 日 16 时 30 分，值班律师阅卷后，承办检察官听取了值班律师的意见，值班律师对定性没有异议，提出肖某某系初犯、偶犯，认罪态度较好，建议从轻处理，可以适用速裁程序。检察官告知肖某某其涉嫌的犯罪事实、触犯的罪名、量刑情节及适用认罪认罚从宽制度后提出的量刑建议，同时建议适用速裁程序审理本案。肖某某对罪名、量刑建议、适用速裁程序的建议均没有异议，并在值班律师的见证下签署认罪认罚具结书。三是依法起诉，当庭宣判。12 日 17 时，检察官制作起诉书，在起诉书中写明肖某某认罪认罚情况、量刑建议、建议适用速裁程序等内容，将案件起诉至莆田市秀屿区人民法院。13 日 10 时，人民法院开庭审理本案，检察机关派员出庭支持公诉，被告人肖某某对指控内容无异议，人民法院采纳检察机关指控和量刑建议并当庭宣判。

本案的典型意义在于：一是依托公安执法办案管理中心"联接平台"，探索速裁案件"先行机制"。莆田市秀屿区人民检察院会同区人民法院、区公安局、区司法局出台《关于使用执法办案中心进行危险驾驶案件 48 小时速裁办理的机制实施细则（试行）》，以公安执法办案管理中心平台为联接点，挂牌设置派驻检察室、速裁办公室，建立危险驾驶案件 48 小时速裁办理机制。二是构建轻微刑事案件办理"快车道"，依法保障被告人诉讼权利，案件办理全程提速不降质。对事实简单、清楚，证据类型化、易收集，定性无争议的案件，如危险驾驶案件，应当密切侦、诉、审衔接配合，构建案件快速流转办理机制，有效提升办案效率。莆田市适用 48 小时速裁办理机制处理危险驾驶案件，平均用时仅 42 小时，极大地节约了诉讼资源，减少了诉讼参与人的诉累。同时，坚持提速不降低质量，在公安执法办案管理中心设立值班律师工作站，依法保障犯罪嫌疑人在被抓获后 24 小时内获得法律帮助，值班律师可以就案件处理依法向司法机关提出意见，确保犯罪嫌疑人、被告人认罪认罚的自愿性、合法性和真实性，确保速裁案件兼顾实体公正和程序公正。

认罪认罚案件如何适用简易程序？

问题引入

对于认罪认罚的案件，在审理程序上，既可以适用普通程序，也可以适用速裁程序，当然也可以适用简易程序。普通程序审理的案件一般最长可以达到六个月的时间，而适用简易程序审理认罪认罚案件的审限最长一般也就是一个半月的时间。可见，相对于普通程序，简易程序的审限极大缩短，效率也随之提升。

一、简易程序的适用条件

根据《刑事诉讼法》第 214 条的规定，[1]简易程序的适用条件包括以下四点。

第一个条件，基层人民法院管辖的刑事案件。也就是说，适用简易程序审理的案件，必须是基层人民法院管辖的刑事案件。

第二个条件，案件事实清楚，证据确实充分。案件事实清楚，是指与定罪量刑有关的事实、情节清楚；证据充分，是指与定罪量刑有关的事实、情节有相应的证据证明。事实清楚、证据充分，是适用简易程序的首要条件。因为适用简易程序是为了提高效率，适用简易程序就意味着证据、事实的调查程序大大简化；如果案件事实不清，证据之间存在矛盾无法排除，就难以简化证据、事实的调查程序，就达不到适用简易程序的目的。此外，事实清楚、证据充分，也是满足适用简易程序其他条件的前提和基础。如果案件事实不清、证据不足，就谈不上"被告人承认自己所犯罪行、对指控的犯罪事实没有异议"这一条件，也就失去了被告人对适用简易程序有无异议的基础。[2]

第三个条件，就是被告人承认自己所犯的犯罪事实，对指控的犯罪事实没有异议。适用简易程序审理的案件必须是被告人认罪且对起诉书指控的犯罪事实没有异议的案件。如果被告人不认罪，或者对指控的犯罪事实存有异议，则需要通过正式的法庭调查和辩论来发现事实真相，因而不能适用简易程序审理。在世界其他国家，一般也都要求被告人作出有罪答辩才能适用简易程序审理。[3]

---

[1] 《刑事诉讼法》第 214 条规定："基层人民法院管辖的案件，符合下列条件的，可以适用简易程序审判：（一）案件事实清楚、证据充分的；（二）被告人承认自己所犯罪行，对指控的犯罪事实没有异议的；（三）被告人对适用简易程序没有异议。人民检察院在提起公诉的时候，可以建议人民法院适用简易程序。"

[2] 参见宋英辉："我国刑事简易程序的重大改革"，载《中国刑事法杂志》2012 年第 7 期。

[3] 参见宋英辉："我国刑事简易程序的重大改革"，载《中国刑事法杂志》2012 年第 7 期。

第四个条件，就是被告人对适用简易程序，没有异议。

符合上述四个条件，才可以适用简易程序进行审理。对于基层人民法院管辖的案件，即使案件事实清楚、证据充分，并且被告人也认罪的，如果被告人不同意适用简易程序，也不能适用简易程序。必须经过被告人的同意，才能适用简易程序审理刑事案件。在德国，检察官对某些轻微犯罪，可以直接向地方法院要求发布执行刑罚的命令。刑事法官和陪审法庭接受这个请求的前提是：被告人同意，案情清楚和适用法律正确。在日本，适用简易命令程序必须满足犯罪嫌疑人对适用该程序没有异议这一要件。检察官在向简易法院提起公诉的同时，应以书面形式提出简易命令的请求，并应在书面中明确犯罪嫌疑人对适用该命令无异议。可见，被告人同意适用简易程序，是各国适用简易程序的条件之一。[1]

但是，并不意味着符合上述四个条件就必然适用简易程序，依据《刑事诉讼法》第 215 条[2]，出现以下情形，仍不能适用简易程序：被告人是盲、聋、哑人，或者是尚未完全丧失辨认或者控制自己行为能力的精神病人的；案件有重大社会影响的；共同犯罪案件中部分被告人不认罪或者对适用简易程序有异议的；其他不宜适用简易程序审理的。

二、对于案件事实清楚，证据确实充分，应当如何把握

(一) 相关法律规定

依据《刑事诉讼法》第 55 条第 2 款的规定，证据确实、充分，应当符合以下三个条件：定罪量刑的事实都有证据证明；据以定案的证据均经法定程序查证属实；综合全案证据，对所认定事实已排

---

〔1〕 参见宋英辉："我国刑事简易程序的重大改革"，载《中国刑事法杂志》2012 年第 7 期。

〔2〕 《刑事诉讼法》第 215 条规定："有下列情形之一的，不适用简易程序：（一）被告人是盲、聋、哑人，或者是尚未完全丧失辨认或者控制自己行为能力的精神病人的；（二）有重大社会影响的；（三）共同犯罪案件中部分被告人不认罪或者对适用简易程序有异议的；（四）其他不宜适用简易程序审理的。"

除合理怀疑。[1]因此，如何把握"案件事实清楚，证据确实充分"至少应该有以下三个方面的基本要求：

第一个方面是定罪量刑的事实都有证据予以证明。也就是说，无论是认定犯罪事实，还是认定量刑，都必须有相关的证据予以印证。

第二个方面是这些证据必须经过法定程序查证属实。也就是说，所有的证据都应当通过法庭的举证质证来进行查证，查证属实之后才能够作为定案的根据。

第三个方面是综合全案证据排除合理怀疑，也就是说不能有其他的疑问。

只有符合上述三点，才能够达到事实清楚，证据确实充分的标准。

（二）指导案例之如何把握"证据确实充分"

【案例】1996 年 12 月 2 日，于某某的妻子韩某在家中被人杀害。安徽省蚌埠市中市区公安分局经侦查认为于某某有重大犯罪嫌疑，于 1996 年 12 月 12 日将其刑事拘留。1996 年 12 月 21 日，蚌埠市中市区人民检察院以于某某涉嫌故意杀人罪，将其批准逮捕。在侦查阶段的审讯中，于某某供认了杀害妻子的主要犯罪事实。蚌埠市中市区公安分局侦查终结后，移送蚌埠市中市区人民检察院审查起诉。蚌埠市中市区人民检察院审查后，依法移送蚌埠市人民检察

---

〔1〕《公安机关办理刑事案件程序规定》第 70 条、《人民检察院刑事诉讼规则》第 63 条也作出了相似规定。《公安机关办理刑事案件程序规定》第 70 条规定："公安机关移送审查起诉的案件，应当做到犯罪事实清楚，证据确实、充分。证据确实、充分，应当符合以下条件：（一）认定的案件事实都有证据证明；（二）认定案件事实的证据均经法定程序查证属实；（三）综合全案证据，对所认定事实已排除合理怀疑。对证据的审查，应当结合案件的具体情况，从各证据与待证事实的关联程度、各证据之间的联系等方面进行审查判断。只有犯罪嫌疑人供述，没有其他证据的，不能认定案件事实；没有犯罪嫌疑人供述，证据确实、充分的，可以认定案件事实。"《人民检察院刑事诉讼规则》第 63 条规定，"人民检察院侦查终结或者提起公诉的案件，证据应当确实、充分。证据确实、充分，应当符合以下条件：（一）定罪量刑的事实都有证据证明；（二）据以定案的证据均经法定程序查证属实；（三）综合全案证据，对所认定事实已排除合理怀疑。"

院审查起诉。

1997年12月24日，蚌埠市人民检察院以涉嫌故意杀人罪对于某某提起公诉。蚌埠市中级人民法院一审判决认定以下事实：1996年12月1日，于某某一家三口在逛商场时，韩某将2800元现金交给于某某让其存入银行，但却不愿告诉这笔钱的来源，引起于某某的不满。12月2日7时20分，于某某送其子去上学，回家后再次追问韩某2800元现金是哪来的。因韩某坚持不愿说明来源，二人发生争吵厮打。厮打过程中，于某某见韩某声音越来越大，即恼羞成怒将其推倒在床上，然后从厨房拿了一根塑料绳，将韩某的双手拧到背后捆上。接着又用棉被盖住韩某头面部并隔着棉被用双手紧捂其口鼻，将其捂昏迷后匆忙离开现场到单位上班。约9时50分，于某某从单位返回家中，发现韩某已经死亡，便先解开捆绑韩某的塑料绳，用菜刀对韩某的颈部割了数刀，然后将其内衣向上推至胸部，将其外面穿的毛线衣拉平，并将尸体翻成俯卧状。接着又将屋内家具的柜门、抽屉拉开，将物品翻乱，造成家中被抢劫、韩某被奸杀的假象。临走时，于某某又将液化气打开并点燃一根蜡烛放在床头柜上的烟灰缸里，企图使液化气排放到一定程度，烛火引燃液化气，达到烧毁现场的目的。后因被及时发现而未引燃。经法医鉴定：死者韩某口、鼻腔受暴力作用，致机械性窒息死亡。案件结果：2013年6月6日，最高人民法院将最高人民检察院再审检察建议转至安徽省高级人民法院。2013年6月27日，安徽省高级人民法院对该案决定再审。2013年8月5日，安徽省高级人民法院不公开开庭审理了该案。安徽省高级人民法院审理认为，原判决、裁定根据于某某的有罪供述、现场勘查笔录、尸体检验报告、刑事科学技术鉴定、证人证言等证据，认定原审被告人于某某杀害了韩某。但于某某供述中部分情节与现场勘查笔录、尸体检验报告、刑事科学技术鉴定等证据存在矛盾，且韩某阴道擦拭纱布及三角内裤上的精子经DNA鉴定不是于某某的，安徽省人民检察院提供的侦查人员从现场提取的没有比对结果的他人指纹等证据没有得到合理排除，因此原审判决、裁定认定于某某犯故意杀人罪的事实不清、证据不足，指控的犯罪不能成立。2013 年 8 月 8 日，安徽省高级人民法院作出再审判决：撤销原审判决裁定，原审被告人于某某无罪。

对案件事实结论应当坚持"唯一性"证明标准。《刑事诉讼法》第 200 条第 1 项规定："案件事实清楚，证据确实、充分，依据法律认定被告人有罪的，应当作出有罪判决。"《刑事诉讼法》第 55 条第 2 款对于认定"证据确实、充分"的条件进行了规定："（一）定罪量刑的事实都有证据证明；（二）据以定案的证据均经法定程序查证属实；（三）综合全案证据，对所认定事实已排除合理怀疑。"排除合理怀疑，要求对于认定的案件事实，从证据角度已经没有符合常理的、有根据的怀疑，特别在是否存在犯罪事实和被告人是否实施了犯罪等关键问题上，确信证据指向的案件结论具有唯一性。只有坚持对案件事实结论的唯一性标准，才能够保证裁判认定的案件事实与客观事实相符，最大限度避免冤假错案的发生。

三、在审理过程中，如何用简易程序审理刑事案件

（一）审判组织

依据《刑事诉讼法》第 216 条第 1 款的规定，用简易程序审理的案件，对可能判处三年有期徒刑以下刑罚的，可以组成合议庭进行审判，也可以由审判员一人独任审判，但是对可能判处的有期徒刑超过三年的，必须组成合议庭进行审判。

（二）庭审程序

依据《刑事诉讼法》第 217 条、第 218 条的规定，在简易程序中，审判人员应当询问被告人对指控的犯罪事实的意见，告知被告人适用简易程序审理的法律规定，确认被告人是否同意适用简易程序审理。在庭审时，经审判人员许可，被告人及其辩护人可以同公诉人、自诉人及其诉讼代理人互相辩论。

依据《刑事诉讼法》第 219 条的规定，简易程序的审理程序可以简化，不受《刑事诉讼法》规定的关于送达期限，讯问被告人，询问证人、鉴定人，出示证据，法庭辩论程序规定的限制。一般公

诉机关可以简化宣读起诉书，法庭调查也可以简化。只围绕有争议的事实进行举证质证，法庭辩论阶段也只围绕有争议的事实进行。简易程序中的裁判文书同样也可以进行简化。但在判决宣告前，法官应当听取被告人的最后陈述意见。适用简易程序的案件，法官一般应当在受理后 20 日内审结，但是对可能判处有期徒刑超过三年的，可以延长至一个半月。

四、简易程序审理的认罪认罚案件过程中如果被告人反悔了，该如何处理

对于认罪认罚后的被告人在一审审理过程中反悔的情形，检察机关的应对可以分为两种情况：第一，对于庭前反悔的应对。实践中，认罪认罚后被告人庭前反悔的，法院会告知检察机关，由承办检察官和被告人进行沟通。如果被告人撤回反悔，则具结书仍然有效，继续按照认罪认罚程序进行审理；如果被告人坚持反悔，不再认罪认罚，则检察机关告知法院根据案件具体情况适用相应的审理程序。第二，对于当庭反悔的应对。实践中，对于认罪认罚后被告人当庭反悔的，检察机关通常区别情形做如下应对：一是被告人否认检察机关指控的犯罪事实，不认罪。此时，公诉人通常会提醒被告人已经签署《认罪认罚具结书》，并告知其反悔、不认罪认罚可能导致的不利法律后果。如果被告人撤回反悔，则继续按照认罪认罚程序进行审理；若被告人坚持反悔，尤其是在法庭对其就认罪认罚进行释明的情况下，仍然坚持不再认罪认罚的，则法庭通常将案件转为普通程序审理，公诉人按照普通程序进行举证、质证、辩论。必要时，法庭会决定休庭，重新确定开庭时间，让控辩双方进行庭审准备。二是被告人仅对量刑建议有异议。对此，公诉人通常当庭表明是否调整量刑建议，一般情况下公诉人都会坚持原量刑建议适当，极少出现当庭调整量刑建议的情形。若被告人对量刑情节有异议，且量刑情节需要通过法庭调查予以查明的，则法院一般决定转为简易程序审理，公诉人需针对量刑情节展开举证、质证。

总体而言，反悔可能分为两种情况：第一种情况是被告人对于

指控的犯罪事实反悔，也即不认罪了。依据 2012 年《刑事诉讼法解释》第 298 条，[1] 在这种情况下，认罪认罚就失效了，显然不能再适用简易程序来审理，应当转为普通程序审理案件。此外，此类情形也不符合适用简易程序的第二个条件，即"被告人承认自己所犯罪行，对指控的犯罪事实没有异议的"。依据《刑事诉讼法》第 221 条，此情形下也不宜适用简易程序，人民法院应当按照普通程序重新审理。第二种情况是被告人认罪，但是对于公诉机关提出的量刑建议反悔了，也即认罪但不认罚。依据《刑事诉讼法》第 201 条，[2] 一般人民法院会要求公诉机关对量刑建议进行调整。如果公诉机关对量刑建议不调整，或者调整之后被告人仍然不同意，又或者调整之后人民法院认为调整后的量刑建议仍偏重或者偏轻，在这种情况下，人民法院可以直接作出裁判，不受量刑建议约束，也不影响程序的适用。

需要注意的是，程序反悔是被追诉人自愿性的保障措施，能在一定程度上表达被追诉人是否自愿作出程序选择。如果允许对适用认罪认罚程序刑事案件中的被追诉人行使程序反悔权的行为作出不利推定，甚至在程序回转适用普通程序审理认定被追诉人有罪时，对所涉嫌罪名的量刑过重，出现无从重处罚情形下顶格量刑的情况时，对以后其他准备选择认罪认罚的被追诉人将会产生消极影响，选择适用认罪认罚程序的案件数量可能会出现降低的情况，导致部分被追诉人选择权利保障更为充分的普通程序，这对认罪认罚从宽程序的运行是一个不小的冲击。因此对符合条件行使程序反悔权的被追诉人来说，不应在之后的程序中对其反悔行为作出不利推定。[3]

---

〔1〕 2012 年《最高人民法院关于适用〈中华人民共和国刑事诉讼法〉的解释》第 298 条第 1 款规定，"适用简易程序审理案件，在法庭审理过程中，有下列情形之一的，应当转为普通程序审理：（一）被告人的行为可能不构成犯罪的；（二）被告人可能不负刑事责任的；（三）被告人当庭对起诉指控的犯罪事实予以否认的；（四）案件事实不清、证据不足的；（五）不应当或者不宜适用简易程序的其他情形"。

〔2〕《刑事诉讼法》第 201 条第 2 款规定："人民法院经审理认为量刑建议明显不当，或者被告人、辩护人对量刑建议提出异议的，人民检察院可以调整量刑建议。人民检察院不调整量刑建议或者调整量刑建议后仍然明显不当的，人民法院应当依法作出判决。"

〔3〕 参见潘金贵、唐昕驰："被追诉人非自愿认罪认罚的认定与救济"，载《人民司法（应用）》2019 年第 25 期。

认罪认罚案件如何适用普通程序？

问题引入

　　在认罪认罚案件中，犯罪嫌疑人、被告人对于程序是有选择权的，他既可以选择适用速裁程序，也可以选择适用简易程序或者普通程序。而且程序的选择并不影响对于认罪认罚态度的认定。有一些案件不符合适用速裁程序或者简易程序的条件，还有一些案件符合适用速裁程序或者简易程序的条件，但是被告人不同意适用速裁程序或者简易程序。这些案件虽然有被告人认罪认罚的情节，也只能适用普通程序审理。那么适用普通程序审理的认罪认罚案件，有什么特点呢？

一、认罪认罚案件被告人的程序选择权

对于被告人认罪认罚的案件，究竟是适用普通程序还是适用简易程序、速裁程序，被告人享有程序选择权。同时，为了更好地保障被告人的合法权益，立法明确规定，对于特殊类型的案件，即使被告人认罪认罚，也不得适用简易程序或速裁程序。也即，立法通过强制性规定要求，对于这些案件，必须适用普通程序。被告人的程序选择权深深植根于"获得普通程序审判是被追诉人应当享有的一项基本诉讼权利"这一现代法观念之中。[1]

根据《刑事诉讼法》及相关司法解释的规定，在认罪认罚的案件中，犯罪嫌疑人可以选择的审判程序类型细分为以下四种。

其一，简式普通程序（合议庭）。此类审判程序应当组成合议庭进行审判。在基层人民法院适用此类审判程序时，其量刑权限是：除死刑、无期徒刑外，所有有期徒刑及更轻刑罚的量刑判决。在法庭审理程序上，根据《关于适用认罪认罚从宽制度的指导意见》第47条规定，"可以适当简化法庭调查、辩论程序"。

其二，简易程序（合议庭）。此类审判程序与简式普通程序的审判程序一样，应当组成合议庭进行审判。在基层人民法院适用此类审判程序时，其量刑权限是：除死刑、无期徒刑外，所有有期徒刑及更轻刑罚的量刑判决。在法庭审理程序上，"可以适当简化法庭调查、辩论程序"。

其三，简易程序（独任庭）。在量刑权限上，可以判处三年有期徒刑以下刑罚。法庭审理程序适用《刑事诉讼法》第218条、第219条规定。

其四，速裁程序（独任庭）。该程序适用独任制审判。在量刑权限上，可以判处三年以下有期徒刑。根据《刑事诉讼法》第224条规定，"适用速裁程序审理案件，不受本章第一节规定的送达期限的限制，一般不进行法庭调查、法庭辩论，但在判决宣告前应当听取

---

[1] 参见吴宏耀："认罪认罚从宽制度的体系化解读"，载《当代法学》2020年第4期。

辩护人的意见和被告人的最后陈述意见。适用速裁程序审理案件，应当当庭宣判"。

观察上述四种审判程序的立法规定，我们可以发现：在量刑权限、审判组织等方面，简式普通程序与合议庭简易程序、独任庭简易程序与速裁程序完全相同。而且，尽管法庭审理程序的简化程度略有差异，但就不通知证人出庭作证、不就证据进行实质性调查、不可能充分展开法庭辩论等关键环节而言，基本上不存在实质性差别。换句话说，现行立法尽管在名义上构建了多层次的第一审程序体系［普通程序、简式普通程序、简易程序（合议庭）、简易程序（独任庭）与速裁程序］，但是，由于缺少功能分区，该程序体系对于第一审刑事案件的程序分流几乎提供不了任何制度激励。[1]

二、适用普通程序的认罪认罚案件庭审程序

现行立法并不排斥认罪认罚的被追诉人选择普通程序。相反，2018 年《刑事诉讼法》在第 190 条专门增加了一款明确规定，被告人认罪认罚的，普通程序的法庭审理部分应当如何进行，《关于适用认罪认罚从宽制度的指导意见》第 47 条就此作出了更为具体的规定。

一般的刑事案件在适用普通程序的时候，其庭审流程分为两大部分，包括法庭调查和法庭辩论。具体来讲，就是在法庭审理过程中，首先由公诉人宣读起诉书，接下来是控、辩、审三方对于被告人进行发问的庭审环节，而后是举证质证环节及法庭辩论环节。对于认罪认罚案件，可以对法庭调查和法庭辩论的环节进行相应的简化。那么普通程序中具体的庭审程序是怎样的呢？

依据《关于适用认罪认罚从宽制度的指导意见》第 47 条的规定，庭审时，在公诉人宣读起诉书之后，首先由审判人员对被告人进行询问，询问其对于指控的犯罪事实、证据以及量刑建议有什么意见，同时要核实认罪认罚具结书的真实性、自愿性、合法性，再

---

〔1〕 参见吴宏耀："认罪认罚从宽制度的体系化解读"，载《当代法学》2020 年第 4 期。

进行发问。在发问环节，控、辩、审三方不需要对案件所有的问题进行发问，可以简化发问。控、辩、审三方不需要像普通刑事案件发问那样，对于全案的事实全面发问，他们对于被告人的发问可以进行简化。然后就是举证质证的环节，对控辩双方没有争议的证据，控方只需要对于证据的名称和证据的内容进行简单说明即可。对于控辩双方有争议的证据或者法庭认为有必要核实的证据，控方需要对相关的证据予以全面详细的出示，由辩方来进行质证。在法庭辩论环节中，控辩双方不需要对全案进行全面的辩论，只需要针对有争议的问题，进行有针对性的辩论即可。需要特别说明的是，对于适用普通程序审理的认罪认罚案件，在制作裁判文书的时候，裁判文书也可以适当地简化。

三、目前认罪认罚案件庭审程序存在的问题

回到速裁程序，认罪认罚从宽制度改革的"初心"，我们必须承认：构建多层次诉讼制度体系的目的在于引导、疏解司法实践中大量涌现的轻微刑事案件，而不是为了让所有案件的犯罪嫌疑人都通过认罪认罚的方式、按照简便易行的程序受到处罚。试想，即便所有刑事案件的犯罪嫌疑人都选择"认罪认罚"，如果在程序上，犯罪嫌疑人都倾向于适用普通审判程序，那么，认罪认罚从宽制度改革究竟是成功还是失败呢？[1]

"我国在推行以审判为中心的刑事诉讼制度改革的同时，配套性地推出了认罪认罚从宽制度，由此形成了'两种刑事诉讼制度'并驾齐驱的格局。如果说前者追求的是'繁者更繁'，后者追求的则是'简者更简'，认罪认罚从宽制度的效率导向可谓不言而喻。"[2]诚然，就个案而言，犯罪嫌疑人选择速裁程序、简易程序，确实节约不了多少司法资源，但是，就构建轻罪治理程序的司法改革目标而

---

〔1〕 参见吴宏耀："认罪认罚从宽制度的体系化解读"，载《当代法学》2020年第4期。

〔2〕 熊秋红："比较法视野下的认罪认罚从宽制度——兼论刑事诉讼'第四范式'"，载《比较法研究》2019年第5期。

言，一个个速裁案件、简易程序案件，不正是构筑轻罪治理程序的一砖一瓦么？如果放弃锱铢式的经济利益考量，犯罪嫌疑人的程序选择是否意味着一种权利放弃？放弃普通程序审判的权利本身就一文不值吗？〔1〕

苗生明亦指出目前认罪认罚案件适用速裁程序比例较低。适用速裁程序办理案件对推进刑事案件繁简分流、提升诉讼效率、节约诉讼资源、优化司法资源配置、维护当事人合法权益具有重要意义。刑事诉讼中，检察机关承担着审查逮捕、审查起诉、出庭公诉、诉讼监督等职责，前接侦查，后启审判，是承上启下的关键环节，在推动刑事案件繁简分流、简案快办方面发挥着重要作用。认罪认罚从宽制度全面实施以来，在检察机关适用该制度办理的案件中，起诉到法院后适用速裁程序审理的占 27.6%，适用简易程序审理的占 49.4%，适用普通程序审理的占 23%。与人民法院 80%以上的案件判处三年有期徒刑以下刑罚相比，适用速裁程序比例还是比较低的，客观上与我国新时期刑事犯罪结构发生的变化也不相适应，运用速裁程序处理轻罪案件的优势尚未充分体现出来。〔2〕

四、如何推动认罪认罚案件速裁程序的适用

（一）庭审程序功能分区

在现有制度体系下，对于上述四种简式审判程序，应当通过限制最高宣告刑的方式进行功能分区，并根据其最高量刑权限设定法庭审理程序允许简化的具体程度。具体而言，限定各类审判程序的最高量刑权，目的是给刑事诉讼程序的诉讼参与人（甚至包括社会公众）传递一种明确的信息，以引导犯罪嫌疑人根据其量刑期待和心理预期，明智且自愿地选择适宜的审判程序类型。

---

〔1〕 参见吴宏耀："认罪认罚从宽制度的体系化解读"，载《当代法学》2020 年第 4 期。

〔2〕 参见史兆琨："兼顾办案质量与效率 推动落实速裁程序——最高人民检察院第一检察厅厅长苗生明解读认罪认罚案件适用速裁程序典型案例"，载《检察日报》2020 年 10 月 14 日，第 2 版。

根据我国刑事案件量刑的具体分布样态,我们认为,在现行立法框架下,应当通过司法解释的方式,将四类简式审判程序的最高量刑权限定如下:第一,速裁程序。对于可能判处三年以下有期徒刑的案件,鉴于速裁程序过于简洁明快,在量刑权限上,只有权作出(有期徒刑、拘役的)缓刑判决,以及拘役、管制、单处罚金或免予刑事处罚的判决。第二,实行独任制的简易程序。根据其法定量刑权限,可以判处三年以下有期徒刑,但不包括拘役、管制等更轻的刑罚。而且,就有期徒刑而言,也应当以判处实刑为一般原则。简言之,在法定量刑权限完全重合的法律制度框架下,可以通过限定最高宣告刑的方式,赋予速裁程序和实行独任制的简易程序不同的程序期待,从而引导轻罪案件流向适宜的程序,而不是一窝蜂地涌向速裁程序。[1]

同理,对于实行合议制的简易程序和简式普通程序,可以通过设定最高宣告刑的方式,进行程序功能区分。根据我国刑事案件的量刑分布情况,实际判处三年以上、五年以下有期徒刑的人数占比相对较低。同时,考虑到在我国刑事法领域,一般将十年有期徒刑作为重罪的判断标准,我们建议对实行合议制的简易程序,可将其法定最高宣告刑设定在十年有期徒刑以下。

(二)为被告人程序选择设定一定比例的实体减让

吴宏耀教授建议在量刑减让问题上除了考虑"认罪认罚",还应当将犯罪嫌疑人的程序选择权作为一个独立的要素予以考量。如果对各类简式审判程序设定了最高宣告刑,那么,为鼓励、引导犯罪嫌疑人选择适宜的审判程序类型,更应该为其程序选择设定一定比例的量刑减让幅度。[2]

---

〔1〕 参见吴宏耀:"认罪认罚从宽制度的体系化解读",载《当代法学》2020年第4期。

〔2〕 参见吴宏耀:"认罪认罚从宽制度的体系化解读",载《当代法学》2020年第4期。

认罪认罚案件中如何进行 程序转换？

问题引入

　　在司法实践当中，对于适用速裁程序进行审理的认罪认罚案件，在审理过程中可能会出现一些特殊情况导致程序的转换。本问解读的是关于认罪认罚案件中的程序转换问题。

一、可能导致程序转换的情形

依据《刑事诉讼法》第 226 条的规定，人民法院在审理过程中，发现有被告人的行为不构成犯罪或者不应当追究其刑事责任、被告人违背意愿认罪认罚、被告人否认指控的犯罪事实或者其他不宜适用速裁程序审理的情形的，应当按照本章第一节或者第三节的规定重新审理。《最高人民法院关于适用〈中华人民共和国刑事诉讼法〉的解释》第 375 条进一步规定，人民法院在适用速裁程序审理过程中，发现有被告人的行为可能不构成犯罪或者不应当追究其刑事责任，被告人违背意愿认罪认罚，被告人否认指控的犯罪事实或者案件疑难、复杂或者对适用法律有重大争议情形的，应当转为普通程序或简易程序审理。另外，《关于适用认罪认罚从宽制度的指导意见》第 48 条指出，发现其他不宜适用速裁程序但符合简易程序适用条件的，应当转为简易程序重新审理。发现有不宜适用简易程序审理情形的，应当转为普通程序审理。

一般而言，导致程序转换主要有四种情形：第一种情形是被告人不认罪，否认指控的犯罪事实，这种情况下显然认罪认罚就失效了，程序上必然要发生转换。该情形是从保障被告人反悔权的角度给予的禁止，适用速裁程序的前提是被告人认罪认罚，若被告人否认指控的犯罪事实，表明被告人不再认罪，那么速裁程序的适用就丧失了存在的基础，人民法院应当转换成其他程序，根据庭审确认的事实和证据依法作出裁判。实践中，导致该情形的原因比较复杂。不论基于何种原因，一旦被告人否认指控的犯罪事实，认罪认罚从宽制度的速裁程序也就失去了适用根基，应当转换程序。第二种情形是违背被告人的意志作出的认罪认罚。也就是说，被告人的认罪认罚并非基于其意愿，而是受到办案机关的压力，或者因为违法取证等造成的认罪认罚。这种情形从违背被告人认罪认罚自愿性方面对适用速裁程序予以禁止，即经审理发现，被告人违背意愿认罪认罚的，不得适用速裁程序。认罪认罚系自愿是适用认罪认罚从宽制度的前提。若刑事被告人违背意愿认罪认罚，速裁程序的适用也无从谈起,在该情形下显然应当进行程序的转换。第三种情形是被告人的行为不构成犯罪或依法不需要追究刑事责任。此时案情较为复杂,法官应详细审查案件证据与事实,因速裁程序庭审大大简化,难以有效查明事实真相,因此不宜适用速裁程序,应当转换成其他程序。第四种情形是兜底条款,当出现其他影响适用速裁程序的情形时法官也可裁断程序的转换。[1]

此外,最高人民法院还举例加以说明,认为在采用速裁程序审理的认罪认罚案件中,如果影响量刑的情节有变化需要通过法庭调查来查清的,则可以转换为简易程序重新审理,而无须转换为普通程序。[2]

相似的规定还出现在《刑事诉讼法》第201条,当出现第201条第1款列举的五种情形时,[3]法官可以不采纳公诉机关提出的罪名和量刑建议,不采纳量刑建议的五种情形中,第一、二、三种情形,属于绝对排除情形,有这三种绝对排除情形,就不能适用认罪认罚从宽制度,因此,人民法院在审理中发现第一、二、三项绝对排除情形的,此时也应当转为普通程序审理,不得适用速裁程序,不再适用认罪认罚案件处理模式。[4]

二、程序转换如何进行

依据《关于适用认罪认罚从宽制度的指导意见》第48条,程序转换如何进行应当区分是法院发现还是检察院发现上述不应当适用速裁程序的情形。第一种情形下,人民法院可以自行决定程序的转换。也就是说,人民法院在审理过程中,如果发现具有上述情形的,

---

〔1〕 参见苗生明、周颖:"认罪认罚从宽制度适用的基本问题——《关于适用认罪认罚从宽制度的指导意见》的理解和适用",载《中国刑事法杂志》2019第6期。

〔2〕 参见胡云腾主编:《认罪认罚从宽制度的理解与适用》,人民法院出版社2018年版,第110页。

〔3〕 被告人的行为不构成犯罪或者不应当追究刑事责任的;被告人违背意愿认罪认罚的;被告人否认指控的犯罪事实的;起诉指控的罪名与审理认定的罪名不一致的;其他可能影响公正审判的情形。

〔4〕 参见苗生明、周颖:"认罪认罚从宽制度适用的基本问题——《关于适用认罪认罚从宽制度的指导意见》的理解和适用",载《中国刑事法杂志》2019第6期。

比如说案件在审理过程中发现当事人并不构成犯罪，或者不需要追究刑事责任，或者发现认罪认罚并非出于自愿作出的。这种情况下法院是可以自行决定将原先适用的速裁程序转换为简易程序或普通程序。第二种情形下，人民检察院应当建议人民法院转换审理程序，也就是检察机关在法庭审理过程中，如果发现有不适用速裁程序的情形，可以建议转换适用简易程序或普通程序。如果发现有不适用简易程序的情形，应当建议转换为普通程序进行审理。

但是，就法官是否应当将速裁程序转化为简易程序引起了争议。例如，万毅认为上述导致程序转换的四种情形已经涉及被告人的公正审判权问题，合法性存疑且性质相当严重，再采用简易程序审理显然已经不足以保障被告人的合法权益。故，将速裁程序转换为简易程序难以保障被追诉人的公正审判权，而应当直接回转为普通程序重新审理。最高人民法院之所以主张速裁程序可以转换为简易程序，以及可以重启简易程序更新审判，不外乎基于诉讼效率的考虑。以最高人民法院所举之例为例，即影响量刑的情节有变化而需要通过法庭调查来查明的，最高人民法院的意见是可以转换为简易程序处理，原因当然是简易程序更有效率。但是，在影响量刑的情节有变化而需要通过法庭调查来查明的情况下，由于被告人对指控的犯罪事实并无异议，仍然属于被告人认罪案件，对该类案件可采用普通程序审理。在理论层面上，提倡速裁程序可以根据情况分别转换为简易程序和普通程序重新审理，就需要设定两套程序转换的条件和机制，更是增加了实务操作中的繁琐，毫无意义。因此，其建议凡是采用速裁程序和简易程序审理的认罪认罚案件，一旦发现可能影响适用速裁程序的法定情形时，都一步到位直接转换为普通程序重新审判，即使是发现影响量刑的情节有变化需要通过法庭调查来查明的情形，亦应当一律转换为普通程序重新审理。[1]

此外，依据《最高人民法院关于适用〈中华人民共和国刑事诉讼法〉的解释》第376条，决定转为普通程序或者简易程序审理的

---

[1] 参见万毅："认罪认罚从宽程序解释和适用中的若干问题"，载《中国刑事法杂志》2019年第3期。

案件，审理期限从作出决定之日起计算。

三、程序转换的法律后果

那么程序转换之后，对被告人还能不能再适用认罪认罚从宽制度呢？

程序转换也就意味着之前的认罪认罚已经失效了，但之后能否再次适用认罪认罚从宽制度应区分情形进行考量。如果属于被告人否认指控的犯罪情形，那么显然不符合认罪认罚从宽制度的适用条件，被告人不再享有因认罪认罚而从宽的权利。法官依据普通程序进行再次审理即可，但是，被告人对犯罪事实的否认不应带来任何负面的效果，法官不得因此加重被告人的刑罚。

如果属于犯罪嫌疑人、被告人并不构成犯罪或者不需要追究刑事责任的情形，显然法院就应该基于其行为作出公正合理的裁判。即使被告人不认罪认罚，但是经过审理以后发现其仍然构成犯罪的，因为被告人不认罪认罚，在从宽上会有所区别，也就是说不能适用认罪认罚的从宽，即使有其他的量刑情节，其从宽的幅度也会相应地减少。

如果属于被告人违背意愿认罪认罚的情形，之前达成的认罪认罚具结书失效，但是之后案件庭审程序的选择权仍应交由被告人。也即，在排除违法事由（更换侦查人员或检察人员）、保障被告人合法权利（重新依据《刑事诉讼法》的规定告知被告人其享有的权利以及认罪认罚相关的规定）的前提下，被告人自愿选择认罪认罚与否。若被告人自愿选择认罪认罚，那法官仍应对被告人适用认罪认罚从宽制度，让其享有从宽的权利，案件符合速裁程序适用条件的则可以再次适用速裁程序；若被告人不再认罪认罚，则适用普通程序进行审理，依据事实与证据对被告人定罪量刑。

法院不采纳量刑建议的情形有哪些？

第四十九问

问题引入

　　根据《刑事诉讼法》第201条的规定，对于检察机关提出的量刑建议，人民法院一般应当采纳。同时，该条第1款也规定了人民法院可以不采纳人民检察院的量刑建议的情形；第2款规定了如果量刑建议畸轻或畸重，或者被告人、辩护人对量刑建议提出异议，人民法院可以要求检察机关作出调整。如果检察机关不调整，或者检察机关调整之后量刑建议仍然畸轻或者畸重，人民法院可以根据案件事实，综合全案证据，最终作出裁判。[1]基于《刑事诉讼法》第201条第1款的规定，本问主要探讨的是法院何时可以不采纳检察机关提出的量刑建议及其相关问题。

---

　　[1]《刑事诉讼法》第201条规定："对于认罪认罚案件，人民法院依法作出判决时，一般应当采纳人民检察院指控的罪名和量刑建议，但有下列情形的除外：（一）被告人的行为不构成犯罪或者不应当追究其刑事责任的；（二）被告人违背意愿认罪认罚的；（三）被告人否认指控的犯罪事实的；（四）起诉指控的罪名与审理认定的罪名不一致的；（五）其他可能影响公正审判的情形。人民法院经审理认为量刑建议明显不当，或者被告人、辩护人对量刑建议提出异议的，人民检察院可以调整量刑建议。人民检察院不调整量刑建议或者调整量刑建议后仍然明显不当的，人民法院应当依法作出判决。"

一、人民法院一般应当采纳检察机关提出的量刑建议

根据《刑事诉讼法》第 201 条第 1 款规定，对于认罪认罚案件，人民法院依法作出判决时，一般应当采纳人民检察院指控的罪名和量刑建议。"一般应当采纳"意味着以采纳为原则，以不采纳为例外。认罪认罚案件的量刑建议是控辩沟通协商的结果，本质上属于控辩双方的"合意"，检察机关代表国家作出承诺，具有司法公信力。出于维护司法公信力以及公正效率相统一的考虑，人民法院经审查确认犯罪嫌疑人、被告人自愿认罪认罚，签署的具结书真实、合法后，没有特殊情形，原则上应当采纳检察机关指控的罪名和量刑建议，这充分体现了对控辩合意的尊重，也是对不采纳量刑建议的适当限制。[1]

《关于适用认罪认罚从宽制度的指导意见》第 40 条第 1 款[2]依据上述立法精神，对《刑事诉讼法》第 201 条作出进一步细化，将"一般应当采纳"区分为"应当采纳"和"不采纳"情形。首先，对于事实清楚，证据确实、充分，指控的罪名准确，量刑建议适当的，人民法院应当采纳。"应当采纳"意味着必须采纳，没有例外。应当采纳包含三个条件：一是事实清楚，证据确实、充分；二是指控的罪名准确；三是量刑建议适当。此处"量刑建议适当"应当结合《刑事诉讼法》第 201 条第 2 款人民检察院调整量刑建议情形之一的"量刑建议明显不当"进行理解，也即事实清楚，证据确实、充分，指控的罪名准确，量刑建议没有明显不当的，人民法院应当采纳。如果量刑建议与法官内心的量刑尺度略有偏差，但尚未达到

---

〔1〕 参见苗生明、周颖："认罪认罚从宽制度适用的基本问题——《关于适用认罪认罚从宽制度的指导意见》的理解和适用"，载《中国刑事法杂志》2019 第 6 期。

〔2〕《关于适用认罪认罚从宽制度的指导意见》第 40 条第 1 款规定："量刑建议的采纳。对于人民检察院提出的量刑建议，人民法院应当依法进行审查。对于事实清楚，证据确实、充分，指控的罪名准确，量刑建议适当的，人民法院应当采纳。具有下列情形之一的，不予采纳：（一）被告人的行为不构成犯罪或者不应当追究刑事责任的；（二）被告人违背意愿认罪认罚的；（三）被告人否认指控的犯罪事实的；（四）起诉指控的罪名与审理认定的罪名不一致的；（五）其他可能影响公正审判的情形。"

明显不当的程度，则仍然属于应当采纳的范畴。其次，从不同维度反向对不采纳量刑建议作出规定：一是被告人的行为不构成犯罪或者不应当追究刑事责任的；二是被告人违背意愿认罪认罚的；三是被告人否认指控的犯罪事实的；四是起诉指控的罪名与审理认定的罪名不一致的；五是其他可能影响公正审判的情形。第一种情形中，无论是被告人的行为不构成犯罪还是不应当追究刑事责任，都属于法定的不应起诉或者无罪情形。以事实为根据，以法律为准绳是我国《刑事诉讼法》的基本原则，若综合在案证据，刑事被告人不构成犯罪或者不应当追究刑事责任，即使其在审前认罪认罚，法院也不能判其有罪。第二种情形是从违背被告人认罪认罚自愿性方面对采纳量刑建议予以禁止，即经审理发现，被告人违背意愿认罪认罚的，不得采纳量刑建议。认罪认罚系自愿是适用认罪认罚从宽制度的前提。若刑事被告人违背意愿认罪认罚，则其认罪认罚和具结书中所载内容均不作数，故，采纳检察机关指控的罪名和量刑建议也无从谈起。第三种情形是从保障被告人反悔权的角度予以禁止，即被告人否认指控的犯罪事实的，不得采纳量刑建议。与前款类似，法院采纳检察机关指控的罪名和量刑建议的前提是被告人认罪认罚，若被告人否认指控的犯罪事实，表明被告人不再认罪，那么检察机关基于其认罪认罚而提出的量刑建议就丧失了存在的基础，人民法院应当根据庭审确认的事实和证据依法作出裁判。实践中，导致该情形的原因比较复杂。不论基于何种原因，一旦被告人否认指控的犯罪事实，量刑建议便失去了事实基础，当然不得采纳。第四种情形是从保证法律正确适用的角度予以禁止，即起诉指控的罪名与审理认定的罪名不一致的，不予采纳。我国采行"诉因变更"理论，即人民法院审理认定的罪名与指控的罪名不一致的，应以审理认定的罪名作出有罪判决，以保证法律的正确适用。在我国认罪认罚案件中，双方只能就量刑进行协商，不能就罪名和罪数进行协商，审理认定的罪名与指控的罪名不一致的，应当以审理认定的罪名作出有罪判决，以确保法律统一和正确适用。第五种情形是兜底条款。[1]

以上条款实则是法官对案件事实与证据的判定，也即判断该案件是否属于认罪认罚案件。对量刑建议的不采纳是对案件事实与证据不认可导致的后果之一。[2]

陈国庆检察长亦认为，从《刑事诉讼法》第201条和司法机关的办案规则看，人民法院对于检察机关提出的量刑建议应当以采纳为原则，以不采纳为例外。原则上采纳量刑建议，实现对认罪认罚的犯罪嫌疑人、被告人从宽处理，本质上体现了犯罪嫌疑人、被告人与国家之间达成的和解。其次，所谓"一般应当采纳"，意味着如果事实清楚，证据确实、充分，指控的罪名准确，量刑建议没有明显不当的，人民法院应当予以采纳。如果量刑建议与法官内心的量刑尺度略有偏差，但尚未达到明显不当的程度，则仍然属于应当采纳的范畴。如果存在《刑事诉讼法》第201条第1款规定的五种情形，即被告人的行为不构成犯罪或者不应当追究其刑事责任的；被告人违背意愿认罪认罚的；被告人否认指控的犯罪事实的；起诉指控的罪名与审理认定的罪名不一致的，以及其他可能影响公正审判的情形，则属于不予采纳的范畴。[3]

二、庭审阶段介入案件的辩护律师能否提出不同于认罪认罚具结书的量刑建议

（一）办理案件回顾

在北京市衡宁律师事务所办理的一起盗窃案件中，犯罪嫌疑人在检察机关审查起诉期间表示认罪认罚，当时其并未委托律师，因

---

[1] 参见苗生明、周颖："认罪认罚从宽制度适用的基本问题——《关于适用认罪认罚从宽制度的指导意见》的理解和适用"，载《中国刑事法杂志》2019第6期。

[2] 吴宏耀教授认为第1款解决的是"是不是认罪认罚"的问题，也即法院保留了判定是否属于认罪认罚案件的权利，第2款才是量刑是否适当的裁判依据。顾永忠教授亦认为第201条两款承载的功能不同，第201条第1款是罪名采纳问题，第2款才是量刑建议采纳问题。

[3] 参见蒋安杰："认罪认罚从宽制度若干争议问题解析（中）"，载《法制日报》2020年5月6日，第3版。

此，检察机关为其指派了值班律师，检察机关给他提出的量刑建议是有期徒刑七个月以上。在值班律师的见证之下，犯罪嫌疑人在认罪认罚具结书上签了字，双方达成了认罪认罚的协议。检察机关将认罪认罚具结书，连同相关的证据、起诉书等一并移送法院，并提起公诉。

到了法庭审判阶段，被告人委托了常铮律师代理此案件。通过阅卷以及查看相关的证据材料，常铮律师向被告人表示，检察机关的量刑建议过重。此时，被告人提出能不能再帮他争取更轻的处罚。于是在法庭审理过程中，辩护人提出相关要求与理由，希望法院不采纳量刑建议，能够对被告人判处拘役五个月到六个月的刑期。法院结合案件的事实，综合从轻、减轻处罚的各种情节，最终采纳了辩护人的意见，对被告人判处拘役五个月。

（二）总结

在这个案件中，因为之前的认罪认罚具结书并不是辩护人在场的情况下签署的，到了法庭之上辩护人提出了新的量刑建议。最终，法院也结合案件的事实和量刑情节，采纳了辩护人新的量刑建议，而非检察机关提出的量刑建议。通过这个案件，我们可以看到，后介入庭审的辩护律师可以提出新的量刑建议，法院最终的裁判还是要依据事实、证据和相关的量刑情节综合作出评定。因此，作为被告人的辩护律师，我们还是应当积极地去发现案件当中有利于被告人的量刑情节，为当事人争取最大的合法利益。

三、被告人反悔上诉情形下，检察院能否抗诉

（一）被告人能否反悔上诉

1. 犯罪嫌疑人、被告人有反悔的权利

认罪认罚案件中，犯罪嫌疑人、被告人有权反悔和撤回认罪认罚的承诺。一般而言，认罪认罚从宽制度下，犯罪嫌疑人、被告人在与检察机关沟通协商达成一致意见的基础上，自愿认罪认罚并签署具结书，实质上这属于个人与检察机关之间达成的合意。根据契约精神，控辩双方均应当受合意内容的约束，有义务配合推动具结

内容的履行。但这种约束对控辩双方来讲，其效力并不一样。我们认为，对代表公权一方的检察机关的约束远大于对被告人个体的约束。具体表现为，检察机关原则上不得撤销合意的内容，除非被告人首先不履行其具结承诺的内容，或者据以签署具结的犯罪事实、情节等发生重大变化；而被告人在法院判决前，可以反悔，撤销具结书。法院判决后，被告人发现自己系基于错误认识而认罪认罚的，可以依法提出上诉，或者向人民法院和人民检察院申诉。[1]

2. 被告人的上诉权不可剥夺

上诉权是被告人的基本诉讼权利。在速裁程序试点和认罪认罚从宽试点时，曾对是否应当借鉴国外辩诉交易、处罚令等制度的做法，在一定范围内对认罪认罚案件被告人的上诉权给予限制进行过讨论，各试点单位最终均采取了不予限制的做法，这也为立法所确认。保障上诉权是程序公正的基本要求，是结果公正的救济途径，也是认罪认罚从宽制度可持续发展和良好运行的保证。只有保障被告人对于认罪认罚反悔上诉的权利，才能使其拥有对审判程序和诉讼结果的自由选择权，进而对最终的裁判结果不产生抵触情绪，增强对认罪认罚结果的接受度。这一点已成为学界和实务界的共识。[2]

（二）检察机关能否抗诉

1. 针对反悔上诉提出抗诉的理由和目的

首先需要明确的是，并非对所有被告人认罪认罚反悔进而提出上诉的，检察机关都会提出抗诉。现阶段，检察机关提出抗诉的主要情形是检察机关提出精准量刑建议，法院采纳后被告人无正当理由或者仅以量刑过重为由上诉。被告人无正当理由上诉这一行为违背了被告人具结的承诺，使得被告人的具结转变为"虚假认罚"，甚至有可能因此给其再次带来"不当得利"，同时启动了本不必要的二

---

〔1〕 参见蒋安杰："认罪认罚从宽制度若干争议问题解析（下）"，载《法制日报》2020年5月13日，第9版。

〔2〕 参见蒋安杰："认罪认罚从宽制度若干争议问题解析（下）"，载《法制日报》2020年5月13日，第9版。

审程序，浪费了司法资源，使得本已降低的司法成本无必要地变得高昂。通过抗诉的方式，可以使二审法院能有机会依法审判，适当加重被告人刑罚，促使被告人形成尊重认罪认罚具结和承诺的自觉，从而减少无谓的上诉和不必要的二审程序，助推认罪认罚从宽制度的良性运行。当然，对检察机关提出幅度刑量刑建议，法院在幅度中线或者上线量刑后，被告人上诉的则不宜抗诉。[1]

2. 检察机关针对反悔上诉的抗诉是否违反"上诉不加刑"原则

"上诉不加刑"原则是指在仅有被告人上诉的情形下，二审法院不得加重被告人刑罚，但检察机关抗诉的则不受"上诉不加刑"原则的约束。被告人有反悔上诉的权利，反悔说明要么不认罪要么不认罚，意味着从宽的前提和基础不复存在，此时检察机关依据《刑事诉讼法》的规定，对符合抗诉条件的提出抗诉，是检察机关履行法律监督职责的重要体现。

从实践情况看，2019 年适用认罪认罚从宽制度的案件中，法院采纳量刑建议率为 85%，被告人上诉率为 3.5%，其中绝大多数系仅以量刑过重而提出上诉，而抗诉率仅为 0.3%。从这几个数字即可看出：一方面，认罪认罚案件的上诉率远低于刑事案件的总上诉率，说明认罪认罚上诉比例较低；另一方面，检察机关抗诉的数量远远少于上诉的数量和法院不采纳量刑建议的数量，表明无论是对被告人的上诉还是法院对量刑的最终决定权，检察机关均予以高度尊重，表明检察机关对抗诉权的行使是审慎的。

3. 区分情形决定抗诉与否

张军检察长提出应当区分三种情形以决定抗诉与否：第一种情形为被告人因对曾承认的犯罪事实证据表示反悔，提出不同意见或提出辩解意见而被从重处罚的上诉，这是被告人的正当权利，检察机关应当尊重，不应当予以抗诉。第二种情形为被告人认罪认罚，法官在幅度刑的高线量刑，或没有采纳检察官的量刑建议，对被告人给予更重量刑引发的上诉，同样是被告人的正当权利，检察机关

---

[1] 参见蒋安杰："认罪认罚从宽制度若干争议问题解析（下）"，载《法制日报》2020 年 5 月 13 日，第 9 版。

应当尊重，不应当予以抗诉。此外，被告人在庭上认罪认罚，但是对于罪行作了在审查起诉阶段没有作过的辩解，认为自己犯罪主观恶性或者客观危害性较轻，对指控犯罪的证据予以部分否认，但最终亦认罚的，检察官原则上不应当抗诉。被告人辩解或律师辩护、被告人予以配合认同，均是被告人的权利，只要起诉指控的事实、证据法庭总体予以采纳，没有因无事实、证据依据的辩解影响定罪量刑的，也不应当抗诉。第三种情形为被告人认罪认罚，庭审采纳了确定刑量刑建议或者幅度刑的中线、低线量刑建议，被告人为了缩短实际服刑期，"制造二审"、延长庭审期限而不再移送监狱服剩余刑罚，以上诉延长实际羁押期的，检察机关原则上应当予以抗诉，法院亦多支持抗诉并对被告人予以从重处罚。

（三）被告人认罪认罚后反悔上诉、检察机关提出抗诉的典型案例

被告人琚某某入室盗窃财物近 3 万元，其自愿如实供述罪行，承认指控的犯罪事实，同意检察机关提出的有期徒刑二年三个月，并处罚金 3000 元的量刑建议，在值班律师见证下，签署认罪认罚具结书。一审时，法院采纳量刑建议，琚某某又以量刑过重为由提出上诉，检察机关提出抗诉。法院二审时认为琚某某不服原判量刑提出上诉，导致原审适用认罪认罚从宽制度的基础已不存在，裁定撤销原判发回重审。原审法院重新审判后，判处琚某某有期徒刑二年九个月，并处罚金 3000 元。[1]

该案的指导意义在于被告人通过认罪认罚获得量刑从宽后，在没有新事实、新证据的情况下，违背具结承诺以量刑过重为由提出上诉，无正当理由启动二审程序，消耗国家司法资源，检察机关可以依法提出抗诉。一审判决量刑适当、自愿性保障充分，因为认罪认罚后反悔上诉导致量刑不当的案件，检察机关依法提出抗诉有利于促使被告人遵守协商承诺，促进认罪认罚从宽制度健康稳定运行。检察机关提出抗诉时，应当建议法院取消基于认罪认罚给予被告人的从宽量刑，但不能因被告人反悔行为对其加重处罚。

---

〔1〕 最高人民检察院："最高人民检察院关于人民检察院适用认罪认罚从宽制度情况的报告有关案例说明"，载《检察日报》2020 年 10 月 17 日，第 3 版。

（四）总结

综上所述，若认罪认罚案件的当事人希望上诉，辩护律师为了充分保障当事人合法利益，应当谨慎分析当事人上诉的理由以及上诉的利弊。若无法律明文规定的上诉理由，不建议当事人轻易反悔并上诉。

法院如何建议检察院调整量刑建议？

问题引入

在人民检察院审查起诉阶段，犯罪嫌疑人如果自愿认罪认罚的，需要和检察院签署认罪认罚具结书，在具结书中，除了包含犯罪嫌疑人自愿认罪的内容，最重要的是还需载明检察院提出的量刑建议。那么，针对检察院提出的量刑建议，若存在明显不当或者被告人、辩护人提出异议的，人民法院一般会如何处理呢？

一、量刑建议的调整

基于对控辩双方主体地位以及控辩合意的尊重，充分发挥认罪认罚从宽制度功能的考量，《刑事诉讼法》第 201 条第 2 款以及《最高人民法院关于适用〈中华人民共和国刑事诉讼法〉的解释》第 353 条第 1 款对人民法院调整量刑建议作出了规定，即仅在人民法院经审理认为量刑建议明显不当或被告人、辩护人对量刑建议提出异议的情形下，人民检察院可以调整量刑建议。《关于适用认罪认罚从宽制度的指导意见》第 41 条进一步规定，在上述情形下，人民法院应当告知人民检察院，若人民法院认为调整后的量刑建议适当的，应当予以采纳；若人民检察院不调整量刑建议或者调整后仍然明显不当的，人民法院则应当依法作出判决。

从法条的规定来看，在人民法院认为量刑建议明显不当或者被告人、辩护人对量刑建议提出异议两种情形之下，人民检察院有一个先置的调整程序，即人民检察院可以调整量刑建议，只有人民检察院不调整或者调整后仍然明显不当的，人民法院才可以依法作出判决，也就是说人民法院不能未经人民检察院调整量刑建议而径行作出判决。陈国庆检察长亦如此认为，"如果法官认为量刑建议明显不当或者被告人、辩护人对量刑建议有异议且有理有据的，人民法院应当告知人民检察院，人民检察院可以进行调整，只有在人民检察院不调整或者调整后仍然明显不当的情况下，人民法院才可以直接作出判决"。[1]

基于《刑事诉讼法》第 201 条的规定，《关于适用认罪认罚从宽制度的指导意见》第 41 条对调整的情形、程序、时机作出了进一步规定，具体可以从以下四个方面来把握：第一个方面是调整的情形。量刑建议调整是有条件的、有依据的，主要包括人民法院经审理认为量刑建议明显不当和被告人、辩护人对量刑建议提出异议且该异议是有理有据的两种情形。需要注意的是，实践中，对何为量刑建

---

[1] 蒋安杰："认罪认罚从宽制度若干争议问题解析（中）"，载《检察日报》2020年 5 月 6 日，第 3 版。

议明显不当，许多地方检法之间存在分歧，需要检法两家加强沟通，尽量消弭分歧，统一执法尺度。"明显不当"中的"明显"描述的是不当的程度，应当从一般人的正常认知角度进行判断，具体可以从量刑建议违反罪责刑相适应原则、与同类案件处理明显不一致、明显有违一般司法认知等方面把握，当检察院在认罪认罚案件中提出的量刑建议仅是"一般不当"而非"明显不当"的，人民法院应当采纳。立法之所以允许认罪认罚案件中的量刑建议有一定幅度的偏差，主要原因有二：一是如果严格按照法定的量刑规则，量刑协商中的自由裁量空间将十分有限，被告人因认罪认罚获得的"从宽"优惠较小，吸引力不大，故在一定的区间内对检察机关的量刑建议保有适度"容错"和"宽让"有利于犯罪嫌疑人、被告人主动认罪认罚；二是认罪认罚案件中的量刑建议是控辩协商达成的合意，凝聚着双方对案件中关于量刑问题的共识，不轻易拒绝有些许偏差的量刑建议体现了法院对控辩双方量刑协商的尊重，有利于认罪认罚案件在整个诉讼进程中的平稳推进。[1]第二个方面是告知和调整程序。对量刑建议明显不当或者辩护人、被告人对量刑建议提出异议且理由充分的，人民法院应当告知人民检察院。人民检察院可以与被告人及其辩护人协商后，调整量刑建议。认罪认罚案件一般适用的是速裁程序，但是也有可能适用简易程序或者普通程序。适用速裁程序审判的案件，如果检察院要进行量刑建议的调整，一般应当是在开庭之前或者当庭提出量刑建议的调整，不会在庭后进行量刑建议的调整，以提高认罪认罚案件的庭审效率。如果被告人、辩护人提出异议理由不充分的，人民法院可以直接驳回。第三个方面是调整后的采纳。人民检察院调整量刑建议后，人民法院认为适当的，应当予以采纳；人民检察院不调整量刑建议或者调整后仍然明显不当的，人民法院应当依法作出判决。第四个方面是调整时机。为避免量刑建议调整程序繁琐、浪费司法资源，对适用速裁程序审理的案件，人民检察院调整量刑建议应当庭前或者当庭提出。调整量刑

---

〔1〕 参见董坤："审判阶段适用认罪认罚从宽制度相关问题研究"，载《苏州大学学报（哲学社会科学版）》2020年第3期。

建议后，被告人同意继续适用速裁程序的，不需要转换程序处理。[1]

《最高人民法院关于适用〈中华人民共和国刑事诉讼法〉的解释》第 353 条第 2 款对速裁程序下量刑建议的调整时间与调整后的程序作出规定：适用速裁程序审理认罪认罚案件，需要调整量刑建议的，应当在庭前或者当庭作出调整；调整量刑建议后，仍然符合速裁程序适用条件的，继续适用速裁程序审理。较《刑事诉讼法》第 201 条第 1 款、第 2 款规定法官不采纳量刑建议需要先行告知检察机关调整量刑建议，也即法官不得未经建议检察机关调整量刑建议而迳行判决。《关于适用认罪认罚从宽制度的指导意见》第 41 条进一步明确规定了"人民法院经审理，认为量刑建议明显不当，或者被告人、辩护人对量刑建议有异议且有理有据的，人民法院应当告知人民检察院"。[2]但是，目前尚无司法解释明确规定法官不履行该前置程序的法律后果。

综上所述，《刑事诉讼法》第 201 条第 1 款与第 2 款实则承载着不同的法律功能：第 1 款规定的法定情形属于"不符合认罪认罚从宽制度适用条件"的情形，在此类情形下，被告人的行为本质上并不属于认罪认罚，因而也不得适用认罪认罚从宽制度。[3]第 5 项"其他可能影响公正审判的情形"，依同类解释，该兜底条款应当解

---

[1] 参见苗生明、周颖："认罪认罚从宽制度适用的基本问题——《关于适用认罪认罚从宽制度的指导意见》的理解和适用"，载《中国刑事法杂志》2019 年第 6 期。

[2] 《关于适用认罪认罚从宽制度的指导意见》第 41 条第 1 款规定，"人民法院经审理，认为量刑建议明显不当，或者被告人、辩护人对量刑建议有异议且有理有据的，人民法院应当告知人民检察院，人民检察院可以调整量刑建议。人民法院认为调整后的量刑建议适当的，应当予以采纳；人民检察院不调整量刑建议或者调整后仍然明显不当的，人民法院应当依法作出判决"。

[3] 但是《刑事诉讼法》第 201 条第 1 款第 4 项具有特殊性，作为实体真实原则的产物，其旨在保证法律的准确适用，不属于绝对不适用认罪认罚从宽制度的情形，若公诉机关指控的罪名不正确，但是量刑建议适当，法院仍可以采纳量刑建议。苗生明检察长认为，"不采纳量刑建议的五种情形中，第一、二、三种情形，属于绝对排除情形，有这三种绝对排除情形的案件，就不能适用认罪认罚从宽制度。第四种情形属于相对排除情形"。苗生明、周颖："认罪认罚从宽制度适用的基本问题——《关于适用认罪认罚从宽制度的指导意见》的理解和适用"，载《中国刑事法杂志》2019 年第 6 期。

释为不符合认罪认罚从宽制度适用条件的其他情形。依据《刑事诉讼法》《关于适用认罪认罚从宽制度的指导意见》的相关规定，〔1〕认罪认罚从宽制度的适用条件在于被追诉人认罪的自愿性、真实性、合法性，以及认罚的表现与悔罪态度。〔2〕第 2 款为被告人认罪认罚，理应适用认罪认罚从宽制度，但因检察机关的量刑建议违背法律规定，人民法院需要先行建议其调整量刑建议之后才能判决的情形。〔3〕

二、何为量刑建议"明显不当"

依据《最高人民法院关于适用〈中华人民共和国刑事诉讼法〉的解释》第 354 条，人民法院对量刑建议是否明显不当的认定，应当根据审理认定的犯罪事实、认罪认罚的具体情况，结合相关犯罪的法定刑、类似案件的刑罚适用等作出审查判断。

笔者认为，"明显不当"一词实则涉及两个评价领域，第一个评价领域划分为"不当"和"适当"，只要不属于适当的，就是不当的；第二个领域涉及"不当"程度的评价，该"不当"还需要达到一个"明显"的程度。由此可见，"当与不当"的评价标准相对来说比较客观分明，主要涉及评价主体将哪些因素考虑在"当"的范围内，这些因素可以从法律、实践中归纳出来，比如，无正当理由超出法定刑幅度的情形属于"不当"，该法定刑幅度就是由法律明确规定的。而"是否明显"则完全是一个自由裁量的问题，每名审判人员可能都有自己的评价尺度，比如就"超出法定刑幅度"而言，假如该法定刑幅度是 3 年至 7 年，那么要超出多大的幅度才属于

---

〔1〕《刑事诉讼法》第 15 条以及《关于适用认罪认罚从宽制度的指导意见》第 6 条对"认罪"的把握规定、第 7 条对"认罚"的把握规定。

〔2〕 汪海燕教授认为，《刑事诉讼法》第 201 条第 1 款第 2 项、第 3 项、第 5 项就是规定法院审查被告人认罪的自愿性、具结的真实性与合法性。但是笔者认为认罪认罚从宽制度适用条件依据《刑事诉讼法》第 15 条，即在于认罪与认罚，因此认罪与认罚的认定都将影响认罪认罚从宽制度的适用。参见汪海燕："认罪认罚从宽制度中的检察机关主导责任"，载《中国刑事法杂志》2019 年第 6 期。

〔3〕 李卫红教授认为，第 2 款才是量刑建议效力拘束原则的例外。参见李卫红、许振宇、王释锋："认罪认罚程序下的量刑建议问题研究"，载《中国刑警学院学报》2019 年第 4 期。

"明显"？[1]

"明显不当"在刑事诉讼中也并非一个新名词，《人民检察院刑事诉讼规则》第584条第3项就涉及"重罪轻判，轻罪重判，适用刑罚明显不当的"可以抗诉的情形，提及量刑失衡时使用的"畸轻畸重"一词实质也与"明显不当"相同。

但是，目前相关司法解释并未对"明显不当"作出细化规定。在司法实践中存在一些情形，比如在认罪认罚案件中检察机关对常见的酌定量刑情节的认定与审判机关的认定有很大差异，又或者是检察机关没有正当理由对具有同类情况的案件作出不同的量刑建议等。此外，一些检察机关认为量刑建议明显不当的情形涉及"超出法定刑幅度量刑的"，但这仅可作为评价"当与不当"的标准，并没有体现出超出多少才属于"明显不当"。

人民法院对于量刑建议是否属于"明显不当"的标准，可以参照检察机关对"量刑明显不当"的适用标准。如果审判人员和公诉人员秉承一致的标准，也可以增加公诉人员对审判人员处理决定的认可度和接受度。最高人民检察院在2017年7月通过的《人民检察院刑事抗诉工作指引》对"明显不当"的情形作了进一步列举：不具有法定量刑情节而超出法定刑幅度量刑的；认定或者适用法定量刑情节错误，导致未在法定刑幅度内量刑或者量刑明显不当的；共同犯罪案件中各被告人量刑与其在共同犯罪中的地位、作用明显不相适应或者不均衡的；适用主刑刑种、附加刑、免予刑事处罚、缓刑、刑事禁止令、限制减刑错误的。上述这些情形的评价主体是检察机关，评价的对象是人民法院的判决。[2]

但是，上述解决措施仅为权宜之计。为追求同案同办、量刑建议的公正性，立法机关应当尽快出台如何判定量刑建议"明显不当"的司法文件，建立统一的判断标准，维护司法公正。

---

[1] 参见杨宇冠、王洋："认罪认罚案件量刑建议问题研究"，载《浙江工商大学学报》2019年第6期。

[2] 参见杨宇冠、王洋："认罪认罚案件量刑建议问题研究"，载《浙江工商大学学报》2019年第6期。

被告人当庭认罪认罚的案件如何处理？ / 第五十一问

问题引入

犯罪嫌疑人、被告人可以在刑事诉讼的任何一个阶段作出认罪认罚的表示。在侦查阶段犯罪嫌疑人认罪认罚的，需把相关情况记录在询问笔录里，同时侦查机关要在起诉意见书中将认罪认罚的相关情况予以说明。在审查起诉阶段犯罪嫌疑人认罪认罚的，最终会形成认罪认罚具结书。那么对于被告人在审判阶段当庭认罪认罚的，应该如何处理？本问将具体讨论该问题。

一、审判阶段认罪认罚规范解释

一般而言，绝大多数认罪认罚案件系在审查起诉阶段，检察机关与犯罪嫌疑人进行沟通从而启动协商程序，达成一致意见后，犯罪嫌疑人就认罪认罚签署具结书，到审判阶段由法院审查确认。但有的案件在审查起诉阶段，犯罪嫌疑人与检察机关未进行协商或者经协商未能达成认罪认罚的合意，在适用普通程序或者简易程序审理时，随着法庭举证质证，认识不断加深，被告人当庭表示愿意认罪认罚，此时认罪认罚从宽制度能否适用，又如何适用呢？首先，需要明确的是，2019 年《关于适用认罪认罚从宽制度的指导意见》规定了认罪认罚从宽制度的适用阶段和适用案件范围。认罪认罚从宽制度贯穿刑事诉讼全过程，适用于侦查、起诉、审判各个阶段。故，被告人在审判阶段当庭认罪认罚也可以适用认罪认罚从宽制度。其次，对于被告人当庭认罪认罚案件的处理，2019 年《关于适用认罪认罚从宽制度的指导意见》第 49 条作出了规定。即被告人在侦查、审查起诉阶段没有认罪认罚，但当庭认罪，愿意接受处罚的，人民法院应当根据审理查明的事实，就定罪和量刑听取控辩双方意见，依法作出裁判。此条包含了三个层面的内容：一是当庭认罪认罚的，可以适用认罪认罚从宽制度；二是人民法院应当就定罪和量刑听取控辩双方的意见，控辩双方可以就量刑进行协商；三是控辩双方协商一致，不需要再签署具结书，当庭确认即可，由法院依法作出裁判。最后，在从宽幅度方面，2019 年《关于适用认罪认罚从宽制度的指导意见》第 9 条就如何把握从宽幅度作出了规定，可以从以下几个方面理解该规定：一是把握从宽的总的原则。即办理认罪认罚案件，应当区别认罪认罚的不同诉讼阶段，对查明案件事实的价值和意义，是否确有悔罪表现，以及罪行严重程度等，综合考量确定从宽的限度和幅度。二是要根据认罪认罚的及时性、主动性、全面性和稳定性来把握幅度大小。根据《最高人民法院关于适用〈中华人民共和国刑事诉讼法〉的解释》第 355 条第 2 款的规定，"对认罪认罚案件，应当根据被告人认罪认罚的阶段早晚以及认罪认罚的主动性、稳定性、彻底性等,在从宽幅度上体现差异"。具体而言,在刑法评价上,主动认罪优于被动认罪,早认罪优于晚认罪,彻底认罪优于不彻底认罪,稳定认罪优于不稳定认罪。〔1〕所以我们鼓励尽早认罪认罚,认罪认罚越早能够获得的从宽幅度就会越大。

2018 年《刑事诉讼法》修改了原条文,将第 185 条改为第 190条,增加一款,作为第 2 款,即"被告人认罪认罚的,审判长应当告知被告人享有的诉讼权利和认罪认罚的法律规定,审查认罪认罚的自愿性和认罪认罚具结书内容的真实性、合法性",本条增加庭审中认罪认罚自愿性审查程序,是对《关于在部分地区开展刑事案件认罪认罚从宽制度试点工作的办法》第 15 条的吸收与完善。对于本条第 2 款规定的认罪认罚自愿性审查,应当从以下几个方面理解与把握:一是认罪认罚自愿性的司法审查对确保司法公正和提高司法效率具有重要意义。二是认罪认罚自愿性司法审查应当坚持自愿性、明知性和明智性的客观判定标准。根据本条规定,在审理认罪认罚案件时,审判长应当在法庭上以被告人能够理解的语言向其告知如下事项:告知诉讼权利,包括被告人在认罪认罚案件法庭审理中应当享有的诉讼权利,如获得有效法律帮助、从宽从快处理的权利等;充分告知、释明认罪认罚的含义、条件和法律后果;核实被告人自愿认罪认罚的真实性。三是认罪认罚自愿性司法审查应当以事实审查为基础。〔2〕

二、审判阶段当庭认罪认罚的处理

在被告人于审判阶段当庭认罪认罚的情况下,被告人此时已经无法再与检察机关达成认罪认罚具结书,此时法庭应当将相关的情况记录在庭审笔录中,也应当对认罪认罚的自愿性、真实性、合法性予以审查。对于当庭认罪认罚的案件,法庭应当查明相关的案件

---

〔1〕 参见苗生明、周颖:"认罪认罚从宽制度适用的基本问题——《关于适用认罪认罚从宽制度的指导意见》的理解和适用",载《中国刑事法杂志》2019 年第 6 期。

〔2〕 参见胡云腾主编:《认罪认罚从宽制度的理解与适用》,人民法院出版社 2018年版,第 43-46 页。

事实，听取控辩双方对于定罪和量刑的意见，然后依法作出裁判。

在审判阶段被告人当庭认罪认罚的案件中，应当注意以下几个问题：

其一，被告人在审判阶段认罪认罚，法庭"可以"而非"一律"从宽。无论是一审"后期"还是二审期间，被告人认罪认罚是其基本权利，法庭不能剥夺被告人悔罪、弃恶从善的机会。因此，《刑事诉讼法》第15条中的认罪认罚"可以"从宽并不是可有可无的，而是有明确倾向性的，应当理解为一般应当从宽，即没有特殊理由的，都应当体现法律规定和政策精神。[1]但是，被告人认罪认罚并非一概要给予量刑上的从宽优惠，是否从宽还要从被告人罪行的严重程度，以及认罪认罚的价值和作用等因素综合考量。如果被告人的犯罪性质恶劣、手段残忍、社会危害严重，群众反映强烈，即使其当庭认罪、愿意接受处罚，也须依法严惩，不予从宽。

其二，应当认真审查被告人认罪认罚背后的悔罪真意。按照《刑事诉讼法》第15条的规定，被告人的认罪是自愿如实供述自己的罪行或承认指控的犯罪事实，认罚则体现为愿意接受处罚。这其中，"认错""悔罪"是刑罚轻缓化的法理基础，是从宽的主要动因。因此，被告人在一审"后期"或者二审期间认罪认罚的，法院要尤其关注对被告人"悔罪自新"的审查，防止被告人出于某种利己的投机目的（如获得释放、减轻刑罚）表面认罪，本身并无悔过之心。由于悔罪更多的是一种内心的主观反映，具体的判断"必须以认罪为前提，以认罚为载体，通过认罚的态度和各项行动综合判断悔罪的效果"，[2]至于综合判断的标准可细化为：是否向被害人赔礼道歉、赔偿损失；是否与被害人达成调解或和解协议；是否积极退赔退赃；是否主动履行了如消除污染、修复破损的生态环境等补救措施。

---

〔1〕 参见胡云腾主编：《认罪认罚从宽制度的理解与适用》，人民法院出版社2018年版，第79页。

〔2〕 参见董坤："认罪认罚从宽制度下'认罪'问题的实践分析"，载《内蒙古社会科学（汉文版）》2017年第5期。

其三,被告人在审判"尾声"认罪认罚的,应在从宽幅度上体现出应有的差别。从整个制度设计来讲,鼓励犯罪嫌疑人、被告人早些认罪认罚,对侦破案件、节约司法资源、提升诉讼效率意义重大。二审时认罪认罚相较一审时认罪认罚,浪费了诉讼资源,应当在给予从宽优惠时有所区别,其量刑减让幅度应当小于一审阶段,以确保量刑的公正。[1]同样的道理,被告人在一审"尾声"认罪认罚较之在审判前、一审初期认罪认罚在量刑幅度上也应当有所差别,以鼓励犯罪嫌疑人、被告人尽早认罪认罚。[2]

三、审判阶段认罪认罚的司法适用

(一) 不同地区认罪认罚从宽制度实施细则

浙江省于 2020 年 12 月 23 日发布实施《浙江省刑事案件适用认罪认罚从宽制度实施细则》,对认罪认罚从宽制度适用中的新情况、新问题进行了研究与规制。其中对于当庭认罪认罚的处理也进行了规定,即"被告人在侦查、审查起诉阶段没有认罪认罚,但当庭认罪,愿意接受处罚的,人民法院应当根据审理查明的事实,就定罪和量刑听取控辩双方意见。被告人符合前款情形,人民检察院可以提出量刑建议,被告人同意量刑建议,经审查量刑建议适当的,人民法院应当采纳;人民检察院未提出量刑建议或者量刑建议未能协商一致的,人民法院应当根据被告人认罪认罚的具体情况依法作出裁判"。

(二) 被告人当庭认罪认罚案例

最高人民检察院以"检察机关适用认罪认罚从宽制度"为主题发布了第二十二批指导性案例。该批指导案例中的林某彬等人组织、领导、参加黑社会性质组织案(检例第 84 号)涉及被告人当庭认罪认罚的情形,能为如何处理被告人当庭认罪认罚案件这一问题提供

---

〔1〕 参见苗生明、周颖:"认罪认罚从宽制度适用的基本问题——《关于适用认罪认罚从宽制度的指导意见》的理解和适用",载《中国刑事法杂志》2019 年第 6 期。

〔2〕 参见董坤:"审判阶段适用认罪认罚从宽制度相关问题研究",载《苏州大学学报(哲学社会科学版)》2020 年第 3 期。

参考意义。

【案例】被告人林某彬，北京某投资有限公司法定代表人，某金融服务外包（北京）有限公司实际控制人。

胡某某等其他 51 名被告人基本情况略。

被告人林某彬自 2013 年 9 月至 2018 年 10 月，以实际控制的北京某投资有限公司、某金融服务外包（北京）有限公司，通过招募股东、吸收业务员的方式，逐步形成了以林某彬为核心，被告人增某、胡某凯等 9 人为骨干，被告人林某强、杨某明等 9 人为成员的黑社会性质组织。该组织以老年人群体为主要目标，专门针对房产实施系列"套路贷"犯罪活动，勾结个别公安民警、公证员、律师以及暴力清房团伙，先后实施了诈骗、敲诈勒索、寻衅滋事、虚假诉讼等违法犯罪活动，涉及北京市朝阳区、海淀区等 11 个区、72 名被害人、74 套房产，造成被害人经济损失 1.8 亿余元。

林某彬通过黑社会性质组织拉拢被告人公安民警庞某天入股，利用其身份查询被害人信息，利用其专业知识为暴力清房人员谋划支招。拉拢被告人律师李某杰以法律顾问身份帮助修改"套路贷"合同模板、代为应诉，并实施虚假诉讼处置房产。被告人公证员王某等人为获得费用提成或收受林某彬黑社会性质组织给予的财物，出具虚假公证文书。

在北京市人民检察院第三分院主持下，全案 52 名被告人中先后有 36 名签署了《认罪认罚具结书》。2019 年 12 月 30 日，北京市第三中级人民法院依法判决，全部采纳检察机关量刑建议。林某彬等人上诉后，2020 年 7 月 16 日，北京市高级人民法院二审裁定驳回上诉，维持原判。

检察机关履职情况：（1）发挥认罪认罚从宽制度的积极作用，提升出庭公诉效果。出庭公诉人通过讯问和举证质证，继续开展认罪认罚教育，取得良好庭审效果。首要分子林某彬当庭表示愿意认罪认罚，在暴力清房首犯万某春当庭否认知晓"套路贷"运作流程的情况下，林某彬主动向法庭指证万某春的犯罪事实，使万某春的辩解不攻自破。在法庭最后陈述阶段，不认罪的被告人受到触动，也向被害人表达了歉意。（2）运用认罪认罚做好追赃挽损，最大限度为被害人挽回经济损失。审查起诉阶段，通过强化对认罪认罚被告人的讯问，及时发现涉案房产因多次过户、抵押而涉及多起民事诉讼，已被法院查封或执行的关键线索，查清涉案财产走向。审判阶段，通过继续推动认罪认罚，不断扩大追赃挽损的效果。在庭前会议阶段，林某彬等多名被告人表示愿意退赃退赔；在庭审阶段，针对当庭认罪态度较好、部分退赔已落实到位或者明确表示退赔的被告人，公诉人向法庭建议在退赔到位时可以在检察机关量刑建议幅度以下判处适当的刑罚，促使被告人退赃退赔。全案在起诉时已查封、扣押、冻结涉案财产的基础上，促使被告人在一审宣判前又主动退赃退赔 400 余万元。

本案指导意义：认罪认罚从宽制度贯穿刑事诉讼全过程，适用于侦查、起诉、审判各个阶段。认罪认罚从宽制度可以适用于所有案件，但"可以"适用不是一律适用，被告人认罪认罚后是否从宽，要根据案件性质、情节和对社会造成的危害后果等具体情况，坚持罪责刑相适应原则，区分情况、区别对待，做到该宽则宽，当严则严，宽严相济，罚当其罪。对犯罪性质恶劣、犯罪手段残忍、危害后果严重的犯罪分子，即使认罪认罚也不足以从宽处罚的，依法可不予以从宽处罚。

认罪认罚案件中的共同犯罪 问题如何处理?

第五十二问

问题引入

在共同犯罪当中,从犯相较主犯是应当从轻或者减轻处罚的,这是一个法定的量刑情节。对于认罪认罚案件当中的共同犯罪问题,应该如何处理?首先,共同犯罪案件能否适用认罪认罚从宽制度?其次,2019年《关于适用认罪认罚从宽制度的指导意见》中坚持罪责刑相适应原则对共同犯罪案件中的认罪认罚从宽处理又提出了什么具体的要求?最后,司法实践中共同犯罪案件如何适用认罪认罚从宽制度?

一、案件适用范围的明确

关于认罪认罚从宽制度的适用条件，《刑事诉讼法》第 15 条规定，"犯罪嫌疑人、被告人自愿如实供述自己的罪行，承认指控的犯罪事实，愿意接受处罚的，可以依法从宽处理"。从《刑事诉讼法》这一原则规定可以看出，认罪认罚从宽制度没有适用案件罪名和可能判处刑罚的限定，犯罪嫌疑人、被告人自愿如实供述自己的罪行、对指控的犯罪事实没有异议、愿意接受处罚的，均可以适用认罪认罚从宽制度。认罪认罚从宽制度没有特定的案件范围的限制，不能因案件罪轻、罪重或者罪名特殊等原因而剥夺犯罪嫌疑人、被告人自愿认罪认罚、获得从宽处理的机会。

实践中，有的地方适用认罪认罚从宽制度仅集中于速裁程序，简易程序和普通程序适用得相对较少；有的将范围限定于轻罪案件，将职务犯罪案件、重罪案件和共同犯罪案件排除在认罪认罚从宽适用范围外。这些做法均没有准确把握认罪认罚从宽制度的适用范围，是需要纠正的。当然，可以适用并不等于必然适用、一律适用，犯罪嫌疑人、被告人认罪认罚后是否从宽，决定权在于司法机关，由司法机关根据案件具体情况判定。[1]

二、量刑规范化

《最高人民法院关于适用〈中华人民共和国刑事诉讼法〉的解释》中明确：共同犯罪案件，部分被告人认罪认罚的，可以依法对该部分被告人从宽处罚，但应当注意全案的量刑平衡。2019 年《关于适用认罪认罚从宽制度的指导意见》中规定的罪责刑相适应原则要求办理认罪认罚案件，既要考虑体现认罪认罚从宽，又要考虑其所犯罪行的轻重、应负刑事责任和人身危险性的大小，依照法律规定提出量刑建议，准确裁量刑罚，确保罚当其罪，避免罪刑失衡。

---

〔1〕 参见苗生明、周颖："认罪认罚从宽制度适用的基本问题——《关于适用认罪认罚从宽制度的指导意见》的理解和适用"，载《中国刑事法杂志》2019 年第 6 期。

特别是对于共同犯罪案件，主犯认罪认罚、从犯不认罪认罚的，人民法院、人民检察院应当注意两者之间的量刑平衡，防止因量刑失当，严重偏离一般的司法认知。

对于这一条文，应理解为：认罪认罚案件的精准量刑建议要贯彻罪刑相适应原则，对此，须考量三个维度的因素：个体、共犯和类案。个体维度，即要确保犯罪嫌疑人个人的罪刑相当，确保罚当其罪；共犯维度，即要做到个案共同犯罪内的量刑均衡，既要考量共同犯罪的整体社会危害性，遵循共犯的处罚原则，充分考虑主从犯的罪责程度，也要考量共同犯罪人的具体认罪认罚情况，提出区别化的量刑建议；类案维度，即要注意个案与类案的量刑平衡，既要客观、全面地把握个案社会危害性、人身危险性差别，以及不同时期、不同地区经济社会发展和社会治安形势的差别，体现刑罚个别化，又要注意对于同一地区、同一时期的案情相近或者相似的案件，量刑建议应当做到基本均衡。[1]

三、司法实践的做法

2019 年《关于适用认罪认罚从宽制度的指导意见》只明确了对于共同犯罪案件，主犯认罪认罚，从犯不认罪认罚的，人民法院、人民检察院应当注意两者之间的量刑平衡，防止因量刑失当严重偏离一般的司法认知，但没有对共同犯罪案件中如何具体适用认罪认罚从宽作出进一步细化规定。在司法实践中，共同犯罪的被告人适用认罪认罚从宽制度存在以下几种情形：第一，犯罪嫌疑人同意适用认罪认罚从宽制度，辩护人做无罪辩护；第二，犯罪嫌疑人零口供，不认罪不认罚，辩护人建议适用认罪认罚从宽制度；第三，部分犯罪嫌疑人同意适用认罪认罚从宽制度。第一种情形，认罪认罚从宽制度针对的是犯罪嫌疑人真心悔罪、诚心认罚的情况，其辩护人提出无罪辩护并不影响犯罪嫌疑人适用认罪认罚从宽制度。第二种情形，认罪认罚从宽制度最根本的就是坦白，即如实供述主要犯

---

[1] 参见庄永廉等："认罪认罚从宽制度中量刑建议精准化的进路"，载《人民检察》2020 年第 7 期。

罪事实,对于犯罪嫌疑人在侦查阶段及审查起诉阶段全程零口供且明确表示不认罪不认罚的,已丧失了适用认罪认罚从宽制度的前提条件,其辩护人虽强烈建议适用,但犯罪嫌疑人本身已不符合该制度规定,故不能适用认罪认罚从宽制度。第三种情形,在共同犯罪案件中存在较多。[1]本问将具体介绍司法实践中共同犯罪案件认罪认罚从宽制度的适用情况。

(一) 部分共同犯罪人认罪认罚的处理

共同犯罪案件中,经常会出现部分犯罪嫌疑人、被告人认罪认罚而其他犯罪嫌疑人、被告人不认罪认罚的问题。对此,一般有两种做法。一种做法是,对认罪认罚的犯罪嫌疑人、被告人按认罪认罚从宽处理,而不认罪认罚的则不适用从宽制度;另一种做法是,采取一刀切,全案不适用认罪认罚从宽制度。一般认为,共同犯罪案件中部分犯罪嫌疑人、被告人认罪认罚的,只要符合适用条件,就应当适用认罪认罚从宽制度。

部分共同犯罪人认罪认罚从宽处理应该注意以下几个方面的问题:

首先,犯罪嫌疑人、被告人有选择适用认罪认罚从宽制度处理案件的权利。对认罪认罚从宽的适用范围,《刑事诉讼法》并无限制性规定,只要是认罪认罚的,均可适用。我国法律规定的是"可以"而不是"应当",即认罪认罚从宽虽然是被告人的一项权利,但司法机关在一定条件下是可以不适用的。2019年《关于适用认罪认罚从宽制度的指导意见》也明确规定,"认罪认罚从宽制度没有适用罪名和可能判处刑罚的限定,所有刑事案件都可以适用","但'可以'适用不是一律适用,犯罪嫌疑人、被告人认罪认罚后是否从宽,由司法机关根据案件具体情况决定","对严重危害国家安全、公共安全犯罪,严重暴力犯罪,以及社会普遍关注的重大敏感案件,应当慎重把握从宽,避免案件处理明显违背人民群众的公平正义观念"。除了上述特殊情况之外,具备从宽处理条件的案件都应当适用,包

[1] 参见葛静:"重罪和共同犯罪案件适用认罪认罚从宽制度探讨",载《法制与社会》2020年第7期。

括共同犯罪案件中仅有部分犯罪嫌疑人、被告人认罪认罚的案件。[1]

其次，坚持区分性原则。一方面，要区分共同犯罪与一般犯罪。在适用从宽制度时，部分被告人认罪认罚的适用条件要严于一般犯罪，要求被告人不仅要如实供述自己的犯罪事实，还要如实供述其他同案犯的或者其他同案犯的犯罪事实。另一方面，要在共同犯罪内部区分主犯与从犯的适用条件。与共同犯罪中自首、立功的成立条件一样，在对主犯和从犯适用从宽制度时，还需要考虑主从犯的区分性，可以参照自首、立功的成立条件设立区分性的适用条件。另外，在从宽的结果上，也需要有区分性。[2]具体而言，第一，对于主犯认罪认罚，从犯不认罪认罚，主犯可以从宽。认罪认罚是指犯罪嫌疑人、被告人对自己的犯罪行为自愿认罪，如实供述，愿意接受处罚，就可以得到从宽的一个结果。所以主犯如果能够自愿、如实供述自己的全部犯罪罪行，以及同案其他人的犯罪罪行，那么即使从犯不认罪，也不影响主犯适用认罪认罚从宽制度，主犯仍然可以得到一个从宽的处罚。第二，主犯认罪认罚，从犯没有认罪认罚，从犯不能得到从宽的处理。如前所述，认罪认罚是指犯罪嫌疑人、被告人对自己的犯罪行为自愿供述，如实供述，愿意接受处罚。如果从犯没有如实供述自己的犯罪行为，显然不能够基于其从犯地位，享受主犯认罪认罚从宽的结果。第三，主犯认罪认罚，从犯没有认罪认罚，主犯和从犯在量刑上的差异有多大，这没有确切答案。因为认罪认罚从宽制度，面向自己对自己行为的自愿认罪、如实供述、愿意接受处罚。那么主犯认罪认罚，显然他可以基于认罪认罚，获得一个从宽的处理结果。但是从犯，虽然没有认罪认罚，也是整个共同犯罪中的从犯。而从犯是我们国家刑法所规定的从轻、减轻处罚的法定量刑情节。如果从犯不认罪认罚，既没有如实供述自己

---

[1] 参见伊澍、李银萍："共同犯罪案件中部分人认罪认罚如何适用"，载《检察调研与指导》2019 年第 6 期。

[2] 参见王钦颢："共同犯罪中部分被告人认罪认罚时认罪认罚从宽制度适用"，载《理论观察》2019 年第 10 期。

的犯罪行为，也没有真诚悔罪的态度，这又出现了一个可能加重处罚的情节，也就是说主犯基于认罪认罚，可以获得从宽。而从犯基于其从属地位，也可以得到减轻处罚，但是又基于其认罪态度，有可能会加重处罚。所以量刑结果上主犯就不一定比从犯重，而从犯必然就比主犯轻。二者基于各自的量刑情节，产生的量刑幅度可能会缩小。这需要在具体案件中依照各自的量刑情节以及法官的自由裁量权进行判断。

最后，在共同犯罪认罪认罚适用中，限缩使用"共犯量刑平衡"，激励主犯认罪认罚。就犯罪嫌疑人而言，更加关注认罪认罚后的从宽幅度及最终的量刑结果，但受制于《关于适用认罪认罚从宽制度的指导意见》第 2 条，共同犯罪人之主犯可能出现认罪认罚"限缩从宽幅度"或"不从宽"的最终结果，削减了主犯认罪认罚的积极性。而司法实践中，即使是同为主犯，依然也可能会因起诉书或判决书排名影响量刑从宽的幅度。刑事实体法上关于主犯、从犯、胁从犯、教唆犯刑事责任之规定，是以各共同犯罪人在犯罪中所起作用为前提，更多体现报应刑，而程序法上认罪认罚之所以从宽并影响刑罚量的大小，是对各共同犯罪人自愿认罪认罚的激励，更多体现预防刑，二者出发点与归宿点不尽相同。故有学者提倡为体现认罪认罚从宽的制度激励价值，对主犯的综合量刑，必须限缩使用"共犯量刑平衡"的实践规则，回归共同犯罪之犯罪事实单一原理，法定刑幅度内可尽量降低量刑幅度，甚至主犯量刑可与不认罪认罚的从犯、胁从犯、教唆犯相同，以体现认罪认罚的刑罚减缓刑事司法政策。[1]

（二）分案处理

对于共同犯罪案件中部分犯罪嫌疑人认罪，部分犯罪嫌疑人不认罪的情形，签署认罪认罚具结书的操作方式也不尽相同。应当明确的是，认罪认罚从宽制度是以"人"而非以"案"为对象。《刑事诉讼法》第 15 条明确了犯罪嫌疑人、被告人自愿如实供述自己的

〔1〕 参见刘仁琦："共同犯罪案件认罪认罚从宽制度的适用问题研究——以诉讼客体单一性原理解析"，载《西南民族大学学报（人文社会科学版）》2020 年第 5 期。

罪行，承认指控的犯罪事实，愿意接受处罚的，可以依法从宽处理。该条款强调的是以"犯罪嫌疑人、被告人"为主体，而非以"案件"为主体，从而为每一个犯罪嫌疑人、被告人提供了平等的从宽处理的机会。共同犯罪案件中部分同案犯不认罪认罚的，对于认罪认罚的犯罪嫌疑人、被告人仍然可以适用该制度，不能因为部分人放弃行使该权利而影响和剥夺其他人认罪认罚的权利。[1]共同犯罪案件能否分案处理应综合考量，并健全完善分案制度设计，激活共同犯罪案件适用认罪认罚从宽制度优势。[2]

在实践中，安徽省蚌埠市蚌山区人民检察院在确保证明标准不降低的情况下，坚持以"人"为对象适用认罪认罚从宽制度，尝试对同意适用该制度的部分犯罪嫌疑人采用认罪认罚从宽制度，保证每一个自愿认罪认罚的犯罪嫌疑人、被告人都能平等地获得从宽处理的机会。该类案件的处理不仅获得辩护人及被告人的一致赞同，也得到法院的一致认可，较好地实现了制度价值。[3]

（三）部分被告人上诉

共同犯罪案件在判决后如果有部分被告人提出上诉，该如何处理？有观点认为，上诉权是被告人基本的诉讼权利，即使签署具结书认罪认罚，也不能限制其上诉权的正常行使。首先，从程序法上来讲，如果有部分被告人提出上诉，那么就应当按照《刑事诉讼法》的规定，对全案进行审理，一并处理。而且，只能按照普通程序进行审理。其次，从实体法上来讲，无论提出上诉的被告人如何处理，对未提出上诉的认罪认罚被告人的从宽仍应当维持，而不能受到其他人反悔及对司法资源浪费的影响。[4]

---

〔1〕参见何涛："共同犯罪案件如何适用认罪认罚从宽制度"，载《检察日报》2019年11月24日，第3版。

〔2〕参见刘仁琦："共同犯罪案件认罪认罚从宽制度的适用问题研究——以诉讼客体单一性原理解析"，载《西南民族大学学报（人文社会科学版）》2020年第5期。

〔3〕参见葛静："重罪和共同犯罪案件适用认罪认罚从宽制度探讨"，载《法制与社会》2020年第7期。

〔4〕参见伊澍、李银萍："共同犯罪案件中部分人认罪认罚如何适用"，载《检察调研与指导》2019年第6期。

(四) 实务案例

应当明确共同犯罪案件可适用认罪认罚从宽制度，本问将以吕某某、郭某某故意伤害案这一具体案例进行说明。

【案例】2018 年 8 月 31 日，犯罪嫌疑人吕某某与被害人吴某某在武汉市硚口区某酒店客房内打牌时发生口角，进而发生厮打，后被同行人员劝开。离开房间后，双方再次在酒店走廊内厮打，犯罪嫌疑人郭某某系吕某某的朋友，见状参与共同殴打被害人吴某某。经鉴定，被害人吴某某头面部等处所受损伤程度为轻伤二级。2018 年 10 月 30 日，公安民警电话通知犯罪嫌疑人吕某某、郭某某到公安机关接受调查，两名犯罪嫌疑人因身处外地，均于 11 月 5 日到公安机关投案。

2019 年 1 月 8 日，武汉市公安局硚口区分局将犯罪嫌疑人吕某某、郭某某涉嫌故意伤害一案移送武汉市硚口区人民检察院审查起诉，并在起诉意见书中标明犯罪嫌疑人吕某某、郭某某自愿认罪。2019 年 1 月 11 日，硚口区人民检察院积极化解社会矛盾，讯问中向犯罪嫌疑人吕某某、郭某某释法说理，两名犯罪嫌疑人真诚悔罪、赔礼道歉，并自愿赔偿了被害人吴某某全部经济损失，取得吴某某的谅解。

本案适用认罪认罚情况：武汉市硚口区人民检察院承办检察官经审查认为，犯罪嫌疑人与被害人系朋友关系，因琐事发生争吵进而相互打斗造成被害人轻伤二级。案发后，两名犯罪嫌疑人接公安机关电话通知后，从外地返回投案。经检察官释法说理，两名犯罪嫌疑人真诚悔罪、赔礼道歉，积极赔偿被害人全部经济损失，取得被害人吴某某的谅解。本案符合适用认罪认罚从宽制度的条件。

检察官充分听取了辩护律师意见，向两名犯罪嫌疑人告知可能提出的量刑建议，并说明了量刑建议提出的方法。本案中，具体量刑建议的计算方法为：一是确定量刑起点。由于本案适用认罪认罚从宽制度，在量刑起点 6 个月至 24 个月有期徒刑幅度内，选取中间偏下值，确定本案量刑起点为 12 个月有期徒刑。二是根据增加刑罚量的情形，确定基准刑。因本案造成一人轻伤二级的后果，无增加刑罚量的情形，因此本案基准刑为 12 个月有期徒刑。三是在确定基准刑的基础上，根据本案具有的量刑情节对基准刑进行调节，确定拟建议刑。本案具有以下从轻处罚的量刑情节：（1）本案因民间矛盾引发，可减少基准刑的 10%；（2）犯罪嫌疑人具有自首情节，可减少基准刑的 20%；（3）积极赔偿被害人全部经济损失并取得谅解，可减少基准刑的 20%。因此本案拟建议刑为 12×（1-10%-20%-20%）=6，即 6 个月有期徒刑。四是根据案情由检察官对拟建议刑进行 30% 幅度内的自由调节，确定精准量刑建议。本案无需要使用 30% 自由裁量幅度的特殊情形，但鉴于本案两名犯罪嫌疑人符合缓刑条件，因此，对吕某某、郭某某二人提出确定的量刑建议为有期徒刑六个月，缓刑一年，并建议本案可适用速裁程序提起公诉。两名犯罪嫌疑人对上述罪名、量刑建议、适用速裁程序均表示无异议，自愿认罪认罚，在辩护律师见证下，签署具结书。开庭审理中，公诉人简要概述了被告人吕某某、郭某某故意伤害的事实、罪名、证据及认罪认罚情况和量刑建议。两名被告人对指控内容均无异议，审判员核实被告人认罪认罚并签署具结书的自愿性、真实性、合法性，听取了辩护人意见和被告人最后陈述。

本案当庭宣判，采纳了检察机关的量刑建议，判处被告人吕某某有期徒刑六个月，缓刑一年；判处被告人郭某某有期徒刑六个月，缓刑一年。

吕某某、郭某某故意伤害案这一共同犯罪案件的办理体现了两个特点：一是促进犯罪嫌疑人和被害人达成刑事和解，取得被害人的谅解，有效化解社会矛盾；二是适用认罪认罚从宽制度，提出确定的量刑建议，体现对犯罪嫌疑人实体上从宽，程序上从快、从简。[1]

---

〔1〕 陈国庆主编：《认罪认罚从宽制度司法适用指南》，中国检察出版社 2020 年版，第 280-284 页。

社会调查报告是否影响
定罪量刑?

问题引入

　　19世纪40年代美国波士顿鞋匠 John Augustus 最早提出刑事案件应适用社会调查。他认为:"法律的目的不是残忍地惩罚或报复,而是改造罪犯并预防犯罪。"20世纪30年代,缓刑调查逐渐演变成为整个量刑提供"量刑前社会调查报告"。到20世纪80年代,量刑前社会调查报告在美国已经形成了固定的格式,并且"量刑前社会调查报告"由警察中的"缓刑监督官员"完成。刑事案件社会调查制度在不断完善之中,那么在我国,社会调查报告是否会影响定罪量刑呢?

一、社会调查包括哪些内容

刑事诉讼中的社会调查是指在量刑前对被告人的个人情况、家庭情况、一贯表现等进行专门调查的诉讼活动。当前,我国刑事诉讼中的社会调查包括两类:第一类是未成年人刑事案件中的社会调查;第二类是拟适用社区矫正案件中的社会调查。对于社会调查所形成的书面文件,在我国未成年人刑事案件中通常被称为社会调查报告。社会调查报告也是《联合国少年司法最低限度标准规则》中使用的术语。

社会调查包括犯罪嫌疑人、被告人的居所情况,个人一贯表现,犯罪行为及后果,家庭情况,被害人意见,是否存在禁止情形等。

社会调查报告中关于被告人人格、成长经历、家庭情况、社区名声等方面的证据是社会调查员走访当地社区、学校等地方,从相关"证人"处获取的,这些"证人"在法官量刑时一般不会出庭,法官仅依靠书面的社会调查报告进行量刑,从这个意义上讲,社会调查报告属于传闻证据的范畴。即便是社会调查员出庭,由于调查员本人并非事实的原始感受者,这些书面报告仍然属于传闻证据范畴。未来我国普通刑事诉讼程序中,一旦实现了定罪、量刑程序的分离(或者有限分离),那么在量刑阶段,以社会调查报告为主要代表的新的证据类型——量刑证据将会进入我们的视野,与此相适应,证据规则也要加以改变:被告人品格方面的证据在量刑阶段应当具有证据资格;传闻证据,只要其真实性有所保障,也应当具有证据资格。此外,根据英美证据法理论,在量刑程序中,非法证据排除规则、意见证据规则等在量刑程序中均不具有严格的适用意义。

二、社会调查的作用是什么

尽管各地社会调查报告在内容设置上有所不同,但一份完整的社会调查报告至少应包括犯罪嫌疑人的性格特点、道德品行、智力结构、身心状况、成长经历、学校表现、社会交往情况等。这些"证据"实际上与"案件事实"之间没有什么关联性,因为它们既不涉及犯罪嫌疑人实施犯罪时的主观情况，更不可能涉及犯罪行为的客观表现。在定罪、量刑程序分离的国家，社会调查报告中的很多信息一般被归入"品格证据"的范畴，为防止误导法官或者陪审团，品格证据通常排除于定罪程序之外。而我国刑事审判程序中没有将定罪、量刑程序分离，在这种"定罪量刑程序一体化模式"之下引入社会调查报告必然会引起若干程序法问题。

第一，鉴于"那些包含被告人前科和不良品行的社会调查报告很可能会导致法官的预断和偏见，最终可能使无罪的人被错误定罪"，社会调查报告如果在"主要审理被告人是否构成犯罪"的程序中出现，势必增大错误定罪的风险。因此，在我国定罪与量刑一体化模式下引进社会调查报告制度，如何避免其在定罪阶段给法官和陪审团带来的不利影响，是亟待解决的问题。

第二，社会调查报告制度一旦引入我国少年司法，由于其涵盖的信息非常广泛，而且不论从证据理论上还是从证据分类上来说，社会调查报告都难以被纳入证据范畴。但是从另一个角度看，社会调查报告在法庭上出示并对法官的量刑产生影响，不将其定义为证据，它又具有何种属性呢？此外，如果社会调查报告是证据的话，那么报告中的很多信息来源于传闻，系属传闻证据的范畴，社会调查报告在审判中的广泛使用又将形成对传统证据法理论和证据规则的挑战。

第三，社会调查报告可能包含调查者主观和片面之辞，同时调查报告在制作过程中一般都是通过走访、调查等间接方式来获取信息的，这种情况下，社会调查报告的真实性、准确性更加值得怀疑，如果不给控辩双方就此调查报告所包含的量刑信息发表本方意见的机会，不仅法官无法准确量刑，也不利于程序公正。然而，"在现行定罪与量刑一体化的程序模式下，量刑问题属于依附于定罪问题的裁判事项，被告人被剥夺了参与量刑决策过程的机会"，[1]因此社会调查报告一旦引入少年司法，必然会引起辩护制度作相应改革。

---

〔1〕 陈瑞华："论量刑程序的独立性——一种以量刑控制为中心的程序理论"，载《中国法学》2009年第1期。

传统定罪、量刑统一的刑事诉讼程序与社会调查报告制度在很多方面存在不协调甚至冲突之处，因此，本着"解决实际问题"的思路，为配合未成年人社会调查报告制度的良性运转，各地少年法庭又陆续进行了相关配套制度的改革和理论探索。

为防止包含被告人前科和不良品行的社会调查报告使法官或陪审员在定罪阶段形成预断和偏见，防止无罪的人被错误定罪，各地少年法庭逐渐形成了一种"两步式庭审结构"。根据相关调研，我国未成年人刑事审判的实践形态大体表现出如下特点：其一，我国未成年人刑事案件中，犯罪嫌疑人、被告人一般都会供认有罪，法庭上作无罪辩护的概率微乎其微，即便在比较罕见的庭审翻供的场合，未成年犯罪嫌疑人及其辩护人一般只是在犯罪情节、主从犯、涉案数量、作案手段等方面与庭前供述有所冲突，很少在法庭上完全推翻先前的有罪供述而主张无罪。其二，尽管 2001 年《最高人民法院关于审理未成年人刑事案件的若干规定》第 33 条规定，"人民法院判决未成年被告人有罪的，宣判后，由合议庭组织到庭的诉讼参与人对未成年被告人进行教育"。但考虑到我国刑事审判中绝大多数案件都是选择定期宣判，由于定期宣判时常常发生公诉人、辩护人甚至法定代理人因种种原因无法到庭的情况，因此我国少年审判实践中往往将法庭教育设置在法庭辩论结束之后、被告人最后陈述之前。其三，在法庭调查、法庭辩论阶段，主要围绕定罪问题进行；在法庭辩论完结、法庭对被告人有罪形成确信之后，再进入法庭教育阶段，社会调查报告一般在本阶段予以出示，并接受控辩双方的质证和辩论。最后，法庭一般在听取被告人最后陈述之后宣布庭审结束，当庭宣判或通知定期宣判。从少年审判实践来看，我国少年审判实际已经形成了一种"先确信有罪、后教育并量刑"的"两步式"庭审结构。所谓"先确信有罪、后教育并量刑"的"两步式"庭审结构，是指在审判的初始阶段（主要包括开庭、法庭调查和法庭辩论阶段），庭审主要围绕未成年被告人是否有罪以及应当定什么罪名进行，由于我国未成年刑事被告人一般都会供认有罪，因此在这个阶段控辩双方不会存在激烈的争议，法官形成有罪的确信也相对比较容易；法官一旦形成了定罪的内心确信之后，审判即进入"教育与量刑阶段"，此阶段主要由法官宣读或者法院委托部门的代表宣读社会调查报告，并由控辩双方就此发表意见，控辩双方也可以就相关酌定情节以及少年犯是否可以适用缓刑等方面发表意见。此外，法官、检察官、被告人的法定代理人甚至法庭专门聘请的社会帮教人员对少年犯进行法庭教育。从司法实践的效果来看，这种"两步式"庭审结构既可以有效地衔接社会调查报告制度，也可以"较好"地整合未成年人刑事诉讼中的定罪、法庭教育和量刑程序，"生产"出"比较合理"的量刑结论。

从量刑证据及其证据规则上看，自社会调查报告制度引入我国少年审判以来，关于社会调查报告的性质，学界和司法实务界争议不断。有的学者认为"社会调查员有别于证人，应当将其作为一种较为特殊的诉讼参与人对待，赋予其类似于鉴定人的诉讼地位，并在法庭调查结束后设置独立的听审程序，由调查员出庭宣读调查评价报告，并接受控辩审各方的询问"，也有学者认为"未成年人社会调查报告不能作为证据使用，只能是司法机关处理未成年人刑事案件时的一种重要参考资料"；[1]当然也有学者认为"社会调查报告从理论上应当视为证据"。诚然，根据传统证据分类理论，上述未成年人刑事诉讼中的"社会调查报告"归纳到任何一种证据类型之中都不免有些牵强。而且传统证据法学理论关于证据定义的基本立足点是"是否能够证明案件的真实情况"，而所谓的"案件的真实情况"主要是指与案件事实相关的、能够证明是否有罪，以及相关的量刑情节事实，基本上难以涵盖社会调查报告中所涉及的关于被告人家庭情况、生活经历以及是否具有良好的监管条件等方面的事实或信息。但是，如果我们将证据的概念纳入一个大的诉讼视野，即刑事诉讼程序包括定罪和量刑程序两个部分，那么，刑事诉讼中的证据便不仅应当包括定罪证据，还应当包括量刑证据。同时，"诉讼证据的实质是事实，其形式是外表，形式应服从于实质，表现实

〔1〕 郭欣阳："未成年人社会调查报告的法律性质及其在审查起诉中的运用"，载《人民检察》2007 年第 11 期。

质"。从社会调查报告实际发挥的功能来看，其主要是在量刑阶段证明被告人具有从重、从轻、减轻或免除等酌定量刑情节，或者证明被告人具有适用缓刑的条件等，这与普通证据的功能并无二致，只不过证据形式以及其所证明的对象有所不同。从这个意义上讲，社会调查报告实际上是一种与定罪证据相对应的证据种类，即量刑证据。量刑证据并不证明案件中的犯罪构成要件事实，而主要证明与量刑有关的法定和酌定量刑情节以及有利于法官准确量刑的其他事实，如被告人是否具有监管条件等。著名学者墨菲认为，"品格"一词至少包括三个具有明显特征的含义：（1）某人在特定社区中所享有的名声；（2）某人以某种特定方式行事的性格倾向；（3）某人生活中的具体事件，主要指犯罪前科。根据上述定义，我们可以看出，社会调查报告中关于被告人性格特征、犯罪前科、社区名声等部分的内容应属于品格证据的范畴。

在定罪阶段，由于品格证据与证明被告人是否有罪一般不具有相关性，因此，在英美法系国家，品格证据在定罪阶段一般要被排除于法庭审理之外，这也是普通意义上的"品格证据排除"的基本内涵。然而，在量刑阶段，被告人已经被确定有罪，此阶段法庭的任务是如何合理量刑，即既要考虑被告人所犯罪行的严重程度，也需要考虑被告人的改造和未来的再社会化问题。因此，此时被告人品格方面的证据具有相关性；在量刑阶段，被告人的品格证据一般不予以排除。

普通案件的刑事诉讼程序中，"在现行的定罪与量刑一体化的程序模式下，被告人所选择的无论是无罪辩护还是有罪辩护，都难以对量刑问题提出较为充分的辩护意见"。[1]然而，少年司法由于引入社会调查报告制度，在量刑辩护问题上则与目前普通案件的刑事诉讼程序有所不同。未成年人社会调查报告中包含了被告人犯罪前科、工作学习经历、成长经历、犯罪后的悔改情况等信息，这些信息是少年法庭公正量刑的基础。社会调查报告一旦引入少年司法程

---

〔1〕 陈瑞华："论量刑程序的独立性———一种以量刑控制为中心的程序理论"，载《中国法学》2009年第1期。

序,那么辩护律师在量刑阶段针对社会调查报告的真实性、可信性进行的量刑辩护就变得至关重要。从我国少年审判实践来看,为确保社会调查报告的真实性,保障法官准确量刑,有些少年法庭在"教育与量刑阶段"创立了"量刑答辩"。在量刑答辩制度中,公诉人一旦消极对待量刑问题,法庭会要求辩护人先就具体量刑发表意见,然后要求公诉人对辩护人提出的量刑意见进行答辩,在辩护方首先发动"攻击性辩护"的情况下,公诉人不得不被动"接招",从而引起控辩双方就量刑证据、量刑情节以及量刑方式等问题进行一定程度的对抗,帮助法官获取更多来自控辩双方的量刑信息。即便那些没有设置"量刑答辩"的少年法庭,在"教育与量刑阶段",辩护律师也可以对调查报告中不利于被告人的信息提出质疑,同时也可以主动提供能够证明被告人具有悔改表现、具有良好的监管条件、没有再犯类似罪行的可能、已经获取了被害人的谅解、积极赔偿等方面的辩护理由,以此建议法庭对被告人从轻量刑、适用缓刑,甚至免除处罚。在一些例外情况下,法官对是否需要适用缓刑犹豫不决时,往往会要求控、辩双方对此发表意见乃至出示一定证据,此时辩护律师往往援引社会调查报告中对被告人有利的因素,甚至亲自去被告人学校、社区等地调查有利于被告人的信息材料,以此达到成功辩护的目的。少年司法实践创造的量刑辩护制度区别于根据犯罪构成要件维护被告人利益的定罪辩护,丰富和发展了我国的辩护理论,而且由于控辩双方"将社会调查报告中所涉及的内容作为对未成年被告人量刑的理由来展开辩论,支撑自己的控辩理由",[1]在客观上不仅有利于保障社会调查报告的真实性,而且有利于法官从控辩双方意见中获取全面和客观的量刑信息。

---

〔1〕 杨飞雪、孙宁华:"量刑答辩在未成年人刑事案件庭审中适用的几点思考",载《青少年犯罪问题》2006年第3期。

第五十四问

一审中被告人反悔怎么办？

问题引入

在认罪认罚案件中，为保证被告人认罪认罚的自愿性和明知性，规定被告人认罪认罚反悔权已成为世界各国的普遍做法。反悔权作为被告人认罪认罚意思形成障碍后的救济方式，不仅能够保障被告人在认罪程序中的合法权益，而且具有促进司法公正和提高司法效率的双重功能。同时，为避免反悔权被不当行使，明确反悔权的行使主体和方式、行使的法律效果以及限制条件十分必要，另外也需要思考如何强化被告人行使认罪认罚反悔权的保障机制。

一、自愿性的含义

2019 年 10 月,"两高三部"发布的指导意见一改《刑事诉讼法》对认罪认罚从宽制度适用阶段的模糊规定,明确该制度可以适用于刑事诉讼全过程,也就是说犯罪嫌疑人、被告人可以在任何刑事诉讼阶段主动地自愿认罪,当然这一切都应基于其主观意愿。无救济则无权利,认罪认罚应当赋予犯罪嫌疑人、被告人适时反悔的权利,即有自愿主动认罪认罚的权利也有不认罪认罚保持沉默的权利(但目前我国《刑事诉讼法》还没有赋予犯罪嫌疑人沉默权),有接受审判前自愿主动认罪认罚的权利也有审判过程中当庭翻供的权利。赋予被追诉人"意愿撤回权"则是给予被追诉人反悔的机会,至于反悔的时间点一般认为是在一审判决作出之前,亦有观点认为在判决之后也可以保有例外撤回的情形。[1]侦讯机关在讯问犯罪嫌疑人前应首先做好合理告知义务,明确告知其在刑事诉讼中作为一方诉讼主体所具有的知悉权,当然我们也希望犯罪嫌疑人能够做到不懂法规政策就问,不需要有所拘谨,毕竟《刑事诉讼法》的基本原则要求保障诉讼参与人的各项基本诉讼权利,故保障犯罪嫌疑人在侦讯阶段的知悉权也是应有之义。当然在实践中,不仅要保障犯罪嫌疑人在自愿供述前的知悉权,还要告知其在自愿供述后所享有的法律上对其予以从宽处理的"福利"。只有这样,犯罪嫌疑人、被告人所作出的认罪供述才是真正法律意义上的自愿认罪。

二、自愿性的程序性标准

认罪认罚是否属于自愿,不仅需要从罪责刑等实体性方面予以判断,同时,也需要对这些实体问题的自愿性认知予以程序上的检视,自愿性的程序性标准主要包括以下三个方面。

(一)不得强迫被追诉人自证其罪

不得强迫被追诉人自证其罪既是刑事诉讼的重要程序原则,也

---

[1] 韩晗:"认罪认罚自愿性的法院审查难题及其破解",载《烟台大学学报(哲学社会科学版)》2019 年第 6 期。

是一项基本的证据规则，其基本要求是："无论作为被告人还是证人，都不得被强迫回答那种可能使其受到有罪牵连的问题。"[1]认罪认罚自愿性是公安司法机关坚持不得强迫被追诉人自证其罪原则的具体体现，换言之，认罪认罚是否做到了自愿，被追诉人是否被强迫自证其罪是基本的判断标准或者规则。

（二）诉讼权利和认罪认罚后果的告知

从程序上认定或保障被追诉人认罪认罚自愿性，除了不得强迫被追诉人自证其罪，公安司法机关还应当履行积极的告知义务，告知内容包括被追诉人的诉讼权利和认罪认罚的法律后果。就告知阶段而言，对于被追诉人认罪认罚的案件，侦查、审查起诉和审判阶段，办案机关均有义务主动告知被追诉人享有的诉讼权利和认罪认罚后果。

（三）保障被追诉人获得律师帮助

被追诉人认罪认罚自愿性需要侦查机关、控诉机关和审判机关通过履行告知义务予以保障，但自愿性的行使不是办案人员能够"包办代替"或绝对保障的，为了符合刑事诉讼保障人权、程序正义以及司法效率基本理念的要求，不论被追诉人是否认罪认罚，公安司法机关均应当为没有委托辩护人的被追诉人安排值班律师，由其为被追诉人提供专业性帮助。

（四）对自愿性进行司法审查

被追诉人认罪认罚获得从宽处理，除检察院对被追诉人认罪认罚案件可依法作出酌定不起诉外，法院也可以依法对被追诉人作出从轻、减轻或者免于刑事处罚的判决。不论是检察院的从宽处理，还是法院的从宽处理，均事关公正和效率等诉讼价值的实现。为了确保认罪认罚从宽处理的公正，避免不必要的申诉或上诉等，有必要建立对认罪认罚自愿性的司法审查机制。这里所说的司法审查，既包括检察院的准司法审查，也包括严格意义上的法院司法审查。

检察院对认罪认罚自愿性的准司法审查有两个方面：第一，审

---

[1] 陈瑞华：《问题与主义之间——刑事诉讼基本问题研究》，中国人民大学出版社2008年版，第327页。

查侦查机关在侦查阶段记录在案的被追诉人认罪认罚自愿性情况，重点审查侦查人员是否履行了告知义务，是否存在非法获取口供情形；第二，审查确认被追诉人对于认罪认罚有无反悔情形。在审判阶段，法院需要对审前程序中被追诉人认罪认罚自愿性进行严格的司法审查，该阶段司法审查的目的有两点：一是为法院审判程序的选择提供决定依据；二是确保裁判公正，防范冤假错案。法院对自愿性的审查可以在召开庭前会议或者法庭调查阶段进行。[1]

三、实践中关于自愿性审查存在的问题

笔者以"中国裁判文书网"作为案例检索工具，以"认罪认罚""2019 年""一审判决书"为关键词进行检索，截至 2019 年 12 月 20 日该网站公布的一审判决书有 337 480 篇，后又在结果中以"自愿认罪"为关键词进行再次检索，有 199 178 篇，占比 59.02%。人民法院对案件的犯罪事实和被告人是否自愿认罪的审查在判决书中的表述有所不同，通过大量查阅发现，在实践中不同程序审理的案件对于被告认罪认罚自愿性的审查标准有些不同。"被告人曹某对起诉书指控的犯罪事实和罪名均无异议，并自愿认罪认罚。被告人严某某对起诉书指控的犯罪事实和罪名均无异议，并自愿认罪认罚。本院认为，鉴于被告人曹某、严某某到案后均能如实供述自己的罪行，且自愿认罪认罚，均可予以从轻处罚。"[2]这两份判决书选取的是适用简易程序审理的案件。"被告人牛某某对指控事实、证据、罪名及量刑建议没有异议，认罪认罚并签字具结，在开庭审理过程中亦无异议。"[3]这份选取的是适用速裁程序审理的案件。"被告人林某某对起诉书指控的犯罪事实和罪名均无异议，并自愿认罪认罚。鉴于被告人林某某到案后能如实供述自己的罪行，自愿认罪认罚，

---

〔1〕 胡琨钰："论被追诉人认罪认罚自愿性标准"，载《安徽农业大学学报（社会科学版）》2020 年第 1 期。

〔2〕 （2019）沪 0104 刑初 841 号。

〔3〕 （2019）沪 0104 刑初 1177 号。

且主动退赔违法所得，均可予以从轻处罚。"[1]这份选取的是适用普通程序审理的案件。上述选取内容来自同一个人民法院同一时间段的判决书，在三种不同的审理程序中人民法院对于被告人自愿认罪认罚的审查，均可以看到"无异议"三个字。[2]

鉴于笔者在法院刑庭实习过一段时间，所以较为清楚法院是如何对认罪认罚的自愿性进行审查的。对于处在羁押状态的被告人，我们将前往看守所送达起诉书副本和送达笔录，送达笔录都是格式文件，载有被告人现在是否知晓检察机关将以什么罪名什么程序起诉、其何时被采取强制措施、对于适用认罪认罚从宽制度是否是其真实意思表示、是否对这些有异议、是否聘请律师等内容。法官助理对上述内容的审查时间极短，其中还包括在送达回证上签字画押的时间。在适用简易程序、普通程序的案件庭审中，法官会再次通过当庭讯问来检验被告人是否明知，相当于从正面再次强化审查被告人认罪认罚的自愿性。从某种程度上说，通过被告人对控诉机关指控的事实、罪名以及量刑建议的"无异议"来反推其是自愿地认罪认罚，未免还是存在些许问题的。之所以将"无异议"作为主要的检验标准，一方面是因为"有异议"是法定的不得适用简化诉讼程序的条件，另一方面是因为从正面对"自愿性"进行实质审查比较困难，而"无异议"标准较易操作。[3]

四、被告人反悔后的程序安排

(一) 一审审判阶段的反悔

当认罪认罚案件进入审判阶段，法院可能会适用速裁程序、简易程序和普通程序进行案件审判。与不认罪案件不同，认罪认罚案件的审判过程更加关注被追诉人认罪认罚的自愿性和具结书内容的真实性、合法性问题。根据 2018 年《刑事诉讼法》第 201 条的规

---

[1] (2019) 沪 0104 刑初 1013 号。

[2] 赵一丹："认罪认罚自愿性保障研究"，上海师范大学 2020 年硕士学位论文。

[3] 卢君、谭中平："论审判环节被告人认罪认罚'自愿性'审查机制的构建"，载《法律适用》2017 年第 5 期。

定,即使被追诉人在审查起诉阶段进行了认罪认罚,在庭审阶段也可以否认指控的犯罪事实或者对检察机关的量刑建议提出异议。

当被追诉人对指控的犯罪事实作出否定表示时,若案件适用的是速裁程序或者简易程序,笔者认为法院应当及时终止案件的审理,转为普通程序后再行审判,不能径行依法判决。因为速裁程序和简易程序相较于普通程序而言,诉讼程序更为简化,速裁程序甚至不会进行法庭调查和法庭辩论,克减了被追诉人的诉讼权利。一旦被追诉人行使反悔权,即应通过普通程序按照完整的审判流程审理案件,以实质化的庭审确保反悔后被追诉人获得公正审判权的实现。然而,结合 2018 年《刑事诉讼法》第 226 条之规定,速裁程序中法院发现被追诉人否认被指控的犯罪事实的情形,可按照简易程序或者普通程序进行审理。在笔者看来,规定转为简易程序审理的初衷无疑是为了提升诉讼效率,此目的通过普通程序的简化审理同样可以实现。此外,随着诉讼程序的推进,案件情况也呈现出多变性,如果出现不适宜适用简易程序的情形,就需要再次进行程序的转换,反而会导致诉讼效率的降低。因此,速裁程序中出现被追诉人反悔的情形,直接转为普通程序比转为简易程序更具合理性。与此不同的是,当认罪认罚案件适用普通程序时,被追诉人的反悔不会引发程序的转换问题,法院可以依法直接作出判决。当然,如果反悔影响了案件事实的查明,法院可以恢复法庭调查和法庭辩论环节,在查清事实后作出裁判。

当被追诉人仅对检察机关提出的量刑建议表示异议而仍承认被指控的犯罪事实时,是否需要进行程序的转换?严格意义上讲,此种属于"不认罚"情形,虽然不影响普通程序和简易程序的适用,但是显然已经不满足速裁程序适用的条件,因为被追诉人已不符合"认罪认罚"的前提。但同时法律规定了检察机关可以对量刑建议进行调整,似乎意味着在此种认罪不认罚的情况下,并非必须进行程序的转换。结合《关于适用认罪认罚从宽制度的指导意见》第 41 条之规定,检察机关调整量刑建议后,被追诉人同意继续适用速裁程序的,不需要转换程序处理。换言之,当被追诉人对于调整后的量刑建议仍持有异议时，才需要进行程序的转换。有学者进行了更为深入的思考，认为检察机关对于量刑建议的调整本质上属于公诉的变更，应遵循法定的方式和程序。尤其是在当庭宣判的速裁程序中，可能会面临时间上的障碍，建议将变更的决定权下放至员额检察官。[1]

在反悔认罪认罚后证据的适用问题方面，法院不应再考虑认罪认罚具结书的内容，对于被追诉人先前作出的有罪供述应结合控辩双方提供的所有证据以及被追诉人的全部供述和辩解进行综合审查。

在办案人员的更换问题方面，如果出现前述需要更换检察人员的情形，法院可以向检察机关提出书面建议。对于审判人员，笔者认为无需变更，尽管前期达成的量刑协商可能会使得审判人员产生被追诉人有罪的预断，且这种预断通常并不会随着认罪认罚具结书的撤回而彻底消除，但这可以通过后续实质化的庭审予以消解，再加上司法责任制的改革，会敦促审判人员坚持证据裁判规则办案。此外，在一审审判阶段对于被追诉人反悔的理由并未进行限制，一旦行使反悔权就更换审判人员，会导致大量的重复工作，有损诉讼的效率价值。当然，也有论者主张在该阶段应合理限制被追诉人的反悔权，要求提出公平且有充分根据的反悔理由，由法院评估后决定是否允许其反悔。[2]笔者则认为，由于审前阶段的相对封闭性，被追诉人可能从内心更相信法院的公正与权威，

而且庭审的公开进行为反悔权的行使创造了绝佳的环境条件，为了确保被追诉人认罪认罚的自愿性，将案件存在的争议集中在一审庭审中解决，不宜对被追诉人的反悔苛以太重的负担。即使在盛行辩诉交易制度的美国，法院在接受答辩前，被告人可以任何理由或者没有原因而撤回有罪答辩，只有在法院接受答辩后、量刑前，

---

〔1〕 万毅："认罪认罚从宽程序解释和适用中的若干问题"，载《中国刑事法杂志》2019 年第 3 期。

〔2〕 洪浩、方姚："论我国刑事公诉案件中被追诉人的反悔权——以认罪认罚从宽制度自愿性保障机制为中心"，载《政法论丛》2018 年第 4 期。

才需要说明正当原因以获得法院准许，而且通常情况下会因答辩系被迫作出、未获得有效帮助、未能全面理解有罪答辩后果而允许撤回。

（二）一审判决后的反悔

在一审法院作出判决前，被追诉人可以通过撤回认罪认罚具结书的方式行使反悔权，一旦一审法院作出了实体判决，则被追诉人行使反悔权的方式即发生变化，不得再向一审法院作出反悔表示，只能通过上诉寻求法律救济。根据实务部门的统计，与判决前阶段的反悔情况相比，判决作出后被追诉人反悔的比例更高。被追诉人因反悔而提起上诉的理由主要表现为：一审法院判处刑罚过重、留所服刑、发现新事实新证据、认为事实不清、证据不足。[1]当然，有时仅通过上诉理由并不能真实反映被追诉人的内心真意，往往需要结合二审中的具体抗辩进行判断。但不难发现，上诉理由之间的正当性程度存在区别。那么，判断上诉理由具备正当性的标准是什么？对于上诉理由的类型划分会造成二审审理程序的何种差异？对于这些问题的澄清有利于弥补现行立法的漏洞，规范司法实践中的操作，引导被追诉人的诉讼行为。

认罪认罚案件中，一审法院的判决可以归为两大类：一类是法院接受了检察机关的指控罪名和量刑建议，在量刑幅度内对被追诉人判处刑罚；另一类是法院拒绝接受检察机关的指控罪名或者量刑建议，以审理认定的罪名或者在量刑幅度外对被追诉人依法作出处理。就第一类判决而言，被追诉人原则上应当服判息讼，因为检察机关的建议事先征得了被追诉人的同意，并在律师的见证下签署了认罪认罚具结书，庭审过程中亦向法庭表明了认罪认罚的自愿性，而且法院最终也尊重控辩双方达成的认罪认罚协议。然而，被追诉人在获得实体上的量刑优惠和程序上的简化审理之后，公然违背与检察机关之间的承诺，转而提起上诉以寻求更多的利益，有违司法诚信原则，欠缺正当性。当然，这其中不排除被追诉人在判决作出

---

〔1〕马明亮、张宏宇："认罪认罚从宽制度中被追诉人反悔问题研究"，载《中国人民公安大学学报（社会科学版）》2018年第4期。

后又发现了新的事实或者新的证据，进而认为原判决存在错误，此种情形与纯粹基于侥幸心理提起的上诉存在本质不同。就第二类判决而言，由于法院超越了被追诉人的心理预期作出判决，相当于被追诉人如实认罪并主动放弃相关诉讼权利却并未换取到应得的有利结果，此时提起上诉具备正当性。但是若法院在检察机关量刑建议幅度外对被追诉人判处了更为轻缓的刑罚，被追诉人在不具备新事实或者新证据的前提下提起上诉则缺乏正当性。

在厘清了有正当理由的上诉和无正当理由的上诉的界限之后，有必要对上诉提起后的程序作出安排。在被追诉人具备正当理由的情形下，二审法院应当通过开庭审理的方式对案件进行全面审查，并重点关注原审法院未采纳检察机关指控罪名或者量刑建议的原因，认真听取被追诉人对于原审认定的事实和证据的看法，在此基础上作出最终的处理，确保认罪认罚从宽制度适用的准确性。有论者主张二审法院调查的范围应局限于被追诉人提出上诉的有关事实和法律适用问题，不应及于其他问题。[1]笔者持不同意见，考虑到认罪认罚案件的一审程序通常较为简化，对于被追诉人的权利克减较多，二审程序中唯有进行全面审查才能对一审判决进行实质性检验，也才能确保被追诉人充分行使法定的诉讼权利。相反，在被追诉人无正当理由而提起上诉的情形下，二审法院应如何处理？倘若采取开庭审理方式，势必导致诉讼的拖延，甚至会使得出于留所服刑动机而进行虚假上诉的被追诉人的计谋得逞。而且，司法实践中这类案件多以二审法院驳回上诉或者被追诉人撤回上诉而终结，既阻碍了司法资源的有效配置，又背离了上诉制度旨在纠错的设立初衷。长此以往，认罪认罚从宽制度的效率优势将被无正当理由的上诉彻底耗尽。

综上所述，在适用诉讼程序之后被追诉人反悔会导致之前的程序终结，造成司法资源浪费，这就要求司法机关对被追诉人的自愿性做到实质审查。当然，对被追诉人的反悔权也要进行保障，这是

---

[1] 颜世征、张楚昊："认罪认罚案件被告人上诉应对机制"，载《人民检察》2017年第15期。

认罪认罚程序的基底。在被追诉人反悔后,其之前作出的认罪陈述不得作数,并且若是适用了速裁程序或者简易程序,那么现在基于认罪认罚的被迫性,或者基于犯罪嫌疑人、被告人自己的反悔,则应当转为普通程序。

二审程序中被告人能否 认罪认罚? / 第五十五问

问题引入

　　我国的认罪认罚适用于刑事诉讼的每一个阶段,犯罪嫌疑人、被告人既可以在侦查阶段认罪认罚,也可以在审查起诉阶段或者一审阶段认罪认罚。当一个被告人在侦查、审查起诉、一审阶段均没有认罪认罚,其在二审程序中还能否认罪认罚?

一、第二审程序中被告人能否认罪认罚

第二审程序能否适用认罪认罚从宽制度,是实践中存在争议的一个问题。《最高人民法院关于适用〈中华人民共和国刑事诉讼法〉的解释》第 357 条以及《关于适用认罪认罚从宽制度的指导意见》第 50 条对此予以明确规定,[1]被告人在第二审程序中是可以认罪认罚的,被告人在第二审程序中认罪认罚的,审理程序依照《刑事诉讼法》规定的第二审程序进行,第二审人民法院应当根据认罪认罚的具体情况,比如被告人认罪认罚的价值和作用以决定是否从宽,确定从宽幅度时应当与第一审程序的认罪认罚有所区别,并依法作出裁判。

二审程序中适用这项制度,虽然相对难以实现节约诉讼资源、程序从简提速的价值,但是从鼓励被告人放弃对抗、保障被告人合法权益的角度看,有其意义所在。首先,有利于降低证明难度,认罪与不认罪相比,因有罪供述的存在,使得证据在数量取得、举证质证上都更加简易便捷,从而证明难度降低。其次,有利于被害人得到及时补偿。相对于不认罪认罚的案件,被害人在诉讼中能够获得赔礼道歉、经济赔偿或补偿,可以及时弥补因犯罪所受到的损失。再次,有利于化解矛盾、减少申诉。因认罪认罚,可以促使双方达成和解,减少对立,减少上访申诉的出现。[2]最后,认罪认罚从宽制度满足了司法制度现代化的要求,能够实现促进社会治理创新、提升社会治理能力、推进国家治理体系和治理能力现代化的重要价值目标,其本质上是新的司法制度优势在社会治理、国家治理效能上的转化。如果第二审程序仍能给予被告人量刑从宽的机会,一方面,他会心怀感恩,重燃生活希望,对抗社会的心理会减弱,出狱

---

[1] 《关于适用认罪认罚从宽制度的指导意见》第 50 条规定:"被告人在第一审程序中未认罪认罚,在第二审程序中认罪认罚的,审理程序依照刑事诉讼法规定的第二审程序进行。第二审人民法院应当根据其认罪认罚的价值、作用决定是否从宽,并依法作出裁判。确定从宽幅度时应当与第一审程序认罪认罚有所区别。"

[2] 参见苗生明、周颖:"认罪认罚从宽制度适用的基本问题——《关于适用认罪认罚从宽制度的指导意见》的理解和适用",载《中国刑事法杂志》2019 年第 6 期。

后再犯或再次成为社会不稳定因素的可能性会大大降低；另一方面，由于被告人的认罪认罚获得了从宽的量刑"优惠"，他们大多会据此认罪服判，而服判就意味着息讼，意味着案结事了，无休止的申诉或信访将不再出现。[1]

这里需要特别注意两个方面的问题。第一，被告人在二审程序中认罪认罚，不一定能够获得从宽的处罚。根据《关于适用认罪认罚从宽制度的指导意见》的规定，人民法院根据认罪认罚的价值和作用来决定是否给予被告人从宽处罚。第二，即使人民法院作出对被告人从宽处罚的决定，该从宽处罚的幅度也会小于在一审阶段认罪认罚案件的从宽幅度。因为，在第二审程序中认罪认罚相较于第一审时认罪认罚，浪费了诉讼资源，所以法官会在给予从宽时作出区分，使量刑减让幅度小于一审阶段，以确保量刑的公正。[2]

举一个例子，假如说一个人在侦查阶段认罪认罚，可能从宽的幅度是基准刑的 30%。那么到审查起诉阶段认罪认罚从宽的幅度可能变为基准刑的 20%。到一审阶段，他的从宽幅度可能变为 10%。如果说他是从二审阶段才开始认罪认罚的，那么他的从宽幅度可能只有 5%，这也体现了我国法律鼓励犯罪嫌疑人、被告人尽早认罪认罚的法律精神。

二、被告人在第二审认罪认罚，法官可否作为协商主体自行与被告人协商

笔者认为，对于第二审中被告人当庭认罪认罚的案件，法官应恪守认罪认罚从宽制度的规定，不宜成为协商主体，仍应由控辩双方协商。

首先，《关于适用认罪认罚从宽制度的指导意见》并未否定在被告人于第二审程序中认罪认罚情形下控辩双方的协商空间。被告人

---

〔1〕 参见董坤："审判阶段适用认罪认罚从宽制度相关问题研究"，载《苏州大学学报（哲学社会科学版）》2020 年第 3 期。

〔2〕 参见董坤："审判阶段适用认罪认罚从宽制度相关问题研究"，载《苏州大学学报（哲学社会科学版）》2020 年第 3 期。

在第二审程序中认罪认罚仍属于当庭认罪认罚，类推适用《关于适用认罪认罚从宽制度的指导意见》第49条的规定，被告人在侦查、审查起诉阶段没有认罪认罚，但当庭认罪，愿意接受处罚的，人民法院应当根据审理查明的事实，就定罪和量刑听取控辩双方意见，依法作出裁判。从文义看，该规定似乎否定了控辩双方的协商空间。但苗生明检察长认为该条含义为，控辩双方仍可以就量刑进行协商，控辩双方在庭审中协商一致的，可不再签订认罪认罚具结书，由法庭在庭审笔录上加以记录即可。[1]

其次，如果法官作为协商主体会导致协商双方地位不平等。众所周知，法官是庭审的主导者，既决定着被告人的人身、财产乃至生命等各项实体权利，同时还决定着案件的程序走向，如庭审中涉及被告人认罪认罚的案件，若协商未成，法官可将案件转向一般的普通程序继续审理，并作出裁判。由于庭审中法官集案件的实体处分权和程序转向权于一身，被告方会产生顾虑、忌惮，担心在协商中若不接受法官提出的协商动议，会被视为"不听话""不老实"，在后续审理中被判处更重的刑罚。"所以要被告与法官协商，被告很难，甚至不敢拒绝法官的提议。纵有协商之合意，也令人怀疑被告意思是否自由、是否受压迫或受强制。"[2]总之，针对被告人当庭认罪的案件，由法官担任一方的协商主体，会导致协商双方的诉讼地位失衡，双方的平等协商异化为法官的"单方定价"，恐难保证被告人协商的自愿性。

再次，法官作为协商主体会弱化案件认罪认罚的真实性、自愿性、合法性的审查。依据《刑事诉讼法》第190条第2款规定，审判长应当审查认罪认罚的自愿性和认罪认罚具结书内容的真实性、合法性，且该审查应贯穿于法庭审理的全过程，以保证司法公正。但是，若同时还赋予法官协商主体的地位，则会出现"运动员（协商主体）"与"裁判员（审查主体）"的角色混同、职责交叉的情

---

〔1〕 参见苗生明、周颖："认罪认罚从宽制度适用的基本问题——《关于适用认罪认罚从宽制度的指导意见》的理解和适用"，载《中国刑事法杂志》2019年第6期。

〔2〕 王兆鹏：《新刑诉·新思维》，中国检察出版社2016年版，第125页。

形。当庭审中法官与被告人在协商达成合意后，再由参与协商的法官继续就协商内容的真实性、合法性，以及被告人协商的自愿性进行审查，其自我否定的可能性很低，立法规定的法官对认罪认罚案件的审查职责也将因此被虚化，这对司法公正又会产生很大损害。[1]

最后，法官作为协商主体会加剧控审冲突。依据《刑事诉讼法》第173条规定，犯罪嫌疑人于审前阶段认罪认罚的，法定的协商主体为检察机关。但是，针对被告人当庭认罪的，若直接抛开检察机关，转由法官与被告方自行协商，一旦最终协商达成的量刑合意不为检察机关所认可，将会引发控方的监督和"抗争"，由抗诉引发的新一级庭审不仅会导致程序的不安定、诉讼的不经济，还会进一步加剧控审冲突，不利于各机关的协同配合以及对认罪认罚从宽制度的深入推进。[2]

三、法官对于被告人在第二审程序中认罪认罚的具体操作方案

综上所述，被告人在第二审程序中认罪认罚的，应当先由检察机关作为一方主体与被告方协商。控辩双方可以当庭协商，若就量刑建议双方达成一致，经法官审查认罪认罚具结书内容的真实性与合法性、被告人认罪认罚的自愿性无误以及检察机关量刑建议无明显不当后，法官依法作出裁判，即采纳检察机关提出的罪名与量刑建议。但是如果法官认为双方达成的量刑建议明显不当，法官应当先行建议检察机关调整量刑建议，若检察机关不调整或调整后的量刑建议仍明显不当，法官才能依法判决，不受检察机关指控的罪名与量刑建议的约束。若双方不能达成一致，法官则应当依据被告人认罪认罚的量刑情节以及其他量刑情节，综合全案事实，作出裁判，量刑时从宽的幅度应当小于在一审认罪认罚的从宽幅度。

〔1〕 参见董坤："审判阶段适用认罪认罚从宽制度相关问题研究"，载《苏州大学学报（哲学社会科学版）》2020年第3期。

〔2〕 参见董坤："审判阶段适用认罪认罚从宽制度相关问题研究"，载《苏州大学学报（哲学社会科学版）》2020年第3期。

但是我国二审存在不开庭审理的情形。从我国的现实情况看，在此期间被告人认罪认罚的，一些法院并未实际适用认罪认罚从宽制度，还有一些法院的法官则自行与被告人协商。[1]笔者认为，首先，若被告人当庭认罪认罚，二审法院必须适用认罪认罚从宽制度，这是法官的职责，也是被告人的权利。其次，若被告人在不开庭审理情形下认罪认罚，法官应当宣布休庭，通知检察机关参与量刑协商，由检察机关与被告人及其辩护律师或值班律师在庭外协商后签署认罪认罚具结书。法官应当择日开庭审理，开庭时适用《刑事诉讼法》相关规定，审查被告人认罪认罚的自愿性以及认罪认罚具结书的真实性、合法性。

---

〔1〕 参见董坤："审判阶段适用认罪认罚从宽制度相关问题研究"，载《苏州大学学报（哲学社会科学版）》2020年第3期。

第五十六问

速裁案件的二审程序是怎样的？

问题引入

　　所谓速裁案件，其实就是符合特定要求认罪认罚的案件，在一审过程中适用了速裁程序。适用速裁程序的认罪认罚案件，在司法实践中很少发生上诉的情况。如果被告人基于各种各样的理由提出了上诉，二审应该适用什么样的程序审理一审速裁案件？检察院可否针对被告人的反悔上诉作出抗诉？二审中被告人若认罪认罚又该如何处理？

400

一、速裁程序的适用条件

首先,我们应当明确,并非所有的认罪认罚案件都会适用速裁程序。根据《刑事诉讼法》的规定,适用速裁程序需要满足以下四个条件:一是适用速裁程序的案件必须是基层人民法院管辖的案件,危害国家安全、恐怖活动的案件排除适用;二是必须是可能判处三年有期徒刑以下刑罚的案件,可能判处三年有期徒刑以上刑罚的案件排除适用;三是案件事实清楚,证据确实、充分,才可以适用速裁程序,如果案件事实不清,证据存疑,则不能适用速裁程序;四是被告人认罪认罚并同意适用速裁程序,充分尊重被告人的程序选择权。综合来看,只有事实证据、适用法律、程序选择均无争议的案件,才可以适用速裁程序。倘若案件存在争议,就不能适用速裁程序,不能省略法院调查、庭审辩论等环节。

2019年《关于适用认罪认罚从宽制度的指导意见》第42条第2款沿用《刑事诉讼法》的规定,对不适用速裁程序的情形作出了规定。具体包括:一是被告人是盲、聋、哑人,或者是尚未完全丧失辨认或控制自己行为能力的精神病人的;二是被告人是未成年人的;三是案件有重大社会影响的;四是共同犯罪案件中部分被告人对指控的犯罪事实、罪名、量刑建议或者适用速裁程序有异议的;五是被告人与被害人或者其法定代理人没有就附带民事诉讼赔偿等事项达成调解或和解协议的;六是其他不宜适用速裁程序审理的。2021年《最高人民法院关于适用〈中华人民共和国刑事诉讼法〉的解释》第370条规定,具有下列情形之一的,不适用速裁程序:(1)被告人是盲、聋、哑人的;(2)被告人是尚未完全丧失辨认或者控制自己行为能力的精神病人的;(3)被告人是未成年人的;(4)案件有重大社会影响的;(5)共同犯罪案件中部分被告人对指控的犯罪事实、罪名、量刑建议或者适用速裁程序有异议的;(6)被告人与被害人或者其法定代理人没有就附带民事诉讼赔偿等事项达成调解、和解协议的;(7)辩护人作无罪辩护的;(8)其他不宜适用速裁程序的情形。

由此可见，适用速裁程序的案件需要满足诸多积极条件，且受诸多消极条件制约。速裁程序的一审一般不进行法庭调查和法庭辩论，庭审程序极为简化。实践中，适用速裁程序审理的案件上诉率不高，针对此类在审前便被认定"证据、事实、适用法律、程序选择"均无异议的案件，一旦被告人上诉，又应当以何种程序进行二审审理呢？

二、关于速裁案件二审程序的法律规定

《刑事诉讼法》对速裁案件的二审程序没有规定，《关于适用认罪认罚从宽制度的指导意见》吸收《关于在部分地区开展刑事案件认罪认罚从宽制度试点工作的办法》的规定，对速裁案件的二审程序作出了规定，即："被告人不服适用速裁程序作出的第一审判决提出上诉的案件，可以不开庭审理。第二审人民法院审查后，按照下列情形分别处理：（一）发现被告人以事实不清、证据不足为由提出上诉的，应当裁定撤销原判，发回原审人民法院适用普通程序重新审理，不再按认罪认罚案件从宽处罚；（二）发现被告人以量刑不当为由提出上诉的，原判量刑适当的，应当裁定驳回上诉，维持原判；原判量刑不当的，经审理后依法改判。"

《关于适用认罪认罚从宽制度的指导意见》这一规定，包含以下几层内容。

首先，第二审人民法院对被告人因不服适用速裁程序作出的判决而提起上诉的案件可以不开庭审理。认罪认罚案件，控辩审三方对事实证据、法律适用等没有争议，而且通过法律帮助、权利告知、书面具结、当庭询问、最后陈述等途径，已充分保障了被告人选择程序、发表意见、参与诉讼的权利，因此速裁程序二审不开庭审理不会影响当事人权利的保障。[1]

其次，经审查发现被告人以事实不清、证据不足为由提起上诉的，应当裁定撤销原判，发回原审人民法院适用普通程序重新审理，

---

[1] 陈国庆主编：《认罪认罚从宽制度司法适用指南》，中国检察出版社 2020 年版，第 200-201 页。

不再按认罪认罚案件从宽处罚。因为被告人上诉的理由是事实不清、证据不足，说明适用认罪认罚从宽制度的基础已经不复存在了。基于司法公正，为了确保案件得到公正处理，应当发回原审人民法院转为普通程序重新审理。

最后，经审查发现被告人以量刑不当为由提出上诉的，原判量刑适当的，应当裁定驳回上诉，维持原判。原判量刑不当的，应当经审理后依法改判。

三、适用速裁程序后被告人反悔上诉，检察院是否可以抗诉

张军检察长认为，对于适用速裁程序审理的案件，被告人上诉反悔不再认罪的，检察机关应当抗诉。[1]根据《关于适用认罪认罚从宽制度的指导意见》，被告人上诉不认罪的，二审法院需发回一审法院重审，不得再按照速裁程序审理，应当按照普通程序重新审理。根据我国"上诉不加刑"的原则，二审发回重审，即使适用普通程序审理，也不意味着可以加刑。我国《刑事诉讼法》明确规定，仅在出现"新的犯罪事实"的情况下，才能加重处罚，如果仅仅是被告人不认罪，这只是不认罪情节发生变化，并非等同于出现新的犯罪事实。犯罪事实是与犯罪要素有关的，认罪认罚是在诉讼过程中出现的量刑事实，因此，认罪与否这一量刑事实的变化不能成为被告人上诉加刑的理由。

因此，倘若在被告人因不认罪反悔而上诉的同时，检察机关进行相应的抗诉，那么法院在加重刑罚的时候便有了程序性的支持。因此，最高人民检察院在针对可能需加刑的上诉方面，倾向于支持检察机关抗诉。也就是说，如果被告人因后悔而上诉，一旦检察机关随之抗诉，那么在二审中便存在加重刑罚的可能性。

四、第二审程序中被告人认罪认罚的处理

如果被告人提出上诉后，案件进入二审程序时，被告人又作出

---

〔1〕 陈国庆主编：《认罪认罚从宽制度司法适用指南》，中国检察出版社 2020 年版，第 46 页。

了认罪认罚的决定，那么此时法院应当如何处理？

一直以来，司法实践中对二审程序能否适用认罪认罚都存在争议。《关于适用认罪认罚从宽制度的指导意见》第50条对此予以明确，即"被告人在第一审程序中未认罪认罚，在第二审程序中认罪认罚的，审理程序依照刑事诉讼法规定的第二审程序进行。第二审人民法院应当根据其认罪认罚的价值、作用决定是否从宽，并依法作出裁判。确定从宽幅度时应当与第一审程序认罪认罚有所区别。"

对此，我们可以从两个层面对《关于适用认罪认罚从宽制度的指导意见》第50条进行解读。第一，可以确定的是二审程序可以适用认罪认罚从宽制度，但是究竟是否适用则由法院结合认罪认罚的价值、作用而定。认罪认罚从宽制度的目的所在便是节约诉讼资源、提高诉讼效率，但是在二审期间适用此项制度，程序从简的目的明显难以实现。然而，从鼓励被告人放弃对抗、保障被告人合法权益的角度来看，二审期间的认罪认罚仍具有独立价值。[1]首先，二审期间的认罪认罚仍有利于降低案件的证明难度。若被告人作出有罪供述，则在证据数量取得、举证质证上都更加简便，案件因为有罪供述的存在，证明难度相比不认罪案件明显会低很多。其次，二审中被告人认罪认罚仍有利于保护被害人权益，有利于被害人及时获得补偿。即使适用速裁程序的案件，刑事被害人也在案件中遭受了不同程度的损失，相对于不认罪认罚案件，被害人在诉讼中能获得赔礼道歉、经济赔偿或补偿，可以及时获得赔偿和补偿，弥补自己因被告人犯罪行为而遭受的损失。最后，从恢复性司法的角度来看，二审的认罪认罚也有利于化解社会矛盾，减少申诉，达到较好的社会效果，促进人和人之间的关系回归本位。因为被告人的认罪认罚，可以促使双方达成和解，减少对立，减少上访申诉等情况的出现，形成较好的社会平复效果。

二审程序中适用认罪认罚从宽制度，在确定从宽幅度上，应当与一审程序有所区别。不同于一审时认罪认罚给诉讼资源带来的节

---

〔1〕 陈国庆主编：《认罪认罚从宽制度司法适用指南》，中国检察出版社2020年版，第204页。

约效果，案件进入二审本身已经浪费了诉讼资源，应当在从宽幅度上体现一审和二审的区别。也就是说，如果被告人在二审中认罪认罚，那么二审的量刑减让幅度应当小于一审阶段，以确保量刑的公正性。

五、对速裁案件二审程序的部分争论

"驱动法律程序运转的能量不会超越纠纷解决的目标。"[1]二审案件，必定存在实质的法律争议，否则二审程序将丧失救济与纠错的功能。要实现二审程序功能的合理发挥，必须明确启动二审程序的必要性。从经济角度讲，诉讼活动的成本由直接成本、错误成本、伦理成本及机会成本等构成，诉讼的不合理运转常常意味着极大的资源浪费。[2]

在我国刑事诉讼中，一审程序呈现多元化的样貌，普通程序、简易程序和速裁程序构建出一审的递简格局。但是与第一审程序相比，立法者没有就刑事案件的第二审程序作出区分处理。这就意味着，一个刑事案件无论采用何种一审程序，经上诉或抗诉，二审程序都毫无例外地适用普通程序。因此，对于"为效率而生"的刑事速裁程序而言，僵化适用当下的二审诉讼程序，在后期和其他案件一样合并为普通程序审理，也不符合速裁程序的效率趣旨。速裁程序的改革应当被提上议程。

对此，有论者认为速裁程序应当"一审终审"，支持者认为速裁案件二审形式化严重，且实践中存在大量技术性上诉等投机情形，速裁程序的上诉也有违诉讼公平和诉讼诚信。[3]也有论者认为速裁程序的案件之所以不应当进入二审，是因为被告人上诉说明对案件的证据、事实、定罪量刑存在异议，这意味着被告人拒绝认罪认罚，

---

〔1〕 [美]米尔伊安·R.达玛什卡:《司法和国家权力的多种面孔:比较视野中的法律程序》，郑戈译，中国政法大学出版社2015年版，第143页。
〔2〕 钱弘道:《法律的经济分析》，清华大学出版社2006年版，第156页。
〔3〕 参见沈亮:"关于刑事案件速裁程序试点若干问题的思考"，载《法律适用》2016年第4期。

可以推断一审适用速裁程序是有误的，此时如果发回重审，则又会陷入新一轮的程序延迟，造成司法资源的二次浪费。[1]此外，还有论者主张应当对适用速裁程序的案件进行限制性上诉。对其上诉理由和案件情况进行上诉审查，让真正有效上诉的案件进入二审程序。

---

〔1〕 尹露："我国刑事速裁程序的实务困境及其优化路径"，载《政法论丛》2018年第5期。

当事人在审判阶段反悔，该如何处理？

第五十七问

问题引入

案件进入审查起诉阶段，犯罪嫌疑人认罪认罚，签署认罪认罚具结书，移送到人民法院进行审判。那么在审判阶段，如果被告人反悔，不再认罪认罚，应该如何处理？本问将介绍认罪认罚案件中被追诉人的反悔权在一审阶段如何适用。

一、反悔权的解释

认罪认罚反悔可理解为被追诉人就认罪认罚能够换取多少量刑优惠与检察机关达成一致意见，在签署认罪认罚具结书之后又对其认罪认罚作否定性评价的行为。在实践中，被追诉人反悔一般存在两种情形，一是被告人认罪认罚具结之后选择不认罪，即被告人反悔内容是法律意义上的定罪；二是被告人认罪认罚具结之后选择认罪但不认罚，即被告人在认罪的前提下，为获得更加宽裕的量刑"优惠"反悔不利于己的事实供述。被告人反悔的表现方式是多样的，根据被告人反悔发生的诉讼阶段可分为庭前反悔并撤回有罪答辩、庭审中反悔当庭表示不认罪和判决后反悔并提起上诉三种情形。[1]

二、审判阶段反悔权的适用

犯罪嫌疑人或者被告人认罪认罚后又反悔应当如何处理，是认罪认罚从宽制度适用中不得不面对的"特殊的制度困扰"。审判阶段，被告人反悔后还可以在充分了解享有权利和认罪认罚可能导致的法律后果的基础上重新认罪认罚，继续适用认罪认罚从宽制度，也可以因反悔而不适用认罪认罚从宽制度。法院判决后，被告人发现自己系基于错误认识而认罪认罚的，可以依法提出上诉，或者向人民检察院和人民法院申诉。由此可见，犯罪嫌疑人或者被告人认罪认罚后的反悔有多种表现情形，从反悔阶段看，有起诉前反悔和审判时反悔；从反悔类型看，有检察机关作出不起诉决定后反悔和法院判决后反悔而上诉或者申诉等。犯罪嫌疑人或者被告人认罪认罚后反悔如何处理，需要区分情况对待，《关于适用认罪认罚从宽制度的指导意见》第十一部分对此专门予以规定。[2]本问将针对审判

---

〔1〕 参见黄博儒："被告人认罪认罚反悔现象探究——以100份二审刑事裁判文书为分析样本"，载《江西警察学院学报》2019年第1期。

〔2〕 参见苗生明、周颖："认罪认罚从宽制度适用的基本问题——《关于适用认罪认罚从宽制度的指导意见》的理解和适用"，载《中国刑事法杂志》2019年第6期。

阶段的反悔进行讨论。

对审判阶段被告人反悔不再认罪认罚的处理，需要把握两点：一是被告人反悔，可能直接带来程序的转换。对适用速裁程序或者简易程序审理的案件，被告人反悔不再认罪认罚的，应当按照《刑事诉讼法》和本意见的相关规定转换成普通的程序审理。二是被告人可能无法享有原本的从宽优惠。[1]根据 2021 年《最高人民法院关于适用〈中华人民共和国刑事诉讼法〉的解释》第 358 条规定，"案件审理过程中，被告人不再认罪认罚的，人民法院应当根据审理查明的事实，依法作出裁判。需要转换程序的，依照本解释的相关规定处理"。具体而言，审判阶段被告人的反悔可以分为一审阶段、二审阶段和再审阶段的反悔。本问将对其进行分类讨论。

（一）一审阶段

被追诉人反悔的对象决定了后续程序的转化与适用。认罪认罚的撤回分为对认事的反悔、对认罪的反悔、对认罪名的反悔以及对认罚的反悔。如果是对认事或认罪的反悔，即否认被指控的犯罪事实或者认为自己的行为在法律上不构成犯罪从而作无罪辩解的，案件就不能适用认罪认罚从宽制度，原来适用的速裁程序、简易程序或普通程序简化审应转为一般普通程序。如果对罪名或量刑建议反悔，则仍然可以向法庭表示认罪认罚。2018 年《刑事诉讼法》第 201 条第 2 款规定，"被告人、辩护人对量刑建议提出异议的，人民检察院可以调整量刑建议"。如果检察院认同被告人对量刑建议的异议，可以提出新的量刑建议。如果被告人重新签署了认罪认罚具结书，则仍然可以按照速裁程序、简易程序或者普通程序简化审审理案件；反之，则只能按照普通程序进行审理。关于审判阶段允许被告人反悔的时间节点，有论者提出最晚应当在一审裁判作出前，[2]天津市 2017 年制定的《关于开展刑事案件认罪认罚从宽制度试点工

---

〔1〕 参见苗生明、周颖："认罪认罚从宽制度适用的基本问题——《关于适用认罪认罚从宽制度的指导意见》的理解和适用"，载《中国刑事法杂志》2019 年第 6 期。

〔2〕 参见胡云腾主编：《认罪认罚从宽制度的理解与适用》，人民法院出版社 2018 年版，第 203 页。

作的实施细则（试行）》第 16 条即作此规定；[1]也有观点主张分为审判机关审查前可自由反悔，审查后限制反悔，判决生效后例外反悔等情形。[2]还有论者认为，在一审程序中，被告人有权撤回认罪认罚的时间节点为庭审结束前。为了防止滥用撤回权，针对不同的撤回理由，应进行审查并作出相应处理。对于有正当理由反悔的，不仅应当允许，也不应限制次数；在反悔之后，被告人还可以根据具体的案情选择是否重新签署认罪认罚具结书。对于没有正当理由反悔的，法院虽然也应允许反悔，但如果被告人对撤回行为反悔，此时应考虑到被告人的主观悔罪程度、诉讼效率以及案件复杂程度等因素，对案件不能再次适用认罪认罚从宽制度。[3]

（二）二审阶段

被告人反悔并要求撤回认罪认罚的典型方式是对一审判决提出上诉。在当前实践中争议较大的一个问题是法院采纳检察机关从宽建议作出一审判决后被告人又上诉，检察机关能否抗诉的问题。最高人民检察院张军检察长表示，认罪认罚从宽制度适用下的上诉和抗诉问题很复杂，需要具体作一些分析，不能一概而论。第一种情形，被告人因对犯罪事实、证据反悔，提出不同意见或提出辩解意见而被从重处罚的上诉，是被告人的正当权利，检察官应当尊重，不应当予以抗诉。第二种情形，被告人认罪认罚，法官在幅度刑的高线量刑，或没有采纳检察官的量刑建议，对被告人给予更重量刑引发的上诉，同样是被告人的权利，应当尊重，检察机关不应当抗诉。第三种情形，被告人认罪认罚，庭审采纳了确定刑量刑建议或者幅度刑的中线、低线量刑建议，被告人为了缩短实际服刑期，"制造二审"、延长庭审期限而不再被移送监狱服刑，以上诉延长实际羁押期的，检察机关原则上应当予以抗诉，法院亦多支持这种抗诉并

---

〔1〕 本条规定，犯罪嫌疑人、被告人认为前期的认罪供述有损其利益的，可以在一审法院裁判作出之前反悔，主张撤回认罪供述、撤销具结书。

〔2〕 参见张全印："刑事诉讼中被告人认罪认罚撤回权的立法探究"，载《理论导刊》2017 年第 11 期。

〔3〕 参见张全印："刑事诉讼中被告人认罪认罚撤回权的立法探究"，载《理论导刊》2017 年第 11 期。

对被告人予以从重处罚。[1]

从本质上讲，被告人无正当理由的上诉，既与立法创制认罪认罚从宽制度的初衷相悖，更不是司法机关积极实施这一制度所期待的诉讼效应，检察机关提出抗诉绝非仅仅为了加重少数上诉人的刑罚，而是通过抗诉的方式引导被告人形成尊重认罪认罚具结和承诺的自觉，从而减少无谓的上诉和不必要的二审程序，助推认罪认罚从宽制度的良性运行。[2]

（三）再审阶段

认罪认罚案件同样存在再审的问题，但 2018 年《刑事诉讼法》对此未作特别规定。《关于适用认罪认罚从宽制度的指导意见》第 54 条规定："完善人民检察院对侦查活动和刑事审判活动的监督机制，加强对认罪认罚案件办理全过程的监督，规范认罪认罚案件的抗诉工作，确保无罪的人不受刑事追究、有罪的人受到公正处罚。"因此，就规范层面而言，在裁判生效后，被追诉人要求撤回认罪认罚并要求重新审理案件的，适用再审程序的一般规定。被追诉人如果以认罪认罚缺乏自愿性、认罪认罚具结不具有真实性或合法性为由提出再审申请，符合再审启动的法定条件，包括有新的证据证明原判决或裁定认定的事实确有错误，可能影响定罪量刑的，据以定罪量刑的证据不确实、不充分，依法应当予以排除的，或者证明案件事实的主要证据之间存在矛盾的，原判决、裁定适用法律确有错误的，违反法律规定的诉讼程序，可能影响公正审判的，审判人员在审理案件时，有贪污受贿、徇私舞弊、枉法裁判行为的，法院就应当启动再审程序。如果被追诉人在原判诉讼过程中认罪认罚，裁判生效后反悔并要求撤回认罪认罚，但无其他法定的启动再审理由，此为无因撤回，由于原生效裁判并无错误，法律不应支持此类撤回。

---

〔1〕 参见邱春艳："张军就认罪认罚从宽制度实践中的热点难点问题回应社会关切"，载 https://www.spp.gov.cn/spp/tt/202102/t20210221_ 509442. shtml，最后访问日期：2021 年 2 月 21 日。

〔2〕 参见苗生明："认罪认罚后反悔的评价与处理"，载《检察日报》2020 年 2 月 20 日，第 3 版。

另外，从再审适用程序的角度考察，再审案件一般属于争议较大的案件，为保证案件审判质量，即使被告人仍然认罪认罚，如其同意检察机关变更的罪名或者新的量刑建议，此时仍应适用普通程序审理。当然，这并不是在剥夺被告人认罪认罚的权利，在实体上仍然可以对被告人作相应的从宽处理。[1]

三、司法实践中的适用

（一）实务案例

福鼎市人民检察院办理了一起盗窃案，基本情况如下。

【案例】2020 年 4 月 12 日 2 时许，犯罪嫌疑人罗某某驾驶车辆来到福鼎市星火工业园区，拆下被害人章某某货车上的尿素泵，安装在自己的货车上。

经侦查，公安机关于 2020 年 4 月 17 日将犯罪嫌疑人罗某某抓获归案，在其驾驶的货车上查获被盗的尿素泵。经福鼎市价格认证中心认定，被盗尿素泵价格为 3346 元。

本案认罪认罚适用情况：审查起诉期间，福鼎市人民检察院依法告知被告人罗某某认罪认罚从宽制度的相关规定以及法律后果。被告人表示愿意认罪认罚并对检察院指控的犯罪事实、情节及定性均无异议，在值班律师的法律帮助下自愿签署认罪认罚从宽具结书。检察官综合其犯罪事实及悔罪表现，建议法院对被告人罗某某判处拘役四个月，并处罚金 5000 元。

在法院审理阶段，被告人罗某某突然临时反悔，对起诉书指控的盗窃数额提出异议，且该异议关系本案罪与非罪的认定问题。公诉人指出，审查起诉期间罗某某是在明知、自愿且获得值班律师有效法律帮助的情况下认罪认罚的，在无新事实理由、新证据的情况下，在庭审中提出可能无罪的异议，是对原认罪认罚具结书的否认

---

〔1〕 参见苗生明、周颖："认罪认罚从宽制度适用的基本问题——《关于适用认罪认罚从宽制度的指导意见》的理解和适用"，载《中国刑事法杂志》2019 年第 6 期。

和撤销，且其庭审表现已经说明其已不具备认罪认罚从宽条件。公诉人提出撤回原认罪认罚从宽处罚量刑建议，并当庭对量刑建议进行调整。法院审理后采纳了检察院意见，并依法作出判决，判处被告人罗某某拘役五个月，并处罚金5000元。[1]

（二）需注意的问题

需认真核查被追诉人反悔的理由。认罪认罚从宽制度适用的效果如何，关键在于自愿性的审查判断。2020年认罪认罚从宽适用率超过85%，量刑建议采纳率近95%，一审服判率超过95%，高出其他刑事案件21.7个百分点。这样的数据，本身就说明了问题。但是，不容否认，基于种种原因，在适用认罪认罚从宽制度的案件中，当事人自愿的程度、表现形式不尽相同，或者因为适用中具体的工作方式、方法欠妥，致法庭上当事人反悔。[2]对被追诉人反悔的案件，只有先查明反悔理由是否正当，才能决定司法机关的态度。因此，被追诉人认罪认罚后反悔的，司法机关都应要求其说明反悔的具体原因，有的还应要求其提供必要的线索和依据。

要正确对待被追诉人原先作出的认罪认罚供述。被追诉人反悔后，具结书内容失效，但并不意味着其认罪认罚时所作的供述都失去证据资料。对于采取刑讯逼供等非法方法所获取的认罪认罚供述，属于应当排除的证据的，应当予以排除。对于其他的认罪认罚供述，应予保留，由司法机关结合全案其他证据进行综合判断。

强化源头预防，最大限度减少被追诉人无正当理由反悔：一要完善权利告知；二要落实值班律师的法律规定，尽快实现值班律师对无辩护人的认罪认罚案件全覆盖；三要明确值班律师的阅卷权和会见、通信权。[3]

---

[1] 福鼎检察："案例警示：认罪认罚后无故反悔，检察官当庭撤回原本从轻的量刑建议"，载微信公众号"福建检察"，最后访问日期：2020年10月14日。
[2] 参见邱春艳："张军就认罪认罚从宽制度实践中的热点难点问题回应社会关切"，载https://www.spp.gov.cn/spp/tt/202102/t20210221_509442.shtml，最后访问日期：2021年2月21日。
[3] 参见朱孝清："如何对待被追诉人签署认罪认罚具结书后反悔"，载《检察日报》2019年8月28日，第3版。

未成年人认罪认罚案件如何
适用司法程序？

问题引入

　　未成年人刑事案件适用认罪认罚从宽制度是符合我国司法制度现状的选择，但与成年人刑事案件适用认罪认罚从宽制度存在本质上的差异，其关注的不仅是公正与效率问题，更在于司法对未成年人的保护和帮教。因此，应当科学认识提高办案效率与落实特殊保护制度之间的关系。那么未成年人认罪认罚案件在司法程序适用上有何特殊性？未成年人犯罪和普通刑事犯罪在审查上又有何不同？

一、未成年人刑事案件适用认罪认罚从宽制度的特殊性

未成年人由于生理、心理发育尚未成熟，缺乏完全的辨识与选择能力，其犯罪行为往往并不是一种理性选择，而是本能冲动与社会负面因素影响下的结果。未成年人犯罪的发生，一部分是自控能力不足造成的，另一部分则由于家庭、社会与国家的教育、监管不到位。随着未成年人年龄的增长，自控能力不足形成的致罪缺陷会得到自愈，而国家、社会与家庭可以通过增强预防与控制犯罪的手段方式减少未成年人致罪的因素。[1] 因此，世界各国对于未成年人犯罪与成年人犯罪采取了不同的刑事政策，在刑事司法中主要强调的不再是罪刑相适应的原则，而是强调司法保护，这就决定了办理未成年人刑事案件与办理成年人刑事案件在适用认罪认罚从宽制度上存在诸多差异。

根据 2019 年《关于适用认罪认罚从宽制度的指导意见》的规定，未成年人认罪认罚案件不得适用速裁程序。普通的认罪认罚案件，基本都适用速裁程序或者简易程序。那么为什么在未成年人认罪认罚案件中不适用速裁程序呢？其目的是更好地保护未成年人。

无论是速裁程序还是认罪认罚从宽制度，在设计理念上均偏重司法效率，强调司法公正基础上的效率实现。[2] 但是办理未成年人刑事案件关注的主要不是公正效率问题，而应把帮教贯穿于办案的始终，为未成年人回归社会提供必要的生活、就学、就业等方面的帮助和指导，以及采取心理疏导、行为矫正、亲子关系修复等措施，从而最大限度地教育挽救涉罪未成年人，促使其悔过自新、回归社会。[3] 很多其他国家在少年司法中都是针对未成年人的需求，采取综合措施来帮助未成年人。但是对未成年人的帮教工作是一个动态

---

〔1〕 庄乾龙："未成年人犯罪特别程序之定位"，载《青少年犯罪问题》2014 年第 3 期。

〔2〕 董凡超："认罪认罚从宽贯穿整个刑诉程序"，载《法制日报》2018 年 12 月 13 日第 3 版。

〔3〕 张寒玉、盛常红："未成年人刑事案件如何适用认罪认罚从宽制度"，载《人民检察》2019 年第 24 期。

的过程，需要根据未成年人的心理、行为等变化相应地予以调整。故此，成年人"就案论案"式的公正效率并不适用于少年司法。

此外，速裁程序设置的初衷是为了缓解轻微刑事案件"案多人少"的矛盾、降低羁押率，并且速裁程序已基本形成了集中庭审、集中宣判，三十天内完成拘、诉、审的诉讼模式。目前，"案多人少"不是未成年人检察部门办案面临的突出问题，追求效率也不是未成年人检察工作的首要价值取向，"速办速审""集中审理、集中宣判"的诉讼模式缺乏法庭教育环节，对未成年犯罪嫌疑人无法体现司法的严肃性，影响帮教效果，同时也容易造成不同案犯之间的交叉感染。未成年人刑事案件应当着眼于精办细办，做好帮教，扎实落实各项特殊程序要求，避免再犯。速裁程序追求的效率价值，与未成年人司法模式追求的价值取向并不相同，这也是未成年人不适用速裁程序的重要原因。

虽然未成年人不适用速裁程序，但是《关于适用认罪认罚从宽制度的指导意见》规定："未成年人认罪认罚案件，不适用速裁程序，但应当贯彻教育、感化、挽救的方针，坚持从快从宽原则，确保案件及时办理，最大限度保护未成年人合法权益。"尤其是在从宽处理上，现行法律法规体现出了对未成年人的从宽量刑。最高人民法院《关于审理未成年人刑事案件具体应用法律若干问题的解释》第 11 条从犯罪目的、是否初犯、悔罪表现、成长经历、一贯表现等方面作出原则性规定，2021 年最高人民法院、最高人民检察院《关于常见犯罪的量刑指导意见（试行）》规定，已满十二周岁不满十六周岁的，减少基准刑的 30%—60%；已满十六周岁不满十八周岁的未成年人犯罪，减少基准刑的 10%—50%。

二、未成年人犯罪和普通刑事犯罪在刑事犯罪审查上的不同

我国《刑事诉讼法》将未成年人刑事犯罪程序归入特别程序中，作出了特殊规定。如下内容充分显示出未成年人犯罪和普通刑事犯罪在审查上的不同。

第一，对于未成年人犯罪，如果未成年人没有聘请辩护人，则

必须由法律援助中心指派法律援助律师，担任其辩护人；第二，对于未成年人犯罪，要严格地适用逮捕措施，做到少捕、慎捕；第三，对于涉嫌刑事犯罪的未成年人进行讯问，必须通知他的法定代理人，或者合适成年人到场，在实践中，有的时候法律援助中心也会指派法律援助律师到场；第四，未成年人案件在审判的时候，实行不公开审理制度，这也是为了保护未成年人的隐私；第五，对于未成年人犯罪的案件，在审查起诉阶段，如果未成年人所犯的是《刑法》中侵犯财产，侵犯公民的人身权利、民主权利，还有扰乱社会秩序等章节的罪名，可能判处一年以下有期徒刑的，那么在审查起诉阶段，检察机关可以对未成年人作出附条件不起诉决定。

何为附条件不起诉制度？如字面所言，附条件不起诉制度是指对于符合起诉条件的未成年人，检察机关先作出附条件不起诉的决定，并给未成年人一个考察期，如果未成年人在考察期内没有违反相关规定，最终检察官会作出不起诉的正式决定。如果他在考验期内违反了相关的规定，检察机关应当依法向人民法院提起公诉。最高人民检察院尚垚弘检察官认为，在未成年人附条件不起诉制度的法律适用方面，应着重把握以下五个条件。

第一是适用对象条件。未成年人附条件不起诉制度，是基于起诉便宜主义对未成年人这一弱势群体在诉讼程序上的特殊保护。相比之前各地的探索，《刑事诉讼法》没有将附条件不起诉的适用对象限制为初犯、偶犯或共同犯罪的从犯，也没有对帮教条件作出限制。这意味着对于那些并非初次实施犯罪的未成年人、多次犯罪的未成年人以及外来流动人口中的未成年犯罪嫌疑人，只要同时符合其他法定条件，均可适用附条件不起诉。

第二是可能刑罚条件。附条件不起诉的可能刑罚条件系指《刑法》分则第四章、第五章、第六章规定的犯罪，并可能被判处一年有期徒刑以下刑罚的案件。《刑法》分则这三章中，法定最高刑为一年以下有期徒刑的只有两个罪名，即侵犯通信自由罪和偷越国（边）境罪。在2021年最高人民法院、最高人民检察院《关于常见犯罪的量刑指导意见（试行）》中，可能被判处一年有期徒刑以下刑罚的常见犯罪有 9 种，分别是非法拘禁罪，盗窃罪，诈骗罪，抢夺罪，职务侵占罪，敲诈勒索罪，妨害公务罪，寻衅滋事罪，掩饰、隐瞒犯罪所得、犯罪所得收益罪。

第三是法定起诉条件。附条件不起诉以检察机关认定未成年犯罪嫌疑人的行为构成犯罪、符合起诉条件为前提。检察机关的这种认定同法院的有罪认定不同，只是一种程序上的有罪认定。检察机关对任何案件提起公诉时，都是以审查证据后认为犯罪嫌疑人的行为构成犯罪为前提的。附条件不起诉就是检察机关认为未成年犯罪嫌疑人的行为已经构成犯罪，可以交付审判，只是基于特殊预防目的而没有提起公诉。若检察机关审查证据后，无法认定犯罪嫌疑人是否构成犯罪，或虽构成犯罪，但依法不需要判处刑罚的，则只能依法作出存疑不起诉决定或者相对不起诉决定。

第四是悔罪表现条件。"有悔罪表现"需要检察官从涉嫌犯罪的未成年人的到案情况（包括是否投案自首，有无立功等法定情节）、认罪态度（是否主动如实供述犯罪事实）和行为表现（包括是否退赃、是否向被害人赔偿损失和赔礼道歉等）等进行综合判断。

第五是当事人同意条件。《刑事诉讼法》规定："……人民检察院在作出附条件不起诉的决定以前，应当听取公安机关、被害人的意见。""未成年犯罪嫌疑人及其法定代理人对人民检察院决定附条件不起诉有异议的，人民检察院应当作出起诉的决定。"这意味着附条件不起诉决定的作出和最终实施还需具备两个条件：其一，必须听取公安机关和被害人的意见，但公安机关或被害人的不同意见并不直接阻碍检察机关作出附条件不起诉决定。检察机关作出附条件不起诉决定，公安机关和被害人可以对附条件不起诉决定要求复议、提请复核或进行申诉。其二，必须得到未成年犯罪嫌疑人及其法定代理人的同意。如果未成年犯罪嫌疑人及其法定代理人有异议的，即使检察机关认为该案符合附条件不起诉的其他所有条件，也必须对案件提起公诉。

除上述特殊规定之外，我国法律还针对未成年人设定了犯罪档案封存制度。我国法律规定，对于犯罪时不满十八周岁的未成年人，如果判处的是五年以下有期徒刑,则对此未成年人的所有犯罪记录是要予以封存的。国家司法机关为了查办案件,或者国家有关机关根据国家的规定,需要进行查询的情况除外。

此外,2021年《最高人民法院关于适用〈中华人民共和国刑事诉讼法〉的解释》对未成年人刑事案件诉讼程序作出了更具体的规定。首先,对未成年被告人应当严格限制适用逮捕措施。人民法院决定逮捕,应当讯问未成年被告人,听取辩护律师的意见。对被逮捕且没有完成义务教育的未成年被告人,人民法院应当与教育行政部门互相配合,保证其接受义务教育。其次,人民法院对无固定住所、无法提供保证人的未成年被告人适用取保候审的,应当指定合适成年人作为保证人,必要时可以安排取保候审的被告人接受社会观护。再次,审理未成年人遭受性侵害或者暴力伤害的案件,在询问未成年被害人、证人时,应当采取同步录音录像等措施,尽量一次完成;未成年被害人、证人是女性的,应当由女性工作人员进行。最后,人民法院应当结合实际,根据涉及未成年人刑事案件的特点,开展未成年人法治宣传教育工作。

对未成年人犯罪的特殊规定不仅存在于《刑事诉讼法》中,亦存在于《刑法》中。例如,我国《刑法》规定,对于未成年人犯罪一律不适用死刑。这样的规定,表现了我国法律对于未成年人特殊保护的一种态度。

我国整个刑事司法体系,本着教育、挽救、感化的方针处理未成年人犯罪。坚持教育为主、惩罚为辅的原则。同样地,在认罪认罚从宽制度中,对于未成年人认罪认罚的相关程序规定也体现了这样一个原则。认罪认罚从宽制度与未成年人检察工作在司法理念、价值追求和发展方向上契合,实践层面的交叉也具有正当性和合理性。该制度的适用可以通过开展社会调查、适用合适成年人到场制度、亲情会见制度、附条件不起诉制度等路径予以实现。未来,检察机关应当准确把握涉罪未成年人认罪认罚从宽的幅度、证明标准、被害人权益保障等问题,贯彻"宽严相济"刑事政策,实现司法制度的目标,推动未成年人刑事案件诉讼程序的专业化、规范化。

第五十九问

未成年人犯罪如何听取意见？

问题引入

  未成年人犯罪问题是一项特殊的社会问题，刑法中对于未成年人犯罪有着特殊的规定，在刑事诉讼过程中对于未成年人犯罪也有着区别于一般诉讼的司法流程，总体上呈现出对未成年犯罪人的保护与教育、感化、挽救的宽和思想，同样，在认罪认罚从宽制度中关于未成年人犯罪也有一些特殊规定。依据 2019 年《关于适用认罪认罚从宽制度的指导意见》，对未成年人犯罪的认罪认罚从宽适用问题专节规定了四个方面的注意事项，其中第一个就是关于"听取意见"的规定，即人民法院、人民检察院办理未成年人认罪认罚案件，应当听取未成年犯罪嫌疑人、被告人的法定代理人的意见，法定代理人无法到场的，应当听取合适成年人的意见，但受案时犯罪嫌疑人已经成年的除外。于是便出现了几个问题：什么是"未成年人"？什么是"合适成年人"？实践中又该如何听取合适成年人的意见？

一、什么是"未成年人"

顾名思义，未成年人指的是普遍意义上的 18 周岁以下年龄段的人，这里需要讨论的问题点是，在整个诉讼过程中是否属于未成年的情况。《关于适用认罪认罚从宽制度的指导意见》以但书规定的方式例外地排除了一种情形，即受案时犯罪嫌疑人已经成年的除外。这里的"受案时"即指案发时、开始进入司法流程的时点。如果在受案时是未成年，而在案件审理过程中成年了，我们认为，依然符合该规定而不适用合适成年人制度，即这里的"未成年人"是指在整个办理案件过程中犯罪嫌疑人、被告人都没有成年的情况，一旦在案件审理过程中成年，便不能适用此处的合适成年人制度。

二、合适成年人制度

（一）适用前提

依据《关于适用认罪认罚从宽制度的指导意见》的规定，人民法院、人民检察院办理未成年人认罪认罚案件时，应当听取未成年犯罪嫌疑人、被告人的法定代理人的意见，法定代理人无法到场的，应当听取合适成年人的意见。因此适用合适成年人制度存在一个前提条件，即是未成年犯罪嫌疑人、被告人的法定代理人无法到场，只有在此前提下才能适用合适成年人制度。

未成年人尚处于生长发育期，对事物的认识水平、判断能力、抗压能力均处于较弱水平，尤其在涉案的特殊情况下，再加之公检法机关的特征，在庄重、严肃，对抗性较强的环境氛围里，其恐惧、内疚、悔恨等情感充斥内心，需要更多的帮助与心理支持。合适成年人制度存在的目的就是在未成年犯罪嫌疑人、被告人的父亲、母亲等法定代理人缺位的情形下，尽可能地代替其法定代理人履行对未成年人的心理疏导、感情呵护、身心关爱等义务，使其更好地在司法程序中接受教育，更好地感化未成年犯罪嫌疑人、被告人。合适成年人制度确保讯问时涉案未成年人处于正常的生理、心理状态，保证他们不会因为饥饿、疲劳、害怕等作出不实的供述，对他们进行必要的安抚和教育，帮助他们调整认知、正确理解法律规定及诉讼流程，保障他们的合法权益不受侵害。

（二）适用阶段

合适成年人制度是西方法律制度的"舶来品"，在西方学术界，从到场的时间出发可以从三个角度来分析合适成年人到场制度的概念：其一，广义的角度，即合适成年人应介入整个刑事诉讼过程；其二，中义的角度，即合适成年人应介入讯问、审判过程；其三，狭义的角度，即合适成年人应介入庭审前的所有讯问过程。[1]依据我国《刑事诉讼法》以及《关于适用认罪认罚从宽制度的指导意见》的规定，应当认定为合适成年人须介入整个诉讼过程，这在各地司法实践中也有大量适用。全诉讼过程的参与可以更好地对未成年人进行情绪疏导和心理调适，安抚未成年人情绪，保护未成年人的合法权利在案件的侦查、起诉和审判过程中不受侵害，防止未成年人因受到非法侦讯活动影响而作出违背意愿的陈述。

（三）合适成年人的范围

英国作为合适成年人制度的发源地，规定在合适成年人的选择上需要满足以下几个要求：第一是 18 周岁以上；第二是有民事行为能力；第三是中立于公安机关，与警方没有联系。通过整理我国各地的实际情况，能够看出，各地的规定都有上述要求，以昆明市盘龙区为例，其要求如下：其一，20 周岁以上；其二，有民事行为能力；其三，接触过心理学、教育学等知识；其四，积累了一定的经验或阅历；其五，关注青少年的相关问题；其六，具有良好的道德素质及品行。广州市 2020 年公开招聘合适成年人，其要求也大致如此：其一，年满 23 周岁；其二，身体健康，品德良好；其三，在广州市有固定住所；其四，没有刑事犯罪记录；其五，掌握基本法律常识或者心理学知识，了解相关法律规定；其六，具有一定的工作经历和社会阅历；其七，具有较强的沟通协调能力和语言表达能力；其八，热心未成年人保护工作和公益事业。年龄问题是不言而喻的，

---

〔1〕 参见孙菊飞："合适成年人到场制度的研究"，华中师范大学 2018 年硕士学位论文。

过低则无法完全实现合适成年人制度所欲追求的代理家长的价值，过高则容易产生代沟。知识水平要求也是类似，要求有心理学、教育学等领域相关知识，或者积累了一定的经验或阅历，只有这样才能保证和未成年人开展更深层次更有效的交流，更好地保护未成年人。此外，道德要求也是必需的，品行是基于对未成年人特殊保护而必须要进行的考量。这些都是大而化之没有探讨必要但又必须予以说明的基本问题。

问题是，在诸如上述昆明市盘龙区与上海市的司法实践中，唯独缺少了在国外司法实践来看最为实质性的一点，即与警方的关系问题。与警方关系稍微密切、密切或十分密切的人是否可以成为合适成年人？从合适成年人制度的目的出发，为了更好地保障未成年人的利益和权利，合适成年人在与警方关系密切时，可能会出现对未成年人保护不力的情形。合适成年人为了维护与司法机关的良好关系而走过场，不能提供实质性的发言而使合适成年人制度流于形式，这是一种合理的担忧。从我国现有各地的司法实践来看，这却是一种普遍的现象，或者说不是关系密切与否的问题，而是合适成年人的选任都是公检法机关聘任结果的问题。2020 年 11 月 13 日，福建省厦门市翔安区人民检察院联合翔安区人民法院、翔安区公安分局依据其三部门联合颁布的《关于规范合适成年人参与刑事诉讼的实施意见》举行第二批合适成年人聘任仪式和培训会。江西省宜春市虽然规定合适成年人的选任须非公安机关、人民检察院、人民法院在职人员；非本案当事人、证人和鉴定人；非本案律师和社会调查员。但是在最终确定合适成年人时又要求由市、县两级未成年人保护办公室组织法院、检察院、公安、司法局、关工委等部门，按照招募条件，对合适成年人进行审核并且规定合适成年人有任期限制。山东省淄博市沂源县未保委、沂源团县委、沂源县政法委各部门共同会签了《关于建立合适成年人资源库保障未成年人刑事诉讼合法权益的实施意见》，为受聘的 17 名合适成年人颁发了聘书。同样，很多地区还成立了类似"×××合适成年人办公室"的机构，统筹管理合适成年人的运作。

在各地公安司法机关等均将合适成年人纳入官方规范管理轨道的大趋势背景下，那么什么人可以作为合适成年人呢？

（1）未成年人的法定代理人，即其父母、监护人当然不属于合适成年人，因为该制度本就是对法定代理人缺位时为了维护未成年人利益而出现的补充性制度。但未成年人的其他成年亲属，包括叔叔阿姨、伯父伯母、姑父姑母、姨夫姨母等可以作为合适成年人。比如实务中，四川省万源市人民法院审理的一起盗窃枪支案的未成年被告人的合适成年人即为其小叔，[1]因此，需要从更广义的角度去理解这里的成年亲属。

（2）共青团干部、妇联干部等对于未成年人有特殊帮助保护的社会团体人员。[2]比如昆明市、厦门市翔安区等地区的现行做法。这也是诸如共青团组织开展活动应有的主要阵地之一。

（3）村委会、居委会干部等基层群众组织的干部。他们更接近当事人的生活，更了解日常情况和其家庭环境等各种背景，更有可能提供有效的心理帮扶，且事后的环境性的监督力量大，影响时间长。比如厦门市同安区在实务中的做法。

（4）专业司法社工、青少年工作者。结合各地社会工作者或者青少年工作者的数量多寡及质量高低，可以有选择地采用。比如昆明市、北京市大兴区、深圳市福田区的公益服务中心等民间机构的专业社工。

（5）学校、老师。这是未成年人生活学习的重点区域，学校基于其对学生的特殊心理优势，一方面更容易了解未成年人状况，另一方面更容易促进其改过自新、回归正途。

（6）律师。律师是否可以作为合适成年人介入一直是学术界关注的问题，在司法实践中，也有法律援助机构推荐律师作为合适成年人代表到场向办案机关提出意见。对此，各地司法实践也存在一定差异。上海规定律师可以担任合适成年人，其原因在于律师的法律素养比较高，能够更好地保障司法公正；另一方面，律师能够更

---

〔1〕 （2020）川 1781 刑初 17 号。
〔2〕 施某盗窃案，江苏省灌云县人民法院（2019）苏 0723 刑初 290 号刑事判决书。

顺利地进出看守所，加强与未成年人的交流，缓解其焦虑心理。但合适成年人到场制度对于律师的介入规定是要求自未成年犯罪嫌疑人首次被讯问开始，合适成年人就需要介入；但是我国《刑事诉讼法》及相关司法解释要求律师的介入应从首次讯问之后开始，能够看到二者是相矛盾的。因此，若选择律师作为合适成年人，可以确定的是，该律师便不能再担任该案的辩护律师。

（7）国家机关工作人员。比如浙江省温州市苍南县规定合适成年人包括关心下一代工作委员会的工作人员，江西省宜春市审理的案件中有工商局法规科副科长作为合适成年人出庭的情况。国家机关工作人员的权威性可能会对未成年人的心理造成一定的压力，当然未成年人可能会因为心理的压力而更好地改过自新，也有可能出现这些国家机关工作人员因为忙于本职工作或其他工作而轻忽对未成年犯罪嫌疑人、被告人的心理呵护。但总的来讲，国家机关工作人员作为合适成年人也是一个较为合理的选择。

（8）具有特殊学习背景、职业背景的社会人员。比如昆明市聘任的合适成年人中还有数位心理咨询师，心理咨询师可以依据其专业知识更好地疏导未成年人的心理，帮助其更好地认识犯罪行为意义，接受司法机关的教育，更好地回归社会。

三、如何听取意见

在办理案件过程中，合适成年人需要向办案机关提出什么样的意见呢？一般情况下，可以包括以下几方面内容：首先，可以对办案机关在办理案件过程中是否有违法事项、是否侵犯了未成年人的诉讼权利提出自己的意见。这也是设置合适成年人制度的目的之一，即监督司法过程中是否有不利于未成年犯罪嫌疑人、被告人的情形出现。其次，也可以对未成年人成长和生活的背景提出自己的意见，还可以对案件的发生原因、案件的办理结果以及社会影响等方面提出意见。

未成年人犯罪案件如何签署 具结书？

问题引入

　　在从起诉到审判的整个诉讼流程中，犯罪嫌疑人、被告人都可以认罪认罚，而认罪认罚的一个显著标志就是签署一份认罪认罚具结书。基于认罪认罚对于犯罪嫌疑人、被告人自愿性的要求，当面对未成年犯罪嫌疑人时，考虑到其心智不健全、思想不完全成熟的通常特征，该如何签署认罪认罚具结书同时保证其自愿性和真实性呢？

根据 2019 年《关于适用认罪认罚从宽制度的指导意见》的相关规定，未成年犯罪嫌疑人签署认罪认罚具结书时，其法定代理人应当到场并签字确认。法定代理人无法到场的，合适成年人应当到场签字确认。法定代理人、辩护人对未成年人认罪认罚有异议的，不需要签署认罪认罚具结书。由此处可引出关于未成年人犯罪案件签署认罪认罚具结书的两个原则性规定，本问将讨论该两项原则性规定。

一、确认原则

首先是一般性规定，即"未成年犯罪嫌疑人签署认罪认罚具结书时，其法定代理人应当到场并签字确认"。这是因为未成年人在心智不完全成熟、不完全健全的情况下，对于自己所为犯罪行为的性质、可能造成的后果与社会影响等一系列情况了解不深，对法律的认识不充分，往往对于相关法律知识的掌握和对犯罪情况的判断也存在不足，同时对于自己签署认罪认罚具结书的性质、意义和可能带来的诉讼影响也缺乏准确明晰的认知与判断，因此，基于对未成年人特殊保护关爱的一贯立场政策，这里规定了必须要有法定代理人在场签字确认。由其法定代理人基于生活经验或对相关知识的了解对签署认罪认罚具结书的一系列后果明知之后，还能在更大程度上教育未成年人。由未成年人的法定代理人实行民事行为是当下意思自治社会的通行必要补充原则，此处的思想蕴含与之相同，均是出于未成年人没有独立财产、没有独立经济来源而导致的没有独立责任能力的情形下，对正常市场秩序下稳定负责的合理预期的维护。由法定代理人进行签字确认也同时意味着督促实行以及违背归责等责任转移至法定代理人身上。

那么当没有法定代理人或者法定代理人不到场的情形下，又如何确保责任呢？基于法律家长主义原则的考量，此时仍不允许未成年人自己独立签署，因此便出现了如前述合适成年人制度的设立目的之介绍，此时就应当由该未成年人的合适成年人在旁见证，确认签字，之后方能认可该具结书的法律效力。在此时，合适成年人发挥着与法定代理人相似的作用。所以在最终签署具结书的时候，不仅需要未成年人自己签署以表示本人对于认罪认罚结果的个人认同，他的法定代理人或者其他合适成年人也同样要签署以表示保证人责任的确证。

同样，未成年人可能也会聘请辩护人，辩护律师也同样要在具结书上签字。而在没有聘请律师的未成年人犯罪案件中，由于有法律援助机构在看守所、检察院、法院等场所设立法律援助工作站，通过派驻或安排律师的方式，为没有辩护人的犯罪嫌疑人、被告人提供法律帮助，依照最高人民法院、最高人民检察院、公安部、国家安全部、司法部联合印发的《法律援助值班律师工作办法》，值班律师在认罪认罚案件中，应当提供的法律帮助还包括犯罪嫌疑人签署认罪认罚具结书时在场。这在司法实务中也有许多案例，比如张某聚众斗殴案中被告人即是在值班律师在场见证下签署认罪认罚具结书。[1]

二、异议原则

当未成年人的法定代理人、辩护人对于签署具结书有异议，那么就不需要再签署具结书。同样，未成年犯罪嫌疑人同意认罪认罚，但其法定代理人或者合适成年人不同意认罪认罚，对签署具结书有异议的，以法定代理人或者他的合适成年人的意见为准，而不以未成年人的意见为准。这和前述确认原则背后的原理是类似的。类似规定可见于《江苏省检察机关办理认罪认罚案件工作指引（试行）》的相关规定，"未成年犯罪嫌疑人的法定代理人、辩护人对未成年人认罪认罚有异议的"可以不签署认罪认罚具结书。至于不签署具结书之后的法律效果，也有诸如上述未成年人异议情形下"犯罪嫌疑人未签署认罪认罚具结书的，不影响认罪认罚从宽制度的适用"的规定。因此，异议原则致力于对未成年人的法定代理人、辩护人或合适成年人赋予异议权利以促进法定代理人、辩护人或合

---

[1]　（2020）浙07刑终209号。

适成年人在满足自身对于案件事实参与的考量之后，更能通过异议权的行使接受认罪认罚结果，促进对家庭以及未成年人的教育，更好地修复被破坏的社会关系，促使未成年人回归正常的社会轨道。

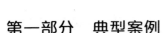

附　录

第一部分　典型案例

一、程某某、胡某某聚众扰乱社会秩序案

裁判文书案号：安徽省黄山市中级人民法院（2019）皖 10 刑终 119 号刑事判决书

二、薛某某抢劫案

裁判文书案号：黑龙江省牡丹江市中级人民法院（2020）黑 10 刑终 40 号刑事判决书

三、肖某某危险驾驶案

源自最高人民检察院发布的认罪认罚案件适用速裁程序典型案例

网址：https://www.spp.gov.cn/spp/xwfbh/wsfbt/202010/t20201013_481664.shtml#2

四、吕某某、郭某某故意伤害案

源自最高人民检察院发布的检察机关适用认罪认罚典型案例

网址：http://www.pkulaw.cn/fulltext_form.aspx? Db＝chl&Gid＝76c2b0515572a647bdfb&EncodingName＝gb2312

五、丰某某盗伐林木案

源自最高人民检察院发布的检察机关适用认罪认罚典型案例

网址：http://www.pkulaw.cn/fulltext_form.aspx? Db＝chl&Gid＝76c2b0515572a647bdfb&EncodingName＝gb2312

六、武某某故意杀人案

源自最高人民检察院发布的检察机关适用认罪认罚典型案例

网址：http://www. pkulaw. cn/fulltext_ form. aspx？ Db＝chl&Gid＝76c2b0515572a647bdfb&EncodingName＝gb2312

七、无锡 F 警用器材公司虚开增值税专用发票案

源自最高人民检察院第二十二批指导性案例检例第 81 号

网址：https://www. spp. gov. cn/spp/jczdal/202012/t20201208_ 488442. shtml

八、钱某故意伤害案

源自最高人民检察院第二十二批指导性案例检例第 82 号

网址：https://www. spp. gov. cn/spp/jczdal/202012/t20201208_ 488442. shtml

九、琚某某盗窃案

源自最高人民检察院第二十二批指导性案例检例第 83 号

网址：https://www. spp. gov. cn/spp/jczdal/202012/t20201208_ 488442. shtml

十、林某某等人组织、领导、参加黑社会性质组织案

源自最高人民检察院第二十二批指导性案例检例第 84 号

网址：https://www. spp. gov. cn/spp/jczdal/202012/t20201208_ 488442. shtml

十一、金某某受贿案

来源：最高人民检察院第二十批指导性案例检例第 75 号

网址：https://www. spp. gov. cn/spp/jczdal/202007/t20200721_ 473570. shtml

十二、杨某等 25 人恶势力犯罪集团案

来源：最高人民检察院关于检察机关开展扫黑除恶专项斗争典型案例选编（第三辑）之四：杨昊等 25 人恶势力犯罪集团案

网址：https://www. spp. gov. cn/spp/xwfbh/wsfbt/201907/t20190718_ 42547 0. shtml#2

十三、严某某盗窃案

源自《认罪认罚从宽制度司法适用指南》，陈国庆主编，最高人民检察院第一检察厅组织编写

十四、孙某某盗窃案

源自《认罪认罚从宽制度司法适用指南》，陈国庆主编，最高人民检察院第一检察厅组织编写

十五、海某某危险驾驶案

源自《认罪认罚从宽制度司法适用指南》，陈国庆主编，最高人民检察院第一检察厅组织编写

十六、蔡某某合同诈骗案

源自《认罪认罚从宽制度司法适用指南》，陈国庆主编，最高人民检察院第一检察厅组织编写

十七、程某等 3 人非法捕捞水产品案

源自《认罪认罚从宽制度司法适用指南》，陈国庆主编，最高人民检察院第一检察厅组织编写

十八、王某非法制造枪支案

源自《认罪认罚从宽制度司法适用指南》，陈国庆主编，最高人民检察院第一检察厅组织编写

十九、丁某某盗窃案

来源：《人民司法·案例》2020 年第 2 期，第 37-40 页

二十、贾某某寻衅滋事案

来源：《人民司法·案例》2020 年第 2 期，第 41-43 页

二十一、金某某妨害公务案

来源：《人民司法·案例》2020 年第 11 期，第 44-46 页

二十二、叶某某等非法狩猎案

来源：《人民司法·案例》2020 年 11 期，第 30-33 页

二十三、林某某等故意伤害案

来源：《人民司法·案例》2020 年第 14 期，第 30-33 页

第二部分　法律规范

一、法律

1.《中华人民共和国刑事诉讼法》

2.《中华人民共和国监察法》

　　二、相关试点规范

　　1. 最高人民法院、最高人民检察院法、公安部等《关于在部分地区开展刑事案件认罪认罚从宽制度试点工作的办法》

　　2. 最高人民法院、最高人民检察院、公安部、司法部《关于在部分地区开展刑事案件速裁程序试点工作的办法》

　　3. 北京市高级人民法院、北京市人民检察院、北京市公安局等《关于开展刑事案件认罪认罚从宽制度试点工作实施细则（试行）》

　　4. 天津市高级人民法院、天津市人民检察院、天津市公安局、天津市国家安全局、天津市司法局《关于开展刑事案件认罪认罚从宽制度试点工作的实施细则（试行）》

　　5.《上海市刑事案件认罪认罚从宽制度试点工作实施细则（试行）》

　　6. 中共山东省委政法委员会、山东省高级人民法院、山东省人民检察院、山东省公安厅、山东省国家安全厅、山东省司法厅《关于在认罪认罚从宽制度试点工作中加强协作配合的意见》

　　三、地方性规定

　　1. 北京市《认罪认罚从宽实施细则》

　　2. 青岛市中级人民法院、青岛市人民检察院《办理认罪认罚案件量刑建议及相关工作指导意见（试行）》

　　3. 青岛市《认罪认罚刑事案件办理流程（试行）》

　　4. 沈阳市中级人民法院、沈阳市人民检察院《关于刑事案件认罪认罚从宽制度试点工作的实施意见（试行）》

　　5.《江苏省检察机关办理认罪认罚案件工作指引（试行）》

　　6.《浙江省刑事案件适用认罪认罚从宽制度实施细则》

　　7. 湖北省《关于适用认罪认罚从宽制度实施细则（试行）》

　　8. 山东省高级人民法院、山东省人民检察院、山东省公安厅、山东省安全厅、山东省司法厅《关于适用认罪认罚从宽制度办理刑事案件的实施细则（试行）》

　　四、相关司法解释

　　1. 最高人民法院、最高人民检察院、公安部、国家安全部、司

法部《关于适用认罪认罚从宽制度的指导意见》

2. 最高人民检察院《人民检察院办理认罪认罚案件监督管理办法》

五、其他

1. 《最高人民检察院关于人民检察院适用认罪认罚从宽制度情况的报告——2020年10月15日在第十三届全国人民代表大会常务委员会第二十二次会议上》

2. 《最高人民检察院就十三届全国人大常委会对人民检察院适用认罪认罚从宽制度情况报告的审议意见提出28条贯彻落实意见》

见证最好的陪伴

　　凡是过往，皆为序章。2022 年是我专业从事刑辩辩护工作的第十六个年头。回望十五年的心路历程，有许多成功如愿的欣喜，也有偶尔受挫失意的惆怅，初心不改，风雨兼程，无论脚下的路如何崎岖，心中始终有一片澄澈的星空可以仰望。

　　时钟回拨到 2019 年，这一年，对我而言极不平凡。经过长期思索和反复斟酌，我最终决定，跳出原有的篱笆墙，冲出安逸的避风港，开启个人事业的新篇章。于是，有了我与巩志芳律师的默契共识，有了一群年轻刑辩人的共同梦想，有了今天四合院中的北京衡宁律师事务所。

　　创办北京衡宁律师事务所的初衷，是为了实现 80 后一代的创业梦想，作出自己心中一流精品律所应有的模样。我们将"家"文化定位为律所发展的理念，对内打造"人人参与、大家共建"的律所文化；对外运用专业平台，帮助"大家""小家"实现家的平安幸福、社会的和谐稳定。我们致力于将"衡宁"打造成为一家以专业刑事辩护和代理为主业，以精研涉刑非诉案件为特色，以高水平实证研究和学术交流为载体，在专业领域有实力、学术研究有建树、家园建设有温度、社会责任有担当的高品味、共享型精品律师事务所。

　　恰逢盛世，生而逢时，北京衡宁律师事务所是幸运的。2018 年，认罪认罚从宽制度写入法典，成为刑事诉讼法修改的一大亮点。该制度备受理论界和实务界关注，特别是对刑事诉讼结构的影响，使控辩关系由对抗转向协商，刑事辩护的方式、重心、内容等都发生了变化，刑事辩护面临新的挑战。面对与时俱进的立法，衡宁人敏锐地捕捉到了其间涌动的、厚重的理论与实践价值。律师参与认罪认罚是该制度程序正当性的基础，是认罪认罚自愿性有效保障的手段，被追诉人通过获得律师帮助，与控方进行量刑协商，以获取最优惠的处罚结果，实现合法权利的最大保障。律师参与认罪认罚，是在实现认罪认罚从宽制度提高诉讼效率、节约司法资源诉讼价值的基础上，强化该制度对人权的保障和司法公正的实现。律师在认罪认罚从宽制度中的有效参与，将有助于该制度的稳健、良性运行。

在打造一流精品所的进程中，衡宁人专注办案实务的同时，更钟情于理论与实践之间的往返流盼。随着认罪认罚从宽制度的推行，适用认罪认罚的案件越来越多，其中存在的问题日益凸显，特别是律师在认罪认罚案件中作用发挥有限、辩护流于形式、辩护质量不高、辩护效果不佳，以及值班律师参与认罪认罚形式化等，已经严重影响到被追诉人的合法权益，影响到案件的公平公正，更影响到该制度的长久运行。因此，如何提升律师参与认罪认罚的有效性，提高认罪认罚案件的辩护质量，是认罪认罚从宽制度中急需解决的问题之一。

虽然法律界对认罪认罚从宽制度的研究颇盛，但大多限于理论，实务解读相对偏少。在此背景下，衡宁人进行了持续的实践和思考，我与巩志芳律师决定把我们对认罪认罚从宽制度的研究成果呈现给大家。于是，在北京律视文化传播有限公司暨李召玲团队的大力帮助下，我们以"两高三部"颁布的《关于适用认罪认罚从宽制度的指导意见》为基础，录制了"认罪认罚从宽制度六十问"，从法律规定和案例相结合的角度，对认罪认罚从宽制度的相关法律规定进行了解读。未曾想，视频播出后，受到了业界的一致好评。承蒙诸君鼓励和支持，我们决定把这些成果集结成文字，以更系统的形式呈现给广大读者，以期与大家共同学习交流，《认罪认罚从宽制度六十问》就此问世。

本书围绕认罪认罚从宽制度的理论、制度与实践重点，选取了六十个问题予以分析、阐释和解答，基本涵盖了该制度在理论和实践中主要关注的领域，并期望通过问答的方式，为读者准确理解认罪认罚从宽制度提供有益参考。

《认罪认罚从宽制度六十问》虽是我和巩志芳律师合作的成果，

但首先要感谢我的恩师樊崇义教授的关怀和支持。正是恩师将我带入对这一制度的深入研究中，并给我提供了大量实证调研的机会，才使得我们能够从实践中提炼出一些新的观点。特别是，樊崇义教授欣然应允为本书作序，更是对我们极大的鼓舞和鞭策。中国政法大学国家法律援助研究院学术部主任孙道萃副教授帮助我们将作品的内容进一步予以充实和完善，赵常成博士生以及研究生鞠秀、张晖、王世交、韦婉、周彦能、贾斯瑶、钟馨等人协助整理文稿资料，都付出了巨大的辛劳；中国政法大学国家法律援助研究院院长吴宏耀教授统筹出版事宜，才使得本书得以顺利问世，在此我们一并致谢。最后，衷心感谢所有为本书出版提供过帮助的朋友们，感谢你们的无私付出。

《认罪认罚从宽制度六十问》是北京衡宁律师事务所首部实务研究成果，虽难免有不足之处，但这是衡宁人践行"以研促辩，以辩助研，研辩一体"理念的充分彰显，也是我们初心不改、坚守专业的情怀展现。相信，这只是一个开始，衡宁人会一如既往，持续努力，拿出更多高质量的研究成果与大家见面。

由于本书主要以《关于适用认罪认罚从宽制度的指导意见》为内容参照，同时尽量结合并吸收认罪认罚从宽制度的最新发展与最新成果，但此后围绕认罪认罚从宽制度及其实施所形成的立法解释或者司法解释、理论研究与司法实践做法等，都处于快速发展状态，故本书的内容在个别地方，恐会略有滞后现象或者关注不够、讨论不深等。此外，为了与新媒体传播相互契合，我们在本书中，特地将一些已录制的视频，以二维码的方式，一并集中附上，以便更好地向不同读者传播相关方面的知识以及我们的专业理解。由于录制的视频有先后，与本书出版之间的时间差较长，视频的内容与本书的章节内容并不精准对应。特此说明。

常　铮

2021 年 7 月 3 日

改定于 2022 年 3 月 1 日

北京衡宁律师事务所